高职高专城市轨道交通机电控制专业系列教材

城市轨道交通电梯系统运行与维护技术

主　编　杨永奇

副主编　曲秋莳　丁　楠

中　国　铁　道　出　版　社

2013年·北　京

图书在版编目(CIP)数据

城市轨道交通电梯系统运行与维护技术/杨永奇主编.—北京:中国铁道出版社,2013.5
高职高专城市轨道交通机电控制专业系列教材
ISBN 978-7-113-16314-3

Ⅰ.①城… Ⅱ.①杨… Ⅲ.①城市铁路-交通设施-电梯-运行-高等职业教育-教材 ②城市铁路-交通设施-电梯-维修-高等职业教育-教材
Ⅳ.①U239.5

中国版本图书馆 CIP 数据核字(2013)第 062291 号

书　　名:高职高专城市轨道交通机电控制专业系列教材
城市轨道交通电梯系统运行与维护技术
作　　者:杨永奇　曲秋莳　丁　楠

策划编辑:殷小燕
责任编辑:殷小燕　　**电话**:(010)51873147
封面设计:崔丽芳
责任校对:张玉华
责任印制:陆　宁

出版发行:中国铁道出版社(100054,北京市西城区右安门西街 8 号)
网　　址:http://www.tdpress.com
印　　刷:三河市兴达印务有限公司
版　　次:2013 年 5 月第 1 版　2013 年 5 月第 1 次印刷
开　　本:787 mm×960 mm　1/16　**印张**:19.5　**字数**:350 千
印　　数:1~3 000 册
书　　号:ISBN 978-7-113-16314-3
定　　价:40.00 元

《城市轨道交通电梯系统运行与维护技术》编写人员

主　　编：杨永奇

副 主 编：曲秋莳　丁　楠

主　　审：李　军　仇海兵

编　　著：第 1 章：曲秋莳　吴晓华　柳志成

第 2 章：杨永奇　丁　楠　李培元

第 3 章：杨永奇　张　兰　李　伟

序　言

伴随着我国经济的快速发展和城市化进程的日益加快，我国正以世界罕见的发展速度推进城市轨道交通建设，以地下轨道交通和高架轨道交通为代表的城市轨道交通将成为我国21世纪城市交通的重要构成部分。截止2012年底，全国已开通运营的城市轨道交通总里程达到2 042 km，大陆地区拥有城市轨道交通的城市包括北京、上海、广州、深圳、南京和天津等，已经达到14个，正在规划建设轨道交通的城市有35个。到2020年，国内城市轨道交通总长将达到6 000 km，每年增加大约500 km，这样的建设速度在世界上是没有的。

现代城市轨道交通系统，大量采用了以计算机控制技术为核心的各种自动化控制设备，来代替传统的基于人工的行车组织、设备运行和安全保证系统。是一个集自动化、信息化、智能化为一体的综合性交通组织运行管理控制系统，涉及的机电设备种类繁多，功能各异，包括机械、电气、自动化、计算机和网络技术。主要控制系统包括电梯系统、自动售检票系统、环境与设备监控系统、火灾报警监控系统、安全门系统、给排水系统、低压配电与照明系统、人防系统和供电系统管理与自动化系统等9大系统，均各自形成网络，在OCC的统一指挥分级控制下，实现城市轨道交通多专业、多工种有序联动、高效运转的目标。轨道交通运营企业需要大批技术精湛的专业工程技术人员，来保证这些控制系统和设备的稳定运行，这是实现城市轨道交通正常运营的重要基础。城市轨道交通机电控制专业就是在这样一个大的背景下产生和发展起来的。

为了更好的满足城市轨道交通企业对机电控制类专业技术人员培训的需要，我们精心编撰了城市轨道交通各机电控制系统的核心教材，它们分别是《城市轨道交通安全门系统运行与维护技术》，《城市轨道交通动力照明系统运行与维护技术》，《城市轨道交通电梯系统运行与维护技术》，《城市轨道交通给排水系统的运行与维护技术》，《城市轨道交通环控系统的运行与维修技术》，《城市轨道交通消防系统运行与维修技术》，《城市轨道交通自动售检票系统运行与维修技术》和《城市轨道交通自动监控系统运行与维护技术》。同时，为了加强城市轨道交通机电控制专业的基础建设，我们还编撰了《城市轨道交通检测技术》，《城市轨道交通自动化控制技术》，《城市轨道交通电工基础》和《城市轨道交通电子技术》等4本专业基础教材。

本系列教材编写的特点是以培养专业技能型人才为目的，实现院校专业培养与企业需求的无缝对接。我们认为一个合格的城市轨道交通机电专业技术人员，必须做到能够正确熟练维护保养设备，同时具有快速准确分析处理设备各种故障的能力。根据这一要求，教材从4个方面加强对学生实际工作能力的培养，第一是机械和电器设备结构的认知，第二是系统控制原理的了解，第三是系统维护和操作方法的学习，最后是掌握故障处理和分析的方法，并且达到能够举一反三，触类旁通。教材编写紧密结合企业实际工作需要，围绕实际工艺环境和工艺设备，重点培养学生实际动手解决问题和分析问题能力。

我们相信，通过系列教材的编撰，将大大推动城市轨道交通机电控制专业的发展，对本专业人才的培养发挥重要的作用。

教材编委会
2012年12月

前　言

地铁车站电梯设备是城市轨道交通地铁车站最为重要的机电设备之一，是乘客方便、快捷、舒适进出车站的代步工具。地铁车站电梯设备的配置与运行状况直接影响地铁满足城市居民出行需求功能的发挥。

根据地铁车站电梯设备的配置，本教材分为 3 个部分，第 1 部分主要介绍地铁车站设置电梯的主要依据以及地铁车站电梯应用和发展情况，通过本章的学习，学生应该知道地铁车站设置电梯的原则，了解电梯设备对于地铁车站实现其运输乘客功能的重要意义。

教材的第 2 部分介绍地铁车站的自动扶梯。为了提高地铁车站乘客出入的便捷性，自动扶梯的设置越来越多，应用越来越广泛。作为地铁车站的重要机电设备，掌握其结构，控制原理，维护方法和故障处理方法非常重要。作为机电控制专业的学生，对控制原理的掌握尤为重要，教材中以地铁典型自动扶梯为例，通过分析控制电路，介绍控制设备，非常完整地讲解和介绍了相关的知识。这些内容目前在国内相关教材上还是一个空白点。

教材的第 3 部分介绍地铁车站的垂直电梯。垂直电梯无论是机械电器结构，还是控制原理都较为成熟，因此教材在编写时对机械电器结构介绍相对简单，对维护保养、故障处理的内容介绍较为详细。

本书最后附录包括 3 部分内容，附录 1 详细介绍了电梯涉及的主要技术术语，有些术语在教材中亦有详细的解释，有些未在教材中出现，供使用者参考和自主学习使用。附录 2 和附录 3 分别列举了电梯安装和日常维护所应准备的常用工具和设备，因为我们培养的是具有实际动手工作能力的专业技术人员，所以必须对常用的工具和设备有所了解。

教材的每一章都把电梯维护保养和故障处理的方法作为重要的部分来进行说明。作为地铁机电设备专业技术人员，进入相关工作岗位以后，从事最多的工作就是设备的维护保养，因此，在学校学习过程中，必须强化相关技能的训练，这对学生个人和就业的单位来讲都是非常重要的。在掌握设备维护保养方法的基础上，要求学生还要具备一定的设备故障处理能力，做到能够分析简单的常见故障，并能够进行简单的故障处理。

教材在编写时除了着重考虑相关岗位实际工作的需要，还处处加强对学生识图能力的培养和锻炼，这也是本教材的特点之一。在教材的每一章都包含了大量真实的电路图，教材对电路图的主要功能给与了简单的介绍，学生可以通过训练来了解如何看懂一张真实的电路图。另外，学生可以通过这些电路来总结相关系统可能发生的故障和处理故障的最佳方法。

本书由北京交通运输职业学院城市轨道交通系杨永奇主编。

本书在编写过程中得到北京地铁机电公司专业技术人员的指导和帮助，也得到相关企业的大力支持，在此表示衷心的感谢！

由于编撰时间有限，教材内容肯定还有不妥或者错误之处，恳请读者提出宝贵的修改意见！

编者

2012年12月

目　　录

第 1 章　绪　　论

地铁车站电梯设备是城市轨道交通地铁车站最为重要的机电设备之一，是乘客方便、快捷、舒适进出车站的代步工具。地铁车站电梯设备主要包含垂直电梯与自动扶梯。地铁车站各种电梯的配置要求为正常运营下满足不同乘客群体平等、舒适、便捷的使用地铁的需要，当发生火灾等异常情况时，又要满足安全、快捷、高效的疏散乘客的要求。因此，地铁车站电梯设备的配置与运行状况直接影响地铁满足城市居民出行需求功能的发挥。

1.1　电梯技术现状

1. 我国电梯生产的概况

我国电梯事业发展的历史较短，在新中国成立之前，只有上海、天津、北京有美国奥的斯电梯公司的维修服务站，但也只能修配电梯零件，根本不能制造电梯。新中国成立以后，自 1952～1954 年期间，我国先后在上海、天津、沈阳建立了三家电梯生产厂。到了 60 年代，又在西安、广州、北京等地先后建立了电梯厂。至 1972 年，全国有电梯定点生产厂家 8 家，年产电梯近 2 000 台。自 1978 年以后，在经济增长和基建规模扩大的情况下，电梯市场在 1985 年完全由卖方市场支配和占领，这一形势大大刺激了电梯生产。全国各地出现了一大批中小电梯厂，至 1999 年，全国共有电梯生产厂家近 400 多家，年产电梯近 3 万台。

电梯品种从一般载货电梯发展到乘客电梯、高级乘客电梯、自动扶梯（包括小高度、中高度、大高度的单人、双人自动扶梯）和自动人行道等产品。电梯的运行速度从 0.25 m/s 发展到 2.5 m/s 以上，并已由交流调速拖动全面取代了 4 m/s 以下的直流调速拖动。

2. 国外电梯生产现状

当今世界电梯生产发展迅速，竞争激烈。世界上主要电梯生产厂商均为跨国公司。其中以美国奥的斯电梯公司和瑞士迅达电梯公司历史最长。它们都有着百年以上的电梯生产历史，无论从电梯的产量、品种、技术、经济实力均堪称一流。日本的电梯工业水平提高很快，尤以日本三菱电机公司推出变频变压调速的新型交流调速拖动系统以来，使世界交流调速拖动控制技术水平大大提高。在此推动下，各大电梯生产厂商纷纷行动，在这一技术领域展开了激烈竞争。目前世界电梯技术的提高主要表现在以下几个方面：

1)PLC 技术在电梯控制系统中得到日益广泛的运用，从而取代了传统的、数量众多的继电器有触点控制系统，大大缩小了控制柜的尺寸，减少了机房占地面积。

2)交流变频调速技术在电梯领域得到了广泛的应用。这种拖动技术可降低电梯所在大楼的电源容量，减少机房载荷，节省能耗，运行可靠。

3)曳引机结构性能正不断得到改进。曳引机的体积逐渐缩小，蜗轮减速传动的效率得到了很大的提高。同时体积更为紧凑，减速比范围更大，传动效率更高的行星齿轮减速器正逐步应用于电梯曳引机。曳引机制动器的性能也在不断提高。高效盘式制动器的应用使电梯曳引机实现了多点独立制动，大大增加了制动机构的安全可靠性，还使制动器具备了磨损监控，故障报警控制等功能。

4)永磁材料的技术进步使永磁同步电动机得到了飞速发展。采用这一技术的无机房曳引电梯具有环保、节能、占用空间小等优点。

3. 电梯技术发展趋势

在科学技术发展的推动下，电梯技术将产生各种新的变化，新的功能，其近期主要发展趋势有以下几点：

1)电梯的控制系统将广泛采用先进的大容量微电脑和采用多微机并行处理的技术，提高电梯的控制性能。电梯控制的自动化和智能化水平将越来越高。

2)交流调速拖动控制理论和技术水平的进展将继续扩大交流电动机在电梯拖动中的应用范围，以变频器为核心的拖动系统应用将更加普遍。

3)绿色环保概念将成为新世纪的技术发展方向。电梯业以高可靠性、长寿命、低维保要求的电梯新产品将不断涌现。

4)电梯的安全保障功能将进一步强化。由于电梯操作日趋自动化，因而电梯安全保障系统必须能保证乘客在电梯本身发生故障或在乘客受到灾害威胁时的安全。电梯控制系统将具有故障自诊断、故障预警、冗余避错、遥控监测等功能。

1.2 电梯的分类

随着生产力水平和人们生活质量的提高，电梯作为一种重要的货物与人员运输机械，被广泛用于各种不同的场合，其分类方法也多种多样。

1. 按照电梯用途分类

1)载客电梯

主要应用于高层住宅、办公大楼、宾馆、地铁等人员流量较大的公共场合，以运送乘客为主。如图 1.1 和图 1.2 所示。

图 1.1 载客垂直电梯

图 1.2 载客自动扶梯

2)载货电梯

主要应用于高层建筑、车间、厂房等生产、建设施工场合,主要应用于运送货物,并能运送随行装卸人员。其结构要求坚固,运行速度较低,如图 1.3 所示。

3)客货两用电梯

主要用于运送乘客,也可运送货物。其结构比乘客电梯坚固,装饰要求较低。一般用于企业和宾馆饭店的服务部门。

图 1.3 载货电梯

2. 按有无司机分类

1)有司机电梯,电梯的运行方式由专职司机操纵来完成。

2)无司机电梯,乘客进入电梯轿厢,按下操纵盘上所需要去的层楼按钮,电梯自动运行到达目的层楼,这类电梯一般具有集选功能。

3)有/无司机电梯,这类电梯可变换控制电路,平时由乘客操纵,如遇客流量大或必要时改由司机操纵。

3. 按速度分类

按照电梯的额定运行速度,习惯上将电梯分为以下几类:

1)低速电梯,这种电梯额定速度 $n_e \leqslant 0.75$ m/s。

2)中速电梯,这种电梯额定速度 $n_e \geqslant 1$ m/s ～ 2.5 m/s。

3)高速电梯,这种电梯额定速度 $n_e > 2.5$ m/s ～ 4 m/s。

4)超高速电梯,这种电梯额定速度 $n_e > 4$m/s。

4. 按拖动电动机类型分类

1)直流电梯

早期的电梯都采用直流电动机拖动。由于其调速特性优异,曾被广泛采用。但是,随着交流调速技术的发展,直流电梯基本上都已被交流电梯代替。直流电梯的直流电机如图 1.4 所示。

2)交流电梯

指采用交流电动机拖动的电梯。一般这种电梯又可分为单/双速调速、变极调速、调压调速和变频调速等几类。

图 1.4 直流电梯的直流驱动电机

5. 按驱动方式分类

1)钢丝绳驱动式电梯,这种驱动方式主要应用于垂直电梯。

2)链条链轮驱动式电梯,这种方式主要应用于自动扶梯。

3)齿轮齿条驱动式电梯,这种电梯将导轨加工成齿条,轿厢装上与齿条啮合的齿轮,电动机带动齿轮旋转使轿厢升降的电梯。由于这种方式运行振动噪声较大,主要应用于流动性较大的建筑工地。

4)液压驱动式电梯。一般利用液压泵驱动液体流动,由柱塞使轿厢升降的电梯。这种驱动方式主要应用于升降高度较低的垂直升降电梯,既可用于客梯,也可以用于货梯。

6. 按控制方式分类

1)手柄开关操纵电梯,是一种由电梯司机在轿厢内控制操纵盘手柄开关,实现电梯的启动、上升、下降、平层、停止的运行状态。

2)按钮控制电梯,是一种简单的自动控制电梯,具有自动平层功能,常见有轿外按钮控制、轿内按钮控制两种控制方式。

3)信号控制电梯,是一种自动控制程度较高的有司机电梯。除具有自动平层,自动开门功能外,还具有轿厢命令登记、层站召唤登记、自动停层和自动换向等功能。

4)集选控制电梯,是一种在信号控制基础上发展起来的全自动控制的电梯,与信号控制的主要区别在于能实现无司机操纵。

5)并联控制电梯,是一种 2 ~ 3 台电梯的控制线路并联起来进行逻辑控制,共用层站外召唤按钮,电梯本身都具有集选功能。

6)群控电梯,是用微机控制和统一调度多台集中并列的电梯。群控有梯群程序控制、梯群智能控制等形式。

1.3 地铁车站电梯设计规范

1. 地铁车站自动扶梯主要设计要求

1)自动扶梯的配置要求

(1)地铁站厅层与站台层之间

根据各站客流不同分设上、下行自动扶梯,重要车站(即装修标准为一级的车站)站台至站厅均设置上、下行自动扶梯。对于非重要车站或预测远期客流量不大的车站(且高差 <5 m 时),以步行楼梯代替下行自动扶梯。

(2)地铁车站出入口自动扶梯的设置

地铁设计规范规定,车站出入口均设自动扶梯。重要车站所有出入口不受提升高度限制均设上、下行自动扶梯。非重要车站,出入口总提升高度>10 m 设上下行自动扶梯,否则只设上行自动扶梯。

2)地铁车站自动扶梯的其他要求

地铁车站出入口自动扶梯桁架下部至结构底板的距离按制造商要求留设,且不小于《地下铁道设计规范》(GB 50157—1992)规定的 500 mm。自动扶梯工作点至前方障碍物或检票口的距离不小于 8.5 m。出入口按非露天设计,防止自动扶梯被雨淋、日晒及砂尘污染,同时要便于管理,能有效防止设备被人破坏。

2. 地铁车站垂直电梯的主要设计要求

为了满足所有社会成员平等的享有使用地铁的权利,全部地铁车站均按无障碍原则设计。我国车站目前基本上是每站设残疾人垂直电梯,直通站厅层或站台层,地面至站厅之间设置残疾人垂直电梯 1 部。站厅至站台之间,岛式站台设 1 部,侧式站台设 2 部。

站厅至站台垂直电梯设于付费区内,地面至站厅垂直电梯井道与出入口相结合设计,出地面部分井道及候梯厅与周围建筑规划相协调,造型美观且方便管理。

在地铁车站途径风景名胜区或者繁华商业区,为了增加站厅站台的通透性,可以根据实际的需要,在地铁车站内设计安装玻璃井道、玻璃轿厢的透明升降电梯。

如上海地铁,全部车站按无障碍设计,设置残疾人垂直电梯,地面至站厅之间设 1 部,站厅至站台之间,岛式站台设 1 部,侧式站台设 2 部。站厅至站台垂直电梯设于付费区内,地面至站厅垂直电梯井道与出入口相结合设计,出地面部分井道及候梯厅与周围建筑规划相协调,造型美观且方便管理。为增加站厅站台通透性,在罗湖、会展中心、皇岗及西延段华侨城、世界之窗共 5 个车站内设玻璃井道、玻璃轿厢的透明电梯。

3. 地铁车站轮椅升降台的主要设计要求

地铁是直接面对大众的公共交通工具，根据国家有关规定，所有车站都同步建设无障碍设施，要求每一个车站都必须保证从地面到站台、站厅的无障碍通行。一般考虑是至少有一个出入口设置轮椅牵引设备，在地铁出入口楼梯处，许多发达国家设置轮椅平台式升降机，这种设备可以在各出入口安装，经济实用，如图 1.5 所示。

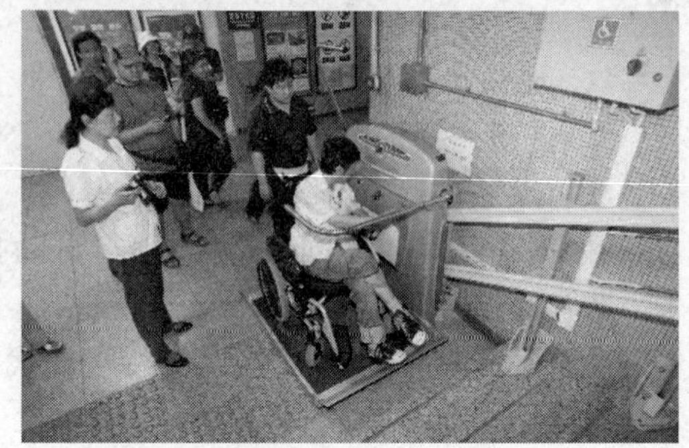

图 1.5　地铁车站轮椅升降台

4. 液压电梯的的设计要求

由于地铁车站需要经常安装有一定质量的机电设备，车站的维护人员也需要定期检查和更换相关的设备，再者地铁站厅和站台净空高度较高，因此在车站的站厅或者站台需要配置液压电梯。

5. 地铁车站的电梯配置除了满足上面的规定以外，一般还遵循以下基本原则

1)车站电梯的数量取决于车站在整条线路中所处的重要程度，凡是地处繁华地区，人口稠密地区，重要的换乘枢纽车站，都需要在原有配置的基础上，尽可能多的配置电梯的数量。

2)一般情况下，在满足乘客运送和疏散要求的前提下，只设计由站台到站厅的上行电梯，而不设计由站厅到站台的下行电梯。

3)凡是新设计的地铁车站，一般不设计专门的轮椅升降台，而设计专门供残疾人士使用的升降电梯。轮椅升降台只设计安装在车站没有或者无法设计升降电梯的车站。

4)地铁车站电梯配置数量主要取决于电梯的输送能力，一般电梯选用的合理要求是电梯的输送能力能满足 5 min 峰期的乘梯要求。

5)地铁车站选用电梯设备需要着重考虑的技术性能包括电梯的可靠性、先进性与舒适性。而可靠性是电梯选型时是最重要的指标。可靠性要求电梯系统在规定运行时间内保持正常的输送乘客的能力，故障要尽可能少，并且一旦出现故障要能很容易排除。

6)自动扶梯及电梯设备是车站设备管理的重点之一，车站自动扶梯及电梯遵循“无人值守，自动监视”的原则进行管理。即车站均不设专职工作人员，只在每天运营开始前和结束后，由值班工作人员在现场进行启动与关停。

7)正常条件下自动扶梯及电梯均采用就地控制方式。同时，自动扶梯及电梯的运行状况由车站设备监控系统(EMCS)进行监视并将运行状态信息传输到控制中心，但车站 EMCS 系统不控制自动扶梯及电梯的运行。

8)紧急或灾害情况下，站控室值班工作人员可通过站控室紧急停止按钮使全站自动扶梯停止运行，作为固定楼梯疏散乘客。同时，站控室值班人员可通过防灾报警控制台上的电梯消防迫降功能按钮，使站内垂直电梯即刻运行到基站(站厅层/出入口地面)后停止运行，同时不再响应轿厢指令和层站召唤。

6. 电梯系统与车站其他系统技术接口设计规范

作为地铁设施的一部分，车站电梯需要与其他相关设备协同配合。与电梯、自动扶梯及轮椅升降台的相关接口设计要求包括以下内容：

1)与动力照明系统的接口

电力供应是电梯设备正常运行的基础，地铁电梯的电源是由地铁动力照明系统来提供的。为电梯系统设计电源时，需按设备的供电电源要求、额定功率以及满载电流和启动电流选配每台设备的就地配电箱。

2)与设备监控系统(EMCS)的接口

为了满足设备监控系统(EMCS)的需要，电梯设备制造商在自动扶梯及电梯的控制柜内需要提供向 EMCS 系统通信的接口。接口的形式可以采用传统的 RS422/RS485 通信接口，也可以采用现场总线方式。EMCS 系统将自动扶梯及电梯设备的运行状态及设备运行的各项统计数据传输到站控制室及控制中心(OCC)的 EMCS 设备监控显示器。

3)与防灾报警系统(FAS)的接口

对于自动扶梯，站内自动扶梯下三角房内设有烟感探测器。当车站检测到火警信号后，可根据摄像系统，监视此时扶梯是否有乘客，当扶梯上无乘客时，通过急停开关发出停车指令，扶梯接到指令即停机。

对于垂直电梯，站控室 FAS 控制台上设垂直电梯消防迫降功能按钮，该按钮与电梯井道上层厅门附近的控制柜连接。在火警情况下，可控制所有电梯自动返回基站。

4)与环控系统(BAS)的接口

BAS 系统监测自动扶梯的运行状态，但不进行控制。车站站台至站厅自动扶梯下部三角机房内设计的通风百叶窗、换气扇等设施由环控通风专业负责完成。

5)与通信系统的接口

电梯轿厢内安装求救电话或可与站控室通话的紧急对讲装置。电梯轿厢内安装了监视摄像头，可在站控室或 OCC 进行视频观察。轮椅升降台具有连接到对讲主机和各分机的视频对讲系统。车站垂直电梯具备设备监控、轿厢内外对讲等功能，从紧急情况下安全角度出发需进一步配套增设轿厢内乘客与站控室、轿厢紧急操控箱三方对讲通话功能及设施。

6)与给排水系统的接口

为了解决地铁车站电梯的排水问题,车站出入口自动扶梯下端基坑预埋排水管汇入旁边集水井后机排处理。垂直电梯井道底坑内预埋排水管。站台至站厅垂直电梯底坑内积水可自然排入车站集水井。出入口垂直电梯底坑内积水可通过排水管汇入附近扶梯下基坑附近集水井后而机排处理。

1.4 地铁车站电梯的应用和发展

1. 地铁车站电梯的应用情况

地铁作为城市的主要公共交通设施,是城市现代化的重要标志之一。随着人民生活水平的不断提高,人们对出行的环境、质量和舒适度有着越来越高的要求,作为地铁客运服务重要设施的自动扶梯,在地下铁道的建设和运营中越来越受到人们的关注。以北京地铁为例,北京地铁一期工程和环线开始投入运营时,只有18 台自动扶梯,从早上 6:00 至 12:00,下午 13:00 至 21:00 投入运行,每天运行14 h。近几年来,地铁总公司为方便乘客乘坐地铁,在地铁车站有预留安装扶梯位置的出入口,按照客流分布及资金情况,先后增设了数十台自动扶梯,并有近百台新的自动扶梯投入运行使用。

2000 年开始,为不断提高地铁客运服务质量,地铁总公司将自动扶梯运行时间调整为与地铁运营时间同步,从早晨 5:00 至晚上 23:00,每天连续运行近 19 个 h。北京地铁现投入运行的自动扶梯基本都是公共交通型重载扶梯,按照地铁沿线车站的埋深不同,扶梯的垂直提升高度从 4.5 m 至 16 m 不等,近 70%以上的扶梯垂直提升高度在 8 m 以上。根据不同的提升高度,扶梯相应配置的电机功率从11 kW 至 40 kW 不等。大部分出入口设置一台上行扶梯,设置两台扶梯的出入口采用一上一下的运行方式。北京地铁高峰小时列车运行间隔为 3 min,日开行列车在 400 列以上,日平均列车运行间隔为 6 min,即每 3 min 便有一列列车进站。若考虑现有扶梯平均提升高度为 10 m,扶梯运送每列列车的乘客出站仅为 80 s(按每个梯级站 1 个人考虑),有 50 %以上的时间扶梯为空载运行,再加上列车进站间隔交错不等,低峰时,列车间隔达 6 ～ 8 min,实际上扶梯空载运行时间可能会更长。这样不仅浪费了大量的电能,也增加了扶梯的损耗,长期采用这种运行方式既不合理也不经济。因此地铁扶梯的运行应根据地铁运营的特点,采用相应的运行方式,以确保自动扶梯的运行更加经济合理。

北京地铁在用扶梯的种类及型号包括法国 CNIM、E 型扶梯,迅达 9300 型、9700 型扶梯,德国蒂森 FT 845 型扶梯,西子奥的斯 X021NP 型扶梯,韩国 LG 型扶梯,上海三菱 JP 系列扶梯,富士达 GS-8000 型扶梯和广州奥地斯515NPE-L

型扶梯。

不同类型和形式的地铁车站对电梯需求和配置要求是不相同的。车站所处的地理位置,车站的具体结构,以及对车站整体功能预期的要求决定了地铁车站电梯的配置情况。

1)位置不同的地铁车站电梯应用情况

按照车站在全线中所处位置,地铁车站包括单线站和换乘站。单线站,即本身只为一条地铁线路服务的车站,这类车站按照其在整条地铁线路中的位置,可以分为中间站和终点站。如北京某地铁线中的古城站(地下二层侧式站台),万寿路站(地下二层岛式站台)是单线中间站,苹果园站(地下二层侧式站台)为线路的终点站,这种站型一般规模较小,乘客的数量相对较少,因此电梯的配置数量也较少。换乘站是为两条及以上地铁线路服务的车站,如北京某地铁线的复兴门站(地下二层岛式站台),西单站(地下三层岛式站台)等为两条或者两条以上地铁的换乘车站,该类车站结构复杂,换乘旅客众多,人流密度大,与单线站相比较,换乘站电梯的配置数量较多,种类也较为齐全。

2)结构不同的地铁车站电梯应用情况

从地铁车站结构上来分类,地铁车站的主要类型包括地上车站和地下车站。地下车站又可以分为地下二层侧式,地下二层岛式,地下三层岛式和地下三层岛侧式等类型。不管是地上的车站还是地下的车站,与地面的距离越远,则要求各种电梯的配置要更多,以满足乘客的需要。北京地铁 1、2 号线是我国早期修建的地铁,在车站两端设站厅和自动扶梯,站台上部为单层结构。现代地铁车站都采用双层结构,上面一层是售检票处和乘客集散厅,下面一层是乘车站台。双层车站有条件在站厅与站台层之间设置多组自动扶梯。

如北京地铁某地铁线的北京站车站,为地下二层岛式车站,其电梯配置如图 1.6 所示。

该车站修建的时间为 20 世纪 60 年代,因此该车站电梯的配置较为简单,只在站厅层和 4 个出口之间安装了 4 部自动扶梯,而站台层和站厅层之间没有安装自动扶梯。为了解决残疾人士乘坐地铁的需要,该车站在每个车站的出入口的楼梯上分别安装了轮椅升降台。

随着地铁车站越挖越深,交叉车站的增多,现在新建设的地铁车站更多的出现了三层车站,地下一层是站厅层,地下二层、三层是站台层。这种结构的车站有以下几种设计方法:

(1)一种是乘客一层一层的往下走,就像商场的自动扶梯那样。这样乘客进出站很不方便,走行时间也长。遇有紧急情况,也不利于乘客疏散。

(2)另一种是在站厅层分别设置直通地下二层、地下三层的自动扶梯,乘客由

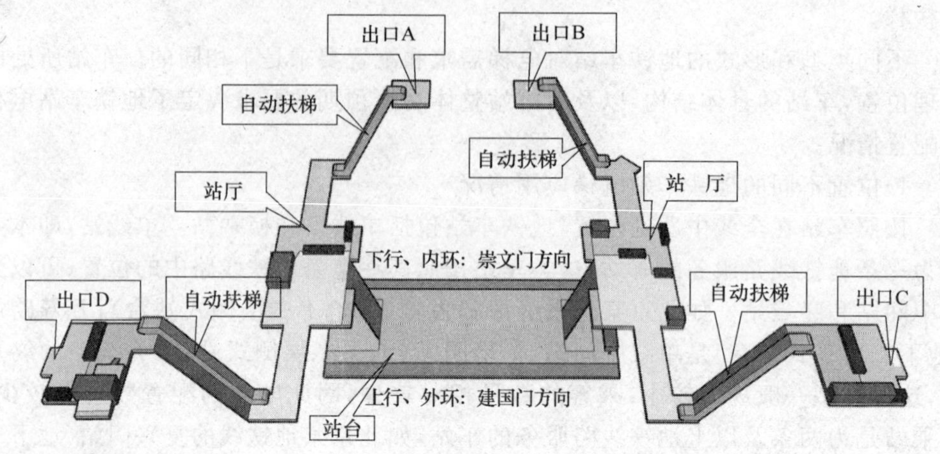

图 1.6 地铁北京站车站电梯配置

站厅可直达第三层站台。同时，将通往地下二层和三层的自动扶梯设在一个电梯井内，两梯呈交叉布置。往地下二层和三层去的乘客，从电梯井两边上下电梯。这样车站的设计更加合理，缩短了乘客进出站时间，有利于提高车站通过能力。

3)列车编组不同对地铁车站电梯应用情况

自动扶梯的配置数量除了考虑车站的结构以外，还要考虑每个城市地铁列车的编组情况。从安全和运营管理考虑，明挖双层车站应按每 2 辆车设一组自动扶梯。即 6 辆编组站台设 3 组自动扶梯，8 辆编组站台设 4 组自动扶梯较为合理。上海地铁 1 号线列车 8 辆编组，设置了 3 至 4 组自动扶梯，广州地铁 1 号线列车 6 辆编组，设置 3 组自动扶梯，使用效果都很好。目前，北京地铁地铁列车的编组为 6 辆编组，而相当一部分在站厅与站台层之间只设置 2 组自动扶梯，这对及时的疏散站台乘客来讲是不利的。

4)残疾人电梯的应用

现在残疾人电梯有两种设计方法。一种是将残疾人电梯设在车站收费区内，残疾人购票进入收费区后，才能乘电梯下到站台层乘车。另一种做法是按残疾人免费乘车考虑，将残疾人电梯设在非收费区内，残疾人不经过检票口，直接乘电梯下到站台乘车。这样可把残疾人电梯布置在站台层的端部，与其他自动扶梯没有干扰。北京地铁五号线将残疾人电梯设在收费区以外，残疾人免费乘坐地铁的做法值得推广，这体现了城市的文明和进步程度。

5)地铁车站电梯的配置举例

广州地铁 2 号线共 16 个车站，共配置 116 台广州日立扶梯、10 台原装日本日立扶梯、8 台原装日本三菱扶梯、12 台杭州西子奥的斯液压电梯、30 台德国蒂森楼梯升降机及赤沙车辆段的 6 台上海三菱电梯。

南京地铁1号线全线共有自动扶梯88部，各车站站台至站厅、站厅至地面均设上行自动扶梯，采用苏州迅达电梯有限公司生产的9700公共交通型和少量9300普通型。全线共有电梯28部，其中小行基地综合楼、2个物资仓库和通号楼有4部电梯，其余分布于各个车站。垂直电梯主要用于残疾人进出车站，并兼顾站内设备运输，采用国产化率100%的通力电梯有限公司生产的KONE3000 Monospace无机房电梯。为方便乘坐轮椅的残疾人进出地铁，在三山街、南京站和迈皋桥3个车站安装了德国蒂森电梯有限公司生产的T80型无障碍轮椅升降台3部。

2. 地铁车站电梯应用的发展情况

1)新型地铁车站出入口采用由升降电梯代替自动扶梯的方案

随着地铁建设的不断加快，地铁车站的建设不可避免地要躲避越来越多且越埋越深的城市地下管网，今后地铁线路的设置将越来越深。目前建成的车站已有达到埋深20余米(m)。如果车站埋深达到30 m，车站出入口的斜隧道将达到60～70 m。超长斜隧道施工比较困难。而且地铁车站出入口的位置多设置在城市干道两侧人行道附近。这个部位往往是城市地下管网的密集区，拆迁工程量大，相互干扰大。车站出入口斜隧道越长，涉及地下管网的拆迁量越大，不得不寻找一种避免修建超长斜隧道及减少出入口拆迁工程量的新方案。

新型地铁车站出入口方案的中心思路是用竖井替代斜隧道，用垂直电梯替代自动扶梯，用上下两层的电梯结构避开上下电梯的客流交叉，用数台大型电梯全自动连续运转，达到客流出入车站连续不间断，有较高的输送人员效率。

新型地铁车站出入口方案的优缺点包括以下几点：

(1)在平面上客运竖井是一个点，选择布置地点，比斜隧道出入口灵活方便，比较容易避开地下管网，减少拆迁量。

(2)竖井施工从已建成的工程中积累了大量成熟经验。工程量比斜隧道少，造价便宜。

(3)垂直电梯是十分成熟的常规设备，造价比自动扶梯便宜，也便于安装和维修。需要研制的是电梯全自动控制系统及设备，这是一套软件，技术上不是很困难。

(4)工程施工过程，施工竖井和客运竖井可共用。

(5)车站埋设位置越深，本方案的优点越突出。

该方案也有缺点，在遇有灾情需短时间紧急疏散大量客流时，可能疏散能力稍弱。可以通过设置防灾竖井中布置防灾通道，或保留一处斜隧道出入口作为应急备用，来解决这个难题。

2)地铁车站电梯应用的发展

(1)自动扶梯大范围采用变频节能装置

为节约能源，减少机械磨损，自动扶梯驱动控制系统通过变频器来实现额定速度与节能速度的互相转换。即扶梯设备的正常额定速度为 0.65 m/s，如果感应装置检测出持续一段时间没有乘客使用扶梯，则自动调整改变电机的供电频率使扶梯的运行速度降为 0.13 m/s，当有乘客重新走近扶梯时，运行速度又会即刻调整为 0.65 m/s。

站台至站厅层的自动扶梯采用的变频器与控制柜外置于在站台上扶梯桁架下封闭的三角房内，出入口的自动扶梯采用变频器与控制柜内置于扶梯上水平端桁架内的形式。

自动扶梯入口两侧设光电式感应装置或机械式传感装置，该装置应保证在乘客踏上水平梯级之前，扶梯速度可从节能速度调整到额定速度。

(2)垂直电梯选用无机房电梯

无机房电梯由于彻底取消了机房，而且节省电能、有利环保，所以非常适合在地铁车站内使用。其主要技术参数为：额定载重 1 000 kg；额定速度 1.0 m/s。其突出技术特点包括采用扁平包层复合钢带取代普通电梯的钢丝绳来传递曳引力，采用永磁同步电动机、盘形制动器构成紧凑小巧的无齿轮曳引机，并将其置于井道顶部的钢结构横梁上，从而取消普通曳引电梯上置机房，顶层厅门一侧设紧急及检修控制柜，方便维修人员迅速有效地操控及维修电梯。

第 2 章 地铁车站自动扶梯

2.1 自动扶梯概述

2.1.1 自动扶梯定义

自动扶梯是以电力驱动,带有循环运动梯路向上或向下倾斜连续运送乘客的开放式运输机械。其具有结构紧凑、安全可靠、安装维修简单方便等特点,在客流量大而集中的场所,如地铁车站、大型商场等处得以广泛应用,如图 2.1 和图 2.2 所示。另外,自动人行步道也属于自动扶梯的一种,在地铁车站和大型商场等处应用也非常广泛。自动人行步道如图 2.3 和图 2.4 所示。

图 2.1 商场中的自动扶梯

图 2.2 地铁车站中的自动扶梯

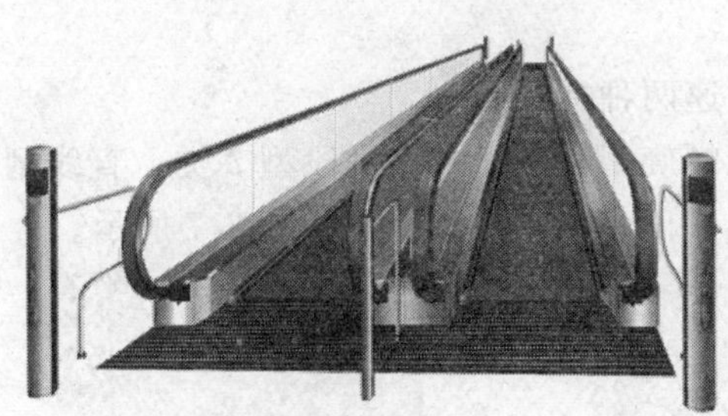

图 2.3 商场中的人行步道

图 2.4 地铁车站中的人行步道

自动扶梯主要作用是为了方便旅客乘车,减少疲劳,提高旅客舒适度,改善乘车环境。与一般电梯不同的是,自动扶梯具有连续输送功能,能够在较短时间内输送大量乘客,其主要优点是:

1. 输送能力大,生产效率高,能连续运送乘客。

2. 自动扶梯能逆转,上下行都能运转,可以实现在车站从候车站台到地面出入口的连续输送。

3. 当停电或重要零件损坏需停车时,可用作普通楼梯使用。

自动扶梯主要缺点是:

1. 自动扶梯构成中有水平区段,产生附加的能量损失。

2. 提升高度较大时,乘客在自动扶梯上停留时间较长。

3. 造价较高。

2.1.2 自动扶梯的分类

虽然我国应用自动扶梯的历史不是很长,直到 1959 年,上海电梯厂才生产了我国第一批双人自动扶梯,用于北京火车站。但是伴随我国社会主义现代化建设,自动扶梯的发展速度非常迅速。特别是改革开放以来,伴随国民经济的快速发展,自动扶梯的生产和应用也取得了突飞猛进的发展。各种各样的自动扶梯开始广泛应用于各种人员密集的场所。

扶梯分类方法很多,可从不同角度来分类。

1. 按驱动方式分类包括有链条式和齿轮齿条式两类。链条式驱动的扶梯一般采用端部驱动,而齿轮齿条式驱动的扶梯则采用中间驱动方式。

2. 按使用条件分类包括有普通型和公共交通型。普通型扶梯运行时间一般每周少于 140 h ,而公共交通型扶梯则每周运行时间大于 140 h。

3. 按提升高度分类包括有 3 类,分别是最大提升高度为 4 ～ 16 m 的小提升高度扶梯,最大提升高度为 10 ～ 25 m 的中提升高度扶梯,以及最大提升高度大于 45 m 的大提升高度扶梯。

4. 按运行速度分类包括有恒速和可调速两种。

5. 按梯级运行轨迹分类包括有直线型、螺旋型和中间带水平段型 3 类。直线型扶梯图 2.5 所示,螺旋型扶梯如图 2.6 所示,中间带水平段型扶梯如图 2.7 所示。

图 2.5　直线型扶梯

图 2.6　螺旋形扶梯图

图 2.7　中间带水平段的扶梯

6. 按照护板形式来分类包括护板为不透明形式，护板为全透明形式和护板为半透明形式 3 类。

7. 按照扶梯的安装倾斜角度来分类包括倾斜角度为 27.3°，倾斜角度为 30°和倾斜角度为 35° 3 类。

8. 按照扶梯的梯级宽度来分类包括 600 mm，800 mm 和 1 000 mm 3 种分类。

2.1.3 自动扶梯技术参数及术语

地铁车站中自动扶梯的符号如图 2.8 所示。

地铁车站选用的自动扶梯，一般驱动主机为内置式（驱动机放入上端部桁架内）的重载荷公共交通型扶梯。其主要技术参数包括提升高度 H、输送能力 Q、运行速度 v、梯级（踏板或胶带）宽度 B 及梯路的倾角 α 等。

图 2.8 地铁自动扶梯的表示符号

1. 工作条件

AC 380 V±10 %，50 Hz± 4 %，满载运行 20 h/天，140 h/周，隔 3 h 能以 100 % 制动载荷连续运行 1 h。

2. 运行速度 v

根据 GB 规范，自动扶梯和自动人行道的速度有以下规定：

1）自动扶梯倾斜角 α 不大于 30° 时，其运行速度不应超过 0.75 m/s。

2）自动扶梯倾斜角 α 大于 30°，但不大于 35° 时，其运行速度不应超过0.5 m/s。

3）自动人行步道的运行速度不应超过 0.5 m/s。

4）踏板或胶带的宽度不超过 1.1 m 时，自动人行道的运行速度最大允许达到 0.9 m/s。

5）当无人使用自动扶梯时，其运行速度可以为节能速度 0.13 m/s。

3. 倾斜角度 α

倾斜角 α 是梯级或踏板运行方向与水平面构成的最大角度。倾角越大，安装长度越小。自动扶梯标准倾角是 27.3°、30° 或者 35°，而自动人行道倾斜角 $\alpha \leqslant 12°$。35° 的倾角只用于提升高度 $\leqslant$ 6 m 且速度 $\leqslant$ 0.5 m/s 的场合。

4. 梯级（踏板或胶带）宽度 B

目前我国所采用的梯级宽度 B 有以下几个标准，其示意图如图 2.9 所示：

1）小提升高度时，单人的为 0.6 m，双人的为 1.0 m。

2）中、大提升高度时，双人的为 1.0 m，另外还有 0.8 m 的规格。

3)踏板(或胶带)的宽度一般有 0.8 m 和 1.0 m 两种规格。

5. 梯级水平段 L

梯级水平段 L 是指扶梯进口处水平运行的距离(mm),该参数有如下标准:

1)当 $v=0.5$ m/s 时,$L\geqslant 800$ mm ;

2)当 $v\leqslant$m0.65 m/s 时,$L\geqslant 1\ 200$ mm ;

3)当 $v\leqslant$m0.75 m/s 时,$L\geqslant 1\ 600$ mm 。

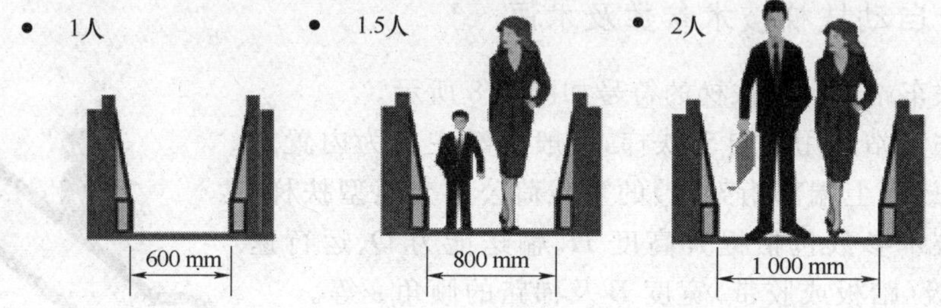

图 2.9 梯级(踏板或胶带)宽度 B

6. 提升高度 H

提升高度 H 是指扶梯的上基点与下基点的垂直高度差(m)。我国目前生产的自动扶梯系列为:商用型 $H\leqslant 7.5$ m,公共交通型 $H\leqslant 50$ m。提升高度 H 的示意图如图 2.10 所示。

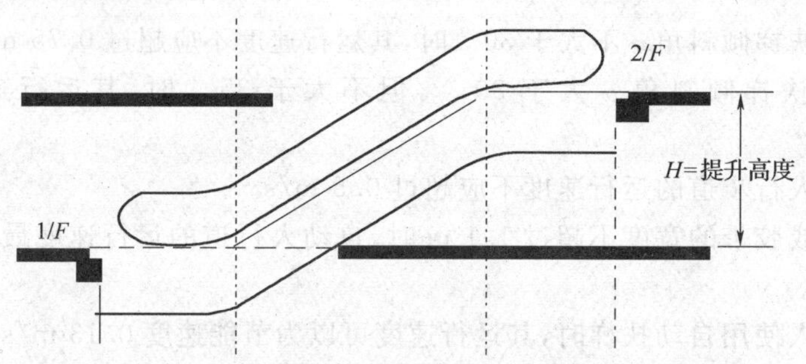

图 2.10 扶梯提升高度 H

7. 安装长度 L

安装长度 L 如图 2.11 所示,主要由提升高度和倾角决定。安装前必须对现场的实际尺寸进行检查。

8. 运行方式:上下可逆运转。

9. 控制方式:车站集中控制。

10. 噪声:梯级及盖板上方 1 m 处,不大于 65 dB 。

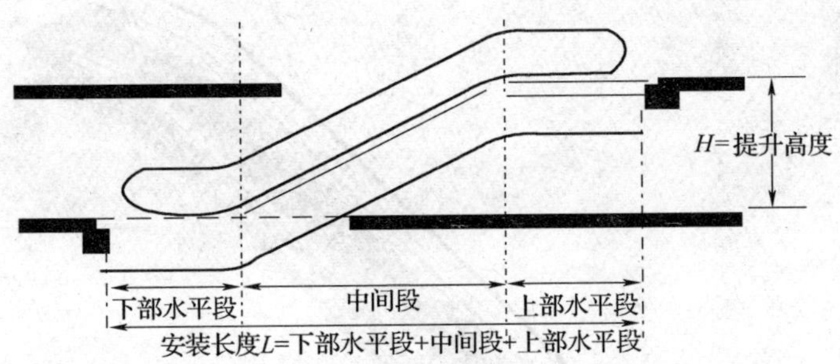

图 2.11　安装长度 L

11. 扶手带的运行速度相对梯级速度匀差为 0 ～±2 %。

12. 理论输送能力

自动扶梯或自动人行道每小时理论输送的人数如表 2.1 所示。

表 2.1　自动扶梯或自动人行道每小时理论输送的人数

宽度 \ 速度	0.5 m/s	0.65 m/s	0.75 m/s
600 mm	4 500 人/h	5 850 人/h	6 750 人/h
800 mm	6 750 人/h	8 775 人/h	10 125 人/h
1 000 mm	9 000 人/h	11 700 人/h	13 500 人/h

13. 输送能力 Q

输送能力是指每小时运载人员的数目。当自动扶梯或自动人行道各梯级(踏板或胶带)被人员站满时,理论上的最大小时输送能力按下式计算：

$$Q=3\ 600N v\varphi/t_{级}$$

式中　$t_{级}$——指两个梯级之间的节距,单位为 m；

N——表示每一梯级上可以站立人员的数目；

v——表示梯级(踏板或胶带)的运行速度,单位为 m/s 。

这样计算出的便是理论输送能力。但是,实际值应该考虑到乘客登上自动扶梯或自动人行道的速度,也就是梯级运行速度对自动扶梯或自动人行道满载的影响。因此,应该用一系数来考虑满载情况,这一系数称为满载系数φ 。

14. 自动扶梯左右方向

所谓扶梯的左边和右边,我们总是约定站在扶梯下部,面向扶梯,从下往上看,左手的一边为左边,右手的一边为右边,如图 2.12 所示。

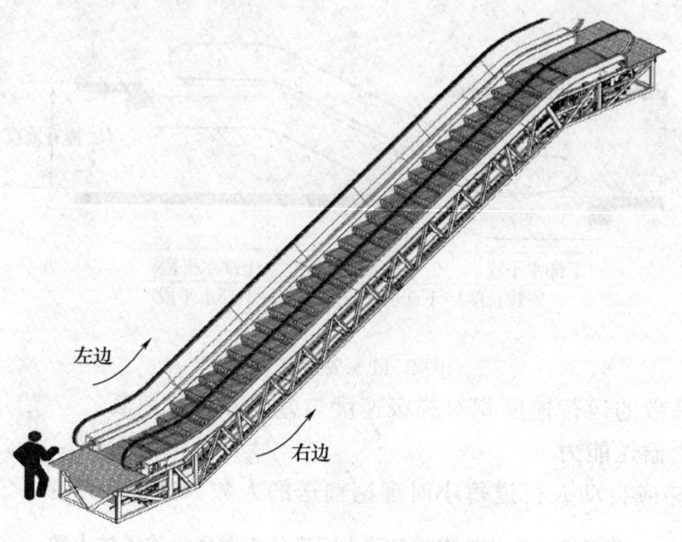

图 2.12 自动扶梯左右方向

2.2 地铁车站自动扶梯的机械及电器设备结构

自动扶梯和人行步道的主要结构主要可以分为机械和电气系统两个部分。具体包括金属结构框架、动力驱动部分、梯路部分、扶手部分、控制部分和其他部分。

现以上海地铁某车站使用的某品牌自动扶梯和北京地铁某车站使用的某品牌自动人行步道为例，其总体结构及包含的主要部件如图 2.13 和图 2.14 所示。自动扶梯上端结构图如图 2.15 所示。各部分主要功能如下：

1. 桁架是自动扶梯的主要支撑结构。

2. 导轨是梯级在桁架内循环运动的主要导向和支撑结构。它分为上头部、下头部和倾斜段三部分。

3. 驱动站由驱动电机、减速箱、制动器、扶手带驱动轮和梯级链驱动轮组成，驱动电机是驱动梯级回路和扶手带的主机。

4. 梯级回路和扶手带是自动扶梯上用于输送乘客的运送部件。梯级回路由梯级和梯级链组成，通过梯级链驱动轮来驱动。扶手带与梯级回路同步运行，供乘客乘坐自动自动扶梯时手扶使用。扶手带由扶手带轮驱动，绕扶手护栏回转。

5. 回转站是梯级在梯级回路下部的回转区。梯级链的张紧调节通过回转站上的弹簧张紧装置来实现。

6. 扶手护栏在梯级回路上部，由玻璃栏板、盖板、扶手转向端和裙板组成。

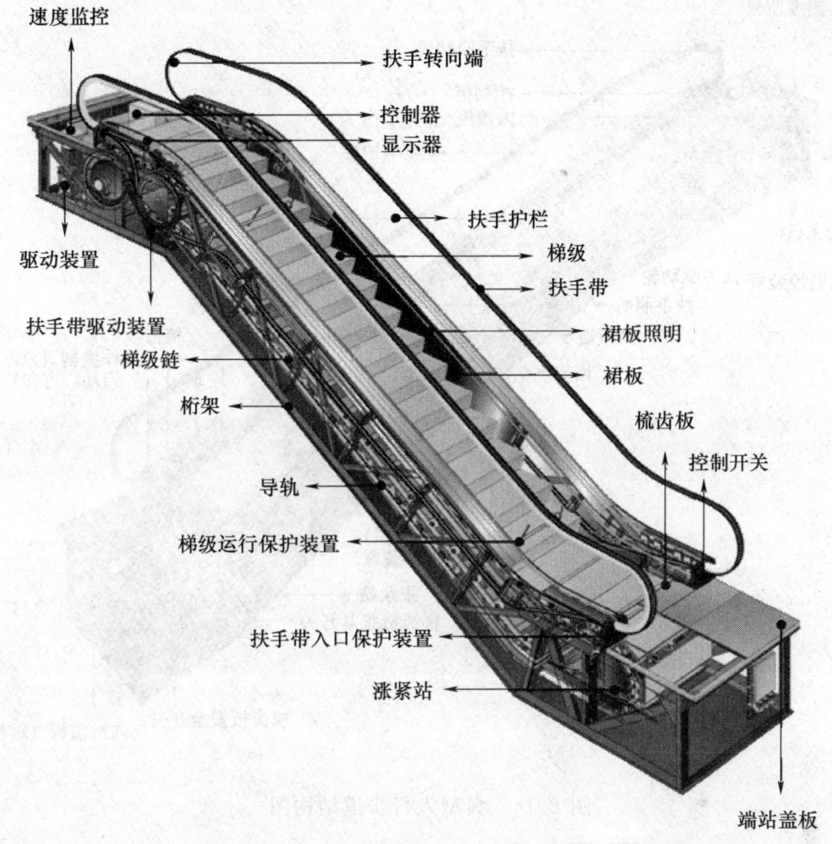

图 2.13　典型自动扶梯结构图

7. 楼层盖板是上下部底坑的可移动盖板，上下底坑的盖板用于盖住扶梯出入口。保养时可被移去以方便维修人员进入底坑内工作。它是从楼层地面进入自动扶梯的一个过渡。也是从楼层地面进入自动扶梯的一个过道。

8. 梳齿板与楼层盖板相连，在自动扶梯上下部的入口处，乘客由此可进入或退出梯级回路。它有与回转梯级相啮合的可拆卸梳齿。

9. 扶手带入口板是扶手转向端的入口板，包括扶手带入口保护装置，扶手带由此进入或退出扶梯内部，构成内外盖板与裙板的末端。

10. 控制柜是电气系统的中枢，包括控制和监控扶梯运行的电气元件。控制柜放置在扶梯上端底坑内。

11. 照明系统提供自动扶梯的多点照明。包括裙板照明，梳齿照明和梯级间隙照明。

12. 电气安全装置是与控制柜安全继电器相连的各种电气装置（安全开关、速

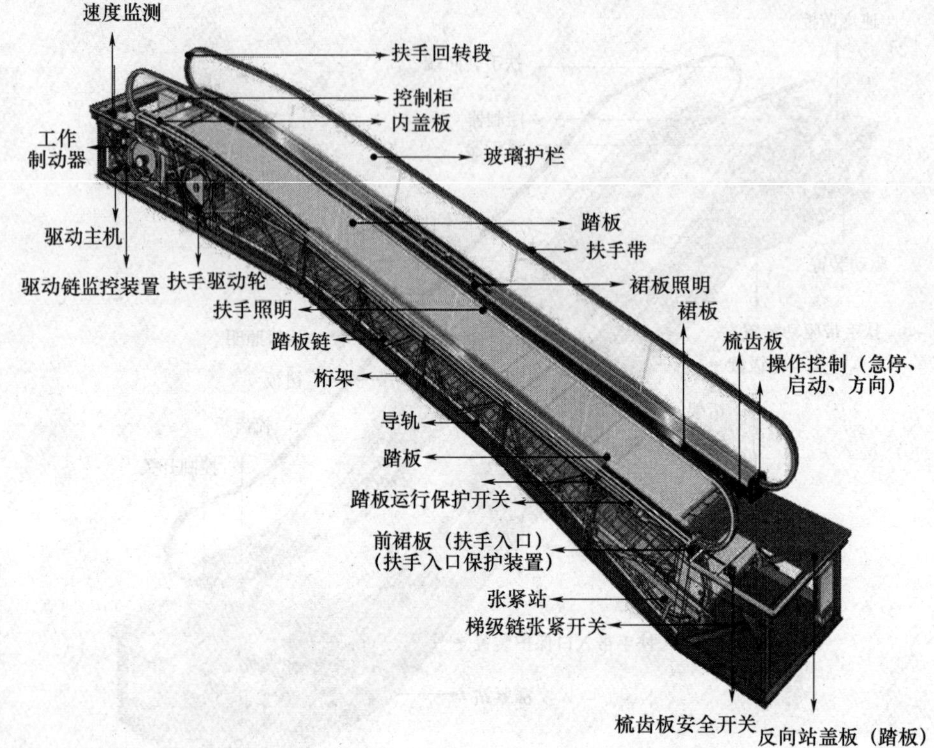

图 2.14　典型人行步道结构图

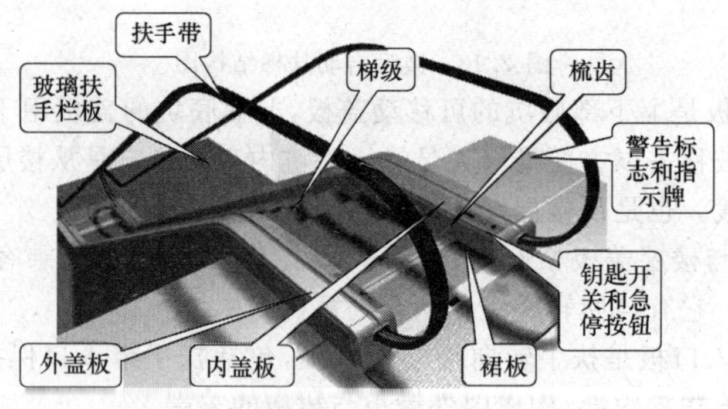

图 2.15　自动扶梯上端结构图

度监控），其中任何一个动作，都将导致自动扶梯停止运转。

综合起来，自动扶梯的结构一般可分成 4 大部分：

1. 金属框架结构，用于自动扶梯各零件的组合和定位，以及在现场的定位安置；

2. 动力驱动装置，完成梯路的提升和连续循环运转；

3. 供乘客站立并能连续提升的梯路，包括梯级、牵引构件和梯路导轨系统；

4. 控制与安全装置。

下面，根据自动扶梯和人行布道的主要结构详细介绍其各个构成部分。

2.2.1 金属框架结构

自动扶梯金属结构的作用在于安装和支承自动扶梯的各个部件，承受各种载荷以及将建筑物两个不同层高的地面连接起来。典型的自动扶梯桁架结构如图 2.16 所示。

图 2.16　自动扶梯桁架

金属结构架一般有桁架式和板梁式两种，目前常用的是桁架式。桁架一般由方钢或角钢型材焊接构成。不同载荷和提升高度的桁架材料也有所不同。

采用在建筑结构中常用的工字钢取代桁架的即为板梁式金属结构框架。由于工字钢上面的空间可以容纳全部扶手系统的有关部件，因而可缩小总宽尺寸。横向刚性及抗扭刚性都有很大的提高，同时，具有优良的抗震性能。

桁架式端部驱动及中间驱动自动扶梯的梯路、驱动装置、张紧装置、导轨系统及扶手装置等安装在金属结构的里面和上面。梯级导轨与桁架的连接结构如图 2.17 所示，驱动装置与桁架的连接结构如图 2.18 所示。

图 2.17　梯级导轨与桁架的连接结构

图 2.18　驱动装置与桁架的连接结构

桁架是扶梯的基础构架，小提升高度自动扶梯的金属结构通常由 3 段组成，即驱动段、张紧段以及中间段。中间段可分为标准段与非标准段。3 段拼装成金属结构整体，两端支撑在建筑物的不同层高之上。提升高度 $H \leqslant 6$ m 时，采用双支座，超过 6 m 时则设置 3 个或 3 个以上支座，以保证金属结构有足够的刚度。小提升高度自动扶梯的桁架如图所 2.19 所示，

图 2.19 完整自动扶梯桁架结构

大、中提升高度自动扶梯的金属结构常由多段结构组成。除驱动段与张紧段外，根据需要还有若干中间结构段。可设置有中间支撑，中间结构段的下弦杆的节点支承在一系列的水泥墩上，形成多支撑结构。

为保证扶梯处于良好工作状态，桁架必须具有足够刚度，其允许挠度一般为扶梯上、下支撑点点间距离的 1 ‰。大提升高度的自动扶梯为保证其刚度常设中间支撑结构，它不仅起支撑作用，而且可随桁架的胀和缩自行调节。

对于普通型的室内自动扶梯，桁架表面通常喷防锈漆，为美观起见，桁架表面可作喷漆处理或镀锌处理。特别是车站室外自动扶梯由于一直工作于较恶劣的环境中，桁架必须作表面镀锌等防腐处理。

另外，为了避免自动扶梯金属结构和建筑物直接接触，以防振动与噪声的传播，在支撑金属结构的支座下衬以减振金属片，将金属结构与建筑物隔离开来。金属结构与地面之间的空隙用弹性充填物来填满。减振金属板旁边垂直放置的隔离板可防止充填物进入金属结构的支撑角钢处。

2.2.2 动力驱动装置

自动扶梯驱动装置是自动扶梯级的核心部分，其主要作用是将动力经齿轮减速箱传递给予梯路系统及扶手系统。一般由电动机、制动器、减速箱、传动链驱动主轴、扶手带传动轴、梯级链驱动轮和扶手带驱动轮等组成。驱动装置的传动比一般控制在 1∶46～1∶48 之间。自动扶梯的驱动系统有较高的要求，对于所有的零部件都必需进行严格的设计计算，保证其具有较高的强度、刚度及耐磨性。由于驱动装置设置地点位置的限制，要求机构尽量紧凑，并需装拆维修方便。

1. 驱动站的布置方式

自动扶梯的驱动站一般放置在自动扶梯桁架内，根据自动扶梯的使用情况，驱动站可以布置在不同的位置。安装驱动装置的地方称为机房。小提升高度自动扶梯使用内机房，在提升高度相当大或有特殊要求时，端部驱动自动扶梯需要采用外机房，也就是驱动装置安装在自动扶梯金属结构外建筑物的基础上。端部驱动结构形式生产时间已久，工艺成熟，维修方便。地铁车站选用的自动扶梯和人行步道均为这种形式结构。中间驱动形式结构紧凑，能耗低，特别是大提升高度时，可以实现多级驱动。

1)端部驱动

端部驱动的自动扶梯包括扶梯上部驱动和扶梯下部驱动两种形式。驱动装置一般位于上部，驱动装置输出的转矩经传动链条，传递给梯路驱动链轮及扶手带轮，驱动扶手带与梯路同步运行。端部驱动扶梯以牵引链条为牵引件，又称链条式自动扶梯。端部驱动站如图 2.20 所示。

图 2.20　端部驱动站

2)中间驱动

中间驱动装置将驱动机组置于自动扶梯上、下两分支之间，这种结构可节省端部驱动装置所占用内机房的空间，而且简化了自动扶梯两个端部的结构。中间驱动装置装在自动扶梯的中部，以牵引齿条为牵引件，又称为齿条式自动扶梯。中间驱动扶梯的最大特点是可以实现自动扶梯的多级驱动，以解决需要自动扶梯的提升高度相当大时的情况。

2. 驱动机

驱动机主要由电动机、蜗轮蜗杆减速机、链轮、制动器(抱闸)等组成。就电动机的安装位置可分为立式与卧式，目前采用立式驱动机的扶梯居多。其优点为结构紧凑、占地少、质量轻、便于维修、噪声低、振动小，尤其是整体式驱动机，如图 2.21 所示，其电动机转子轴与蜗杆共轴，因而平衡性很好，且可消除振动及降低噪声，承载能力大。小提升高度的扶梯可由一台驱动机驱动，中提升高度的扶梯可由两台驱动机驱动。

驱动机制动器(抱闸)如图 2.22 所示,其主要结构包括用于产生磁力的电磁铁、复位弹簧、制动闸瓦、制动片和制动轴。

图 2.21 扶梯整体式驱动机

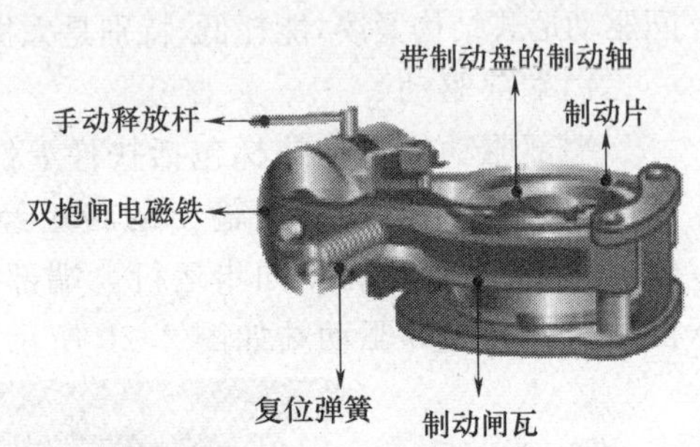

图 2.22 驱动装置制动器(抱闸)

3. 减速箱

自动扶梯一般采用交流异步电动机,输出的转速较高。同步转速一般为 1 500 r/min ,因此必须使用减速箱减速,自动扶梯上较多采用的是蜗轮蜗杆减速箱,行星齿轮减速箱。

蜗轮蜗杆减速箱如图 2.23 所示,该种减速箱具有传动平稳、振动、冲击和噪声均小、减速比大、通用性广、能与各种机械设备配套使用、能以单级传动获得较大的传动比、结构紧凑。

行星齿轮减速箱如图 2.24 所示,行星减速机由于体积小、精度高、效率高、输出扭矩高,运转平顺及低噪声,免维护等原因越来越得到广泛的应用,但价格也比较贵。

图 2.23 蜗轮蜗杆减速箱

图 2.24 行星齿轮减速箱

4. 驱动装置

驱动装置主要由驱动链轮、梯级链轮、扶手驱动链轮、主轴及制动轮或棘轮等组成。该装置从驱动机获得动力，经驱动链用以驱动梯级和扶手带，从而实现扶梯的主运动，并且可在应急时制动，防止乘客倒滑，确保乘客安全。该装置装配在上部桁架中，驱动机与驱动主轴的连接方式，包括皮带传动和链条传动 2 种方式，皮带传动方式如图 2.25 所示，链条传动方式如图 2.26 所示。驱动装置的驱动链轮、梯级链轮、扶手驱动链轮、主轴及制动轮的安装位置如图 2.27 所示。

图 2.25　皮带传动扶梯驱动装置

图 2.26　链条传动扶梯驱动装置

图 2.27　驱动装置部件的安装位置

驱动装置的各部分的连接原理如图 2.28 所示，其驱动梯级运行的原理为驱动机通过传动链条或者皮带带动驱动主轴，主轴上装有两个牵引链轮、两个扶手驱动轮、传动链轮以及紧急制动器等。牵引链条上装有一系列梯级，由主轴上的牵引链轮带动。主轴上的扶手驱动轮通过扶手传动链条使扶手驱动轮驱动扶手胶带。另外，为了防止扶手带在运行过程中打滑，还配置有扶手胶带压紧装置，以增加扶手胶带与扶手驱动轮间的摩擦力。

2.2.3 梯路部分组成

梯路部分是自动扶梯实现其连续运输乘客功能的重要部分，可供乘客站立并能连续运输。梯路主要包括梯级、梯级传动链条（牵引构件）、梯路导轨、驱动和张紧装置和围裙板凳几个部分。

图 2.28 驱动装置各部分的连接原理

1. 梯级

梯级是自动扶梯的载人部件，多个梯级用特定的方法组合在一起，沿着一定的轨迹运行，形成梯路，梯路形成一连续的整体，在自动扶梯内周而复始地运行，完成对人员的连续运送。梯级在自动扶梯中是一个很关键的部件，它是直接承载输送乘客的特殊结构的 4 轮小车，是自动扶梯的运动部件，如图 2.29 所示。

图 2.29 扶梯梯级

梯级如同一个有特殊结构的 4 轮小车（2 只主轮和 2 只辅轮），通过梯级链，在梯级链驱动轮的牵引下，沿导轨运行。梯级是数量最多的部件，一台小提升高度自动扶梯的梯级约需 50～100 只，大提升高度自动扶梯的梯级多达 600～700 只梯级。由于梯级数量众多，又是经常运动的部件，因此梯级质量的好坏，直接影响自动扶梯的整体性能。因此，对梯级质量要求较高。梯级的踏板面在工作段必须保持水平。如图 2.30 所示，梯级的主轮轴与梯级链连接在一起，全部梯级按一定规律布置在导轨上，导轨的形状决定了梯级的运行轨迹，而它的辅轮轮轴则不与牵引链条连接。梯级在梯路上半周时，踏面一直处于水平状态，而在下半周，恰好翻转 180°。

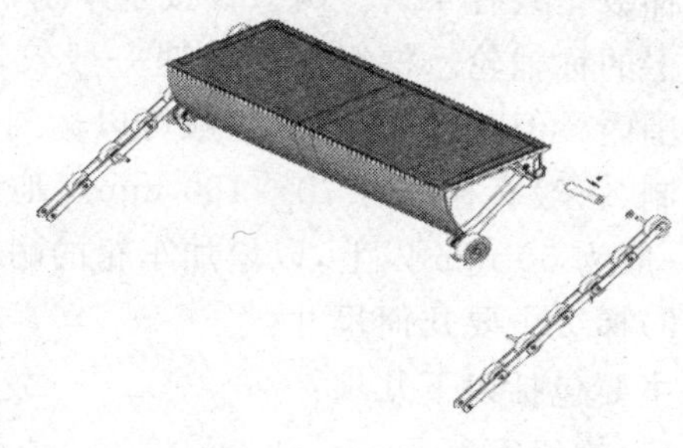

图 2.30　梯级与梯级链的连接

1)梯级的分类

梯级根据制造和组装工艺的不同可以分为整体式梯级和分体式梯级，整体式梯级一般采用铝合金整体压铸而成，分体式梯级一般采用铝合金分零件压铸拼装而成。整体压铸梯级的特点是质量轻、外观质量高、便于制造、装配和维修。装配式梯级制造工艺复杂、质量大、不便于装配和维修。因此，目前自动扶梯的梯级一般都采用整体式梯级。

2)梯级机械结构

梯级的结构如下图 2.31 所示，包括踏板、踢板、支架和梯级轮等几个部分。现在大部分的自动扶梯制造厂都采用整体铝合金压铸的方法制造梯级。这种梯级的特点是踢板、踏板及支架为一整体结构，不需要用螺钉组装，减少了事故率。

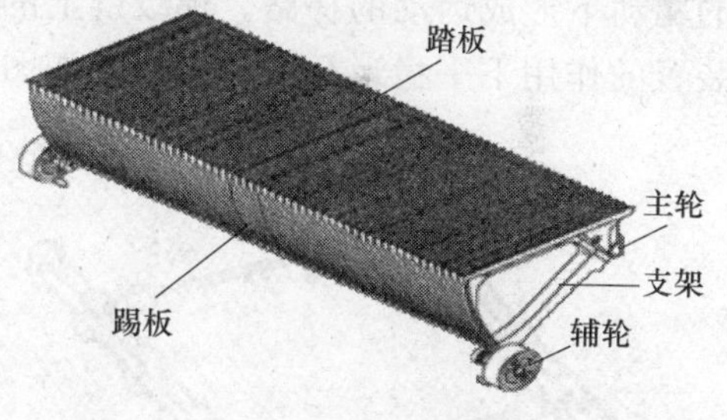

图 2.31　梯级结构

梯级踏板一般为防滑设计，表面有凹槽，其作用是使梯级在上、下出入口处能嵌入梳齿板中，同时使梯级上的垃圾不至于滚动到梯级与裙板之间，划伤裙板。凹槽的节距应有较高的精度，以防与梳齿板配合不良，槽的尺寸一般为槽深为 10 mm，槽齿顶宽为 2.5～5 mm，槽宽为 5～7 mm。

梯级踢板的踢板面为圆弧面。小提升高度自动扶梯梯级的踢板面做成有齿的，而在梯级踏板的后端也做成齿形，这样可以使后一个梯级踏板后端的齿嵌入前一个梯级踢板的齿槽内，使各梯级间相互进行导向。大提升高度自动扶梯踢板可做成光面。

梯级骨架是梯级的主要支承结构，由两侧支架和以板材或角钢构成的横向联系件所组成。支架一般采用压铸件，骨架上面固接踏板，下面有装主轮、辅轮心轴的轴套。

梯级轮共有 4 只。两只铰接于牵引链条上的为主轮，两只直接装在梯级支架短轴上的称辅轮。梯级轮的转速一般较低，工作转数不高一般在 80～140 r/min 分范围内。但工作载荷大，一般可以达到 8 000 N 或更大，而梯级轮的外形尺寸受到限制，一般直径只有 70～180 mm。地铁等交通运输型自动扶梯的主轮宽度较大，一般为 50 mm 以上，以增加车轮的耐久性。

3)梯级主要几何尺寸

主要包括以下几项：

(1)梯级宽度 B；

(2)梯级深度也就是踏板深度，一般为 400 mm；

(3)主轮与辅轮基距，一般为 310～350 mm；

(4)轨距也就是两主轮间距离；

(5)两梯级间节距，一般为 400～405 mm。

2. 梯级牵引机构

自动扶梯所用牵引构件有牵引链条与牵引齿条 2 种。牵引构件是传递牵引力的构件。一台自动扶梯一般有 2 根构成闭合环路的牵引链条(梯级链)或牵引齿条。牵引齿条如图 2.33 所示。采用端部驱动方式的自动扶梯使用牵引链条的驱动方式，采用中间驱动式的自动扶梯一般采用牵引齿条的驱动方式。

采用牵引链条(梯级链)驱动的扶梯，梯级通过梯级链连接在一起，在驱动装置的驱动下形成运动的梯路。梯级链上的梯级轮就可在导轨系统、驱动装置及张紧装置的作用下平稳运行。梯级链条如图 2.32 所示。

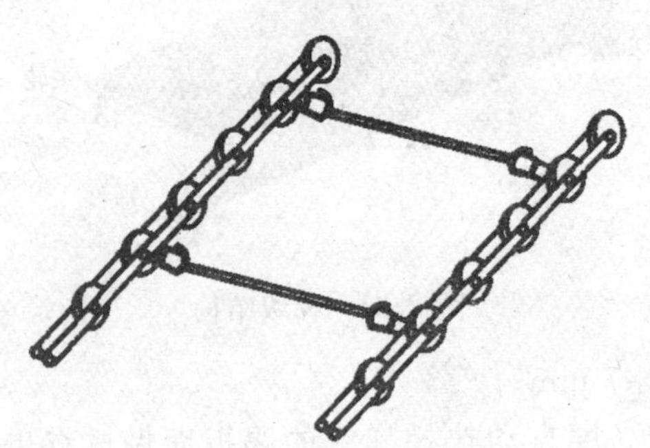

图 2.32 梯级牵引链条

图 2.33 梯级牵引齿条

端部驱动装置所用的梯级链条如图 2.34 所示，一般为套筒滚子链，它由链片、链销和套筒等组成。梯级链按其连接方法可分为可拆式和不可拆式两种。可拆式就是在任何环节都可分拆而无损于链条的零件；不可拆式是仅在一定数目的环节处可以拆装。这种可拆装的部分是专门供安装或检修用的。在我国自动扶梯制造业中，一般都采用第二种，因为这种结构具有较高的可靠性且安装方便。

梯级链的选择应与扶梯提升高度相对应。链销的承载压力是梯级链延长使用寿命的重要因素，必须合理选择链销直径，才能保证扶梯安全可靠运行。

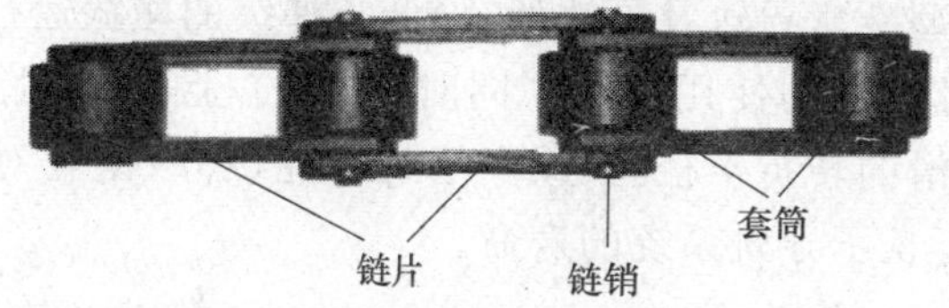

图 2.34　梯级链条结构

节距是牵引链条的主要参数。牵引链条节距有 67.7 mm、100 mm、101.6 mm、135 mm、200 mm 等几种规格。节距愈小，工作愈平稳，但是关节愈多，自重愈大，价格愈高，而且关节处的摩擦愈大。反之，节距愈大，自重愈轻、价格愈便宜。但为了使工作平稳，链轮直径需要增大，则相对增加了驱动装置和张紧装置的外形尺寸。一般自动扶梯两梯级间的节距采用 400 ～406.4 mm。

采用中间驱动的扶梯，其驱动装置所使用的牵引齿条，有 2 种类型，分别是一侧有齿和两侧有齿。牵引齿条在应用时，两梯级间用一节牵引齿条连接，因此，牵引齿条的节距较大，为 400 mm。中间驱动装置机组上的传动链条的销轴应与牵引齿条的牙齿相啮合以传递动力。两侧都有齿的齿条，一侧为大齿，另一侧为小齿，大齿用途为驱动梯级，小齿则是用来驱动扶手带。

3. 梯路导轨

自动扶梯梯路导轨系统包括主轮和辅轮的全部导轨、反轨、反板、导轨支架及转向壁等。导轨系统的作用在于支承由梯级主轮和辅轮传递来的梯路载荷，保证梯级按一定的规律运动以及防止梯级跑偏等。因此，要求导轨既要满足梯路设计要求，还应具有光滑、平整、耐磨的工作表面，并具有一定的尺寸精度。

图 2.35　梯级与梯级导轨

梯级在导轨中的位置如图 2.35 所示。在图中，反轨位于导轨系统上分支的主轮导轨上面，与梯级主轮间的距离为 1 mm，其作用是防止梯级链断裂时梯路下滑。上下主轮导轨和辅轮导轨都是导轨系统中的承力部分。导轨系统通过螺钉装配在自动扶梯桁架的导轨支架上。

目前，相当一部分扶梯采用冷拔角钢作为扶梯梯级运行和返回导轨。采用国外引进技术生产的扶梯梯级运行和返回导轨均为冷弯型材，具有质量轻、相对刚度大、制造精度高等特点，便于装配和调整。

由于采用了新型冷弯导轨及导轨架，降低了梯级的颠振运行、曲线运行和摇动运行，延长了梯级及滚轮的使用寿命。同时，减小了上平台（上部桁架）与下平台（下部桁架）导轨平滑的转折半径，又减少了梯级轮、梯级链轮对导轨的压力，降低了垂直加速度，也延长了导轨系统的寿命。

4. 张紧装置

张紧装置位于自动扶梯下端的回转站内，主要用来调整梯级链的松紧程度。梯级链张紧是通过位于下底坑回转站两侧弹簧张力结构来完成的。自动扶梯的回转站内的张紧装置如图 2.36 所示，其中最为重要的装置就是张紧装置。

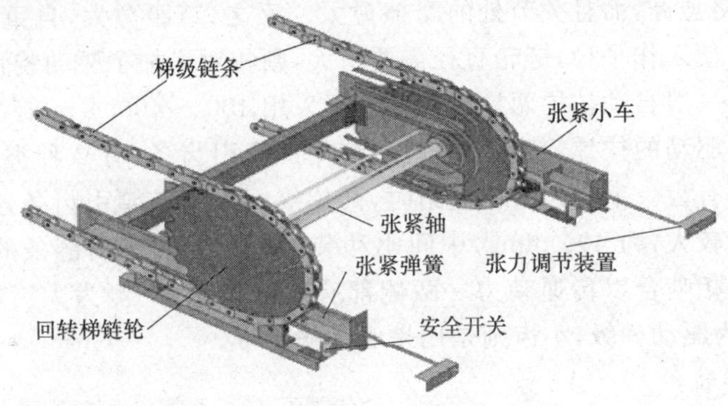

图 2.36 回转站内的张紧装置

驱动装置通过梯级链带动梯级沿导轨运行，如果梯级链太松，运行过程中可能会发生弯折现象，部分链轮将脱离主导轨，甚至碰到反导轨上，当有载荷加到梯级上时，有可能会出现窜动现象。一方面，这势必会产生运行噪声，另一方面也会影响到乘坐的舒适感。为此，自动扶梯必须要有张紧装置，以解决上述问题。

另外，当梯级链伸长达到一定程度或发生断裂时，张紧装置将触发保护开关动作，使自动扶梯主电路和控制系统失电，自动扶梯自动制停。

张紧装置目前常见的是弹簧式张紧装置，如图 2.37 所示，由回转梯链轮、张紧轴、张紧小车及张紧梯级链的弹簧等组成。张紧弹簧可由螺母调节张力，使梯级链在扶梯运行时处于良好工作状态。张紧装置链轮轴的两端各装在滑块内，滑块可在固定的滑槽中水平滑动，并且张紧链轮同滑块一起移动，以调节牵引链条的张力。当梯级链断裂或伸长时，张紧小车上的滚子精确导向产生位移，使其安全装置（梯级链断裂保护装置）起作用，扶梯立即停止运行。

5. 围裙板

扶梯的围裙板是指与梯级、踏板或胶带两侧相邻的围板部分。如图 2.38 所示。围裙板除了兼有美观的作用以外,同时还有防止梯级跑偏的作用。围裙板一般使用不锈钢制作,图 2.39 为一使用不锈钢制作的扶梯围裙板。扶梯围裙板与梯级的位置关系如图 2.40 所示。

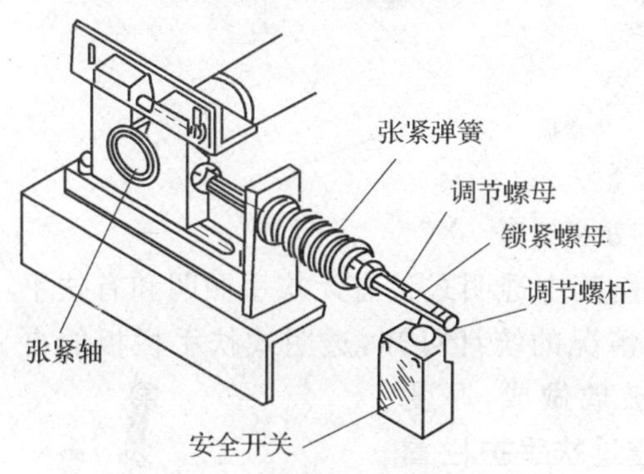

图 2.37　弹簧式张紧装置

图 2.38　扶梯围裙板

图 2.39　不锈钢制作的扶梯围裙板

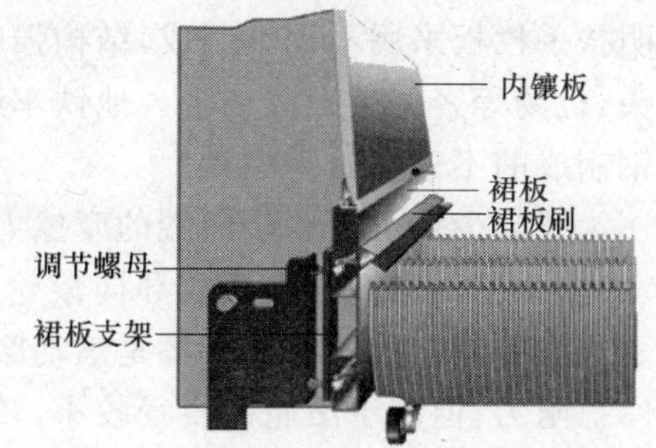

图 2.40　围裙板与梯级的位置关系

2.2.4　扶手部分

扶手装置是自动扶梯上的一重要部件,是装在自动扶梯或自动人行道两侧的特种结构形式的带式输送机。扶手装置主要供站立在梯路中的乘客扶手之用,是重要的安全设备,在乘客出入自动扶梯或自动人行道的瞬间,扶手的作用显得更为重要。扶手装置由扶手驱动系统、扶手带、栏板等组成。

1. 扶手护栏

扶手护栏有如自动扶梯的“外貌”,整台自动扶梯上最能起到建筑物内装饰作用的是扶手护栏。护栏的结构必须具有紧凑感,以使乘客能平稳地上下自动扶梯。扶手护栏结构如图 2.41 所示,包括扶手栏板、扶手转向端、裙板、内盖板、外盖板。

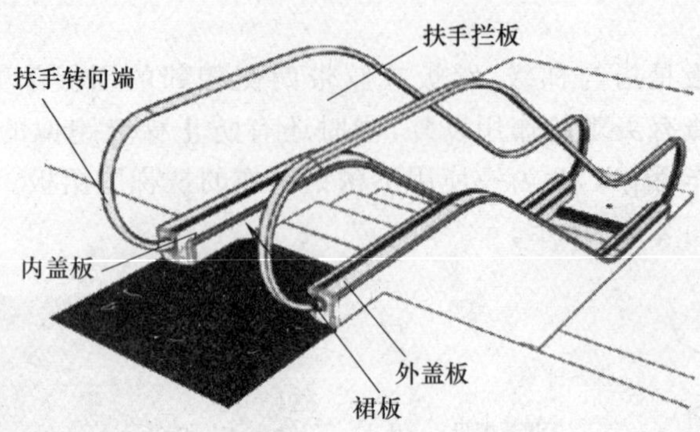

图 2.41 扶手护栏结构

扶手栏板结构分为透明式，不透明式等，其中透明式又有无扶手照明和有扶手照明两种类型。根据对自动扶梯目前使用情况的统计可知，透明式扶手栏板的自动扶梯占 90%。透明扶手栏板采用钢化玻璃做成，厚度较薄，透明扶手栏板的自动扶梯乘客可以透过扶手护栏看到自动扶梯对面的景象，开阔了视野，使乘客在心理上感觉似乎增加了建筑物空间，符合大部分人的心理需求。不透明扶手栏板采用不锈钢制成，结构强度大，适用于车站、码头、机场等客流量大的场合。地铁车站扶梯一般采用不锈钢制成的不透明扶手栏板。

为了较少扶手带在转向端的摩擦力，降低扶手带的磨损，在扶手带转向端导轨换成导向滚轮组方式，如图 2.42 所示。扶手带与滚轮间的摩擦是滚动摩擦，因此大大减小了摩擦阻力，但由于滚轮的直径较小，转速较高，对材料的要求也较高。

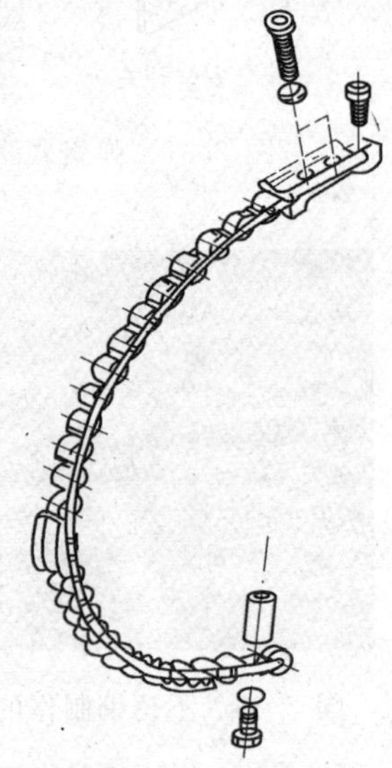
图 2.42 扶手带转向端导向滚轮组

内裙板是梯级两边的界限，梯级在任何一边都不允许碰到内裙板(两端总间隙之和最大为 7 mm，单边不超过 4 mm)。由于乘客的脚可能夹在运动的梯级和裙板之间，所以裙板也是与安全有关的部件。

扶手护栏的盖板包括内盖板和外盖板，如图 2.41 所示。内盖板是用于遮住栏板处的自动扶梯内部部件的盖板，它的一端装在裙板上。外盖板是用于遮住栏板外缘的盖板，是自动扶梯与墙壁及其他自动扶梯接触的部件。

2. 扶手带

扶手带从外观上看是一条连续无端的橡胶带，它在扶手护栏上沿导轨周而复始地运行，与梯路运行速度相同，允许超前梯路速度 0～2%，供乘客乘自动扶梯时作抓手用。扶手带是通过摩擦驱动的，为了增大摩擦系数，扶手带内表面可以做成不同的形状，普通扶手带和 V 形扶手带。普通扶手带如图 2.44 所示，V 形扶手带如图 2.43 所示。

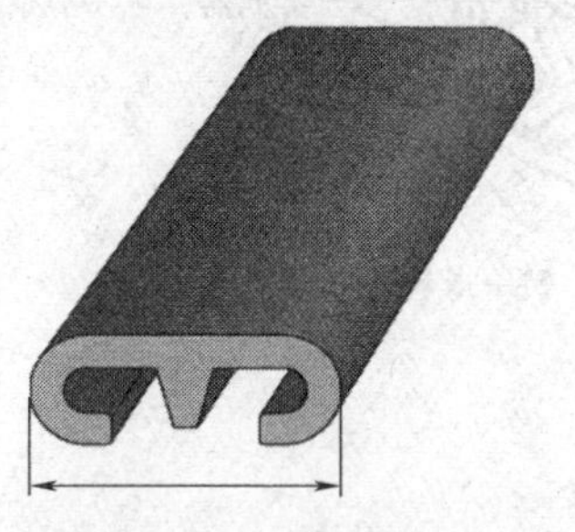

图 2.43　V 形扶手带图

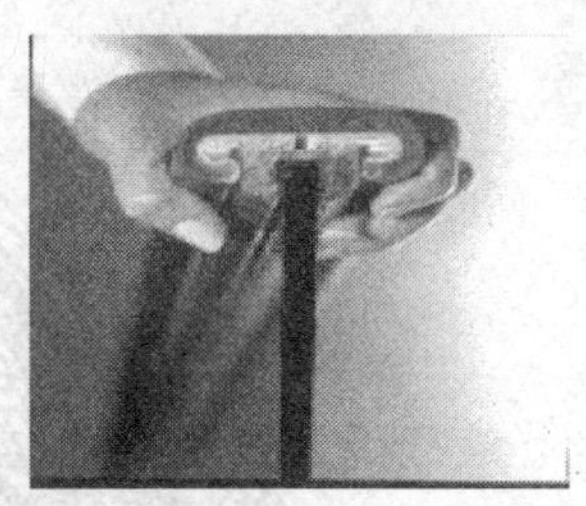

图 2.44　普通扶手带

由于扶手带是沿扶手护栏上的扶手导轨面滑动运行的，因此运行过程中会产生阻力和摩擦。这就要求扶手带不仅要有一定的韧性，还需要有较高的强度和耐磨性。因此，扶手带的表面是一层人工合成橡胶，中间夹有织物及钢丝绳，以提高扶手带的强度及延长使用寿命。我国生产的自动扶梯多用这种结构。扶手胶带宽度一般 $L=80\sim90$ mm，厚度 $\delta=10$ mm。扶手带开口处与导轨或扶手支架之间的距离在任何情况下均不允许超过 8 mm。扶手带可以切断，也可以重新硫化连接成连续的一圈。因此，更换损坏的扶手带也可以采用硫化的方法。硫化接合需特殊的工具和技术，因此必须由受过训练的专家进行。

扶手带比梯路速度慢的原因可能是由于扶手带的张紧力调整的不合适，扶手带张力过紧，会导致扶手带发热。扶手带过松，会导致扶手带与梯路速度不一致。另外，扶手带的驱动橡胶轮磨损，会导致扶手带摩擦力减小，也可能导致扶手带比梯路速度慢。

3. 扶手带的驱动方式

扶手带驱动装置如图 2.45 所示，由驱动装置通过扶手驱动链直接驱动，无须中间轴，扶手带驱动轮缘有耐油橡胶摩擦层，以其高摩擦力保证扶手带与梯级同步运行。为使扶手带获得足够摩擦力，在扶手带驱动轮下，另设有皮带轮组。皮带的张紧度由皮带轮中一个带弹簧与螺杆进行调整，以确保扶手带止常工作。

常用的扶手带驱动系统有两种结构型式，分别是摩擦轮驱动方式和压滚驱动方式。

1)摩擦轮驱动方式

扶手带是靠摩擦力来驱动的，为了防止扶手带在运行过程中打滑，造成扶手带

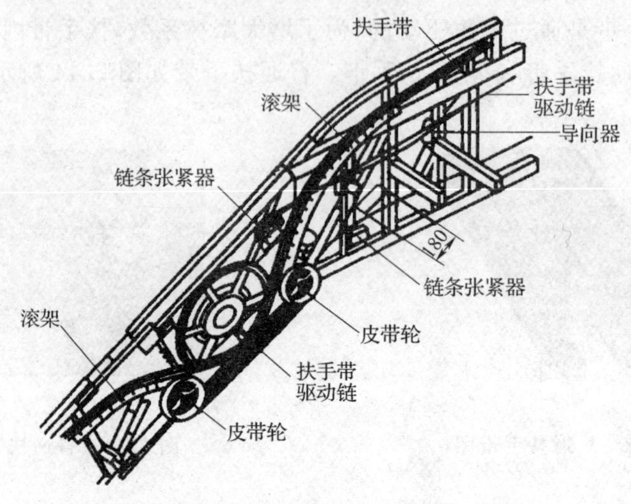

图 2.45 扶手带驱动装置

和梯级运行速度的不协调，一方面需要增大扶手带与驱动轮之间的摩擦系数，另一方面也可以适当增大扶手带预张紧力，以提高曳引能力。

图 2.46 所示为一种摩擦轮驱动方式的扶手带驱动系统。进出口的导向滚轮群及特种形式的导轨构成一闭合环路，扶手带与梯路由同一驱动装置驱动，并保证二者的速度基本相同。扶手带围绕扶手带驱动轮、支撑滚轮、扶手带转向端的导向轮以及扶手护栏杆的特殊导轨，形成一闭合环路，在驱动轮的驱动下周而复始地运行。

从图 2.46 可以看出，扶手带的运动是依靠驱动轮与扶手带间的摩擦力来实现的，因此要产生足够的摩擦力必须借助张紧装置使扶手带保持一定的张力或者设法增大扶手带在驱动轮上的包角。当摩擦力不足时，扶手带会出现打滑的现象。由于扶梯构造上的原因，驱动轮包角不能再增加时，只能依靠增加压带装置的压力，来增大摩擦力 。

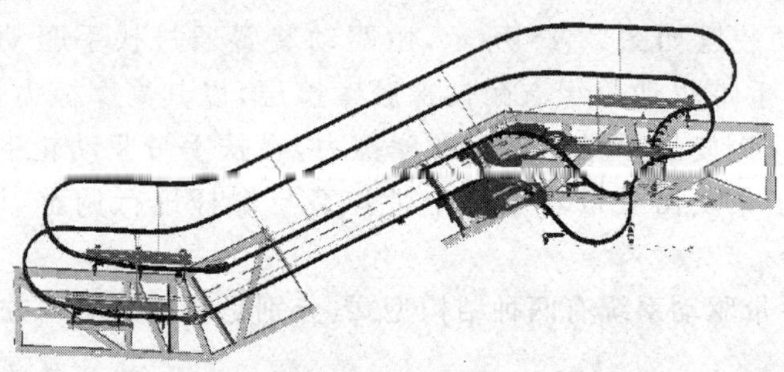

图 2.46 摩擦轮驱动扶手带方式

2)压滚驱动方式

这种扶手驱动系统由扶手胶带的上下两组压滚组成。上压滚组由自动扶梯的驱动主轴获得动力驱动扶手胶带,下压滚组从动,从下边压紧扶手胶带 。由于不是摩擦轮驱动,扶手胶带不再需要启动时的初张力,只需安装一调整装置调整扶手带长度,因而,可以大幅度减少运行阻力。同时,也可增加扶手胶带的使用寿命。测试结果表明这种结构型式较摩擦轮驱动型式的运行阻力减少约 50%左右。

一般应用的压滚驱动系统是上压滚固定并传递动力,下压滚活动,用弹簧压紧。另一种结构是将传递动力的上压滚装在活动板上,可垂直滑动;而将起压紧作用的下压滚装在固定板上,使其固定。这种结构的特点是传递动力的上压滚增加了对扶手胶带上的压力,从而增加了驱动功率。

4. 扶手带张紧装置

图 2.47 为扶手带张紧装置的一种,位于自动扶梯的回转端,只要打开底坑盖板就可以对其进行调节,该装置包括一调节螺杆、拉紧链条和一组张紧导轮,只要调整调节螺母的位置,便可以对扶手带的张紧力进行调节。

5. 扶手带压带装置

扶手带压带装置如图 2.48 所示,其原理为扶手带在扶手带驱动轮上的缠绕如图 2.48 所示。滚动轮组的作用是改变扶手带的方向,以增大包角。通过调节螺母可调节压紧弹簧的压紧力,从而使压轮将扶手带压紧在驱动轮上。

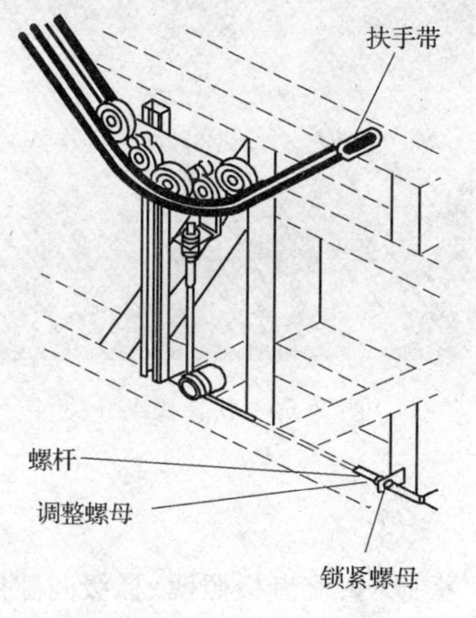

图 2.47　扶手带张紧装置

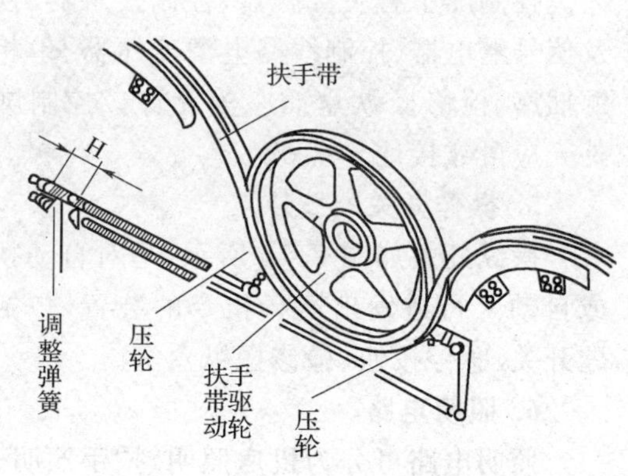

图 2.48　扶手带压带装置

6. 扶手带入口板

扶手带入口板如图 2.49 所示,其位于裙板末端的两端,包括急停开关、钥匙启动开关、橡胶圈和扶手带入口。扶手带入口板位于自动扶梯的两边，在进出口盖板和扶手转向端之间。

图 2.49　扶手带入口板

2.2.5　控制部分

自动扶梯或自动人行道的电气设备包括主电源箱、驱动电机、电磁制动器、控制屏、操纵开关、照明电路、故障及状态指示器、安全开关、传感器、远程监控装置、报警装置等部分。

1. 主电源箱

主电源箱通常装在自动扶梯或自动人行道驱动端的机房中，箱体中包含了主开关和主要的自动断电控制装置。

2. 驱动电机

驱动电机可选用启动电流较小的三相交流鼠笼式电动机，并安装在驱动端的机房中。驱动电机的功率大小与自动扶梯或自动人行道的提升高度、梯路宽度、倾斜角度等参数有关。

3. 电磁制动器

工作制动器和紧急制动器均可选用电磁制动器。当内部的电磁线圈通电时，衔铁吸合，并带动相应部件动作。

4. 控制屏

控制屏一般位于驱动端或张紧端的机房内。控制屏中有主接触器、控制接触器、控制及信号继电器、控制线路电源变压器、单相电源插座、检修操纵盒插座等元件。控制屏的外壳应可靠接地。

图 2.50　扶梯操纵开关

5. 操作开关

操纵开关如图 2.50 所示，是对自动扶梯或自动人行道发出运行指令的装置，包括钥匙开关、急停按钮、检修操纵盒等。

6. 照明电路

照明电路可分为机房照明、扶手照明、围裙板照明、梳齿板照明、梯级间隙照明等。其他电气设备照明结合相关部件的位置发挥相应功能。

7. 故障显示盘

故障显示盘如图 2.51 所示，设置于自动扶梯机房内的控制柜上，有助于操作员立即确定自动扶梯/自动步道的故障原因。

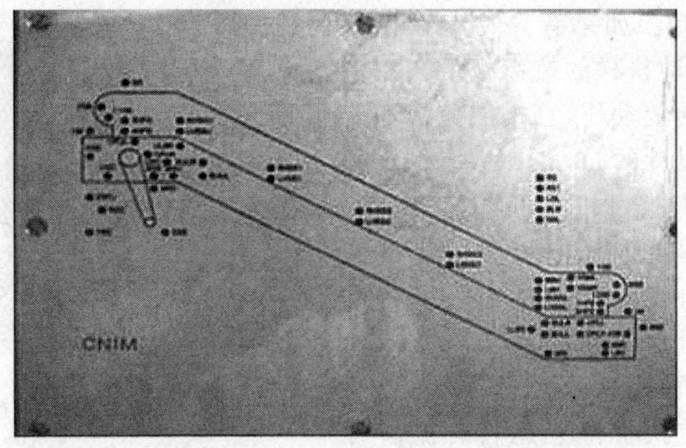

图 2.51　扶梯故障显示盘

8. 集成后备 IBP 盘

该设备如图 2.52 所示，设置安装在车站综控室，车站值班员通过该设备可以非常方便的了解车站电梯设备的工作状态。该设备只监不控。

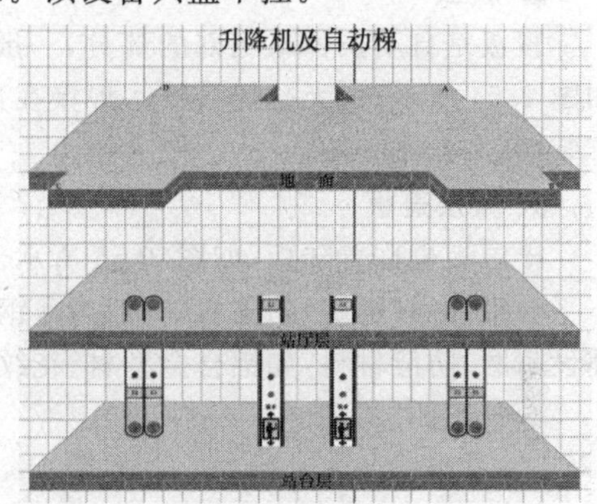

图 2.52　集成后备 IBP 盘

2.2.6　其他部分

1. 外裙板/外装饰板

外裙板用于覆盖桁架的外部，以防止有人触摸自动扶梯桁架中的运动部件，同时起到外部装饰的作用。可以用来作为外裙板的材料包括 1 mm 厚的镀锌钢板或者不锈钢板。

2. 梳齿板

为了防止梯级或踏板与梯路出入口的固定端之间嵌入异物，造成事故，所以在固定端设计了梳齿板，如图 2.53 所示。梳齿板是楼层盖板与梳齿之间的一块板，它通常不可拆卸。如果有异物卡在梳齿和梯级之间，自动扶梯的梳齿板便会在水平和垂直个方向上动作，且楼层盖板和梳齿板都是防滑设计的。

梳齿与梳齿板可以确保乘客安全过渡。梳齿上的齿槽应与梯级上的齿槽啮合，即使乘客的鞋或物品在梯级上相对静止，也会平滑地过渡到楼层板上。一旦有物品阻碍了梯级的运行，梳齿被抬起或位移，可使扶梯停止运行。梳齿可采用铝合金压铸件，也可采用工程塑料注塑件。梳齿板用以固定梳齿。它可用铝合金型材制作，也可用较厚碳钢板制作。

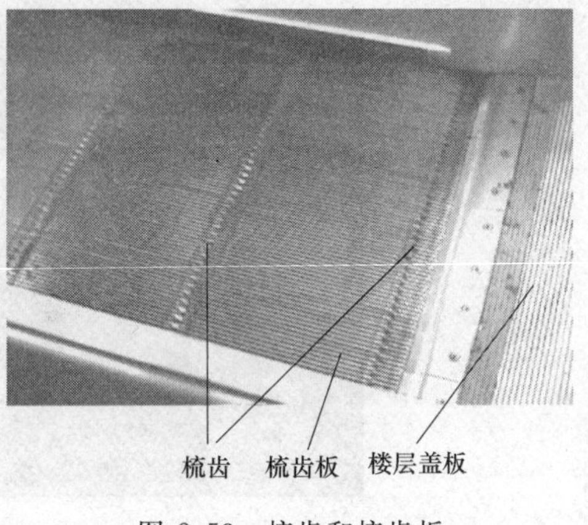

图 2.53　梳齿和梳齿板

3. 腹板

腹板是自动扶梯最底部的部分，一般用 3.75 mm 厚的钢板制成，其安装位置如图 2.54 所示，由无缝焊接技术焊接在自动扶梯整个长度和宽度上。腹板一般没有装潢。

4. 楼层盖板

楼层板也称着陆板，如图 2.55 所示。它既是扶梯乘客的出入口，也是上平台、下平台维修间(机房)的盖板，一般为薄钢板制作，背面焊有加强筋。楼层板表面应铺设耐磨、防滑材料，如铝合金型材、花纹不锈钢板或橡胶地板。

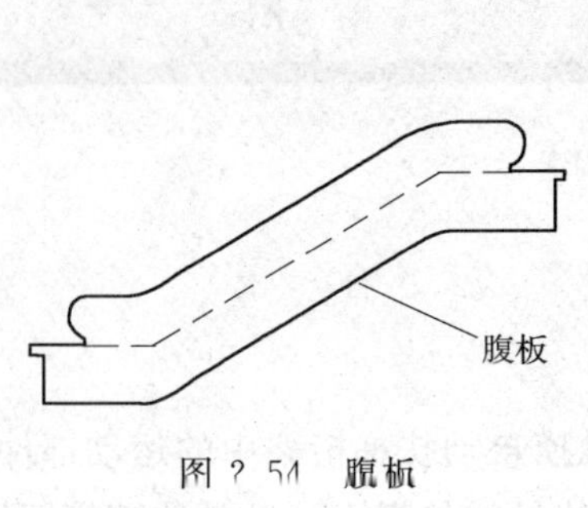

图 2.54　腹板

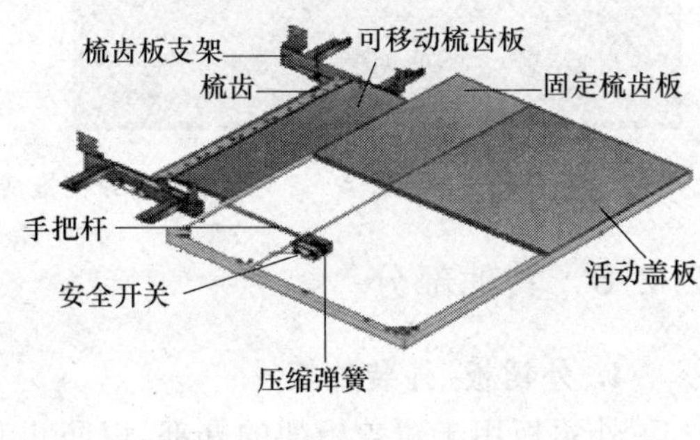

图 2.55　楼层盖板

2.2.7　自动扶梯的安全装置

自动扶梯是一种用于运载乘客的交通工具，其安全性非常重要，国家标准对所需的安全装置有明确的规定。为了避免乘客乘梯时发生危险和减少故障时对自动扶梯本身的损坏，自动扶梯上应当设有相应的安全装置。这些安全装置有些是必须的，有些则是根据自动扶梯的使用情况进行选择的。自动扶梯设置的安全装置如图 2.56 所示。

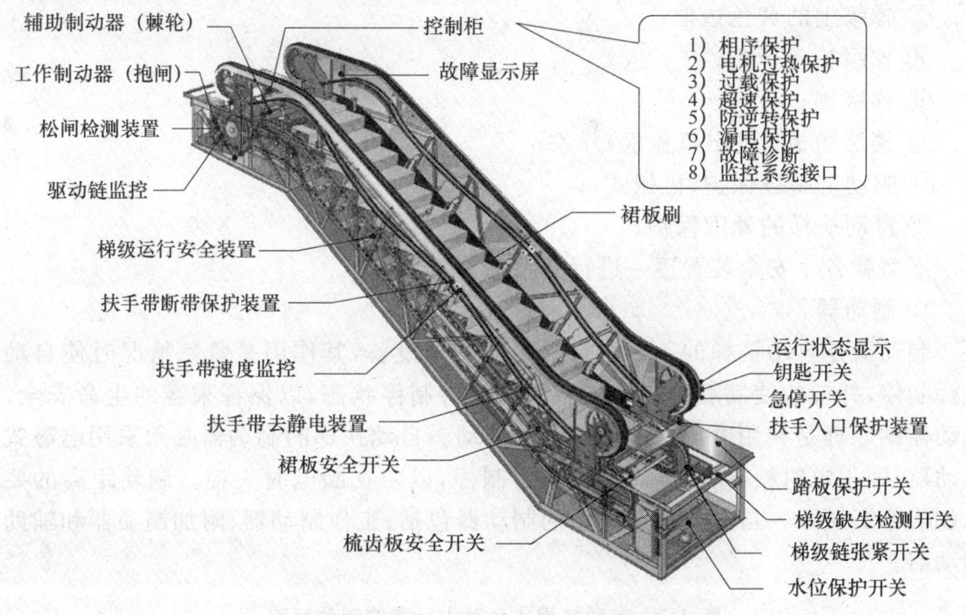

图 2.56 自动扶梯安全装置设置图

根据 GB 16899—1997 中的有关规定，自动扶梯中必备的安全装置包括以下几种，这些安全装置在自动扶梯的运行过程中，无论是对乘客的安全还是对自动扶梯本身的保护都起着不可忽视的作用。

① 工作制动器；

② 超速保护装置；

③ 梯级链断链保护装置；

④ 梳齿板保护装置；

⑤ 扶手带入口保护装置；

⑥ 梯级塌陷保护装置；

⑦ 电机的保护；

⑧ 急停开关。

辅助的安全装置包括以下几种：

① 附加制动器；

② 裙板保护装置；

③ 扶手带与梯级同步保护(扶手带速度监控)；

④ 梯级空缺探测器；

⑤ 扶手带断带保护；

⑥ 梯级与梳齿板的照明；

⑦ 梯级上的黄色边框；

⑧ 梯级抬起开关；

⑨ 梯级锁；

⑩ 楼层盖板（进出口盖板）开关；

⑪ 驱动链断裂保护(机械式)；

⑫ 自动扶梯的外围保护；

下面就各个安全装置逐一进行介绍和分析。

1. 制动器

制动器是自动扶梯的一个非常重要的安全设备，其作用是紧急情况时使自动扶梯制停，并应能使满载的自动扶梯可靠保持制停状态，以保证乘客的生命安全。制动器的原理是利用摩擦在电动机轴上制动。自动扶梯的制动器必须采用电磁式制动器，即得电时松开，失电时靠机械力制停，以防在断电时失控。制动距离的要求如表 2.2 所示。自动扶梯所采用的制动器包括：工作制动器、附加制动器和辅助制动器。

表 2.2　自动扶梯或自动人行道的制动距离

额定速度(m/s)	制动距离(m)		额定速度(m/s)	制动距离(m)	
	自动扶梯	自动人行道		自动扶梯	自动人行道
0.5	0.2 ～ 1	0.2 ～ 1	0.75	0.35 ～ 1.5	0.35 ～ 1.5
0.65	0.3 ～ 1.3	0.3 ～ 1.3	0.9	NL	0.40 ～ 1.7

1)工作制动器

工作制动器一般装在电动机的高速轴上，能使自动扶梯以一个恒定的减速度停止，并保持制停状态。工作制动器是自动扶梯上必不可少的设备。从外形上分 3 种型式，分别是块式制动器、带式制动器和盘式制动器。

(1) 块式制动器

块式制动器即通常所说的抱闸，其结构如图 2.57 所示。闸臂上装有制动瓦衬，制动臂在弹簧张力的作用下，压紧在电动机的制动轮上，使电动机制停。通电时，电磁铁的衔铁将制动臂向外推，压缩弹簧，制动器松闸。

(2) 带式制动器

带式制动器的制动摩擦力是依靠制动杆及张紧的钢带作用在制动轮上的压力而产生的。在钢带上铆接着制动衬垫以增加摩擦力。带式制动器构造简单、紧凑、

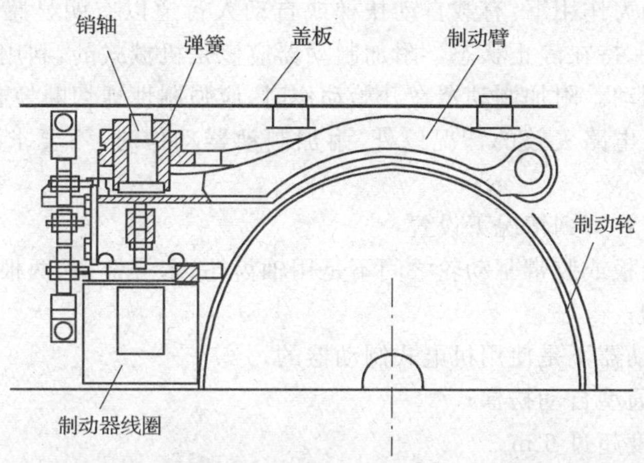

图 2.57　块式制动器

包角大。两个方向运转所产生的制动力矩不相等。与块式制动器相比，带式制动器径向作用的制动力对制动轮轴有较大的弯曲载荷。带式制动器是自动扶梯中常用的一种制动器。

(3) 盘式制动器

盘式制动器是一种新型制动器。这种制动器的制动力是轴向的，并且成对比相互平衡，其摩擦力对动轴所产生的制动力矩的大小可按制动块对数多少而定。自动扶梯所用的盘式制动器的结构包括导向杆、固定板、衬垫、联动齿轮轮毂、衔铁、线圈、磁轭、防尘套、调节螺钉、弹簧和调整螺钉。在制动器的激磁线圈接通直流电源后，磁轭中环形激磁线圈产生磁场。当电磁力大于工作弹簧即圆柱螺旋压缩弹力时，制动器的运动部分与固定部分分离，制动器释放。当制动器的激磁线圈断电时，线圈电流衰减为零，磁场亦随之衰减，在工作弹簧力的合力大于剩余电磁力时，衔铁被弹簧力迅速推离磁轭，于是压紧衬垫片和固定板使制动器的运动部分与固定部分紧压为一体，制动器呈制动状态。

盘式制动器的特点包括结构紧凑、制动平稳、制动灵敏、散热性能好。在自动扶梯中应用广泛。

2)附加制动器

在驱动机组与驱动主轴间使用传动链条进行连接时，一旦传动链条突然断裂，两者之间即失去联系。此时，即使有安全开关使电源断电，电动机停止运转，但无法使自动扶梯梯路停止运行。特别是在有载上升时，自动扶梯梯路将突然反向运转和超速向下运行，导致乘客受到伤害。在这种情况下，如果在驱动主轴上装设一只或多只制动器，该制动器直接作用于梯级踏板或胶带驱动系统的非摩擦元件上，使其整个停止运行，则可以防止上述情况发生，这个制动器就是附加制动器。附加制动器应在制动力作用下，有载自动扶梯或自动人行道以有明显感觉的减速度停止下来，且最终保持在静止状态。附加制动器应该是机械式的，利用摩擦原理通过机械结构进行制动。附加制动器在开始动作时，应强制性地切断控制电路，除电源发生故障或安全电路失效的情况以外，附加制动器动作时，不要求所规定的制停距离。

附加制动器在下列情况下设置：

(1)梯级、踏板或胶带驱动轮之间不是用轴齿轮、多排链条、两根或两根以上的单根链条连接的；

(2)工作制动器不是使用机电式制动器的；

(3)公共交通型自动扶梯；

(4)提升高度超过 6 m 。

附加制动器应在下列 2 种情况下产生作用：

(1) 在速度超过额定速度的 140% 之前；

(2) 梯路突然改其规定的运行方向时。

附加制动器由触发机构和执行机构两部分组成。触发机构在速度超过额定速度 1.4 倍之前，或者发生非操纵逆转时应能动作。执行机构采用机械式的结构，利用摩擦原理，为梯路提供制足够的动力矩，使其减速停止下来并保持停止状态。图 2.58 是采取带开口槽的楔块辅助制动器，它通过电磁线圈脱钩触发。执行机构是一个带开口槽的楔块，作用在驱动链轮上，通过楔块开口槽与链轮侧面之间的摩擦力实现制动。

(a) 正常运行状态

(b) 动作时状态

图 2.58 带开口槽的楔块的辅助制动器

图 2.59 是采用楔块制动的另外一种型式。它动作时，通过电磁线圈脱钩机构使楔块卡入制动盘，使制动盘停止转动。而制动盘与链轮之间垫有高摩擦系数的制动衬垫片。在制动盘停止转动之后，两者之间的摩擦力对链轮进行制动，从而使自动扶梯停止运行。

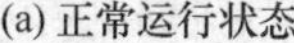

(a) 正常运行状态

(b) 动作时状态

图 2.59　带楔块的辅助制动器

2. 超速保护装置

超速保护装置是一种速度监控装置。自动扶梯在超过额定速度或低于额定速度时，都是危险的，如果发生上述情况，速度监控装置应能切断自动扶梯的电源。图 2.60 是一种典型的速度监控装置。

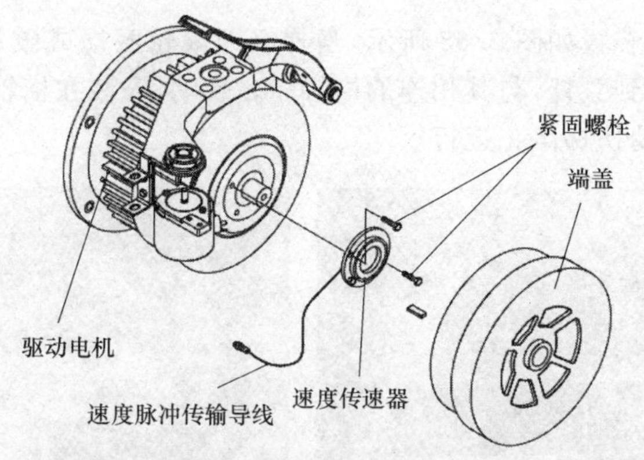

图 2.60　速度监控装置

该装置是与驱动电机同轴安装速度传感器，为一个旋转编码器。电机转动时，旋转编码器产生脉冲信号，并将脉冲发送到控制柜。控制柜使用脉冲数来计算自动扶梯的速度和方向，用于监控自动扶梯的运行状态。

3. 梯级保护

1)梯级断裂监控装置

该装置安装桁架倾斜段的靠近上、下平层处，如图 2.61 所示。其主要功能是当梯级断裂时，梯级的下陷部分会触动位于其下方的检测杆，从而触发与检测杆相连接的安全开关。当梯级链片发生松脱，也会触动两侧的检测杆，从而触发此安全开关，电梯控制系统收到信号后会停止扶梯运行。故障排除后开关是自动复位。

但是控制柜故障信号需要手动复位。

2)梯级塌陷保护装置

梯级是扶梯的重要部件,如果损坏是非常危险的。由于各种原因造成的梯级轮外圈的橡胶剥落,梯级轮轴断裂或者梯级的弯曲变形等情况发生时,如果没有被及时检测出来,在进入梳齿和转向壁时,会损坏扶梯的重要零部件,造成事故。因此自动扶梯上必须装设有梯级塌陷或严重变形的保护装置。当梯级或踏板的任何部分下陷导致不再与梳齿啮合,应当有安全装置使自动扶梯或自动人行道停止运行。该装置应当设置在每个转向圆弧段之前,并在梳齿相交线之前有足够距离的位置,以保证下陷的梯级或踏板不能到达梳齿相交线。

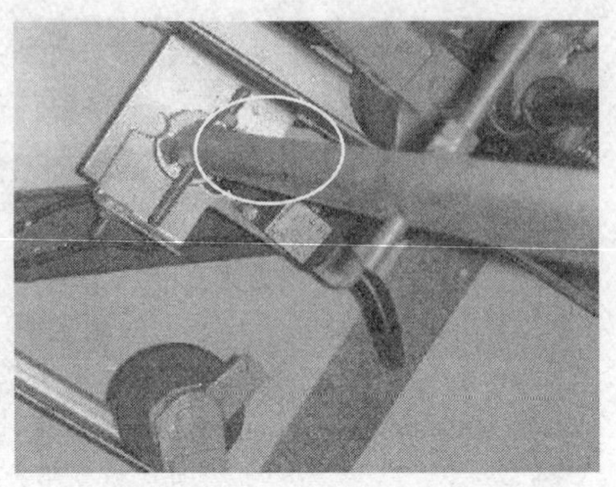

图 2.61 梯级断裂及梯级链监测装置

梯级塌陷保护装置如图 2.62 所示,当梯级因滚轮磨损或破裂而下陷时,梯级后轮轴的下端将碰到立杆,与其相连的横轴随之转动,安装在横轴端部带凹口的转轮碰击开关,使自动扶梯停止运行。

图 2.62 梯级塌陷保护装置

该装置动作后,只有手动复位故障锁定,并且操作开关或者检修控制装置才能重新启动自动扶梯和自动人行道。即使电源发生故障或者恢复供电,此故障锁定应当始终保持有效。

3)梯级空缺探测器

自动扶梯和自动人行道应当能够通过装设在驱动站和转向站的装置检测梯级或踏板的缺失,并应在缺口(由梯级或踏板缺失而导致的)从梳齿板位置出现之前停止,梯级空缺的状态如图 2.63 所示。

梯级空缺探测器是一个安全装置,用于探测梯路中梯级的空缺。由接近开关或类似的安全开关组成。如果梯路中一个梯级空缺步骤就是失踪步链,他们切断安全电路。

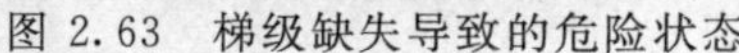

图 2.63　梯级缺失导致的危险状态

图 2.64　梯级空缺探测器

该装置安装在扶梯的上、下平层或者靠近上平层的倾斜段、下平层段。如图 2.64 所示。其主要功能是当检测到缺少梯级时发出相应信号,控制系统收到信号后会停止扶梯运行。该装置动作后,只有手动复位故障锁定,并操作开关或者检修控制装置才能重新启动自动扶梯和自动人行道。即使电源发生故障或者恢复供电,此故障锁定应当始终保持有效。

4. 梯级链保护

1)梯级链断链保护装置

自动扶梯或自动人行道的底部设有一牵引链张紧和断裂保护装置。它由张紧架、张紧弹簧及监控触点所组成。一般当出现下列情况时张紧触点会迫使自动扶梯或自动人行道停运:

(1) 梯级或踏板卡住;

(2) 牵引链条阻塞;

(3) 牵引链条的伸长超过了允许值;

(4) 牵引链条断裂。

自动扶梯张紧装置在断链时仅仅是起到电气保护的作用。一旦梯级链断裂,虽然自动扶梯电动机已被可靠制停,但梯路在梯级本身质量和外负载的作用下,会使梯级链弯折,沿梯路导轨下滑,造成人员伤亡和扶梯零部件损坏。因此,梯级链断裂时,除电气保护外,还应当有相应的措施以防梯路的下滑。

2)反导轨装置

反导轨装置就是梯级链断裂时的机械保护方式之一。如图 2.65 所示是梯级链轮(主轮)与反导轨的配合情况。梯级主轮和链轮沿主导轨上分支运行,反导轨位于梯级链轮上方,离开梯级链轮 1 mm ,当梯级链断裂时,链条会发生弯折,位于链节上的梯级链轮将从主导轨上抬起,遇到反导轨时被挡住,从而阻止了梯级链的弯折,将梯路卡在导轨上,使梯路不至于下塌。

3)梯级链轮监控装置

梯级链轮监控装置安装在上平层段左右两侧。如图 2.66 所示。其功能是当梯级链滚轮因破裂或损坏而产生位置下降,会触发此安全开关,控制系统收到信号后会使扶梯停止运行。此开关需手动复位。控制柜需要自动复位。

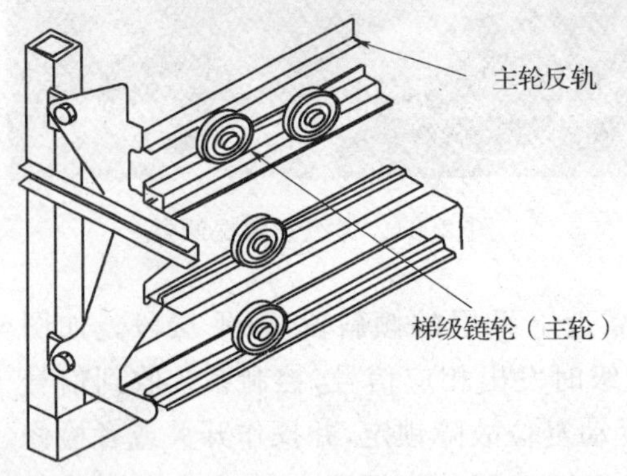

图 2.65 反导轨装置

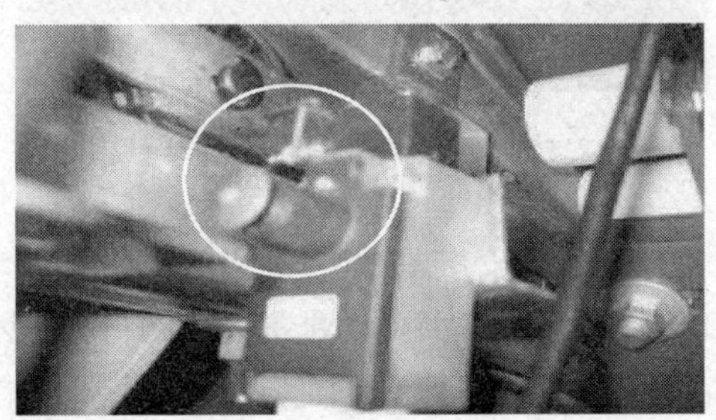

图 2.66 梯级链轮监控装置

4)主驱动链监控装置

主驱动链监控装置安装在上平层主驱动链处,如图 2.67 所示。其功能为当主驱动链发生断裂,其张力会急剧减小,与之接触的滑动靴会因为失去压力而发生位移,从而触发与之相连接的安全开关,控制系统收到信号后会使扶梯停止运行。

5. 梳齿板保护装置

梳齿通过螺丝连接在梳齿板上,梳齿与梯级踏板面的凹槽相配合,配合间隙一般在 3~4 mm,以铲除一些垃圾和异物,但有时如果有异物卡到梳齿与梯级之间,就有可能将梳齿打断或损坏梯级。因此,自动扶梯上必须设有梳齿板异物卡住时的保护装置。如图 2.68 所示。

该设备安装在上、下平层梳齿板的两侧。其功能为当有异物卡入梯级和梳齿之间时,梳齿会被顶起而触发此安全开关,控制系统收到信号后会使扶梯停止运行。此开关在故障消失后自动复位。控制柜可以自动复位。

6. 扶手带保护

1)扶手带入口保护装置

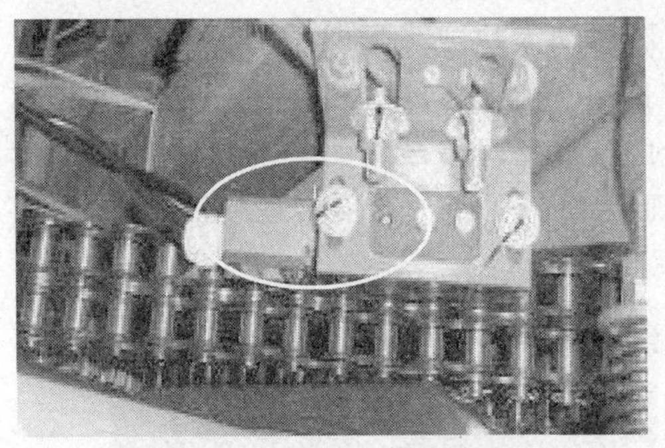

图 2.67　主驱动链监控装置

图 2.68　梳齿板保护装置

在扶手带转向端下方扶手带入口处常常会发生被异物卡住的事故，有时孩子的手也容易被夹住。因此，应安装防止异物卡住的保护装置，如图 2.69 所示。

该装置安装在扶手带入口箱处，其主要功能是当有异物卡入扶手带与入口箱前挡板之间，前挡板会被推动并触发此安全开关，控制系统收到信号后会停止扶梯运行。此开关在扶手带处与控制柜处是自动复位的。

2）扶手带断带保护

对于公共交通型自动扶梯，如果制造厂商没有提供扶手带的破裂载荷至少为 25 kN 的证明，则应提供能使自动扶梯在扶手带断带时停止运行的装置，如图 2.70 所示，在断带或扶手带过分伸长失效时，安全开关均可动作，从而切断安全回路，使自动扶梯制停。

图 2.69　扶手带入口保护装置

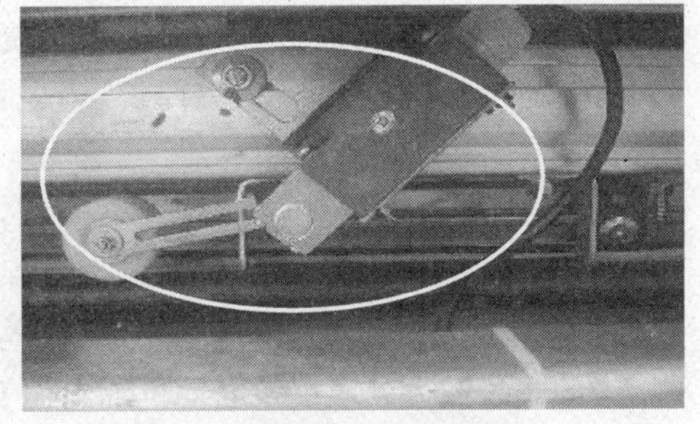

图 2.70　扶手带断带保护

该装置安装于扶梯倾斜段靠近扶手带驱动处，主要功能是当扶手带断裂，与检测轮相接触的扶手带的张力会急剧减小，此开关因失去既定的压力而被触发，控制系统收到信号后会停止扶梯运行。此开关为现场手动复位，控制柜处自动复位。

3）扶手带速度监控装置

扶手带正常工作时应与梯级的运动保持同步，设置扶手带本来就是供站立在自动扶梯梯路上的乘客扶手用的，当扶手带移动太快或太慢时都起不到本来的安全作用。特别是在扶手带过分慢时，乘客的手臂会被向后拉，存在一定的事故隐患。为此可设置扶手带与梯路同步运行的监控装置，该装置为一与扶手带同步运行的速度检测探头，如图 2.71 所示，该传感器将扶手带的速度传递给控制系统，用以监控扶手带速度与梯级速度的匹配程度。

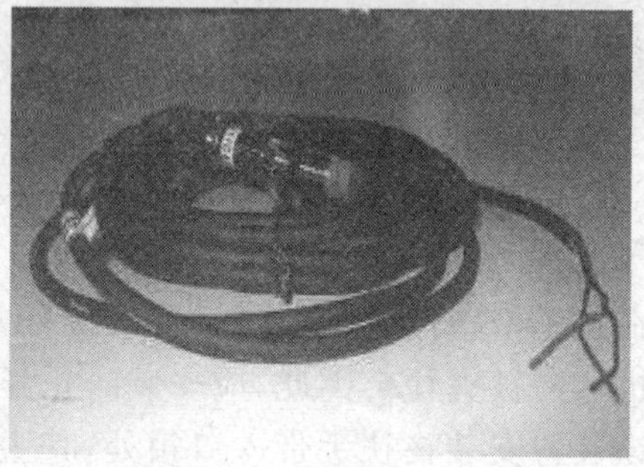

图 2.71 扶手带速度检测

该装置安装在扶手带驱动轮附近。其主要功能是通过接近开关检测扶手驱动轮运转的频率。若检测到的频率低于额定频率的 85%，且持续时间超过 5 s，控制系统会发出信号停止扶梯运行。此信号必须控制柜手动复位才能解除。

7. 主机上的保护

1）电机过热保护

当自动扶梯超载或电机负载电流过大时，保护开关应能及时断开电机的供电，使自动扶梯停车，此保护开关应能自动复位，直接与电源连接的电动机还应设有短路保护。此外，还应设有相位保护，当电源相位接错或导线脱开时，自动扶梯应不能运行。

关于电动机的保护应注意以下问题：

（1）直接与电源连接的电动机要有保护，并要采用手动复位的自动开关进行过载保护，该开关应切断电动机的所有供电。

（2）当过载控制取决于电动机绕组温升时，则开关装置可在绕组充分冷却后自动地闭合，但只有在符合对自动扶梯及自动人行道有关规定的情况下才能再行启动。

此保护装置安装在主机内，如图 2.72 所示。其主要功能是当主机线圈温度超过 155 ℃，热电阻金属片发生形变而相互导通，控制系统收到导通信号后会停止扶梯运行。

2）防逆转装置

此保护装置安装在主机内，如图 2.73 所示。其功能是当检测到扶梯运行速度过低或出现反方向运行的趋势时，该装置发出信号，控制系统收到信号后会停止扶梯运行。

图 2.72 电机的过热保护

图 2.73 速度传感器
(可作速度检测，防逆转检测)

3)机盖保护装置

该装置安装在主机上。如图 2.74 所示，其主要功能是当主机盖被掀起，此安全开关相接合的两部分被分离，开关被触发，控制系统收到信号后会停止扶梯运行。此开关在控制柜处自动复位。

图 2.74 机盖保护装置

4)机械式超速限速器

此保护装置安装在主机上，如图 2.75 所示，其主要功能是当主机的运行速度超过额定速度的 120%时，与之相连的离心限速器会触发此安全开关，控制系统收到信号后会停止扶梯运行。该装置在主机处手动复位，在控制柜处自动复位。

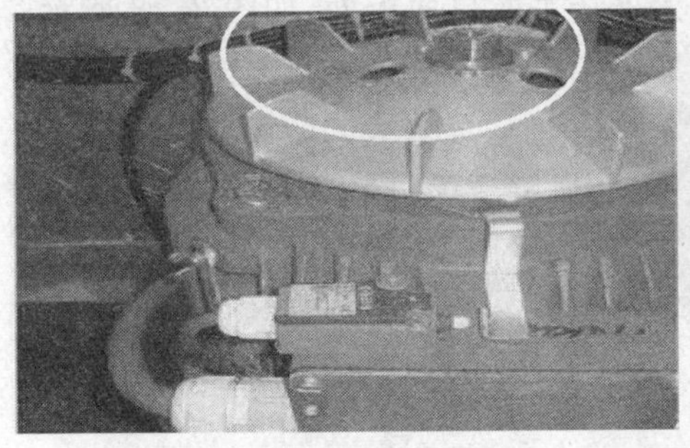

图 2.75 机械式超速限速器

5)双回路制动机构

此保护装置安装在主机上，如图 2.76 所示，主机抱闸磁铁内有两个制动回路，每个回路都可单独停止扶梯运行。

8. 非操纵逆转保护

自动扶梯或倾斜角不小于6°的倾斜式自动人行道应设置一个装置，使其在梯级、踏板或胶带改变规定运行方向时，自动停止运行。

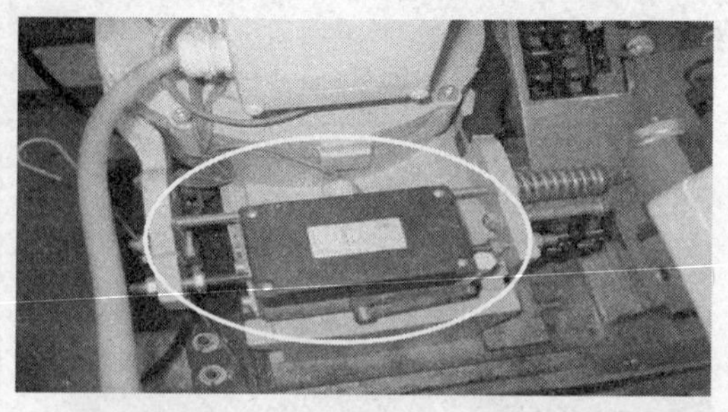
图 2.76 双回路制动机构

该装置动作后，只有手动复位故障锁定，并且操作开关或者检修控制装置才能重新启动自动扶梯和自动人行道。即使电源发生故障或者恢复供电，此故障锁定应当始终保持有效。同时要求有故障锁定。

非操纵逆转通常发生在有载上行时，由于传动机构失效等原因，造成上行动力不足或失去动力，在乘客载荷的作用下，改为向下溜车，乘客在下部出入口快速堆积，造成相互之间的挤压和踩踏，一旦保护装置失效，将发生事故。

该保护装置有多种形式，一是利用检测开关，如图2.77所示。图中摆杆的前端压住链轮的侧面，两者之间产生一定的摩擦力。正常上行时，链轮带动摆杆前端往下摆动一定角度，其后端相应地往上摆动，触发上部检测开关断开。正常下行时，下部的检测开关断开。如果梯级在上行过程中突然改变运行方向，摆杆将触发下部的检测开关断开。这将切断控制电路，使设备停止运行。

二是利用与上述超速保护装置第二种类型类似的磁感应开关或光电开关获取运行速度和方向信号，通过控制系统进行比较和判断。如前述主机保护中的防逆转保护。

9. 急停开关

急停开关应安装在自动扶梯上明显的地方，遇到紧急情况时，按下急停开关，自动扶梯将制停。一般位于自动扶梯的上下扶手入口面板处，如图2.78所示。超长的自动扶梯应在自动扶梯中部位置增加一个或若干个急停开关。

图 2.77 非操纵逆转保护装置

图 2.78 急停开关

10. 抱闸系统保护

1)抱闸衬垫磨损监控装置

该保护装置如图 2.79 所示,安装在主机上,其主要功能是当主机的抱闸衬垫出现磨损,此监控装置会发出相应的检测信号,提示维保人员检查衬垫。此信号在控制柜处自动复位。

2)抱闸动作监控装置

该保护装置如图 2.80 所示,安装在主机上,其功能是当主机的抱闸臂未能正常动作时,此监控装置发出相应的检测信号,控制系统将控制主接触器不给主机供电。此开关在主机处和控制柜处均自动复位。

图 2.79　抱闸衬垫磨损监控装置

图 2.80　抱闸动作监控装置

11. 水位监测开关

该装置如图 2.81 所示,安装下平层右侧接线盒下,其主要功能是监测室外扶梯下平层水位,当水位过高时停止扶梯运行。该信号在控制柜处自动复位。

12. 裙板保护装置

自动扶梯在正常工作时,围裙板与梯级间应保持一定间隙。为了防止异物夹入梯级和围裙板之间的间隙,在自动扶梯上部或下部的围裙板反面都装有安全开关。一旦围裙板被夹变形,它会触动安全开关,自动扶梯即断电停运。

裙板是梯级两边的界限,固定在梯级的桁架上,是自动扶梯上最靠近乘客站立位置的固定部分。梯级在任何一边都不允许碰到裙板,两边总间隙之和不大于 7 mm,单边不超过 4 mm。

1)裙板保护刷

由于乘客的脚或书包等物品有可能被夹在裙板与梯级之间,因此裙板也是一种与安全有关的部件。为防止发生意外挤伤乘客或货物,可在裙板处设置安全保护装置。根据需要,可在梯级两边的裙板上设置保护刷。如图 2.82 所示,在裙板的底座上安装若干保护刷,乘客由于怕弄脏裤脚而远离裙板站立,因而消除了被卡住的危险。

图 2.81 水位监测开关

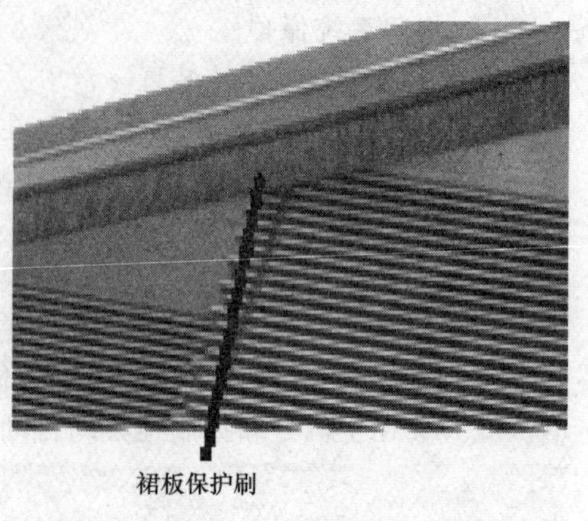

图 2.82 裙板保护刷

2)裙板开关

为了实现对裙板内发生异物卡入的问题,在上、下平层两侧裙板后方裙板内安装若干安全开关,如图 2.83 所示。各开关均串联于安全回路中,当有异物卡在梯

图 2.83 裙板开关

级与裙板之间时,裙板将发生弯曲,达到一定位置后,触动安全开关的触点,从而切断安全回路,使自动扶梯制停,以实现电气上的保护。

13. 梯级与梳齿板的照明

在梯路上下水平段与曲线区段的过渡处,梯级在形成阶梯或在阶梯消失过程中,乘客的脚往往踏在两个梯级之间而发生危险,为了避免上述情况的发生,在上下水平区段的梯级下面各安装一个绿色荧光灯,使乘客经过该处,看到荧光灯时,及时调整站立位置,如图 2.84 所示。

14. 梯级上的黄色边框

梯级是运载乘客的重要部件,为确保乘客的安全,有的国家和地区还要求在梯级上具备黄色边框,如图 2.85 所示,以告知乘客只能站立在边框以内区域,以保证安全。

图 2.84　梯级与梳齿板的照明

图 2.85　梯级黄色边框

15. 梯级抬起开关

为了乘客乘梯安全，必须防止梯级从导轨上抬起。因此，在扶梯下弯曲段的左右两侧上分别安装了安全开关，用以监控梯级的抬起，如图 2.86 所示。如果梯级从导轨上抬起，梯级钩抬起反轨通过限位开关切断自动扶梯。当梯级钩上推反轨被提升约 5 mm 后，限位开关应切断。当梯级上推开关被松开时应复位。

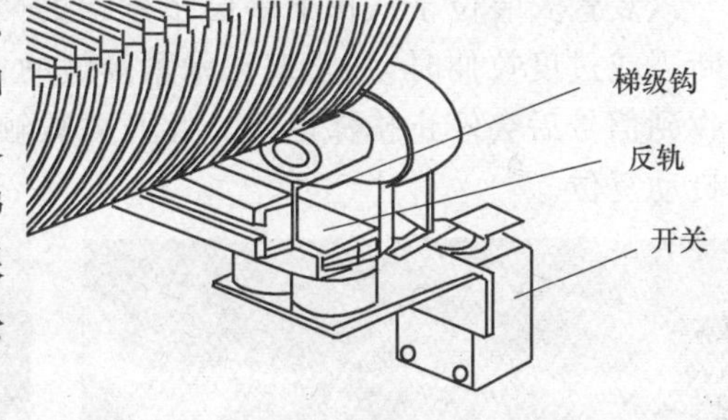

图 2.86　梯级防抬起开关

16. 梯级锁

梯级锁是从机械和电气两方面锁住梯路，如图 2.87 所示。如果将梯级机械锁插进梯级链驱动轮孔内，梯路即被梯级机械锁锁住。梯级电气锁是一个限位开关断开，防止存在无意启动。

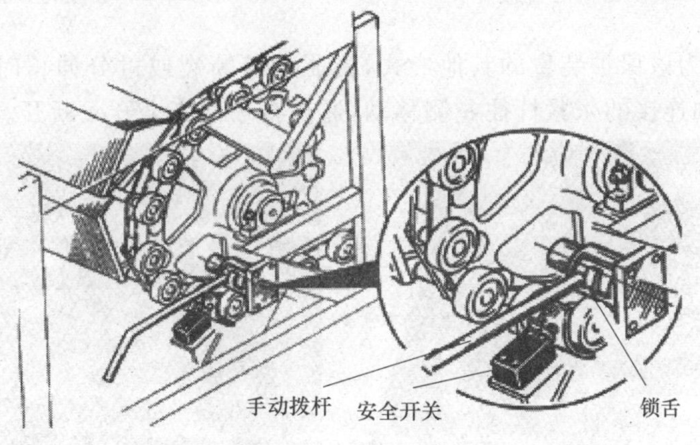

图 2.87　梯级锁

17. 楼层盖板（进出口盖板）开关

楼层盖板开关是一个安全开关，如果底坑盖打开，切断安全回路，停止自动扶梯。楼层盖板开关防止在楼层盖板打开的时候机械运动发生意外伤害。在楼层盖板盖上前，自动扶梯不能启动。

该装置安装位于扶梯上、下平层楼层板边框，如图 2.88 所示，主要功能是当楼层板被提起时，检测杆复位，安全开关被触发，控制系统收到信号后会停止扶梯运行。此开关在检修状态下不起作用。此开关是手动复位。在控制柜自动复位。

18. 驱动链断链保护

当主驱动链断链时，链条下垂压下开关动作杆，安全开关动作，自动扶梯停止运行。主驱动链断链开关仅在有链传动的自动扶梯上使用。

该装置安装位于扶梯下平层张紧架的两侧，如图 2.89 所示，其功能是当驱动链断裂或过度拉伸时，张紧架在张紧弹簧的作用下后退并触发此安全开关，控制系统收到信号后会停止扶梯运行。此开关被触发后会自锁，必须手动复位，在控制柜处自动复位。

图 2.88　重型梯楼层盖板开关

图 2.89　驱动链断链保护

图 2.90 为该保护装置的其他形式，当驱动链断裂或过分伸长时，压缩弹簧使与张紧链轮轴连接的张紧杆往左侧移动，通过打板使安全开关断开。

图 2.90　另外形式驱动链断链保护开关

检验时，除了检查安全开关之外，还应注意检查安全开关与打板的相对位置及固定情况，确认在打板正常行程范围内能触发安全开关动作。

19. 自动扶梯的外围保护

1)盖板

盖板包括内盖板和外盖板。内盖板是用于遮住扶手栏杆处的自动扶梯内部零部件的盖板，它的一端装在裙板上；外盖板是用于遮住扶手栏杆处的自动扶梯外缘的盖板，是自动扶梯与墙壁和其他自动扶梯接触的部件。根据国标中的有关规定，内盖板至少应有 25° 的倾角，以防止有人站在上面发生危险。如果外盖板从上面或下面是可以接近的则必须设有监测器(或防爬板)，以防止有人站上去，或淘气的孩子爬上去玩耍，发生危险。

2)外部装饰板

外部装饰板用于覆盖桁架的外部，以防止有人触摸自动扶梯架内部的运动部件。有时，自动扶梯靠墙放置或多台自动扶梯平行放置，可以在单侧或两侧均不要装饰板。

3)腹板

腹板是自动扶梯最底部的部分。采用钢板焊接而成。一方面，它可以防止乘客碰到自动扶梯桁架内部的运动部件。另一方面也可以防止漏油造成环境污染，同时也可兼作装饰用。

4)其他

在交叉放置或靠墙放置的自动扶梯中，自动扶梯之间或自动扶梯与地板、墙壁之间会有夹角。应在夹角处安装一防碰板，如图 2.91 所示，以防乘客将手臂或头卡在夹角之中，发生事故。

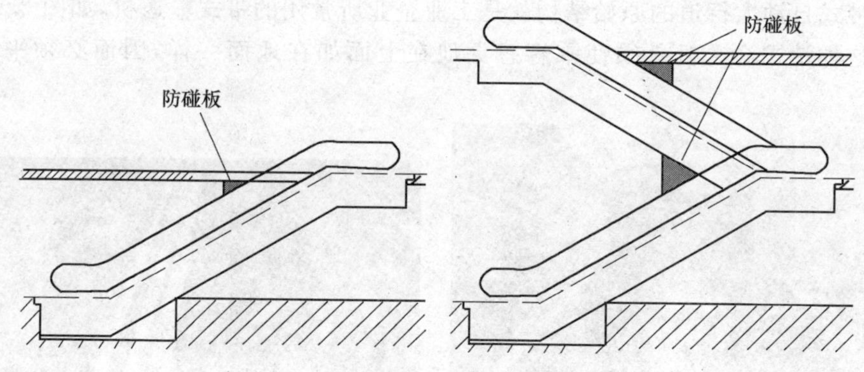

图 2.91　扶梯防碰板

2.2.8　自动人行道

自动人行道也是一种运载人员的连续输送机械。它与自动扶梯不同之处在于运动路面不是形成阶梯形式梯路，而是平的路面。自动人行道主要用于输送，也能进行一定角度（$\alpha = 12°$）的倾斜输送。同样适用于地铁等人流集中的公共场所。

自动人行道的倾角一般为0°～12°。自动人行道的输送长度在水平或微斜时可至500 m。输送速度一般为0.5 m/s，最高不超过0.9 m/s。

由于自动人行道的部件、安全装置及电气控制系统与自动扶梯差异很小，因此不再赘述。

自动人行道的3种结构，分别是踏步式结构，带式结构和双线式结构。

1. 踏步式结构

将自动扶梯的倾角从30°减到12°直至0°，同时，将自动扶梯所用的特种形式梯级小车改为普通平板式踏步小车，使各踏步间不形成阶梯形状而形成一个平坦的路面，就成为踏步式自动人行道，如图2.92所示。自动人行道两旁各装与自动扶梯相同的扶手装置。踏步车轮没有主轮与辅轮之分，因而踏步在驱动端与张紧端转向时不需要使用作为辅轮转向轨道的转向壁，使结构大大简化，自动人行道的结构高度也降低了，这是自动人行道的一大特点。由于自动人行道表面是平坦的路面，所以儿童车辆、食品车辆等可以毋须顾虑地放置在它的上面。

踏步铰接在两根牵引链条上。踏步节距为400 mm。由于人行道面不需要形成阶梯形式，因而轨道系统简化了。

踏步式自动人行道的驱动装置、扶手装置均与自动扶梯通用。

自动人行道长度在不断增加，长度达1 000 m的正在设计中。为改善链条的受力状态，前述的自动扶梯多级驱动装置，在自动人行道中也可以应用。

2. 带式结构

带式自动人行道的原始结构就是工业企业所常用的带式输送机，如图2.93所示。这种带式输送机必须使乘客感觉他在上面如在地面一样，因而必须平稳和安全。

图2.92 踏步式结构的人行步道

图2.93 带式结构的人行步道

带式自动人行道的最重要部件是输送带，它由冷拉、淬火的高强度钢带制成。这种钢带必须精确制造，且平整。在钢带的外面覆以橡胶层。橡胶覆面也是钢带的一种保护层，以防钢带的机械损伤和抵御潮湿。橡胶覆面具有小槽，使输送带能进出梳板齿，保证乘客安全上下。即使在较大的负载下，这种橡胶覆面的钢带仍能足够平稳而安全地进行工作，从而使乘客感受到舒适。

钢带的支承可以是滑动的，也可以是用托辊的。如果使用滑动支承，钢带的另一面不要覆盖橡胶。使用托辊时，钢带的另一面也覆盖橡胶。托辊间距一般较小。

带式自动人行道的长度一般为 300～350 m 。当自动人行道长度为 10 m 至 12 m 时，可采用滑动支承。

3. 双线式结构

双线式结构的自动人行道是使用一根销轴垂直放置的牵引链条构成一个水平闭合轮廓的输送系统，而不同于踏步式结构的链条所构成的垂直闭合轮廓系统。牵引链条两分支即构成两台运行方向相反的自动人行道。一系列踏步的一侧装在该牵引链条上，踏步另侧的车轮自由地运行于它的轨道上。

这种自动人行道的驱动装置装在它的一端，并将动力传给轴线垂直的大链轮。电动机、减速器等就装在两台自动人行道之间。张紧装置装在自动人行道另一端的转向大链轮上。

双线自动人行道的特点是结构的高度低，可以利用两台自动人行道之间的空间放置驱动装置；而且可以直接固接于地面之上。因而，在企业改建大厅高度不够时以及在高度特别紧凑的地方（例如隧道或某些通道中），则可采用这种自动人行道。

2.3　地铁车站自动扶梯的控制原理

从自动扶梯的控制系统的发展来看，伴随着自动化控制技术的发展，自动扶梯控制系统经历了 3 种典型的类型，即继电器控制系统、以单片机为核心的板卡式控制系统和以 PLC、变频器为核心的控制系统。

继电器式控制系统是早期产品。系统由接触器、继电器和行程开关组成。其特点是电路简单、容易掌握。其缺点是控制系统噪声大、维修不便、控制方式落后，使用该控制方式的自动扶梯已逐渐被淘汰。

以单片机为核心的板卡式控制系统是根据自动扶梯的性能要求进行定制设计的。它利用电子元器件对自动扶梯的启动、停止、正转、反转及 Y—△变换进行逻辑控制和管理，并对运行中发生的故障实施高速并行处理，进行声光报警，及时切断控制电路和主电路电源，使自动扶梯迅速停止运行。该系统体积小、性能可靠，克服了继电器控制系统的缺点，同时还减少了噪声对系统的干扰，保证了故障检测的准确、及时和可靠。由于该类系统一般配套专门品牌自动扶梯定制开发，开发周期较长，程序不易修改，抗干扰能力差等缺点问题而限制了其应用。

随着PLC技术和变频器技术的日臻成熟，应用的日益普遍，以PLC和变频器为核心的自动扶梯控制系统得以迅猛发展。该类控制系统的主要优点包括可靠性高、抗干扰能力强、编程方便、操作性强、功能完善、应用灵活、使用简单、调试维修方便等。

1. 采用PLC为控制核心的电梯控制系统的特点

1)可靠性高、抗干扰能力强；

2)功能完善，具有数字和模拟量输入输出、逻辑和算术运算、定时、计数、顺序控制、功率驱动、通信、人机对话、自检、记录和显示等功能；

3)编程简单、使用方便。采用梯形图编程方式，既继承了传统控制线路的清晰直观，又易于接受；

4)控制程序可变，具有很好的可移植性。工艺流程改变或者设备更新时，不需要改变PLC的硬件设备，只需要改编程序就可以满足要求；

5)扩充方便，组合灵活。模块化结构的设计，都具备有扩充接口，对输入、输出点数进行变化。

2. 自动扶梯的电气设计的要求

为了使自动扶梯安全可靠运行，对自动扶梯的电气设计提出了以下要求：

1)为降低启动电流，扶梯驱动电机必须采用Y/Δ星形启动，正常运行时采用Δ连接，以保证全压运行；

2)为了方便检修，自动扶梯应具备点动运行功能；

3)为保证安全舒适的乘梯环境，自动扶梯应在一定速度范围内运行，超出该速度范围自动扶梯应停止运行；

4)为保障乘客安全，自动扶梯控制系统应设计启动前示警、出入口梯级间隙照明等装置；

5)为了加强对自动扶梯机械部件的保护，减少机械磨损，电气系统应带有自动加油润滑装置；

6)为了方便操作维修人员实时监测扶梯运行状态和实现故障自诊断，控制系统应带有运行状态与故障显示模块；

7)自动扶梯运行过程中为防止出现如卡住乘客手脚、梯级链、驱动链断裂等突发事件，自动扶梯应设有安全保护系统，以确保有突发事件时扶梯能马上停止运行；

8)自动扶梯还应设有急停开关、运行状态保护、电压异常和过载保护等装置。

3. 现代自动扶梯控制系统可采用的节能控制运行方式

现代自动扶梯的控制系统可采用多种节能控制运行方式，主要包括以下 3 种方式：

1）自动启动方式

在扶梯上下口处安装光电、压力等多种形式传感器，一旦传感器检测到有乘客进入扶梯（距梳齿板 1.3 m），或者外缘设置在梳齿相交线之前至少 1.8 m 触点踏垫（长度至少为 0.85 m），检测到施加在其表面为 25 cm^2 的任何点上的载荷达 150 N之前，扶梯开始启动运行，如乘客继续进入扶梯，扶梯将一直以额定速度正常运行。如在预先设定的时间内没再检测到有乘客进入扶梯或扶梯出口侧传感器检测到最后一个乘客离开扶梯后，在预先设定的时间内再没有检测到有乘客进入扶梯，则扶梯将自动停梯。待有乘客进入扶梯时，扶梯再投入运行。

由使用者通过而自动启动的自动扶梯或自动人行道的运行方向应预先确定，应配备一个清晰可见的信号系统，以便向乘客指明自动扶梯或自动人行道是否可用及其运行方向。如果使用者从与预定运行相反的方向进入时，那么自动扶梯或自动人行道仍应按预定运行方向启动并运行，运行时间不少于 10 s。

自动扶梯或自动人行道被乘客自动启动后，控制系统应保证有一段足够的运行时间，该时间在自动停止运行之前至少为预期乘客运输时间再加上 10 s。

自动运行方式节能效果突出，控制方式简单可靠，但会造成扶梯频繁启停，严重影响扶梯使用寿命。

2）Y/Δ 运行方式

利用扶梯 Y/Δ 启动装置，在扶梯投入运行后，当扶梯处于空载或轻载时，控制系统将驱动电机从 Δ 型运行自动切换到 Y 型运行来节约能耗。当扶梯负载增加后，扶梯再自动转成 Δ 型运行。

Y/Δ 运行方式有节能效果，理论上可节电 30%左右，但扶梯启动后，一直以额定速度连续运行，增加了扶梯的耗损。

3）变频运行方式（VVVF 方式）

在扶梯上增设变频装置，扶梯开始运行时通过变频器启动，当扶梯达到 100%（0.5m/s）额定速度运行后，如无乘客乘梯，扶梯由 100%额定速度自动降为 20%（0.1m/s）速度爬行（如扶梯在 20%速度下运行很长一段时间仍无人乘梯，则扶梯会自动平缓地停梯待命，该功能可自行设定）。如安装在扶梯出入口处的传感器检测到有乘客乘梯，则扶梯速度马上平缓地升至 100%额定速度，如乘客继续进入扶梯，扶梯将一直以额定速度正常运行。如在预先设定的时间内扶梯入口处的传感器没再检测到有乘客进入扶梯，则扶梯将自动转至爬行速度运行。

VVVF 运行方式节电效果明显，理论上可节电 60%，尖峰电流比无变频器扶梯减小可达 80%，与自动运行方式相比没有频繁启动问题，扶梯磨损小，并且爬行速度运行时可提示乘客乘梯方向。

随着经济的发展，变频器以其优越的性能在众多领域获得了广泛的应用，特别是节能效果越来越多的被人们认识。在电梯系统中也是如此，VVVF 型变频调速电梯已开始取代继电器控制、交流调速电梯。

VVVF 型变频调速电梯基本控制原理，交流电动机的转速公式为：

$$n=\frac{60f_1}{p}(1-s)$$

式中 f_1——定子的电源频率；

p——极对数；

s——转差率；

n——电机的转速。

根据交流电机的转速公式，有以下几种调节电机转速的方法：

(1)改变电机极对数 p 可以改变电机转速，这是交流双速梯采用的调速方法。

(2)通过调整定子绕组电压大小来改变转差率 s，已达到调速目的，这是交流调速梯采用的调速方法。

(3)改变定子电源频率 f_1 也可达到调速目的，但 f_1 最大不能超过电机额定频率，电梯作为恒转距负载，调速时为保持最大转距不变，根据转距公式：

$$M=C_m\Phi_m I_2\cos\varphi_2$$

式中 C_m——电机常数；

I_2——转子电流；

Φ_m——电机气隙磁通；

$\cos\varphi_2$——转子功率因数。

必须保持 Φ_m 恒定。又根据电压公式：

$$U_1=E_1=4.44\ f_1 k_1 \omega_1 \Phi_m$$

式中 U_1——定子电压；

f_1——定子电压频率；

ω_1——定子绕组匝数；

k_1——电机常数。

必须保持 U_1/f_1 为常数，即变频器必须兼备变压、变频两种功能，简称为 VVVF (Vary Voltage Vary Frequency)型变频器，这就是 VVVF 型电梯的基本控制原理。随着自动扶梯技术的进一步向着高科技、节能、智能化的方向发展，几乎所有的自动扶梯全部采用了变频器控制技术。

自动扶梯是一种连续输送机械，其电气控制系统与垂直电梯电气控制系统相比区别主要有以下几点：

(1)自动扶梯基本上不带载启动；

(2)自动扶梯的运行速度保持不变；

(3)自动扶梯不频繁起制动,无加减速度问题；

(4)自动扶梯正常运行时不需改变运行方向；

(5)自动扶梯无开关门系统；

(6)自动扶梯不需考虑其运行位置及运行状态。

因此,自动扶梯的电气控制系统相对电梯来说简单得多。控制系统电路由主电路、控制电路、保护电路以及控制电源与照明电路组成。典型的变频运行方式(VVVF方式)自动扶梯的控制原理图如图2.94所示。

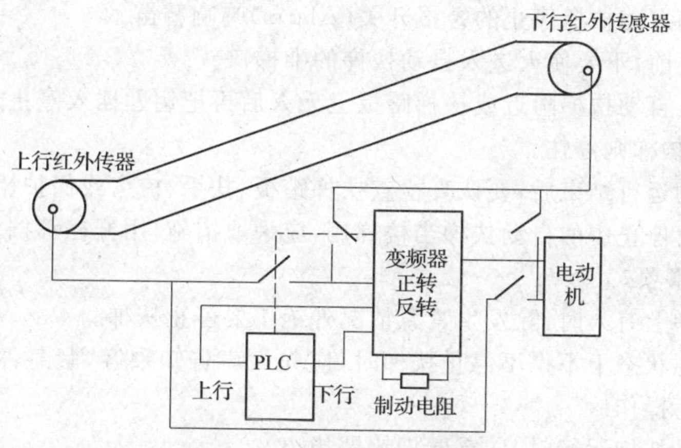

图2.94 自动扶梯控制系统框图

2.3.1 自动扶梯的正常操作步骤及运行过程

1. 正常操作

合上主电源开关,选择自动扶梯的运行方向,启动自动扶梯。自动扶梯在上下方各装有一个操作盘,任一操作盘都可操作。

2. 开始运转前的检查步骤

1)检查扶梯踏板、扶手、梳齿或保护裙板部分,除去夹在里面的碎纸、小石子、口香糖等。

2)请确认自动扶梯周围的安全设施(三角区的护板、防止进入的栅栏、隔板及防护网)有无破损等异状。

3. 开始运转时的操作步骤

1)把钥匙插入报警开关(Alarm)鸣响警笛,发出信号告诉附近的人们电梯将开始运转。

2)确认自动扶梯周围或扶梯踏板上没人时,把钥匙插入启动开关(Start)后,向想要使用的运行方向(Up或Down)旋转,自动扶梯则开始工作。放开手则钥匙回到中立位置,把钥匙拔出来。

3)启动后请确认扶梯踏板和扶手是否正常工作。如万一有异常声响或震动时,要立即按动紧急停止按钮,停住自动扶梯。

4)确认正常运转后,并观察一段时间无异常现象或声响即可。

4. 停止自动扶梯

1)在停止自动扶梯之前,请确认有无发生异常声响或振动。如有异常则使自动扶梯停止。

2)用通知自动扶梯停止的警报开关(Alarm)鸣响警笛。

3)停止之前,不要使人进入自动扶梯的乘梯口。

4)在确认自动扶梯附近或扶梯踏板上无人后再把钥匙插入停止开关(Stop)进行操作,自动扶梯则停住。

5)一天的运行结束后,要认真检查扶梯踏板、扶手、梳齿或保护裙板并清扫。

6)为防将停止中的自动扶梯当楼梯用,应采取措施,用栅栏等挡住以防进入。

5. 注意事项

1)在扶梯上有人时,除发生紧急情况外绝不要停止扶梯。

2)在紧急状态下不得不停止扶梯时,应先大声告知乘客"紧急停止,请抓住扶手"后,再进行操作。

3)当自动扶梯运行时,一定要把钥匙拔出。

4)因大雨等原因致使自动扶梯泡水或进水时,可能会发生触电的危险,要将电源切断并中止运转。且恢复运转前,需专业人员确认后方可启动。

6. 转换运转方向

1)利用通知停止的警报开关(Alarm)鸣响警笛。

2)在确认扶梯踏板上无人后再用停止开关(Stop)停止运转。

3)待完全停止后,再重新用启动开关向希望的方向运行。

4)需要注意的是如乘降口有引导文字表示运行方向时,一旦转换运行方向,引导文字应作相应的变更。

2.3.2 供电原理分析

地铁车站的电梯供电属于地铁低压动力电源系统的供电范围。一般在地铁车站低压动力供电系统配置专门的供电开关来为自动扶梯等电梯设备提供电源。上海某车站典型自动扶梯的供电原理图如图2.95所示。

从图中可以看到,地铁车站自动扶梯的供电系统电源来自地铁车站的低压配

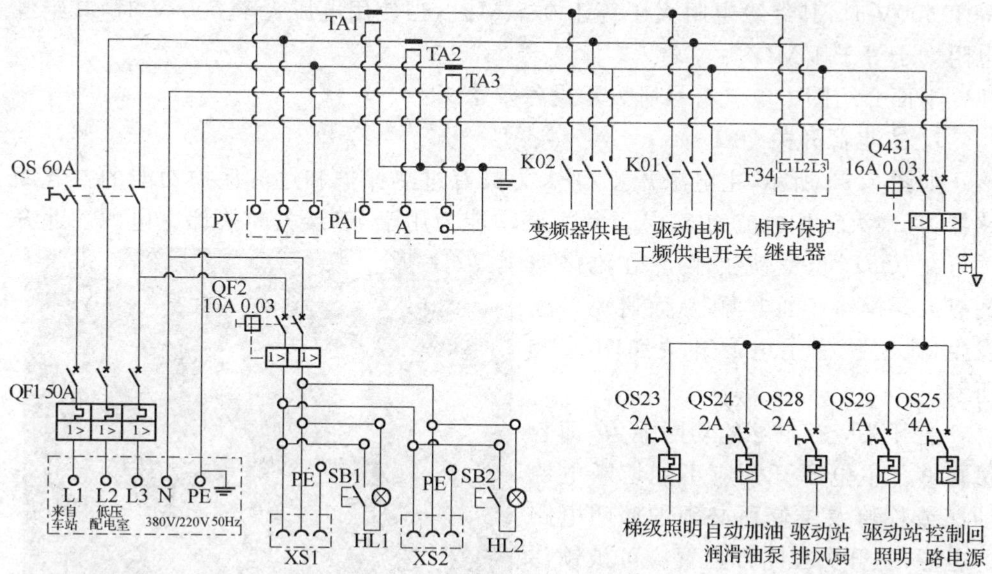

图 2.95　典型扶梯的供电原理图

电系统，为典型的三相五线制供电系统。供电电源自低压配电系统起，中性线（N）与保护线（PE）始终分开。

三相五线制（TN—S系统，含TN—C—S系统），该接法包括三根相线L1（A）相、L2（B）相、L3（C）相及一根零线N，还有一根地线PE，工作零线与保护零线全部分开设置，或者部分分开设置的接零保护系统。PE线在供电变压器侧和N线接到一起，但进入用户侧后则不能当作零线使用。

三相五线制的优点是保护灵敏性高，可靠性强。因为PE线（即接地零线）是单独设置，并且是直接接自电源变压器中性点，变压器的中性点已可靠直接接地，接地电阻较低，非常好的满足了系统保护要求。

依据国家标准的规定，三相五线制供电系统标准导线颜色为：

（1）A线用黄色；

（2）B线用蓝色；

（3）C线用红色；

（4）N线用褐色；

（5）PE线用黄绿色。

零线和地线的根本差别在于零线构成工作回路，通过其的电流直接回到电网。而地线主要起保护作用，又称为保护接地，通过其的电流全部返回大地。

对自动扶梯供电回路安全电压下的绝缘电阻应大于等于0.25 MΩ，对于动力电路、电气安全装置电路和其他电路，如控制、照明、信号等电路，当使用电压小于等于500V时，其绝缘电阻大于等于0.5 MΩ，当使用电压大于500 V时，其绝缘电阻大于等于1 MΩ。

下面介绍图中电气符号所表示设备及含义：

1. 主电源开关QF1

如图2.95所示，主电源开关QF1为具有过热保护和过流保护功能的空气断路器，其最大工作电流为50 A。其主要功能为用于开启、关断扶梯主电源。此开关可在“OFF”位置锁住，防止在维修期间有人误操作接通电源，从而避免事故发生，典型扶梯主电源开关如图2.96所示。

图2.96 扶梯主电源开关

主开关应有足够的切断能力，即容量足够。主电源开关应不能切断电源插座或检修及维修所必须的照明电路的电源，主开关在断开位置应可被锁住或处于“隔离”位置。根据国家标准的规定，对自动扶梯的电源主开关的设置规定如下：

1)在驱动主机附近，转向站内或控制装置旁，应装设一只能切断电动机、制动器释放装置和控制电路电源的主开关。该开关应不能切断电源插座或检修和维修所必须的照明电路和电源。

2)用挂锁或其他等效方式将主开关锁住或使它处于“隔离”位置，以保证不产生由于其他因素造成意外动作。主开关的控制机构应在打开门或活板门后能迅速而容易地操纵。

3)主开关应能切断自动扶梯或自动人行道在正常使用情况下最大电流的能力。

4)若几台自动扶梯或自动人行道的各主开关设置在一个机房内，则各台自动扶梯或自动人行道主开关应易于识别。

5)车站电梯系统的辅助设备，如加热装置、扶手照明和梳齿板照明等设备分别单独设置供电开关时，应能单独地切断。各相应开关应位于主开关近旁并应有明显的标志。

2. 具有漏电保护功能的空气断路器

如图2.97所示，QF2，Q431为具有漏电保护功能的三极和双极空气断路器，如图2.97所示，其最大工作电流分别为10 A和16 A，其发生漏电时分断时间都为0.03 s。QS23、QS24、QS25、QS28、QS29如图2.98所示，为具有漏电保护功能的单极空气断路器，额定电流分别为1 A至4 A。

图2.97　具有漏电保护功能的三极和双极空气断路器

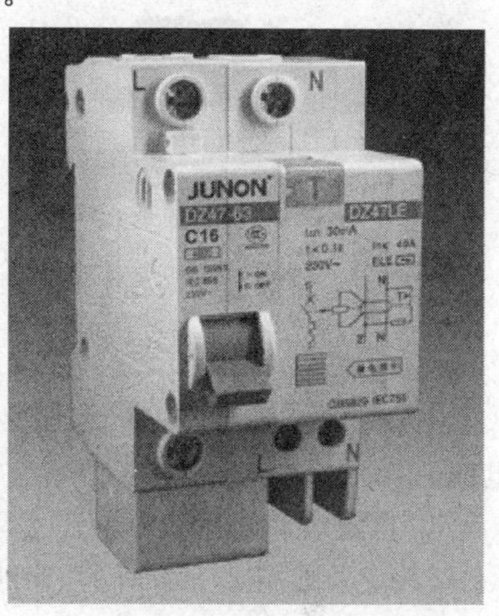

图2.98　具有漏电保护功能的单级空气断路器

3. 手动隔离开关

QS如图2.99所示，为手动隔离开关，此开关手动操作。其额定可分断的最大电流为60 A。K01、K02如图2.100所示，为普通低压空气断路器，该断路器没有自动脱扣装置，不能实现自动脱扣跳闸。

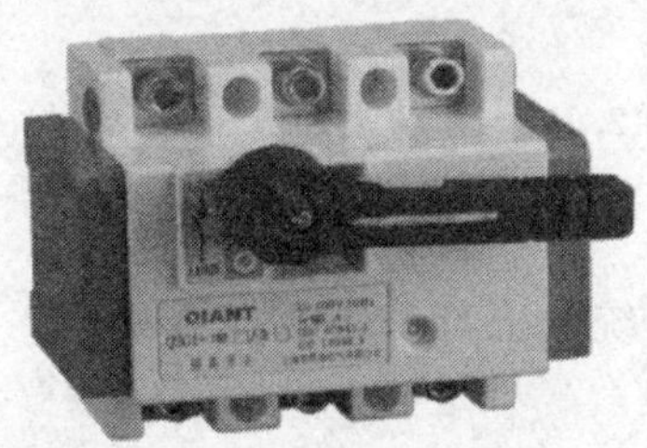

图2.99　手动隔离开关

图2.100　普通低压空气断路器

4. 手动按钮

SB1和SB2如图2.101所示，为带有复位功能的手动按钮，其被手动按下时接通电路，松开自动复位，电路断开。HL1和HL2如图2.102所示，为检修电源测试指示灯。

图 2.101　带有复位功能的手动按钮

图 2.102　电源测试指示灯

5. 电流互感器

TA1、TA2、TA3 如图 2.103 所示，为电流互感器，用于检测主电路的工作电流。

6. 电流表和电压表

PA、PV 如图 2.104 所示，分别为电流表、电压表，用于显示供电回路的电压和电流值。

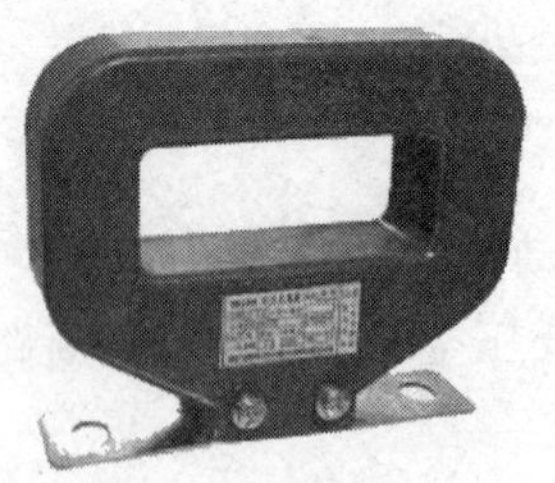

图 2.103　电流互感器

图 2.104　电流表和电压表

7. 检修插座

XS1 和 XS2 如图 2.105 所示，分别为电梯系统的上部和下部检修插座。用于检修时电源供给。

8. 相序保护继电器

F34 如图 2.106 所示，为三相交流电源的相序保护继电器，当发生输入三相交流电源断相或者相序发生混乱时，相序保护继电器发生动作，分别输出报警信号至电梯综合安全报警回路和主 PLC，进行程序的联锁控制。

由于地铁车站的自动扶梯运行与供电电源的相序有关；为了确保自动扶梯按照车站要求正常运行，在供电系统设计并配置了相序保护继电器。相序保护继电器适用所有三相电源的保护，对输入电源的三相电压缺相、逆相及三相电压不平衡提供继电保护。其基本原理是对三相交流电源的电源侧进行采样，输出继电保护信号。主要功能如下：

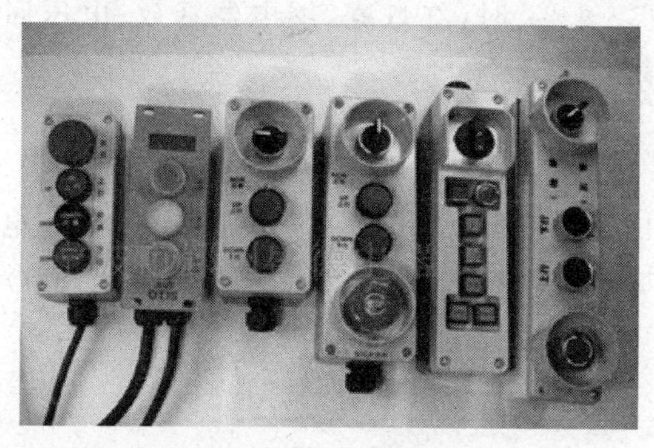

图 2.105　检修插座

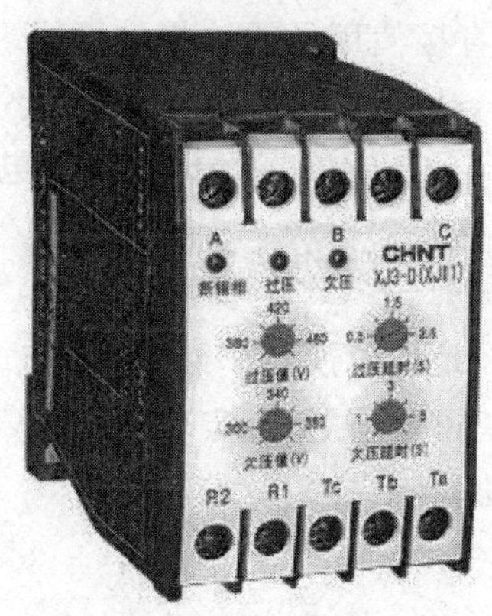

图 2.106　相序保护继电器

1)动态缺相、静态缺相保护

当被保护设备在运行状态或非运行状态时,任意一相发生断相故障时发出故障报警指示,并给出报警信号。

2)错相保护

当输入三相交流电源 L1、L2、L3 电源相序发生相序改变时发出故障报警指示,并给出报警信号。

3)电压不平衡保护

当输入三相交流电源电压不平衡超过允许的范围时,即电压不平衡率高于 8 % 时,发出故障报警指示,并给出报警信号。

4)延时保护

当以上故障出现时,继电器延时 1～2 s 后动作,继电器释放,发出故障报警指示,并给出报警信号。

5)防雷击,抗浪涌功能

同时,该继电器内置防雷、抗浪涌保护电路,最大限度保护用电设备的安全。其工作原理为:

1)L1、L2、L3 三相接线正确,监视器绿灯亮,继电器吸合;如果相序接错,监视器黄灯亮,只要交换 L1、L2、L3 三相中的任意两相,监视器就能认定该相序并正常工作。当被保护的设备正常工作后出现黄灯亮,继电器不吸合时,应视为外线路相序误接,监视器具有防误接保护功能;

2)L1、L2、L3 三相缺相时,红灯亮,绿灯不亮,继电器释放;电压正常时恢复,绿灯亮,继电器吸合;

3)L1、L2、L3 接三相交流电压,NO、COM 为常开触点;NC、COM 为常闭触点，直接使用导线连接；

4)L1、L2、L3 三相电压不平衡 > 8 % 时，红灯亮，继电器释放；电压回升至 <5 %时恢复，绿灯亮，继电器吸合。

2.3.3 自动扶梯主回路

北京地铁某车站典型自动扶梯主电路原理图如图 2.107 所示。该种类型电梯为变频器与 PLC 实现的 VVVF 自动扶梯变频调速系统，电机启动方式采用 Y/△启动。

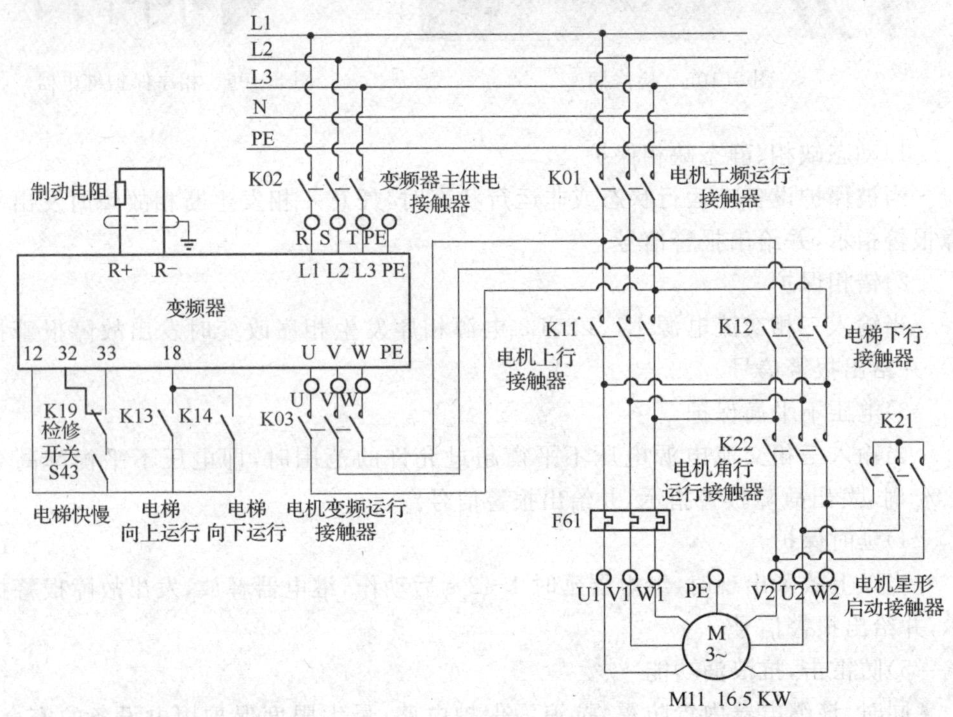

图 2.107 自动扶梯主电路原理图

1. 该控制系统主要设备

1)变频器

该系统使用的是 Danfoss VLT2900 变频器，如图 2.108 所示，其主要应用于 0.55 ～ 18.5 kW(AC 380 V)的交流电动机。该变频器 AC 220 V 单相和三相均可用，输出可在 0 ～1 000 Hz 之间可变输出，电压容限为 AC 380 ～480 V (−20 % /+10 %)。当电机功率超过 0.75 kW 时需要增加强冷却能力，可在机柜背后安装散热片。

该变频器具有自动电动机整定功能，可以自动测量电动机参数，以确保变频器和电动机的最佳匹配，从而提高变频器的应用性能。具有 PID 控制器，能实现最优的过程控制。具有中断启动/停止功能，可以确保每一次的精确定位，并具有高度的可重复性。

其主要接线端子定义如表 2.3 所示。

图 2.108　Danfoss VLT2900 变频器

表 2.3　变频器接线端子定义

端子号功能	功能描述
91、92、93	电源引入端子
96、97、98	电动机连接端子
99	电动机地线连接端子
12	DC 24 V 电压
18	启动/停车
32、33	升速和降速

2)PLC 控制器

该系统采用 PLC 集中自动控制，PLC 为德国西门子公司 S7—200 型，型号为 6ES7 214—1BD22—0XB0（6ES7 216—2BD23—0XB0），如图 2.109 所示。CPU226 模块的 I/O 总数为 40 点，其中输入点 24 点，输出点 16 点，其接线图如图 2.110 所示。

图 2.109　PLC 控制器

3)主要接触器功能及信号来源如表 2.4 所示。

表 2.4　主要接触器功能及信号来源

图位号	功　能	控制来源	图位号	功　能	控制来源
K01	电机工频运行接触器	PLC 输出控制	K12	电梯下行接触器	PLC 输出控制
K02	变频器主供电接触器	PLC 输出控制	K21	电机星型启动接触器	PLC 输出控制
K03	电机变频运行接触器	PLC 输出控制	K22	电机角型运行接触器	PLC 输出控制
K11	电梯上行接触器	PLC 输出控制			

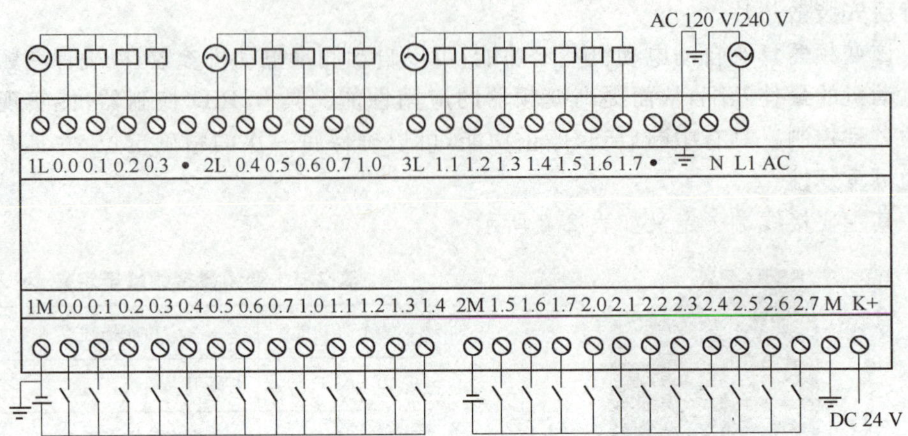

图 2.110 CPU266 I/O 接线图

4)驱动电动机为三相交流异步电动机，如图 2.111 所示。

2. 电机控制方式

1)工频控制

工频控制模式下，电梯转速不可调整，只有运行和停止两种状态。此时，变频器主供电接触器 K02 与电机工频运行接触器 K01 之间联锁，变频器主供电接触器 K02 必须处于断电状态。

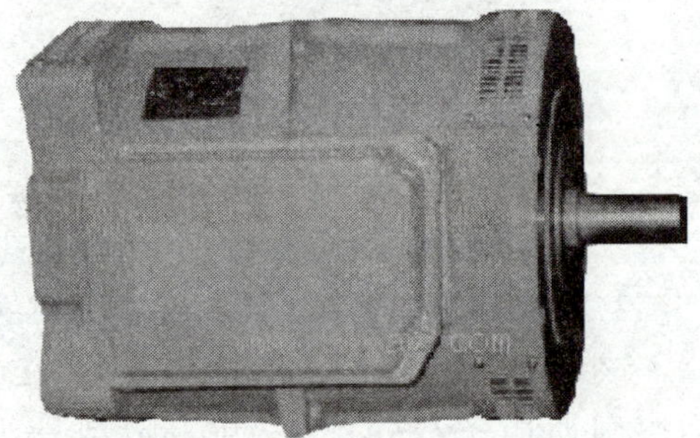

图 2.111 驱动电动机

(1)启动控制

当电机工频运行接触器 K01，电梯上行接触器 K11 或者电梯下行接触器 K12，电机星型启动接触器 K21 得电动作，电机得电，定子绕组为 Y 型接法，则自动扶梯进入启动过程。

(2)正常运行

电机启动过程持续持续 10 s 左右，待电机转速达到额定转速 60 % ～ 70 % 左右，电机星型启动接触器 K21 断电，电机三角型运行接触器 K22 得电动作，将电机的定子绕组接线方式改为△接法，此时，电机进入在工频电源供电下的正常运行模式。

2)变频控制

变频控制模式下，电梯转速可以根据不同的控制模式进行运行速度的控制，在满足地铁车站正常运营条件下，自动扶梯处于一种节能运行状态。变频器主供电接触器 K02 与电机工频运行接触器 K01 之间仍然进行有效联锁，电机工频运行接触器 K01 必须处于断电状态。同时，电机星型启动接触器 K21 必须处于断电状态，电机三角型运行接触器 K22 必须处于通电状态，此时电机绕组为△接法，以满足电机由变频器控制的需要。

变频器主供电接触器 K02 得电动作，变频器主电源接通得电。电机变频运行接触器 K03 得电动作，将变频器输出电源接到电梯上行接触器 K11 和电梯下行接触器 K12 主触点的上端子。

需要说明的是，在变频控制模式下，电机的正反转控制是由变频器来实现的，电机电梯下行接触器 K12 处于断电状态，不参与电机正反转控制。

(1)上行控制

在自动扶梯变频器变频控制模式下，电梯上行接触器 K11 得电动作。电梯上行继电器 K13 受 PLC 控制，得电动作，其一对常开触点闭合，输出电梯上行指令，将变频器 12 号端子输出的 24VDC 返回变频器 18 号端子。此时，变频器按照预设频率输出交流电压，自动扶梯上行运动。

(2)下行控制

与自动扶梯上行相似，在自动扶梯变频器变频控制模式下，电梯上行接触器 K11 得电动作。电梯下行继电器 K14 受 PLC 控制，得电动作，其一对常开触点闭合，输出电梯下行指令，将变频器 12 号端子输出的 24 VDC 返回变频器 18 号端子。此时，变频器按照预设频率输出交流电压，自动扶梯下行运动。

(3)快慢速控制

自动扶梯的快慢速控制是由变频器来实现的。当自动扶梯的工作状态处于非检修状态，即正常运行状态时，与变频运行快慢速控制继电器 K19 常开触点和常闭触点串联的检修开关 S43 处于断开位置，此时，没有信号输出到变频器 32 和 33 号端子，变频器以预设的正常频率输出，自动扶梯以正常速度运行。

当操作检修开关 S43 处于自动扶梯检修状态时，与变频运行快慢速控制继电器 K19 常开触点和常闭触点串联的检修开关 S43 处于闭合位置，此时，有信号输出到变频器 32 和 33 号端子，变频器以预设的慢速频率输出，自动扶梯以慢速速度运行。一般情况，当处于检修状态时，电梯的运行速度仅为正常运行速度的 50 %。

3)制动控制

该变频器带有制动单元，接线端子为 R＋和 R－，制动单元连接制动电阻，将电机制动时产生的电能转化成热能释放。制动电阻的主要功能有以下两点：

(1)变频器保护

电机在快速停车过程中，由于惯性作用，会产生大量的再生电能，如果不及时消耗掉这部分再生电能，就会直接作用于变频器的直流电路部分，轻者，变频器会报故障，重者，则会损害变频器。制动电阻的出现，很好的解决了这个问题，保护变频器不受电机再生电能的危害。

(2)保证电网平稳

制动电阻将电机快速制动过程中的再生电能直接转化为热能，这样再生电能就不会反馈到电源网络中，不会造成电网电压波动，从而起到了保证电源网络的平稳运行的作用。

4)其他重要的联锁控制

(1)自动扶梯变频器主供电接触器 K02 和电机变频运行接触器 K03 与电机工频运行接触器 K01 之间的联锁，二者不能同时得电动作。

(2)自动扶梯电机工频运行状态下，电梯上行接触器 K11 和电梯下行接触器 K12 之间的联锁，二者不能同时得电动作。

(3)自动扶梯电机变频控制模式下，电梯上行接触器 K11、电机星型启动接触器 K21 和电机三角型运行接触器 K22 之间联锁。此时，在电梯上行接触器 K11 得电条件下，电机星型启动接触器 K21 不能得电动作，电机三角型运行接触器 K22 必须得电动作。

(4)电梯上行继电器 K13 和电梯下行继电器 K14 之间的联锁，两个信号不能同时输出给变频器。

2.3.4 安全保护回路

为了实现自动扶梯的安全稳定运行，其安全保护装置多种多样。各种安全保护装置的基本原理在上一节已经做了详细的介绍。下面，我们介绍安全装置所涉及的一些保护电器设备。

1. 电机绕组热保护继电器

电机绕组热保护的原理图如图 2.112 所示，实际接线图见 2.2.7 节图 2.72 所示。图中，R2 为检测电机绕组温度的热敏电阻元件。F5 为温度继电器，如图 2.113 所示，主要通过其监测电机绕组温度的变化。它通过内置于电动机的热敏电阻探头感测电机绕组温度，保护最为直接、准确。该继电器动作后，可选择手动复位或者自动复位。

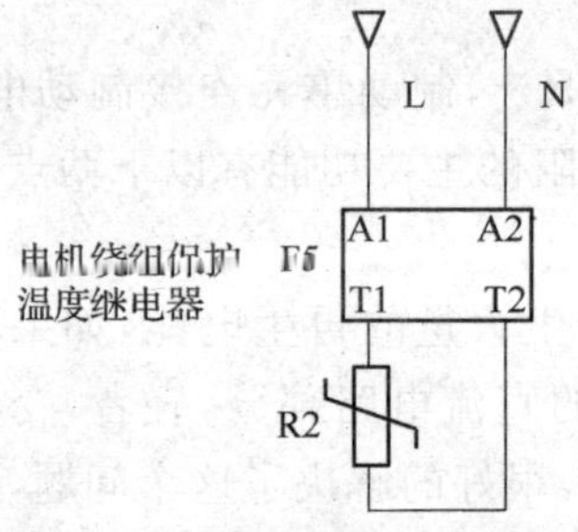

图 2.112 电机绕组热保护原理图

图 2.113 温度继电器

该热保护继电器适用于电动机热过载，保护变阻器、轴承、电容器等易发热器件，适合于频繁启动、恶劣环境等特殊状况应用。主要参数如表2.5所示。

表2.5 典型温度继电器的参数

型号及名称	绕组保护继电器(PTC热敏继电器)	型号及名称	绕组保护继电器(PTC热敏继电器)
供电电压	220～240/380～415/440 VAC	热敏传感器开启	5.6 K Ω及以上
辅助	24 V DC±10 %	热敏传感器短路	40 Ω或更低
输出触点	1 CO	跳闸时间延迟	少于2 s
热敏传感器稳定	40 Ω～4 kΩ	重置模式	自动/人工(可选)
热敏传感器跳闸	4.1 Ω～5.5 kΩ		

2. 安全继电器

目前，自动扶梯系统使用的是一种模块化的安全继电器，如图2.114所示。用以控制诸多不同的安全功能。该安全继电器是一个多功能、可自由配置的模块化安全系统，该系统配备32路可连接急停按钮、安全门开关等所有安全功能的输入点，8个继电器安全输出点。另外，该安全继电器配置有标准的RS485通信端口，可以实现与PLC系统数据状态共享，便于PLC系统对整个自动扶梯系统的安全响应。为了快速了解当前安全继电器的状态，还配置了用户报警接口，通过该接口，用户可以非常方便的查询当前安全回路的报警及故障信息。

图2.114 安全继电器

整个安全回路如图2.115、图2.116和图2.117所示，其中包括的安全输入信号有32个、输出信号7个，如表2.6所示。

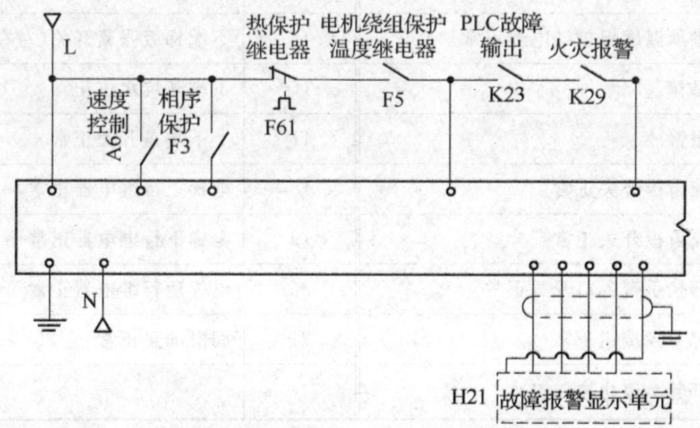

图2.115 扶梯安全回路1

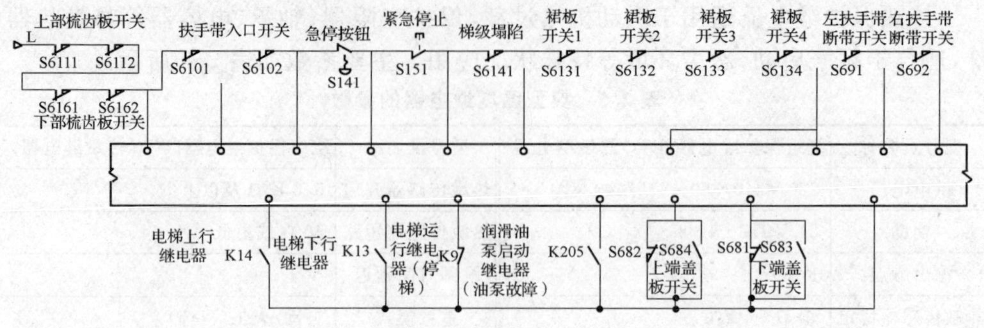

图 2.116 扶梯安全回路 2

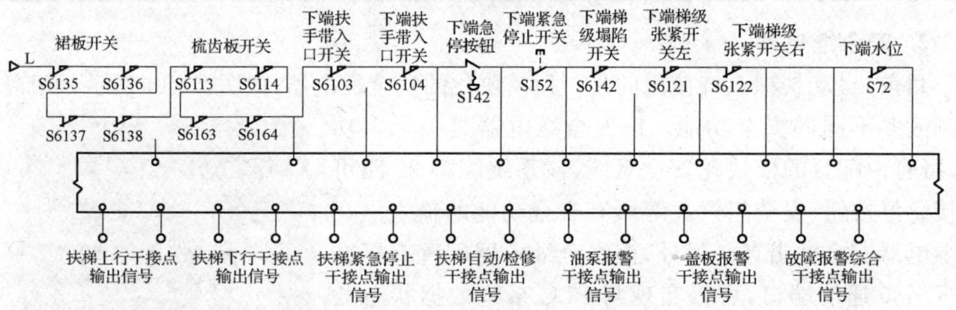

图 2.117 扶梯安全回路 3

表 2.6 扶梯安全回路的输入信号

序号	名　　称	序号	名　　称
1	电梯速度正常	12	上下部梯级塌陷正常
2	电源相序正常	13	裙板开关正常
3	电机热保护继电器正常	14	左右扶手带断带开关
4	电机轴承温度保护继电器正常	15	下端梯级张紧开关(左右)正常
5	PLC 故障	16	下端基坑水位正常
6	火灾报警	17	上下端盖开关正常
7	上部梳齿板开关正常	18	电梯上行继电器正常
8	下部梳齿板开关正常	19	电梯下行继电器正常
9	上下部扶手带入口开关正常	20	电梯运行继电器正常
10	上下部急停按钮正常	21	润滑油泵正常
11	上下部紧急停止按钮正常		

输出信号如表 2.7 所示。

表 2.7　扶梯安全回路的输出信号

序号	名　　称	序号	名　　称
1	扶梯上行正常	5	润滑油泵故障
2	扶梯下行正常	6	盖板故障
3	扶梯紧急停止	7	报警综合信号
4	扶梯检修		

综合安全回路监测包括电机运行速度、电机过载保护、电机绕组温度保护、电源相序、梯级塌陷、梳齿板、扶手带、裙板、盖板、梯级张紧开关、基坑水位、润滑油泵和 PLC 等所有与自动扶梯正常运行相关的安全保护设施设备。当上述安全回路任意一个环节发生故障，或者不满足自动扶梯运行的安全条件，则 PLC 输出回路的电源被断开，自动扶梯不能够正常启动。正在运行的自动扶梯则马上停止运行，以保护乘客的安全。

2.3.5　检修回路

扶梯检修回路的控制是扶梯控制电路非常重要的构成部分。典型的扶梯检修控制回路如图 2.118 所示。

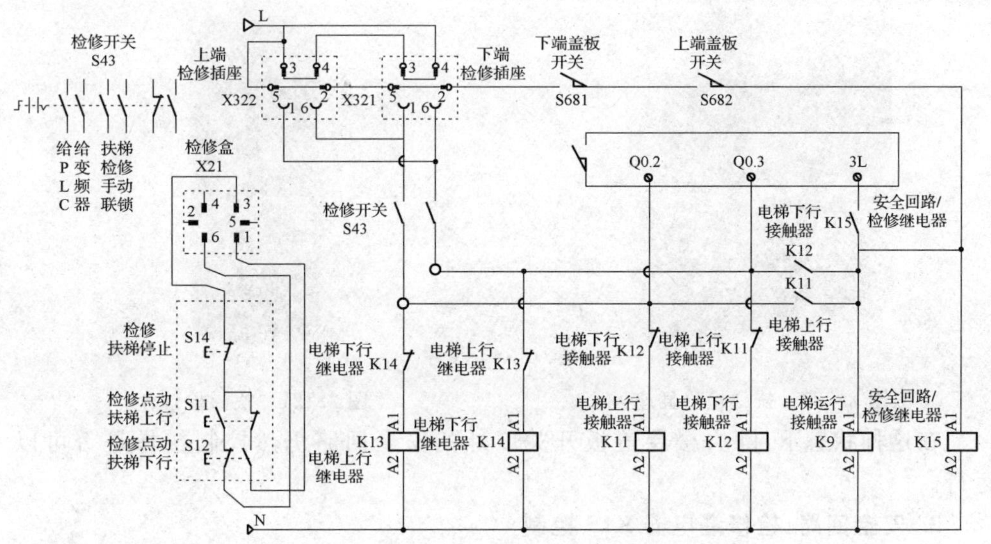

图 2.118　扶梯检修控制回路

楼层盖板开关的作用是防止在楼层盖板打开的时候机械运动发生意外伤害。在楼层盖板盖上前，自动扶梯不能启动。根据检修开关的位置，可以将扶梯运行的状态分为正常运行状态和检修状态。检修开关是一个转换开关，如图 2.119 所示。

1. 自动扶梯正常运行状态

此时,检修开关 S43 处于正常工作状态,扶梯上行和下行接触器、继电器控制由 PLC 自动控制。从图中可以看到,该组 PLC 输出信号的电源是由扶梯的安全回路来控制的。安全回路正常时,安全回路/检修继电器 K15 得电动作,该组 PLC 输出信号的电源供给正常,扶梯上下行控制接触器和继电器由 PLC 内部控制逻辑自动控制。

图 2.119　检修开关

2. 检修状态

此时,检修开关 S43 处于检修工作状态,图中 S43 的两组常开触点闭合。当楼层盖板开关打开,切断安全回路,则该组 PLC 输出信号的电源供给中断,扶梯上行和下行接触器、继电器控制由检修插座和检修盒来实现。检修插座如图 2.120 所示,检修盒如图 2.121 所示。检修人员可以打开楼层盖板,通过操作检修盒上的按钮来实现扶梯的点动控制。

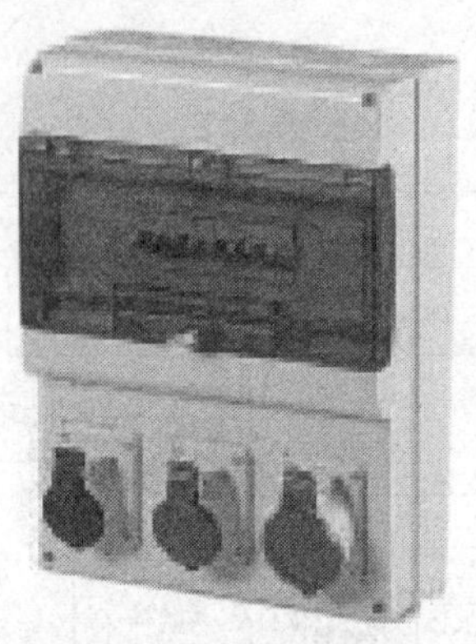

图 2.120　扶梯检修插座

图 2.121　扶梯检修盒

在这种状态下,除去楼层盖板开关以外的安全回路仍然控制扶梯是否可以运行。

3. 安全回路/检修继电器 K15 控制

安全回路/检修继电器 K15 的控制电源来自安全保护回路,在自动扶梯安全回路串联的所有联锁信号均处于正常状态时,控制电源接入检修控制回路。如果自动扶梯安全回路串联的所有联锁信号有一个处于非正常状态时,则安全回路/检修继电器 K15 没有电源供给。

当安全回路/检修继电器 K15 的控制电源正常,且上下端盖板开关正常,即自动扶梯处于工作状态,安全回路/检修继电器 K15 得电动作,表示电梯当前处于正常运行状态。当上下端盖板被打开,则安全回路/检修继电器 K15 断电,表示电梯当前处于检修状态。

2.3.6　照明电路

1. 驱动站照明

扶梯驱动站照明电路如图 2.122 所示。从图中可以看到,该电路主要设备包括驱动站照明开关和盖板联动开关。

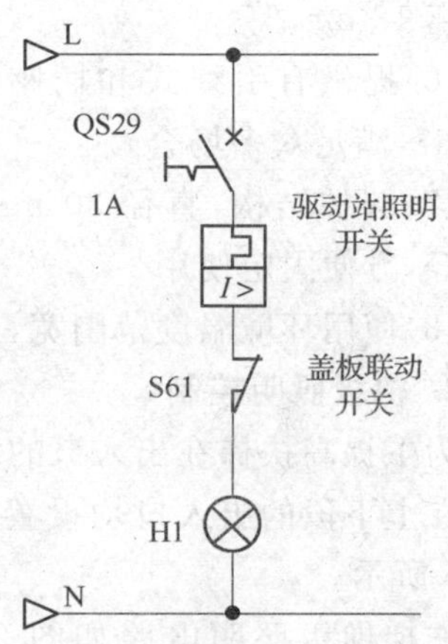

图 2.122　扶梯驱动站照明电路

1)驱动站照明开关

如图 2.123 所示,需要手动触发开关灯控制。当扶梯上下检修盖板因检修打开时,检修人员可以通过手动触发开关,来打开驱动站照明。当检修完成后,扶梯上下检修盖板盖好,则自动切断驱动站照明。该开关具有过流保护和过载保护的功能,以满足检修的安全需要。

2)检修盖板联动开关

如图 2.124 所示,为保证自动扶梯具有运行安全、可靠、舒适的特点,针对扶梯维保检修的特点,自动扶梯使用安全接近开关来用于扶梯上下检修盖板的就位安全检测,预防行人掉入,并防止扶梯意外启动。

图 2.123　驱动站照明开关

图 2.124　检修盖板联动开关

该开关具有以下特点:

(1)具有机械式安全触点,可通过大电流 250 V AC/3 A,满足国家标准要求。

(2)具备自检功能,可配状态信号输出。

(3)符合国家安全标准的规定,可直接用于扶梯安全控制回路。

(4)配用安全磁铁,可实现无接触检测,无机械磨损。

(5)安全闭合检测距离 8 mm,安全断开距离 18 mm。

(6)提供有引线式和插座式,防护等级 IP67,满足众多场合。

(7)圆柱结构,直径 30 mm,体积小,质量轻,方便固定使用。

图 2.125 梯级照明

(8)使用环境温度范围宽,−25 ℃～+50 ℃。

2. 梯级照明控制

为了提高扶梯在出入口的安全性,提高乘客对扶梯出入口的敏感性,自动扶梯一般在上下段的出入口均设置梯级照明装置,此照明装置一般为绿色显示,如图 2.125 所示。

扶梯梯级照明电路如图 2.126 所示。从图中可以看到,梯级照明与自动扶梯运行同步开启与停止。当扶梯照明开关 QS23 闭合,电梯运行继电器 K9 得电,其常开触点闭合,则扶梯梯级照明自动开启。

2.3.7 制动电路

1. 主制动器控制

扶梯主制动器的控制电路如图 2.127 所示。从图中可以看到,扶梯工作制动器控制的基本原则是只要扶梯开始运行,则主制动器必须打开。不管扶梯处于工频运行状态,还是变频器控制运行状态,星形启动阶段还是角形运行阶段,只要判定扶梯运行的接触器、继电器满足启动运行的条件,则制动器整流桥得电,输出直流电给扶梯电机的两个制动线圈,制动器打开,扶梯开始运行。

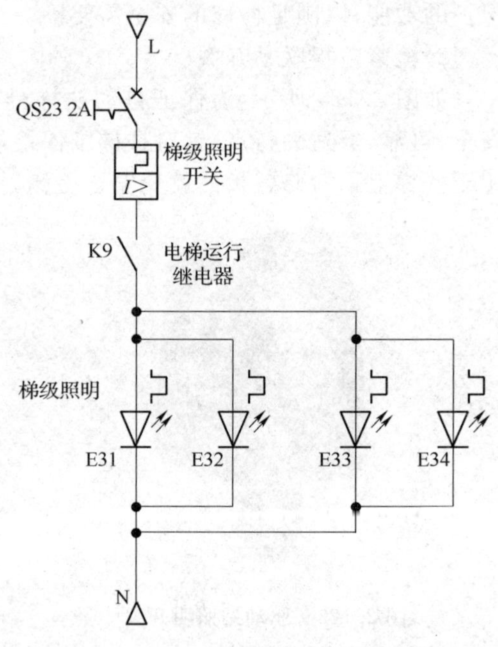

图 2.126 扶梯梯级照明控制电路

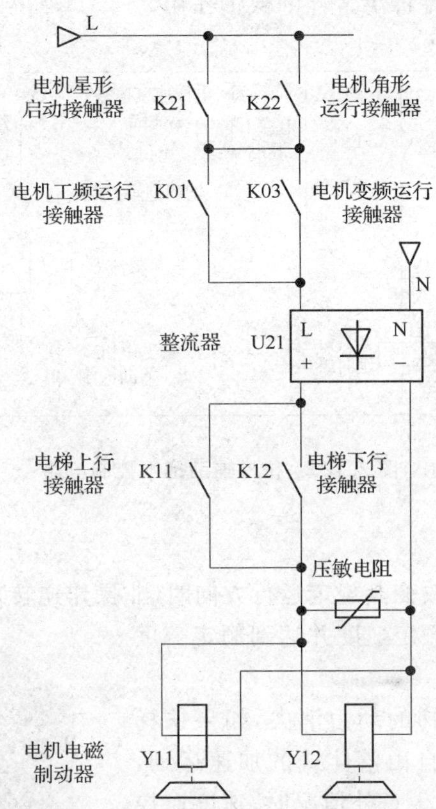

图 2.127　扶梯主制动器的控制电路

扶梯主抱闸控制器的电源为直流电源，一般为 DC 110 V。主制动器如图 2.128 所示。

图 2.128　扶梯主制动器

2. 电机辅助抱闸控制

扶梯辅助抱闸控制电路如图 2.129 所示。从图中可以看到，当发生以下意外

情况时，附加制动器将发挥决定性的保护作用，

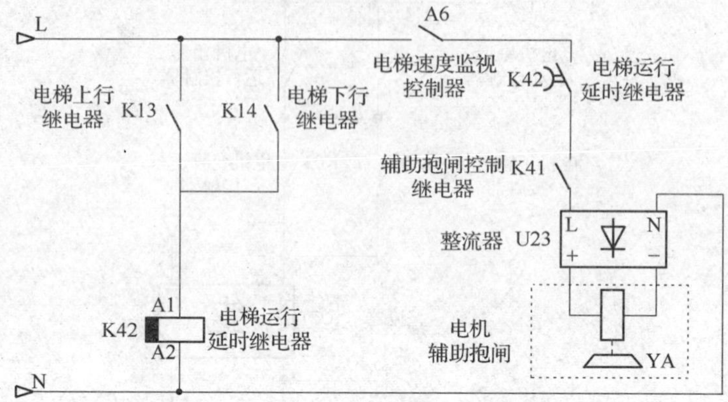

图 2.129　扶梯辅助抱闸控制电路

(1)失去主电源时。

(2)驱动链断裂时。

(3)在扶梯非正常改变其规定运行方向时(非操作逆转)。

(4)扶梯速度超过额定速度并达到额定速度的 140%之前。

此时，由于驱动扶梯的动力消失，如果扶梯处于负载状态，将产生自由落体式的加速运动，这是极端危险的。当发生意外情况时，速度监控器 A6 常开触点闭合，辅助抱闸继电器马上发出信号，其常开触点闭合，整流器输出直流电源，辅助抱闸动作，将扶梯驱动轮抱死，从而实现意外情况下的保护功能。

图 2.130　时间继电器

图 2.129 中的时间继电器如图 2.130 所示，使用的触点类型为延时断开常开触点(动合)。当扶梯运行时，时间继电器 K42 得电动作，其延时断开常开触点马上闭合。当扶梯停止运行时，时间继电器 K42 失电，其延时断开常开触点延时后断开。

2.3.8　速度监控

扶梯速度监控器 A6 在异常情况时发挥着控制扶梯辅助抱闸的重要功能。扶梯速度监控器 A6 的控制电路如图 2.131 所示。其实物图如图 2.132 所示。

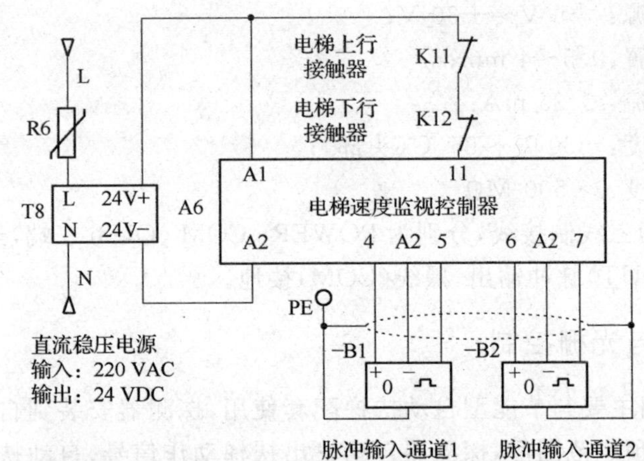

图 2.131　扶梯速度监控器 A6 的控制电路

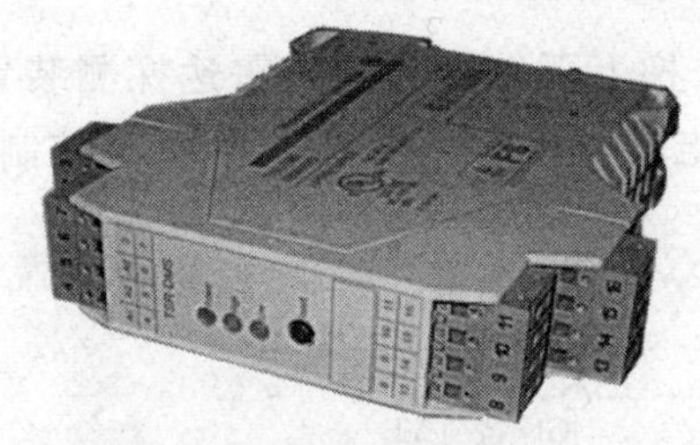

图 2.132　扶梯速度监控器

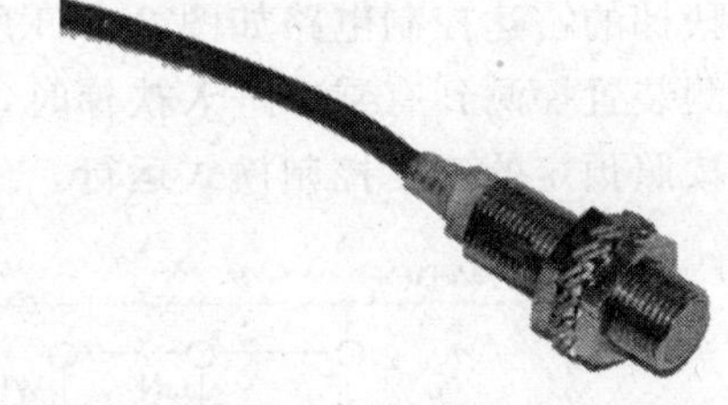

图 2.133　脉冲式霍尔转速传感器探头

速度控制器的速度检测部分为脉冲式霍尔转速传感器探头，如图 2.133 所示。该探头安装于测速端盖上，感应导磁体上凸起的齿或是凹下的槽，相应的给出高/低电平，用于检测轮轴的转速，如图 2.134 所示。该传感器具备良好的低频和高频特性。低频可至 0 Hz，可用于旋转机械的零转速测量，高频可高至 10 kHz，可满足绝大部分工业领域的高转速测量要求。该传感器具有非接触、测速范围宽、温度适应范围宽、抗振性强、安装方便等特点。其主要技术参数包括：

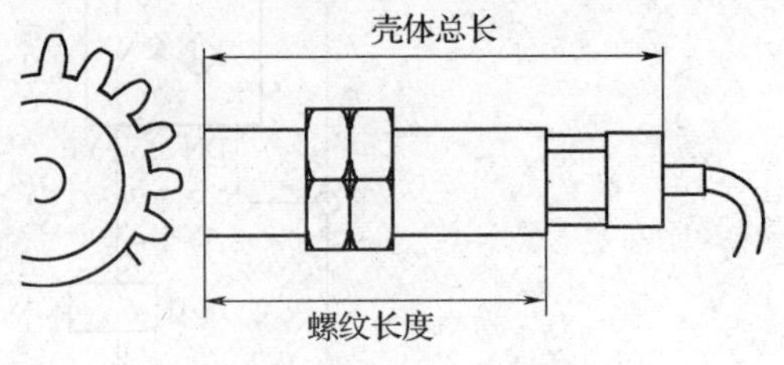

图 2.134　脉冲式霍尔转速传感器探头测量原理

(1)频响特性：0～10 kHz；

(2)输出波形：方波，上升、下降沿时间 12 μs±40 %；

(3)脉冲占空比：50% ± 25%(跟被测齿轮有关)；

(4)负载能力：±20 mA (最大)；

(5)工作电源：+5 V～+30 V；

(6)安装位置：0.5～4 mm；

(7)功耗电流：≤ 35 mA；

(8)工作温度：-30 ℃～85 ℃(头部)；

(9)绝缘强度：> 500 MΩ。

该传感器为三线制接线，分别为 POWER、COM、OUT 三端，红线(POWER)接电源，黄线(OUT)脉冲输出，黑线(COM)接地。

2.3.9 雷达与光栅控制

雷达与光栅主要与节能型自动扶梯配套使用，探测器安装到自动扶梯的入口处，当乘客进入预定范围后，探测器自动发出扶梯动作信号，自动扶梯根据此信号启动电梯，从而达到节能的目的。

1. 扶梯雷达控制

扶梯的雷达控制电路如图 2.135 所示。扶梯上下端各有两个雷达探测装置。当探测装置探测到有乘客进入扶梯时，探测继电器发出联锁控制信号，扶梯控制系统则按照预定的速度控制模式运行。

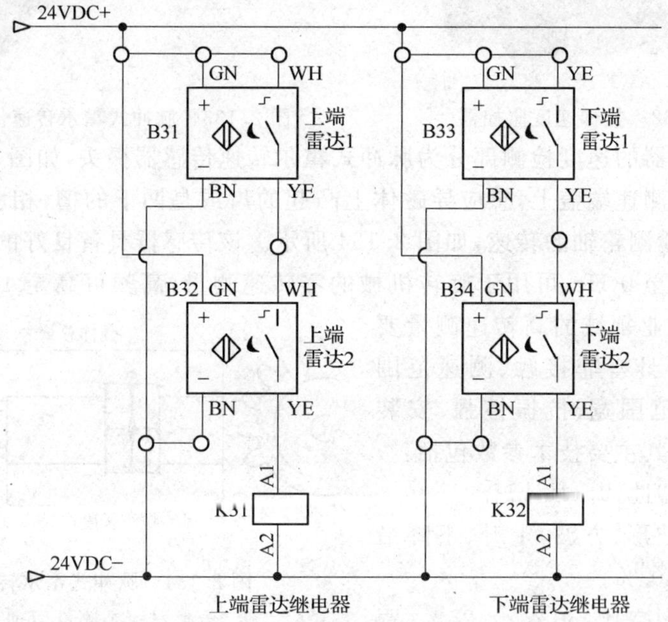

图 2.135 扶梯雷达控制电路

雷达微波感应器特点为当周围有运动物体时输出 2 s 的开关信号，感应范围和灵敏度可以灵活调节，比红外线感应器具有更大感应范围和稳定性。

传统的物体接近报警器大都采用热释红外原理制作，易受温度、湿度等环境因素的影响，性能非常不稳定。而根据多普勒原理制作的雷达探测装置，具有较高的探测灵敏度，并可以根据需要对外界干扰源进行排除，外接任何设备都不会互相干扰。它可以全天候探测，间歇式供电，也可以只在夜间探测。该雷达探测装置的主要技术参数包括：

(1)微波及微波处理器发射频率：24.125 GHz；

(2)发射功率：< 20 dBm EIRP；

(3)发射频率密度：< 5 mW/cm²；

(4)运动最小检测速度：50 mm/s(沿传感器纵轴)；

(5)继电器输出最大接点电压：42 V AC～60 V DC(红色双线)；

(6)最大接点电流：1 A(电流)；

(7)供电电压：AC/DC 12 V～AC/DC 24 V，交流 50 Hz～60 Hz。

2. 扶梯光栅控制

扶梯的光栅控制原理与雷达探测装置类似。其控制原理图如图 2.136 所示。控制系统可通过护拦光栅或扫描器控制扶梯的运行。检测装置在一段设定的时间内未检测到有人使用扶梯时，扶梯自动停止运行，处于待命状态。当有人经过护栏或踏上踏板时，扶梯便按预定的运行方向自动启动运行。这样可起到节省电能，减少机械磨损。

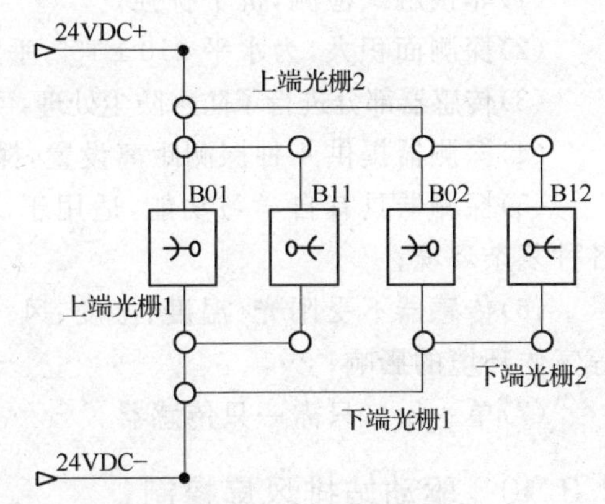

图 2.136　扶梯光栅控制电路

该探测器是一种基于模拟信号、数字信号和模糊逻辑技术的高性能智能化探测装置。如图 2.137 所示。发光器发出的光直射到受光器，形成保护光幕。当光幕被遮挡时，受光器产生一遮光信号，通过信号光缆传输到控制器，控制器将此信号进行处理，产生一控制输出信号，控制扶梯的运行。

光电感应器是由两个组件即投光器及受光器所组成，利用投光器将光线由透镜将之聚焦，经传输而至受光器的透镜，再至接收感应器，感应器将收到的光线信号转变成电信号，此电信号可用于各种不同的开关及控制动作，其基本原理是对投光器和受光器之间的光线做遮蔽动作，以获得电信号并加以运用，以完成各种自动控制。

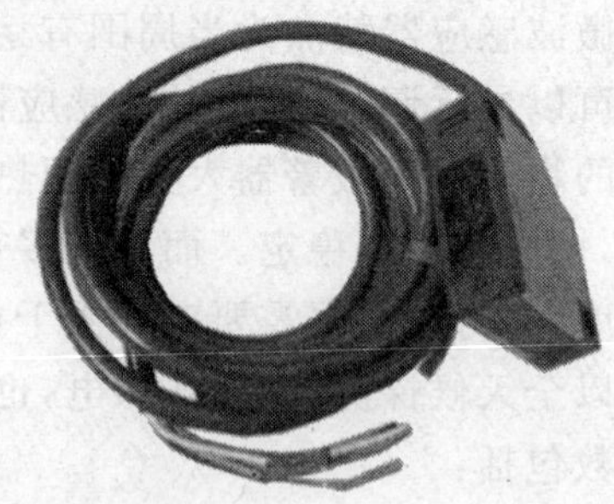

图 2.137 扶梯光栅探测装置

投光器的光源因各种不同需要，有一般灯泡、红光 LED、绿光 LED，及 IR 红外光 LED 等。受光器为接收投光器送来之光波信号，并将它转换成电信号，其主要组件为硅晶体电子元件，依其性质可分为光敏晶体管，光二极管及光敏电阻，如今光电产品普遍已采用光电晶体，其优点为高速度的开关功能和非常高的敏感度。

该探测装置具有如下特点：

(1)非接触式检测，抗干扰强；

(2)探测面积大，为水平 110±15°，垂直 60±10°的圆锥形；

(3)传感器部分进行了防水防尘处理，可以有效的防止露水、雨水和灰尘的侵入；

(4)探测器提供 4 种探测距离设置，探测距离最远 2 m；

(5)探测器具有自学习功能，适用于各种复杂环境；

(6)传感器不受阳光、温度、湿度、风等气候环境的影响；

(7)单一入口只需一只传感器。

2.3.10 驱动站排风扇控制

为了维持驱动站内的温度基本恒定，确保驱动站内设备的正常工作状态，需要对驱动站内的温度进行自动控制。温度的控制是通过控制驱动站内的排风扇来实现的。其控制电路如图 2.138 所示。

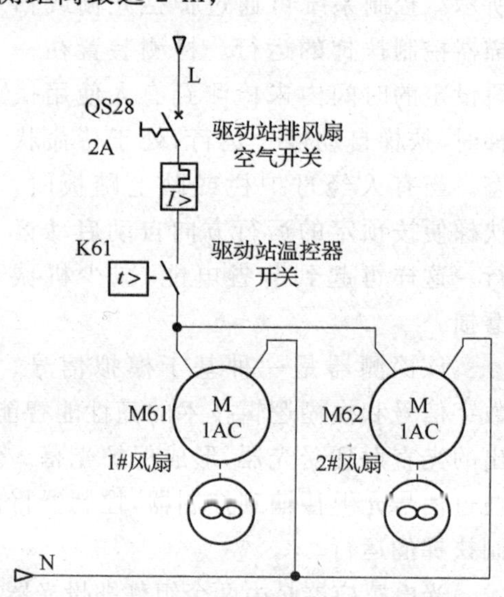

图 2.138 驱动站内的排风扇控制电路

驱动站温度控制系统是自动控制系统，当驱动站温度高于设定温度时，温控开关闭合，驱动站排风扇进行排风，将室内热风排出。驱动站内的排风扇如图 2.139 所示，温度检测传感器如图 2.140 所示。

图 2.139　驱动站内的排风扇

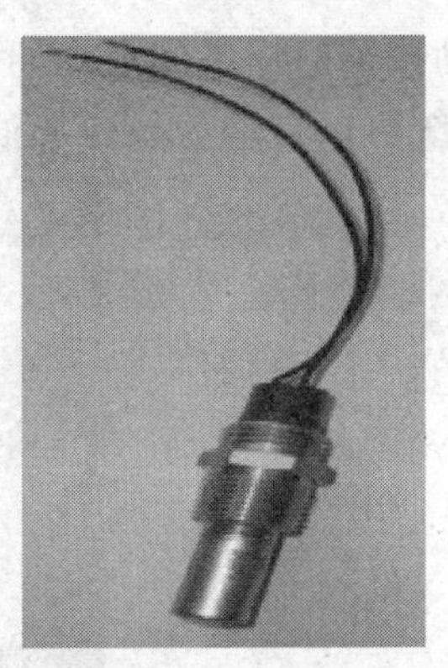

图 2.140　检测驱动站内温度的温度传感器

2.3.11　润滑油加油控制

自动扶梯的润滑系统是自动扶梯安全、正常运行的关键系统之一。自动扶梯机械结构中要使用多种链条，如梯级链、驱动链、扶手链等等，为了保持这些驱动链条在运行时降低振动、噪声及延长链条和链轮的使用寿命，链条进行润滑是非常重要的。润滑装置分人工和自动供油两种，人工加油费时费工，且容易疏忽，导致缺油，发生链条拉长、齿轮磨损、噪声增大等情况，所以应使用自动润滑装置。自动润滑加油控制电路如图 2.141 所示。从图中可以看到，该控制系统的核心设备是润滑油泵，如图 2.142 所示。该油泵是自动控制的，控制的模式一般采取定期工作的方式，系统按照一定的润滑周期自动启动加油过程。油泵启动后，加油润滑继电器向 PLC 控制系统发出润滑系统启动的返回状态。

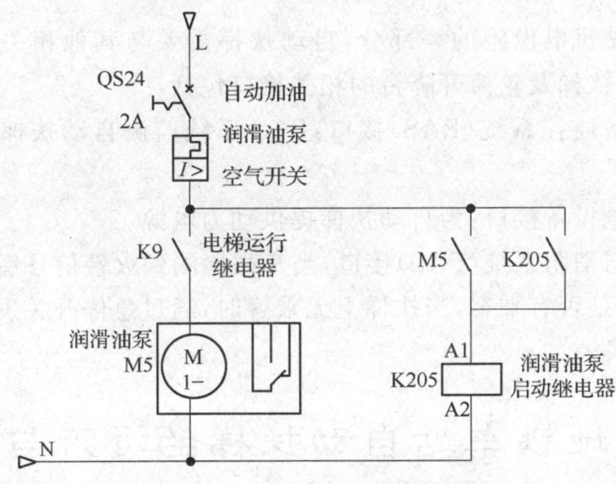

图 2.141　润滑油加油控制电路

自动扶梯的链条润滑加油装置如图 2.143 所示。通过设置自动加润滑油时间间隔,系统可以自动为扶梯加油润滑。

图 2.142 自动润滑油泵

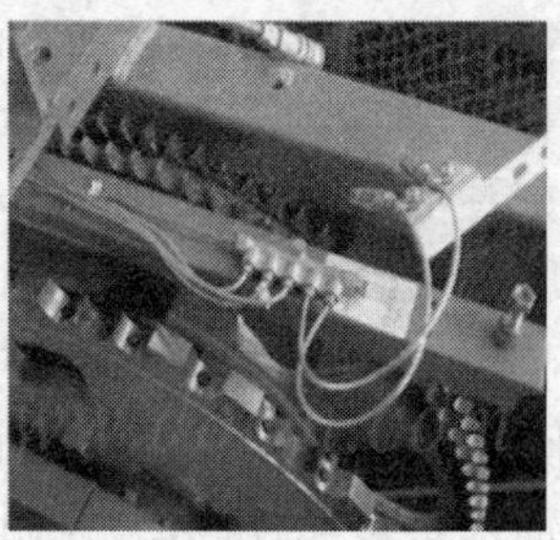

图 2.143 扶梯的自动加油润滑系统

2.3.12 自动扶梯与地铁其他系统的联系

作为地铁车站机电设施的一部分,自动扶梯需要与其他相关设备协同配合。与垂直电梯、自动扶梯及轮椅升降台的相关接口包括:

1)与车站设备监控系统(BAS)接口:BAS 系统监测自动扶梯地运行状态,但不进行控制。

2)与低压供电设备接口:为自动扶梯提供动力电源。

3)自动扶梯与消防系统(FAS)接口,当车站检测到火警信号后,可根据摄像系统,监视此时扶梯是否有乘客,当扶梯上无乘客时,通过急停开关发出停车指令,扶梯接到指令即停机。

2.4 地铁车站自动扶梯的运行与维护

由于地铁车站自动扶梯属于特种维修维护设备,一般情况下,正式投入运营后若干年内自动扶梯及电梯设备的日常维修保养工作由设备制造商完成，地铁不设置相应的维修设施。维保期期满后地铁公司与设备制造商双方重新协商确定维修保养方式。

自动扶梯与自动人行道是运载人员的连续输送机械，一般都在人流比较集中的场所使用，输送大量人流且连续工作时间较长，一旦发生故障极易引起严重后果，而且自动扶梯与自动人行道的零部件损坏后还可能引起相关零部件也产生损坏，自动扶梯与自动人行道的零部件价格高，更换起来经济要受到一定的损失，所以维护工作非常重要。

因此，必须做好自动扶梯与自动人行道的管理工作。做好地铁车站扶梯的维护和保养工作，可以使电梯始终保持良好的工作状态，减少故障的发生，延长扶梯使用寿命。

2.4.1　维护人员基本要求

自动扶梯或自动人行道维修保养人员应按照国家有关规定经特种设备安全监督管理部门考核合格，取得国家统一格式的特种维修维护人员证书，具有一定的专业技术等级和技术理论，方可从事相应的维修维护或者管理工作。

自动扶梯和自动人行道维修保养人员应经过公司的培训，并具备下列基本条件方可上岗。

1. 应掌握地铁运营和机电公司的各项规章制度，经过公司的各级安全教育和培训并取得合格证书。

2. 具备一定的电工基础，懂得自动扶梯或自动人行道的基本电路原理，熟知交、直流电动机一般故障的确认和排除方法，掌握常用电气元件的基本工作原理和调试方法。

3. 具备一定的机械基础，了解一般常用机械的工作原理，掌握自动扶梯或自动人行道的制动和安全开关等机械、电气元件的工作原理。

4. 掌握传动链，传动带的工作原理，掌握自动扶梯或自动人行道的驱动装置、牵引构件、扶手带等机械装置传动的工作原理及调整方法。

5. 熟悉和掌握各类自动扶梯和自动人行道的安全保护环节的性能、结构及其原理，能正确使用和校正各类开关触点。

6. 能识别有关润滑油的油质判别，同时会定期更换和选用合理润滑剂。

7. 能正确使用有关的测量工具，能定期测试自动扶梯和自动人行道的有关数据并能分析自动扶梯和自动人行道的工作情况正常与否，对存在的故障能及时解决。

8. 应充分了解所维修自动扶梯或自动人行道的原理、构造、维修要点，有关的安全法规和标准，能以必要正确的操作来保证自动扶梯或自动人行道的正常安全运行。

9. 维护人员对每台自动扶梯或自动人行道应设立维保档案，并记录维护内容调整原因和情况，当自动扶梯或自动人行道发生故障而修理时，还要记录发生故障时的负载情况，发生故障的经过时间，因故障而造成的停止运行时间，有无人员受伤害，故障原因，修理情况等。

2.4.2 自动扶梯和自动人行道维保安全操作规程

1. 一般规定

1)维修维护前的注意事项

(1)维修维护人员应使自身处于良好工作状态。

(2)工作服、工作帽、安全带、安全鞋等劳动保护用品应穿戴齐全。

(3)详细掌握当天各维护保养现场的维修维护内容，工序，根据需要准备安全带及其他保护用具。

(4)用于维修维护的工具、计量器具，应使用检验合格的。

2)操作现场的注意事项

(1)维修维护开始之前，应通知地铁运营相关的人员，告知即将进行的工作内容和可能造成的影响，做好相关的预案。

(2)自动扶梯或自动人行道上下机头附近，不应放置障碍物，上下机舱内不得放置与电梯运行无关的物品。

(3)检修中的运行应由受过运行操作培训者进行，不管有任何事都不许让第三者操作。

(4)在超过 2 m 的高度维修维护时，原则上应设置维修维护平台，但维修维护平台架设困难时，必须使用安全带。升降高或深超过 1.5 m 地方时必须使用梯子、舷梯。

(5)为确保维修维护人员的安全，同时也保证第三者的安全，应在自动扶梯或自动人行道上下机头明显的地方设置检修告示，向第三者说明正在维修维护。

(6)不允许带电维修维护，必须进行带电操作时，应使用绝缘保护用具。

(7)操作结束前，应仔细检查机房、井道、底坑有无影响电梯运行的障碍物。

(8)维修维护结束后，应向地铁运营人员进行汇报，并进行验证性实验，确保没有问题后方可离开工作现场。

2. 大修安全要求

扶梯大修作业属高度危险作业，因此必须做好维修前的方案论证，方案涉及的设备，材料和工具的准备，并制定切实可行的维修方案和安全措施，并指定安全负

责人。此外,还应该遵守如下规定:

1)一般规定

(1)进行维修时,首先需要确定安全装置的状态,必须全部确认后再开始维修。

(2)在维修工作中禁止一切高空掉物。

(3)进行各种机器修理时,必须切断电源。

(4)需要用火时必须先行办理用火允许证,准备好灭火器。

(5)维修维护原则上必须2人以上,做好互保。

(6)使用电焊、气焊、挂吊等特种设备,必须由经过专业培训的有资格人员进行。

(7)起重或移动重物时,为保证安全,要事先清理好工作场地。起吊质量大的物件,要进行计算,起重使用的钢丝绳的安全系数应为6倍以上,并且钢丝绳的端头必须经过双重处理。使用链式葫芦、挂吊钢丝绳、角钢材料等要检查是否有异常,计算强度后再使用。

(8)进入现场后应仔细了解和熟悉安全设施状况,符合要求方可施工。

(9)在使用电器设备、电动工具前,须先检查低压变压器、移动电动工具金属外壳是否有效接地,外壳及插头是否破损。对有严重缺陷和外壳漏电、导线裸露和绝缘层破损的电器、工具、器材,应严禁使用。插头、插座必须配备完整,不得用线头直接插入插座。

(10)维修时,在须拆除上下机舱盖板或扶手等之前,应在自动扶梯或自动人行道的出入口都设置“危险、闲人莫入”的醒目警示标志及设置临时挡板,防止人员误入发生事故。必须注意文明生产,工作地段应保持整洁和通道宽敞,周围工作物堆放须牢固,防止绊倒伤人。

(11)事故现场应有足够的照明。照明线路插头、插座的绝缘层均不得损坏,不得有漏洞现象。

(12)维修保养时必须设置障碍物及“自动扶梯或自动人行道正在维修保养,请勿靠近”的警示牌。除在上下机舱维修维护时间以外,机舱盖板要盖好,防止第三者跌入。

(13)在开始工作前,如有必要可以切断向电动机和控制系统供电的电源总开关。配电盘的一次侧经常处于通电状态,因此注意不要触电。

(14)如果环境复杂,有必要时可在总开关向电动机供电的配电箱上装设挂锁。断开的电源开关要挂“禁止合闸,有人工作”的牌。

(15)控制柜的门,除维修维护以外必须关闭上锁,将门打开维修维护时尽量避免带电维修维护。控制柜内不准放任何物品。

(16)如果检修时梯级或踏板已从自动扶梯或自动人行道上拆下,只允许用检修操纵盒进行操作。

(17)禁止启动带有载荷的自动扶梯或自动人行道。

(18)零部件、擦布、油脂类要管理好,放在指定的位置。

(19)避免工具、物品卷入链轮、梯级胶带内。

(20)操纵电源开关及各开关时,要由操作者或经接到指示的人员进行。

(21)在进行曳引机、驱动链、轮等旋转件维修维护时,必须把电源断开之后进行,另外,目视检查运行状态时,要充分注意手、工作服,擦布不要触碰旋转部件,防止被卷入。

(22)在检查、清洁驱动链、梯级链时,操作时打上急停开关。特别是在检查驱动链或梯级链运行情况时,这时要充分注意,不要把手卷入链轮等旋转件中。

(23)当已完成维修保养时,要留下清洁、整齐、安全、可靠运行的自动扶梯或自动人行道。

2)现场施工安全规定

(1)进入自动扶梯或自动人行道机舱进行维修工作时,应先切断电源,并在明显位置挂上"有人工作,切勿合闸"的警示标志牌。

(2)合闸通电前,必须通知所有有关人员。

(3)维修人员进入现场必须穿戴好劳动保护用品。

(4)更换曳引机等大部件时,必须有可靠的安全引吊设备,以防坠落。

(5)在从事电焊、气焊作业时,应首先清除油类、化纤、塑料等易燃易爆物品。要避开敷设的电线电缆,操作时必须派人警戒,并备有灭火器材。乙炔气瓶、氧气瓶、焊枪应按规定放置,严禁无证人员乱拿乱用。操作时穿戴防护用品和绝缘器具,以防触电,维修维护完毕应检查现场,杜绝火种。

(6)凡未经特殊工种安全培训的电工、电焊工、起重工,不准擅自操作电器、起重、电、气焊接自动扶梯和自动人行道等有关设备。初学人员必须在有经验的维修人员指导下工作,未经考核,不准独立操作。严格贯彻持证上岗操作制。

(7)严禁靠近转动设备。在机舱内试车、检修、保养时要注意周围设备的运动情况,避免将头和肢体靠近梯级、踏板、飞轮等运动部件的边缘,不准站立在曳引机飞轮盘上,以防止自动扶梯或自动人行道突然启动。现场操作人员应相互联系,在没有通知开车的情况下,严禁擅自开车。进入机舱或操作时必须小心谨慎,当心滑倒或踏坏电器元件。在机舱内查看或调试时,不准戴手套。

(8)使用各种扳手时,要注意四周的环境,不要向开口处推送。活动扳手一般情况下不准使用,采用通用的呆扳手和套筒扳手,注意防止打滑伤手。亦可采用专用扳手或测力扳手。

(9)使用电钻时应先检查外壳是否有效接地。使用人必须戴绝缘手套,穿绝缘鞋或踏在绝缘垫、木板上，不得冒雨或在潮湿处使用。电钻使用时间过长或钻体发烫时，应暂停至冷却后再继续使用，调换钻头时必须使用钥匙并防止打滑。钻头大小不得超过容量，切屑不得用手清除，取电钻时不得拎电线或钻头。

(10)为确保施工安全，一般不得带电维修维护。必须带电维修维护时，应做好安全防护措施后再进行工作，必要时用厚橡皮衬垫，以防触电。

(11)用手轮转动机器时，必须先将总电源切断，要有两人同时操作，一人将手轮夹持好，以防意外转动，待另一人将刹车张开后，立即盘转，盘毕后，须先抱紧刹车，然后再松手轮，必要时可三人同时操作。

(12)清洗传动链条时，严禁直接用手直接搓洗，必须用长柄刷子清洗。

(13)拆装基坑楼面盖板或梯级时，应由二至三人协同工作，搬运时要注意四周情况，卸放时要垫好木条，防止压伤手脚。

(14)导轨清洁时，应从上梯头往下清洁。

3)调试与记录

(1)重新安装完毕后，清除一切不需要的障碍物。做好清扫、加油，校正电动机制动与电气触点。并全面检查安全部件，检测并记录有关数据。

(2)调试前确保安全装置、电气装置、各安全开关、急停开关等均按指令正确动作。

(3)开始进行试车时，应指定专人负责指挥，一切人员必须听从指挥。

(4)调试时，应先进行上下几次试运行，证实各个安全环节可靠正常后，才能开始正常运行，对试车中发现的问题要逐项记录，逐项调整，直至正确、安全、乘坐舒适。

(5)在调试过程中，要测试和考核各安全装置和电气开关与触点的可靠性。未经验收的自动扶梯或自动人行道，非修理人员不得随意启动。

(6)调试完工后应及时盖好被打开的楼面盖板。

2.4.3　地铁车站扶梯的日常运行

1. 一般操作方法

为了乘客的安全，操作人员需小心操作自动扶梯。必须确保自动扶梯完全停止才能改变运行方向。停止或启动自动扶梯时，必须确保梯级上没有乘客。

1)开始运转前的检查步骤

(1)检查扶梯踏板、扶手、梳齿或保护裙板部分，除去夹在里面的碎纸、小石子、口香糖等。

(2)请确认自动扶梯周围的安全设施(三角区的护板、防止进入的栅栏、隔板及防护网)有无破损等异状。

2)开始运转时的操作步骤

(1)把钥匙插入报警开关鸣响警笛,发出信号告诉附近的人们将开始运转。

(2)确认自动扶梯周围或扶梯踏板上没有人时,把钥匙插入启动开关后,向想要使用的运行方向(Up或Down)旋转,自动扶梯则开始工作。放开手,钥匙则自动回到中间位置,监视一会再拔出钥匙。

(3)启动后请确认扶梯踏板和扶手是否正常工作。如万一有异响或振动时,要立即按紧急停止按钮,停住自动扶梯。

(4)确认正常运转后,并观察一段时间无异常现象或声响即可。

3)启动方法

(1)用锁匙"开关"启动并在中间位置取出锁匙。

(2)用锁匙启动"蜂鸣器"。

(3)如一切正常,用锁匙启动自动扶梯,并保持此位置0.5 s～1.0 s,然后取出锁匙。

4)停止自动扶梯的操作

(1)在停止自动扶梯之前,请确认有无发生异常声响或振动,如有异常则立即停止自动扶梯。

(2)用通知自动扶梯停止的报警开关鸣响警笛。

(3)停止之前,不要使人进入自动扶梯的乘梯口。

(4)在确认自动扶梯附近或扶梯踏板上无人后再把钥匙插入停止开关进行操作,自动扶梯则停住。

(5)一天的运行结束后,要认真检查扶梯踏板、扶手、梳齿或保护裙板并清扫。

(6)为防止将停止中的自动扶梯当楼梯用,应采取措施,用栅栏等挡住,以防人员进入。

5)停止

(1)确定自动扶梯上没有乘客。

(2)用锁匙启动"蜂鸣器"。

(3)用锁匙关闭自动扶梯。

(4)用锁匙将"开关"关闭并在中间位置取出锁匙。

6)转换运转方向

(1)利用通知停止的警报开关鸣响警笛。

(2)在确认扶梯踏板上无人后再用停止开关停止运转。

(3)待完全停止后,再重新用启动开关向希望的方向运行。

(4)若乘降口有引导文字表示运行方向时,一旦转换运行方向,引导文字应作相应的变更。

7)暂时改变方向

先将自动扶梯停止运行。在自动扶梯未完全停止之前切勿改变运行方向,否则其机械结构会损坏。扶梯在一个方向运行达3个月,应使扶梯更换一个方向运行。

8)自动扶梯钥匙管理

(1)自动扶梯的专用钥匙要由专人严格保管,概不外借。

(2)钥匙是车站内所有电梯通用。

9)自动扶梯的紧急停止操作

(1)在使用紧急停止按钮前,一定要通知乘客"紧急停止扶梯,请抓好扶手",再进行操作。

(2)用手指按动红色紧急停止按钮,凸起状态变塌陷状态。

(3)事故处理完后,用手按动红色按钮周围,使其中部恢复正常状态,解除紧急停止,一般再次开启扶梯。

10)注意事项

(1)在扶梯上有人时,除发生紧急情况外绝不要停止。

(2)当自动扶梯运行时,一定要把钥匙拔出。

(3)因大雨等原因致使自动扶梯泡水或进水时,可能会发生触电的危险,要将电源切断并中止运转。恢复运转前,需专业人员确认后方可启动。

2. 应急事故处理

1)错误使用"急停开关"

如果发生扶梯"急停开关"动作,应马上赶赴现场并查明急停启动原因,如果是人为误动作,重新启动。如果是未知原因,应通知设备维护人员,报修,维护人员修复后重新启动。需要注意的是,重新开启扶梯时,应确保自动扶梯上没有乘客。

2)电源发生故障

当电源恢复正常时,可用开关开启自动扶梯。需要注意的是,当电源发生故障时,应用扩音器向乘客作出指示。

3)扶梯异响

不正常的杂音和振动的位置(如扶梯顶部、底部或中间)及状况(如连续或者间歇)等,应关闭扶梯,并及时通知保养人员维修。

4)异味或冒烟

发现有异味或冒烟时,应马上关闭扶梯,立即疏散乘梯乘客,做好适当防护,马上通知保养人员。

5)扶梯无法启动

查看故障代码,报修,停用自动扶梯,设置防护。

6)扶梯自然停止

如自动扶梯自然停止，IBP 盘上无报警，现场也无故障代码时，应马上报修、停用自动扶梯、设置防护。

7)火警

若发生火警，要保持镇定及采取适当行动。应马上用广播通知车站内所有人员，停止所有扶梯及关闭防火门，疏散乘客，带领乘客经楼梯逃生。切勿利用扶梯作逃生用途，因当电力中断而使扶梯突然停顿，乘客容易发生意外及更大的恐慌。需要注意的是，关闭扶梯前，鸣警钟以提醒乘客及确定扶梯上没有乘客。

8)浸水

当扶梯浸于水中，应立即关闭扶梯。若扶梯四周都有水流，要阻挡水流保护扶梯并通知保养人员检查机件。在保养人员检查机件前，不得使用扶梯。

9)取出陷入自动扶梯的物件的步骤

(1)按扶梯的“停止按钮”。

(2)关闭机房内的主电源隔离开关。

(3)在自动扶梯处设置路障，提示乘客发生意外情况。

(4)采用手拉方式，看能否将卷入物件拉出，能否松动卷入物件？如被卷入的物件可以松动，慢慢可以取出，则先取出被卷入的物件，再检查梯级和挡板是否因物件的卷入而造成故障。如被卷入的物件不可以松动，已被卷入梳状装置中，用六角扳手拧松螺丝，取下梳状装置组件，取出被卷入的物件。如果被卷入的物件陷入挡板和梯级之间，用螺丝刀或其他工具轻轻将挡板向内扳动，以便拉出物件。

(5)如果陷入的是人，则应尽快通过行调向消防部门寻求协助。如果卷入的是物，则按照上述的方法将卷入的物件取出。

(6)故障处理完毕后，应将故障和偶发事件详细情况报告车站电梯维护队，并将详细情况记录于电梯/自动扶梯维护日志中。

10)处理反转现象

(1)反转指的是自动扶梯/自动人行步道突然以原运转方向相反的方向运转。反转现象很少出现，但是一旦发生，会对自动扶梯/自动人行步道乘客形成极大的危害。

(2)发现反转或者接到反转报告的维护人员应立即启动急停按钮，自动扶梯停止后协助受困者和受伤者尽快脱离危险区域，立即通知车站运营管理员，停用自动扶梯，设置防护。

(3)车站运营管理人员在接到相关的事故报告后，应立即安排人员在自动扶梯/自动人行步道两端设立“暂停服务”路障，检查自动扶梯机房内的故障显示盘，记录所登记的故障，并打开主隔离开关，在主隔离开关上挂牌，提示禁止操作。并将反转的详细情况通知车站维护人员，将详细情况记录于电梯/自动扶梯日志中。

(4)恢复正常运行,只有经过授权工程人员的认证后,才能将自动扶梯/自动人行步道恢复正常运行。之后,将详细情况记录于电梯/自动扶梯日志中。

2.4.4　地铁车站自动扶梯保养规定

1. 一般规定

自动扶梯属特种设备,其正常运行与否关系乘客的人身安全,因此,应加强设备的日常保养工作,确保其处于正常,良好的运行状态。按照《特种设备安全监察条例》,来制定和执行相关的维护和保养标准。关于自动扶梯和人行步道的一般维护有如下规定:

(1)自动扶梯和自动人行道的正常保养周期分为半月、月、季度、半年、年保养。维保人员应按计划按时保质保量对电梯进行相应的检修、维护。

(2)自动扶梯和自动人行道维保人员每半月对自动扶梯或自动人行道各易损运动安全部件及基本功能进行一次较为全面的清洁、检查、润滑、调整、更换零部件等保养工作。

(3)在每半月保养的基础上,分别于每月、季度、半年、年再对上述部件进行更深入的保养以及对其他部件按时进行清洁、检查、润滑、调整、更换等保养工作。

(4)维保完成后的自动扶梯和自动人行道应处于良好安全的运行状态,各部位符合相应的国家标准及企业标准。

(5)在周期性巡视或保养中,若发现有异常情况但不易进行即时处理的,在不影响正常安全使用的情况下可先予以详细记录,随后尽快及时的安排处理并做好记录。

(6)自动扶梯或自动人行道发生紧急召修的故障应在记录表上做详细及时的记录。

(7)每台自动扶梯或自动人行道每年专用一本保养表,每次保养项目不得少于各相关表内要求,维保负责人或公司管理人员要对保养员工填报的真实性进行不定期检查。

2. 自动扶梯日常维护保养规则

自动扶梯日常维护保养维护过程中,现场维修人员不得少于 2 人。维修维护中应负责落实现场安全防护措施,保证施工安全。

自动扶梯各控制回路原则上不允许短接,但由于维修维护需要必须进行短接时,应使用专用短接线,短接操作应符合企业的标准要求。在该维修维护结束后应立即复原,所使用的短接线应如数拆除清点,并由相关人员确认。

自动扶梯应按《特种设备监察条例》规定,至少每 15 日进行一次维护保养。自动扶梯日常维护保养内容见下表。

1)日维保项目(内容)和要求

每日的检查和巡检要求如表 2.8 所示。

表 2.8　自动扶梯和人行步道每日检查项目和要求

序号	内容和要求	
1	扶梯出入口区域检查	1)自动扶梯或自动人行道进口和出口应保持清洁,应无其他与自动扶梯无关的物品
		2)在扶梯入口附近应有提醒乘客手扶站立等字样标志
2	机房检查	1)上、下机房内应保持干燥、严防进水和其他与设备无关的物品
		2)上、下机房温度应保持在 5～40 ℃之间
		3)驱动电机、制动器、急停开关、检修转换开关应保持清洁、卫生
3	梯级和踏板检查	1)每开动扶梯或人行道前应检查周围环境清洁卫生,踏板上无遗落物
		2)每日检查连续两个梯级或踏板之间的间隙应符合规范要求
		3)每日检查踏板或梯级与围裙板之间的间隙,每列应符合规范要求,两侧间隙之和不应超过设计要求
		4)每日检查在水平行程内,两个相邻梯级的高度差的间隙
		5)每日检查梯级或踏板表面不应有破损,梯级或踏板固定良好
		6)每日检查梯级或踏板在运行方向和横向不应有过度量的游动
4	梳齿板检查	1)梳齿板不应破损,梳齿与梯级啮合应良好,啮合深度应符合要求
		2)梯级或踏板表面至梳齿槽根部的垂直距离应符合要求
5	扶手带检查	1)扶手带与扶手导轨或支架之间应避免有夹住手和刮手的可能性
		2)扶手带开口处与导轨或支架之间的距离应符合规范要求
		3)扶手带传动系统应保持运转良好
		4)扶手带开口处与导轨或扶手支架之间的距离应符合要求
		5)扶手带的导向和涨紧应调整适当,在正常工作时不会脱离扶手导轨
		6)朝向梯级、踏板(或胶带)一侧的扶手装置部分应光滑,压条或镶条固定良好,任何部件不应有勾挂物体的可能性
6	围裙板检查	1)围裙板应光滑无划伤
		2)围裙板接头平整,固定螺栓固定良好
		3)每日检查两护壁板之间下部位置的水平距离应等于或小于上部位置的水平距离,扶手栏板之间的任何位置的距离应小于扶手带中心线之间的距离
		4)每日检查围裙板对接接头缝应平整光滑
7	急停按钮实验	按下按钮,扶梯停止
8	乘客舒适感检查	乘搭时,感觉扶梯顺畅平稳及宁静
9	运行状况检查	1)每日检查梯级或踏板不与裙板、梳齿板等刮磨,运行应良好不应有异常声响和振动
		2)每日检查扶手带运行速度与梯级或踏板运行速度偏差为 0～＋2%,不应有过度松弛

2)半月维保项目(内容)和要求

半月检查和维保的要求如表2.9所示。

表2.9　自动扶梯和人行步道半月保养项目内容及要求

序　号	内　容　与　要　求
1	分离机房、各驱动和转向站应清洁无杂物
2	两端和中间紧急停车按钮功能正常有效
3	自动运行功能正常
4	上下机房照明应完好无损
5	减速箱油位、油量应在油标尺上下极限位置之间,无渗油
6	飞轮速度传感器,功能可靠,清洁感应面,感应间隙2～3 mm
7	制动机械装置清洁和润滑,动作灵活
8	主制动器动作可靠
9	制动带,检查磨损情况,制动衬厚度应不小于1.5 mm,制动带松开时不应摩擦制动盘
10	制动触点功能可靠
11	制动带监控器,清洁感应面,功能可靠
12	附加制动器,清洁和润滑,功能可靠
13	制动距离,空载向下运行制动距离为: 0.5 m/s　0.2～1.0 m 0.65 m/s　0.3～1.3 m 0.75 m/s　0.35～1.5 m
14	控制柜及主电源开关接线应牢固
15	电机通风口应清洁
16	主驱动链张紧,松边下垂量10～15 mm
17	主驱动链表面油污清理和润滑
18	主驱动链保护装置,链条滑块应清洁,厚度不小于13 mm
19	主驱动链断裂开关功能可靠,开关间隙为2 mm
20	围裙板光栅探头表面应清洁,功能可靠
21	梯级、踏板与围裙板任一侧水平间隙不大于4 mm,两侧之和不大于7 mm
22	自动人行道的围裙板设置在踏板或胶带之上时,踏板与围裙板之间垂直距离不大于4 mm
23	踏板或胶带的横向摆动时,侧边与围裙板垂直投影不应产生间隙
24	梳齿板应完好无损
25	梳齿板照明应完好无损
26	梳齿板梳齿与踏板面齿槽啮合深度不小于6 mm,间隙不大于4 mm
27	梳齿板梳齿与胶带齿槽啮合深度不小于4 mm,间隙不大于4 mm

续上表

序 号	内 容 与 要 求
28	梳齿板开关动作可靠
29	扶手带入口处保护开关动作灵活可靠
30	自动润滑系统工作正常

3)季度维保项目(内容)和要求

自动扶梯或自动人行道保养人员每隔九十天左右,对自动扶梯或自动人行道的各重要机械部件和电气装置进行一次细微的调整和检查,视自动扶梯或自动人行道的提升高度而定其工作量,一般每台所用时间不少于 4 h。季度维保项目(内容)和要求除符合半月维保的项目(内容)和要求外,还应当符合表 2.10 所示的项目(内容)和要求。

表 2.10　自动扶梯和人行步道季度日常维护保养内容与要求

序 号	内 容 与 要 求
1	分离机房、各驱动和转向站应清洁无杂物
2	两端和中间紧急停车按钮功能正常有效
3	运行方向显示应正常
4	自动运行功能正常
5	上下机房照明应完好无损
6	减速箱油位、油量应在油标尺上下极限位置之间,无渗油
7	飞轮速度传感器,功能可靠,清洁感应面,感应间隙 2~3 mm。
8	制动机械装置清洁和润滑,动作灵活
9	主制动器动作可靠
10	制动带,检查磨损情况,制动衬厚度应不小于 1.5 mm 制动带松开时不应摩擦制动盘
11	制动触点功能可靠
12	制动带监控器,清洁感应面,功能可靠
13	附加制动器,清洁和润滑,功能可靠
14	制动距离,空载向下运行制动距离为: 0.5 m/s　0.2~1.0 m 0.65 m/s　0.3~1.3 m 0.75 m/s　0.35~1.5 m
15	控制柜及主电源开关接线应牢固
16	电机通风口应清洁
17	主驱动链张紧,松边下垂量 10~15 mm

续上表

序号	内容与要求
18	主驱动链表面油污清理和润滑
19	主驱动链保护装置,链条滑块应清洁,厚度不小于 13 mm
20	主驱动链断裂开关功能可靠,开关间隙为 2 mm
21	围裙板光栅探头表面应清洁,功能可靠
22	梯级、踏板与围裙板任一侧水平间隙不大于 4 mm,两侧之和不大于 7 mm
23	自动人行道的围裙板设置在踏板或胶带之上时,踏板与围裙板之间垂直距离不大于 4 mm
24	踏板或胶带的横向摆动时,侧边与围裙板垂直投影不应产生间隙
25	梳齿板照明应完好无损
26	梳齿板梳齿与踏板面齿槽啮合深度不小于 6 mm,间隙不大于 4 mm
27	梳齿板梳齿与胶带齿槽啮合深度不小于 4 mm,间隙不大于 4 mm
28	梳齿板开关动作可靠
29	扶手带入口处保护开关动作灵活可靠
30	扶手带表面清洁,无毛刺,无机械损伤,无偏斜,运行无摩擦
31	扶手带导向块和导向轮应清洁、完好无损,与扶手带内侧底部无摩擦
32	扶手带内侧凸缘处无损伤,滑动面清洁
33	扶手带托轮和滑轮群应无损伤,托轮转动平滑
34	扶手带断带保护开关功能正常
35	扶手带速度监控器功能正常,感应面应清洁
36	扶手带张紧度、张紧弹簧负荷长度应符合技术要求
37	扶手带照明应完好无损
38	扶手栏板/玻璃完好无损

4)半年度检查测试

自动扶梯或自动人行道每运行半年后,应由自动扶梯或自动人行道保养专业单位技术主管人员负责,组织安排维修保养人员,对自动扶梯或自动人行道的机械各部件和电气设备以及各辅助设施进行一次全面的检查、维修,并按技术检验标准进行一次全面的安全性能测试,全面确认自动扶梯或自动人行道保养情况,安全部件的功能、尺寸,对自动扶梯或自动人行道进行重点保养和整改。并由公司质检员进行半年度自检,填写半年度自检报告。

半年维保项目(内容)和要求除符合季度维保的项目(内容)和要求外,还应当符合表 2.11 所示的项目(内容)和要求。

表 2.11 自动扶梯和人行步道半年日常维护保养内容与要求

序号	内容与要求
1	分离机房、各驱动和转向站应清洁无杂物
2	两端和中间紧急停车按钮功能正常有效
3	运行方向显示应正常
4	自动运行功能正常
5	上下机房照明应完好无损
6	减速箱油位、油量应在油标尺上下极限位置之间，无渗油
7	飞轮速度传感器，功能可靠，清洁感应面，感应间隙 2～3 mm
8	制动机械装置清洁和润滑，动作灵活
9	主制动器动作可靠
10	制动带，检查磨损情况，制动衬厚度应不小于 1.5 mm，制动带松开时不应摩擦制动盘
11	制动触点功能可靠
12	制动带监控器，清洁感应面，功能可靠
13	附加制动器，清洁和润滑，功能可靠
14	制动距离，空载向下运行制动距离为： 0.5 m/s　0.2～1.0 m. 0.65 m/s　0.3～1.3 m 0.75 m/s　0.35～1.5 m
15	控制柜及主电源开关接线应牢固
16	电机通风口应清洁
17	主驱动链张紧，松边下垂量 10～15 mm
18	主驱动链表面油污清理和润滑
19	主驱动链保护装置，链条滑块应清洁，厚度不小于 13 mm
20	主驱动链断裂开关功能可靠，开关间隙为 2 mm
21	围裙板光栅探头表面应清洁，功能可靠
22	梯级、踏板与围裙板任一侧水平间隙不大于 4 mm，两侧之和不大于 7 mm
23	自动人行道的围裙板设置在踏板或胶带之上时，踏板与围裙板之间垂直距离不大于 4 mm
24	梯级间隙应照明完好无损
25	梯级滚轮和梯级导轨应清洁，运行工况良好
26	梯级链润滑，运行工况良好。
27	梯级链滚轮运行工况良好
28	梯级轴衬清洁、润滑
29	梯级与导轮的游隙不大于 0.6 mm，无明显撞击

续上表

序 号	内 容 与 要 求
30	梯级下陷开关动作可靠
31	梯级链张紧开关动作可靠
32	梯级踏板加热装置功能正常,温度感应器接线牢固
33	踏板或胶带的横向摆动时,侧边与围裙板垂直投影不应产生间隙
34	梳齿板应完好无损
35	梳齿板照明应完好无损
36	梳齿板梳齿与踏板面齿槽啮合深度不小于 6 mm,间隙不大于 4 mm
37	梳齿板梳齿与胶带齿槽啮合深度不小于 4 mm,间隙不大于 4 mm
38	梳齿板开关动作可靠
39	扶手带入口处保护开关动作灵活可靠
40	扶手带表面清洁,无毛刺,无机械损伤,无偏斜,运行无摩擦
41	扶手带导向块和导向轮应清洁、完好无损,与扶手带内侧底部无摩擦
42	扶手带内侧凸缘处无损伤,滑动面清洁
43	扶手带托轮和滑轮群应无损伤,托轮转动平滑
44	扶手带断带保护开关功能正常
45	扶手带速度监控器功能正常,感应面应清洁
46	扶手带张紧度张紧弹簧负荷长度应符合技术要求
47	扶手带照明应完好无损
48	扶手栏板/玻璃完好无损
49	自动润滑系统工作正常

5)年度检查测试

自动扶梯或自动人行道每运行 1 年后,应由自动扶梯或自动人行道保养专业单位技术主管人员负责,组织安排维修保养人员,对自动扶梯或自动人行道的机械各部件和电气设备以及各辅助设施进行一次全面的检查、维修,并按技术检验标准进行一次全面的安全性能测试,全面确认自动扶梯或自动人行道保养情况,安全部件的功能,尺寸,对自动扶梯或自动人行道进行重点保养和整改。在检测合格后,向有关部门申报验收,办理年度监督检验。

年度维保项目(内容)和要求除符合半年维保的项目(内容)和要求外,还应当符合表 2.12 所示的项目(内容)和要求。

表 2.12 自动扶梯和人行步道年度日常维护保养内容与要求

序 号	内 容 与 要 求
1	分离机房、各驱动和转向站应清洁无杂物
2	两端和中间紧急停车按钮功能正常有效
3	运行方向显示应正常
4	自动运行功能正常
5	上下机房照明应完好无损
6	减速箱油位、油量应在油标尺上下极限位置之间,无渗油
7	飞轮速度传感器,功能可靠,清洁感应面,感应间隙 2～3 mm
8	制动机械装置清洁和润滑,动作灵活
9	主制动器动作可靠
10	制动带,检查磨损情况,制动衬厚度应不小于 1.5 mm,制动带松开时不应摩擦制动盘
11	制动触点功能可靠
12	制动带监控器,清洁感应面,功能可靠
13	附加制动器,清洁和润滑,功能可靠
14	制动距离,空载向下运行制动距离为: 0.5 m/s 0.2～1.0 m 0.65 m/s 0.3～1.3 m 0.75 m/s 0.35～1.5 m
15	控制柜及主电源开关接线应牢固
16	电机通风口应清洁
17	主驱动链张紧,松边下垂量 10～15 mm
18	主驱动链表面油污清理和润滑
19	主驱动链保护装置,链条滑块应清洁,厚度不小于 13 mm
20	主驱动链断裂开关功能可靠,开关间隙为 2 mm
21	围裙板光栅探头表面应清洁,功能可靠
22	梯级、踏板与围裙板任一侧水平间隙不大于 4 mm,两侧之和不大于 7 mm
23	自动人行道的围裙板设置在踏板或胶带之上时,踏板与围裙板之间垂直距离不大于 4 mm
24	内外盖板连接紧密牢固,连接处的凸台、缝隙 ≤0.5 mm
25	围裙板接紧密牢固,连接处的凸台、缝隙 ≤0.5 mm
26	梯级间隙应照明完好无损
27	梯级滚轮和梯级导轨应清洁,运行工况良好
28	梯级链润滑,运行工况良好
29	梯级链滚轮运行工况良好

续上表

序　号	内 容 与 要 求
30	梯级轴衬清洁、润滑
31	梯级与导轮的游隙不大于 0.6 mm,无明显撞击
32	梯级下陷开关动作可靠
33	梯级链张紧开关动作可靠
34	梯级踏板加热装置功能正常,温度感应器接线牢固
35	踏板或胶带的横向摆动时,侧边与围裙板垂直投影不应产生间隙
36	梳齿板应完好无损
37	梳齿板照明应完好无损
38	梳齿板梳齿与踏板面齿槽啮合深度不小于 6 mm,间隙不大于 4 mm
39	梳齿板梳齿与胶带齿槽啮合深度不小于 4 mm,间隙不大于 4 mm
40	梳齿板开关动作可靠
41	扶手带入口处保护开关动作灵活可靠
42	扶手带表面清洁,无毛刺,无机械损伤,无偏斜,运行无摩擦
43	扶手带导向块和导向轮应清洁、完好无损,与扶手带内侧底部无摩擦
44	扶手带内侧凸缘处无损伤,滑动面清洁
45	扶手带托轮和滑轮群应无损伤,托轮转动平滑
46	扶手带断带保护开关功能正常
47	扶手带速度监控器功能正常,感应面应清洁
48	扶手带张紧度张紧弹簧负荷长度应符合技术要求
49	扶手栏板/玻璃完好无损
50	保护栏杆应牢固
51	上下端出入口张贴的安全标志清晰无破损
52	检修控制装置功能正常
53	电缆无破损,固定牢固
54	自动润滑系统工作正常
55	油管、油刷、油罐,油管等无渗漏,检查油刷磨损情况并清洗
56	保持油罐油量

2.4.5　地铁车站自动扶梯的维护保养

1. 驱动站驱动系统保养

1)驱动电动机保养

驱动电动机保养要求保养周期为 15 天，保养内容及方法包括：

(1)检查电动机的温度是否过高

检查的步骤方法为让自动扶梯运行 4～5 h 后，停止运行，打开驱动站盖板，用手触摸电动机，如感觉很烫，证明温度过高，检查端子是否松动，保证线路连接良好。自动扶梯环境温度是否过高，电动机运转频率是否稳定，功率是否正常，电动机运行年限是否过长。检查的标准是电动机壳体表面的温度应在 80 ℃以下。

(2)检查电动机部分有无异常声音及振动

检验方法是自动扶梯运行时监听电动机是否有异常声音和振动颤抖，用 dB 表检测噪声大小，固定螺丝是否松动。检查的标准是无异常声响和明显振动，运行噪声低于 68 dB，螺丝无松动现象。

(3)检查电动机三相电的电压和电流是否平衡

检验方法是当自动扶梯运行时，用电压表测量三相电压是否平衡，查电动机的动力线是否松动，若有松动应及时进行紧固。用兆欧表测量电机绕组的对地电阻和绕组间的绝缘。检查的标准是三相电压波动在 ±7 % 以内，电流波动范围在 ±5 % 以内。

2)驱动电机减速箱保养

驱动电机减速箱保养周期为 15 天，保养内容及方法包括：

(1)自动扶梯运行时检查减速箱是否有异常声音和振动

检验方法是自动扶梯运行时监听减速箱是否有异常声音，观察是否振动颤抖。检验的标准要求减速箱无异常声响和明显振动。

(2)检查减速箱内是否有油，是否漏油

检查的步骤方法是打开驱动站盖板，切断电源，打开减速箱注油口盖，查看是否有油，观察外表是否漏油。检查的标准是保证油量漫过减速箱蜗杆且无漏油现象。

(3)检查固定曳引机的螺栓是否松动

检查的步骤方法是揭开踏板，切断电源，用双手拿工具拧动螺母检查是否紧固。检查的标准是螺母无松动现象。

3)驱动电机减速箱注油方法

驱动电机减速箱注油保养周期为扶梯投入使用首次六个月，以后每年一次。根据扶梯厂家提供的润滑油牌号和标准，按照维护保养周期，定期对减速箱进行加油。

4)驱动站驱动系统保养过程中安全注意事项

(1)进行维修保养时，扶梯上下两端必须设置防护栏，并挂“自动扶梯正在维修”的标识，避免乘客接近；

(2)保养过程中一定要关闭两个以上开关或断电并有专人看守；

(3)检查温度时注意不要把手烫伤;

(4)在检查旋转的曳引机时不要戴手套,避免手套在机器运转中被旋转部件卷入,造成人身伤害;

(5)启动自动扶梯应在空载时进行(扶梯上不应有乘客),保证扶梯安全启动;

(6)自动扶梯启动后,应空运转 3 min,如有异常声音或其他不正常现象,应停车检查,找出原因,排除故障后再启动运行;

(7)自动扶梯运行后,应把钥匙及时拔出收好,不允许把钥匙插在开关锁孔内离开;

(8)维修及保养结束后,应清点工具物品,扶梯内不允许留有异物。

2. 主驱动链的保养

主驱动链保养周期为 15 天,保养内容及方法包括:

1)主驱动链的保养

保养的步骤及方法是首先打开扶梯上部的踏板,插上检修盒,开动上下行按钮,观察主驱动链链节是否有锈迹、油泥等杂物。检查主驱动链的安全保护装置是否动作灵敏,检查驱动链条的松紧度是否合适,驱动链条有无脱铆松动,卡簧是否牢靠。

2)主驱动链松紧度的调整

主驱动链松紧度的调整方法是在两链轮的中间位置用手把链条向垂直方向移动,测量其移动量 B,如图 2.145 所示。当 23 mm $<B<$ 46 mm 时,松紧度不用调整。当 $B>$46 mm 时,按以下步骤进行调整,调整元件如图 2.144 所示。

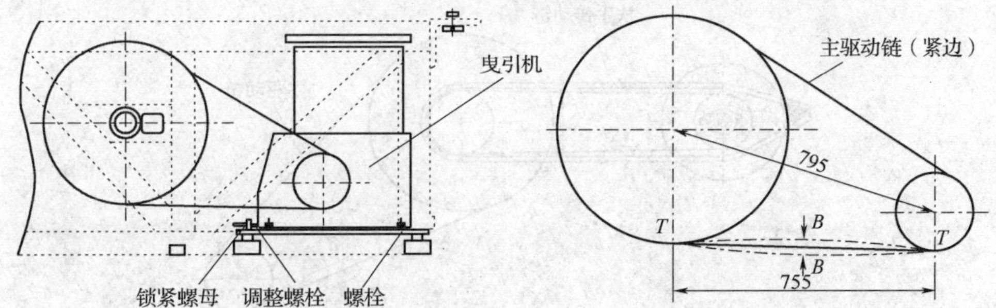

图 2.144　主驱动链松紧度的调整方法　　图 2.145　主驱动链松紧度的调整示意图

(1)拧开螺栓,左右各 2 个。

(2)放松锁紧螺母,拉紧驱动链($B>$46 mm 时),拧紧调整螺栓。

(3)拧紧螺栓,左右各 2 个。

(4)扶梯上行,运转一周停止。

(5)测量 B 尺寸,若 B 不在 23～46 mm 范围时,重复(1)～(4)步骤直到满足要求为止。

(6)拧紧锁紧螺母。

需要注意的是当移动曳引机时，应平衡移动，避免链条咬齿现象。

3)主驱动链的注油方法

主驱动链的注油周期是扶梯连续运转 8 h 需注油 100 s。油脂的牌号根据扶梯厂家提供的机械油牌号来选择。注油的方法是利用扶梯的自动给油装置。

4)主驱动链断链保护装置的检修

主驱动链断链保护装置检修项目包括以下 3 个：

(1)保证开关动作尺寸正确；

(2)检查各部件的固定状态是否良好；

(3)检查配线及配线端子接触是否良好。

检修方法为打开踏板，切断扶梯电源，如果需要可调整开关的安装尺寸，调整结束后接通电源，运行自动扶梯，观察无刮碰现象，将踏板复位。

3. 扶手传动链的维护

1)测定扶手传动链松弛量及调整

测定扶手传动链松弛量的方法是拆除 3 个梯级，将梯级空挡处向上运行至扶手传动链处，启动扶梯向上运行，用 5 kgf(千克力)的力作用于如图 2.146 所示的扶手传动链位置时，链条位移量 d= 10～20 mm。如链条过紧或过松则需调节传动轴位置来调节链条松紧，如图 2.147 所示，松开两边紧固螺栓，均匀调节两边张紧螺栓，推动扶手传动轴，张紧链条使其达到标准后收紧紧固螺栓。

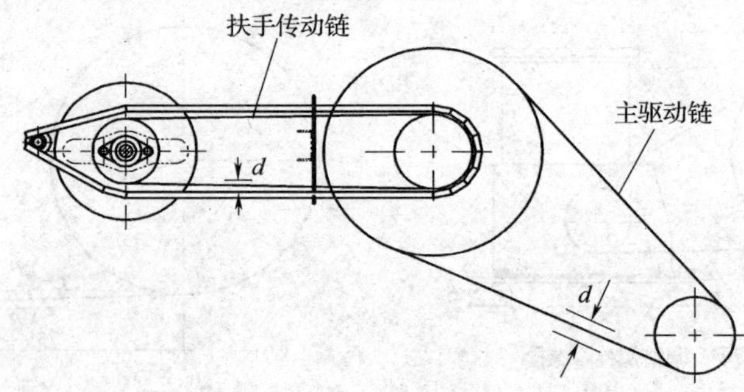

图 2.146　测定扶手传动链松弛量的方法

2)扶手传动链加润滑油

用毛刷均匀地将油刷在主驱动链上，规定使用的润滑剂牌号为 100(GB 443—84)。注意避免润滑油滴落，污染环境或引起火灾。

4. 超速保护装置及非操纵性逆转保护装置的调整方法

超速保护装置是自动扶梯的运行速度超过限定值时，能自动切断电源的装置。

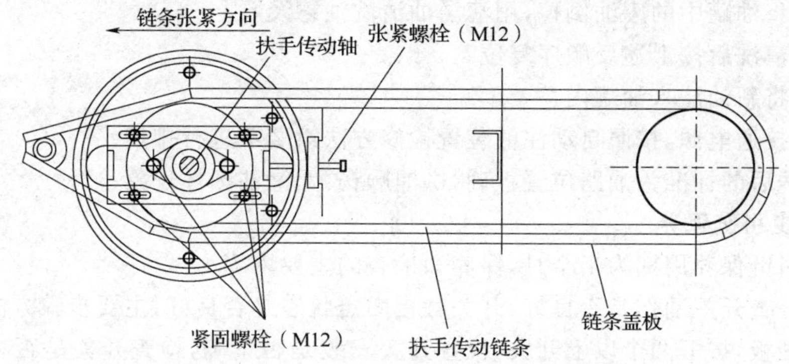

图 2.147 调节传动轴位置来调节链条松紧

非操纵性逆转保护装置是在扶梯运行过程中非人为的改变其运行方向时，能使其停止运行的装置。调整方法为调整光电接近开关的检测面和检测挡板的间隙，一般在 1.5～2.5 mm 之间，而且光电接近开关要和检测板垂直，定好位置后将开关定位螺母拧紧。

5. 自动注油装置的保养

自动注油装置保养周期为半年，保养的步骤为：

(1)各链条的润滑状态是否良好。

(2)各油嘴位置是否正确。

(3)各接头处是否漏油。

(4)油箱内的润滑油是否充足。

(5)液位开关是否正常。

自动注油装置检修方法为：

(1)补充润滑油，油罐中的油在未达到液位开关之前，从注油口通过过滤网加油。

(2)排气，放松铜管螺母，启动泵至螺母处渗出油。排气后将螺母拧紧。

(3)液位开关检修，油泵运行时，当液面低于液位开关液面时，油泵停止工作。

(4)清洁滤油器、油罐。

滤油器的清洁方法为卸下滤油器，打开滤油器盖，将滤油器芯取出，放在清洁的油内清洗。清洗后将滤油器安装回原来位置。滤油器一般每 4～5 年清洗一次，主要步骤如下：

(1)先拆下滤油器的配管，再拆下电源配线。

(2)将润滑泵卸下放在平处。

(3)卸下油罐上面的安装螺钉，将油泵取出放在清洁处。

(4)将油罐中的废油倒掉，用清洁油清洗油罐及泵。

(5)清洗后按上述反顺序复位。

(6)将新油注入油罐内。

(7)接通电源，按照自动注油装置检修方法第 2 项进行排气。

清洗后的标准为油路位置正确，供油顺畅，无漏油损坏现象；

6. 曳引链保养

曳引链保养周期为半个月，保养和检查的主要内容为：

1)检查开关动作是否良好，开关触板固定状态是否良好，主要步骤方法为打开下部的踏板，按下两个以上开关，检查开关安装是否正确，检查开关是否在开关触板的中心；恢复开关，运行扶梯，观察运行无异常后，将踏板复位。标准为开关动作灵敏，开关触板固定良好且开关在开关触板中心。

2)检查配线和配线端子接触是否良好。主要的步骤方法为打开踏板，按下两个以上开关，查看配线接触是否紧固，恢复开关，运行扶梯，观察运行无异常后，将踏板复位。标准为各接线正确，接触牢靠，无虚接现象。

3)曳引链保养过程中的安全操作要求

(1)进行维修保养时，扶梯上下两端必须设置防护栏，并挂“自动扶梯正在维修”的标识，避免乘客接近；

(2)检修扶梯内部时，必须切断电源开关；

(3)需要拆卸梯级时，应用检修盒操作；

(4)维修及保养结束后，应清点物品工具，扶梯内不允许留有任何异物。

4)曳引链的注油方法

曳引链的注油周期为扶梯连续运转 8 h 注油 100 s。油脂的牌号为机械油 N32。注油的方法为自动给油装置自动注油。

5)曳引链保护装置的保养检修方法

曳引链保护装置的保养检修项目包括：

(1)检查开关的动作是否良好；

(2)检查开关触板固定状态是否良好；

(3)检查配线及配线端子是否良好；

(4)测量下梯路开口处两侧尺寸一致。

调整方法为打开下部的踏板，关掉两个以上开关，用钢板尺测量下梯路开口处两侧尺寸一致，检查开关触板是否在开关的中心，之后恢复开关，运行自动扶梯，观察有无异常现象，正常将踏板复位。

7. 梯级的保养

梯级的保养周期为 7 天，主要的保养步骤及方法为把扶梯下部的踏板打开，插上检修盒，点动自动扶梯上、下运行，观察梯级外表面是否有变形损坏现象，观察梯级轴上的尼龙套是否有损坏，固定夹子是否松动，若有上诉现象发生，应立刻停梯维修。梯级的保养标准为梯级外表不应有变形损坏等现象，固定夹应紧固无松动现象。

有关梯级维护和保养的内容还包括以下几个部分：

1）梯级安全保护装置的调整方法

检修项目包括以下几点：

(1)检查开关的动作是否良好；

(2)检查各部件固定状态是否良好；

(3)检查配线及配线端子是否良好；

(4)检查各螺杆和检测开关的安装尺寸是否正确。

图 2.148　螺杆距梯级的安装尺寸

调整方法及标准为打开下部的踏板，插上检修盒点动扶梯，卸下防护罩，卸下3个连续梯级，将卸下梯级的部位移动到梯级下陷保护装置的上方，查看各部件的固定状态良好，查看各螺杆距梯级的安装尺寸是否为 2.5 mm，如图 2.148 所示。之后安装拆下的梯级，对好梯级与梳齿板的尺寸，拔掉检修盒，安上防护罩，恢复自动扶梯并运行自动扶梯，观察有无异常现象，若正常，将踏板复位。

2）梯级边框损坏更换标准

当梯级边框出现有缺蚀、变色、遭腐蚀、表面出现裂纹、变脆等现象应及时更换。

梯级边框损坏更换步骤为打开踏板，插上检修盒，卸下要更换梯级黄色边框的梯级，卸下黄色的梯级边框更换新的梯级边框，安装卸下的梯级，接通电源，点动扶梯，检查安装的梯级与前后梯级的啮合情况，运行自动扶梯，检查无异常后将踏板复位。

3）梯级的拆卸与安装的方法

梯级的拆卸方法为打开下部踏板，插上检修盒，卸下防护罩，将要拆卸的梯级点动至下底坑折弯处，如图 2.150 所示。用梯级扳子将曳引链轴两侧的固定座松开，将尼龙套沿轴从梯级孔中敲出，如图 2.149 所示。双手抓住梯级，将梯级从曳引链轴上拉出，然后先向一侧倾斜从梯路开口处拿出，再将另一侧也拿出，平稳放至地面。

梯级的安装与调整的主要步骤如下：

(1)将需要安装梯级的曳引链轴点动至下端折弯处；

(2)将一侧梯级轮对准转向臂缺口放入,再将另一侧放入转向臂；

(3)双手拿住梯级,使梯级轴孔扣到曳引链轴上,使该梯级两侧与相邻的梯级两侧对齐,再将尼龙套塞入梯级孔内；

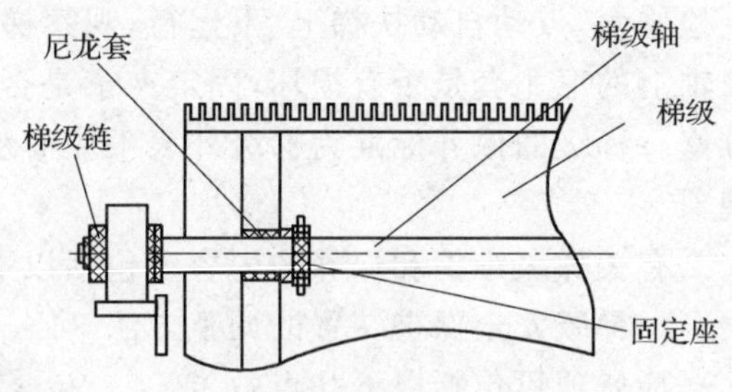

图 2.149 梯级的拆卸

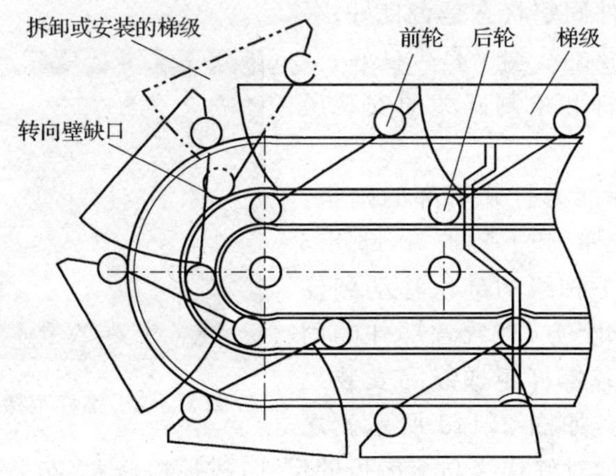

图 2.150 梯级折返处

(4)点动梯级至梳齿位置,若梳齿不居中,校正梯级左右位置,然后点动至折弯处；

(5)将主轴两侧的固定座靠紧尼龙套端面,然后将固定座拧紧。

(6)调整梯级与梳齿板尺寸,拔掉检修盒,安上防护罩,踏板复位。

4)梯级导向块的更换方法

新安装的导向块超出梯级侧面 1.75 mm,若使用磨损到小于 1.25 mm 时,应更换新的导向块以免影响梯级的正常运行。导向块位置如图 2.151 所示。

更换方法为打开下部踏板,插上检修盒,卸下防护罩,把要更换的导向滑块梯级点到下部折弯处,卸下梯级,用力将旧导向块端头卡脚并拢,将其从梯级孔中拔出,将新导向块插入梯级锥孔,同时导向块上的防转凸棱对准锥孔端面的沟槽,然后用力将其推到位,安上梯级,对好梯级与梳齿的尺寸,点动运行扶梯,观察无异常后,将检修盒拔掉、安上防护罩,踏板复位。

5)梳齿板安全装置的调整方法

梳齿安全装置是当梯级与梳齿板啮合处卡入异物有可能造成事故时自动扶梯

停止运行的电气装置。调整方法为打开扶梯踏板、按下急停；检查梳齿板开关与撞板之间间隙，检查开关动作是否灵敏。梳齿安全装置的梳齿板开关与撞板之间间隙为0.5 mm以下，开关动作灵敏。沿图中箭头所示的方向施加40 kg力时，前沿板应能灵活移动并触动开关。如果达不到上述要求，应对前沿板进行调整，直到符合要求为止。

图2.151　梯级导向块

6)梳齿板损坏更换标准

出入口的梳齿板如果相邻梳齿断裂两个以上(含两个)，应及时更换，避免发生人员伤害。

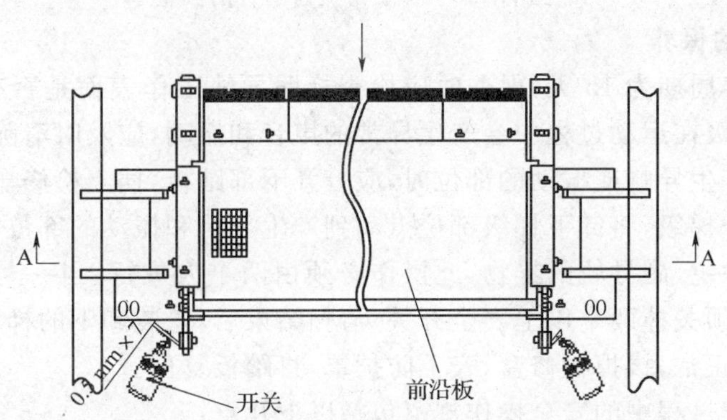

图2.152　梳齿安全装置受力检测

7)梯级与梳齿板啮合的调整

通过前沿板滑轨的横向内六角螺栓1调整顶丝来调整前沿板，使梳齿的齿与梯级齿侧间隙均保证在1mm以上；通过滑轨上螺柱来调整梳齿的高度，使梳齿与梯级的啮合深度不小于6mm；如图2.153所示。

8)梯级保养过程中的安全操作规范包括以下几点：

(1)进行维修保养时，扶梯上下两端必须设置防护栏，并挂“自动扶梯正在维修”的标识，避免乘客接近；

(2)自动扶梯维修时，在不运行时应及时按下急停按钮；

(3)维修保养过程中需要启动扶梯时，必须遵守安全操作规范；

(4)需要拆掉部分梯级，启动扶梯应用检修盒操作，拆卸梯级时轻拿轻放；

(5)维修用的手灯必须是有护罩的安全灯；

(6)维修及保养结束后，应清点物品工具，扶梯内不允许留有任何异物。

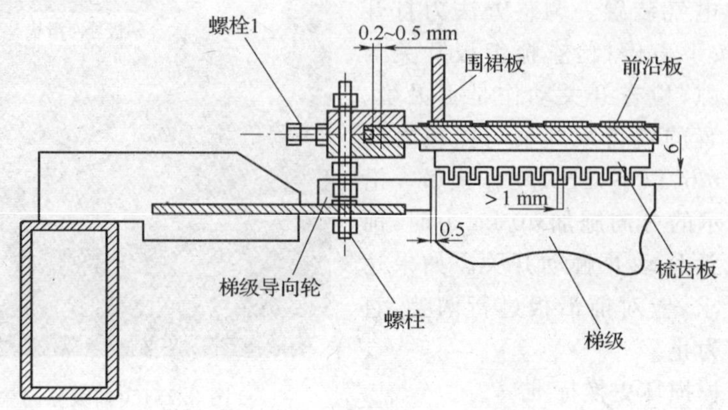

图 2.153　梯级与梳齿啮合的调整

8. 梯路的保养

梯路保养周期为 15 天，保养时应检查梯路导轨工作表面是否有异物，当有异物进入时，梯级在运动过程中会产生异常的声音和振动，应及时清除。

当检修产生异响或振动的部位时，应打开下部踏板，插上检修盒，卸下防护罩，卸下连续 3 个梯级，将卸下梯级部位点动到产生异响和振动的部位，用机械油清洗或用铲刀清除主、副导轨的异物，此操作必须由两个人进行，当一人进行轨道清理时，另一人必须关掉两个以上安全开关，清扫结束后，安装卸下的梯级，点动运行扶梯，观察是否正常，拔掉检修盒，安上防护罩，将踏板复位。

梯路保养过程中的安全操作规范包括以下几点：

(1)维修保养前，必须先设置安全护栏。

(2)检修的梯级从扶梯/人行道上拆下时，只允许用“检修盒”以检修速度操作自动扶梯/自动人行道点动，梯级上不准站人。

(3)维修保养结束，必须检查自动扶梯/自动人行道内不得遗留任何杂物和工具。

9. 扶手带的保养

扶手装置的检查维护包括检查扶手带应无裂纹、变形，且内部衬垫不应磨损至露出承拉衬物，如发生上述情形，应及时更换扶手带。扶手带压滚轮应无可见磨损及损坏痕迹。扶手带驱动轮和驱动胶带应无断齿，且无可见磨损及损坏痕迹。扶手带速度与梯级(或踏板、胶带)速度应基本相同，其差值不能大于 2%，而且要求只能是扶手带的速度大于或等于梯级的速度。

扶手带的清洁工作包括扶梯停止时和运行时的清洁工作。在清洁时，必须停止自动扶梯的运行，否则清洁剂可能会渗入扶手带内。用湿润干净的毛巾，用以清洁扶手带的表面。待干透后，再用含有清洁剂的毛巾在扶手带表面打腊。待腊面风干(4～5 min)用干毛巾打磨扶手表面，直至干透为止。移动扶手带至出现未清洁部分，重复以上步骤直到清洁完整条扶手带。

当扶手带运行时，用干毛巾清洁扶手带表面。注意毛巾勿卷入扶手带内。清除灰尘和油污，用已稀释的清洁剂清理灰尘，用清洁剂和温水清洁油污和污垢。用干洁布清洁装饰物表面的灰尘。内侧板表面需用中性清洁剂清洁直至干透。

在进行踏板和梳齿板的保养和清洁时，需要注意勿将清洁剂直接倒在踏板及梳齿板上及上下机房内，若水份滴入踏板及梳齿板下会引起电气部分短路。

扶手带出入口安全装置检修项目包括以下几点：

(1)检查出入口橡胶是否变形、断裂；

(2)自动扶梯运行时，检查扶手带与入口橡胶是否刮碰；

(3)出入口安全装置的动作是否良好；

(4)检查配线和配线端子接触是否良好；

(5)检查出入口安全装置的固定状态是否良好。

扶手带出入口安全装置调整方法为运行自动扶梯，观察扶手带运行是否偏心，扶手带与出入口是否刮碰，在出入口橡胶表面上施加 20 kgf(千克力)的推力，观察开关是否动作，用手压出入口橡胶，使扶手带安全装置动作，电梯停止运行，松开手后安全装置自动复位。

扶手带安装的过松会使扶手带产生振动，过紧则会使扶手带过热，加大磨损，降低扶手带的使用寿命。扶手带在运行一段时间后会变长，所以要定期检查扶手带的松紧度。扶手带不应过度松弛，下行时上转向端部扶手带可拉出 10～15 mm 为宜。

扶手带涨紧装置的调整步骤如图 2.154 所示，首先松开螺栓 A、B 和螺母 D，拧紧螺母 C，使涨紧装置沿 E 向移动，测量两托辊之间扶手带垂度，使其垂度值为 5～10 mm，扶手带调整完成后，拧紧螺栓 A、B 和螺母 D。

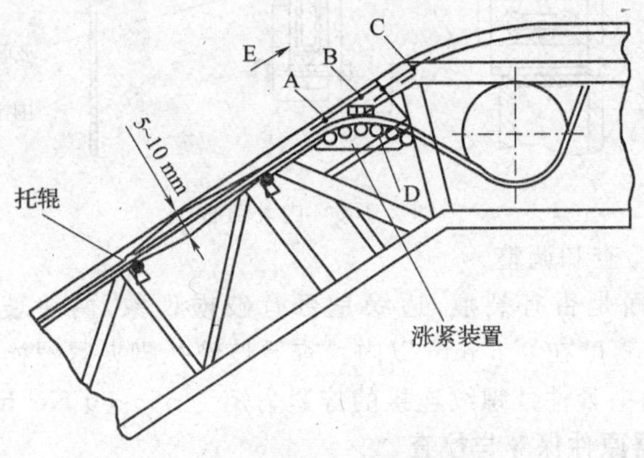

图 2.154 扶手带涨紧轮群

10. 其他部件的保养

1)前沿板的调整

利用工具将踏板撬起,重新安装时,保持踏板和前沿板的上面等高,踏板与前沿板的间隙为 6 mm,保证梳齿板安全保护开关的动作行程,当梳齿板与梯级之间进入杂物时,前沿板能顺利后退,安全开关动作使扶梯停止运行。踏板应平稳放置在胶垫上,脚踏上之后无悬空感。如图 2.155 所示。

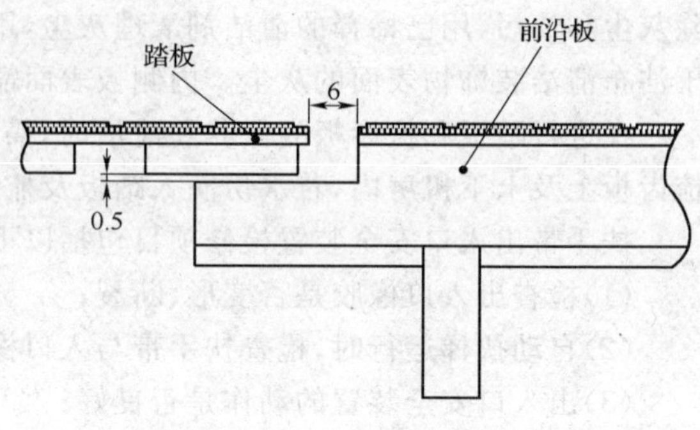

图 2.155　前沿板与踏板

2)内、外盖板的拆卸与安装

外盖板的拆卸时需要将端头前壁板及连接板上的螺钉、螺母卸掉,然后将外盖板的支架卸掉,即可依次拉出外盖板。如图 2.156 所示。内盖板的拆卸时需要将内盖板上的螺钉卸掉,依次拉出内盖板。

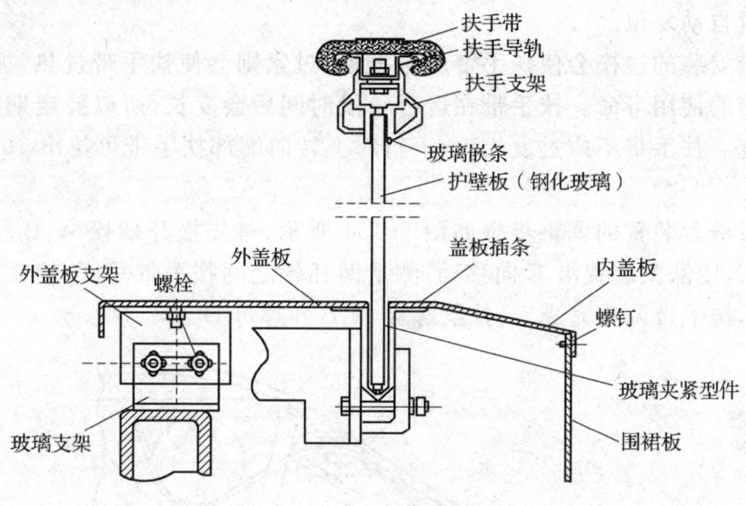

图 2.156　内外盖板

3)扶梯玻璃检查和调整

检查玻璃表面是否有裂痕,边缘是否有破损现象,两块玻璃之间间隙应在 1.5～2.5 mm,垂直度在 0.5 mm 以内。查看玻璃托脚夹紧螺栓是否松动,若松动应及时拧紧,玻璃夹紧件处螺纹连接的拧紧力矩为 55～60 N·m。

11. 扶梯电器原件保养与检查

1)扶梯电器原件保养周期为一个月,保养内容和项目如下:

(1)曳引链断链保护开关,动作是否良好,接线端子是否紧固。

(2)梯级下陷保护开关,动作是否良好,接线端子是否紧固。

(3)主驱动链断链保护开关,动作是否良好,接线端子是否紧固。

(4)扶手带出入口保护开关,动作是否良好,接线端子是否紧固。

(5)梳齿板安全保护开关,动作是否良好,接线端子是否紧固。

(6)围裙板安全保护开关,动作是否良好,接线端子是否紧固。

(7)超速安全保护开关,固定是否牢固,动作是否灵敏。

(8)电磁制动器,动作是否及时,是否抱住。

(9)非操作逆转安全保护开关,固定是否牢固,动作是否灵敏。

(10)控制盒故障显示窗,显示是否清晰,接线端子是否紧固。

(11)检修盒插头,插座表面是否洁净,接触是否良好,检修盒按钮动作是否良好,接线端子是否紧固。

(12)控制盒急停按钮,动作是否良好,接线端子是否紧固。

(13)控制柜过载继电器,额定电流调整是否与电动机额定电流匹配。

(14)控制柜断路器,额定电流选择是否符合负载的要求。接线是否紧固,动作是否良好。

(15)控制柜接触器,额定电流选择是否符合负载的要求。接线是否紧固,动作是否良好。有无异常气味和声音。

(16)控制柜变压器,额定容量选择是否符合负载的要求。接线是否紧固。有无异样气味和声音,温度是否正常。

(17)相序继电器,接线是否紧固,显示是否正常。

(18)接线端子,接线是否紧固。

(19)PLC使用(环境温度0 ℃～60 ℃,相对湿度在5%～95%之间,无腐蚀性气体,输入电压范围在 ±7% 之内)条件是否满足。显示是否正常,接线是否紧固,有无异常气味和声音。

(20)控制柜内不能有油污、杂物,应保持清洁。

(21)电线有无异常气味,破损和烧焦现象。

(22)电动机运行时,用电流表测量电动机三相电流是否平衡,用电压表测量三相电压是否平衡,是否在额定范围之内(三相电压、电流范围在 ±5% 之内)。电机有无异常气味和声音,用温度计测量电机温度是否过高,电机转速是否正常。

(23)进线电源是否符合要求(三相电压、电流范围在 ±5% 之内,电源频率范围在 ±1% 之内)。地线和零线必须分开,并测量接地电阻要小于4 Ω。

2)电气安全保护装置应检查下列装置是否设置,且动作正确否:

(1)紧急停止开关;

(2)牵引链断链保护装置；

(3)传动链条(或三角带)破断保护装置；

(4)扶手带入口保护开关；

(5)非操纵逆转保护装置；

(6)梳齿板保护开关；

(7)工作制动器；

(8)超速保护开关；

(9)梯级控制装置；

(10)梯级下陷保护开关；

(11)裙板开关；

(12)扶手胶带断带保护装置；

(13)辅助制动器；

(14)相序保护装置。

3)接地与绝缘

(1)所有的金属外壳是否都用封闭导线接地；

(2)最大连续接地导线的电阻应小于 0.5 Ω。

(3)桁架和电气设备应可靠接地并保证从进入机房起地线和零线始终分开。

(4)桁架与电气设备跨接地线固定良好。

(5)导体之间和导体对地之间的绝缘电阻必须符合规范要求。

动力电路和电气安全电路不小于 0.5 MΩ，其他电路(如控制、照明、信号等)不小于 0.2 MΩ。

12. 扶梯光电检测系统的调整

在用钥匙开关启动扶梯后，扶梯运转，箭头显示 ↑，光电开关开始自动检测扶梯上下两侧，有人或物体在间隔不超过 1 min 内连续处于扶梯既定运行方向入口处，且在光电开关检测范围之内(一般为扶梯入口前面 1.3 m 以内)扶梯一直运行，若人或物体在间隔 1 min 内未出现在此位置，扶梯运行 1 min 后停止。在此停止状态，若有人或物体再次出现于扶梯既定运行方向入口处，扶梯也自动启动。没有人为操作或设备故障，扶梯如前所述运行。若在此停止状态有人或物体出现于扶梯既定运行方向的反向入口处，扶梯自动启动按既定运行方向运行 10 s 后停止，同时运行箭头显示红色，提醒乘客是反向乘梯，禁止乘梯。若在此 10 s 内有人和物体出现于扶梯既定运行方向入口处，且在光电开关检测范围之内，扶梯将按如前所述既定方向自动运行。

需要注意的是扶梯自动启动始终按既定方向运行，扶梯在自动运行状态下按停止按钮后将不再自动启动，扶梯在检修运行状态下不执行自动运行功能，扶梯光电检测距离、角度可通过调整光电开关位置和光电开关本身旋钮进行调整。

13. 长期不用扶梯的保养

如果扶梯长期不用，必须将扶手带涨紧部分松开，将摩擦轮下的压带轮群松开，防止扶手带变形，在使用扶梯前应对扶手带进行重新调整。

1)扶手带涨紧装置的调整方法及步骤

(1)松开螺栓 A、B 和螺母 D，如图 2.157 所示。

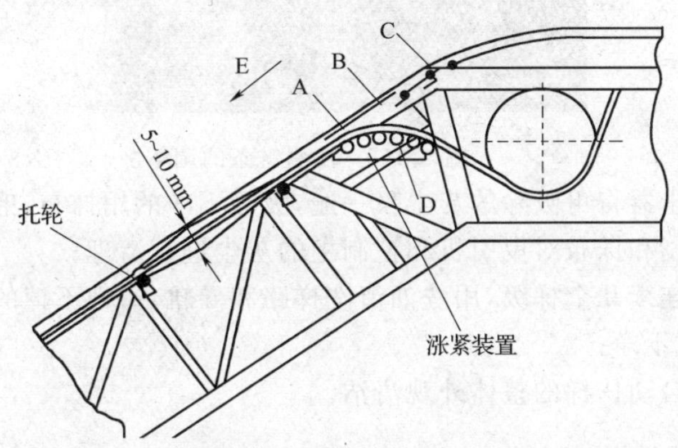

图 2.157　扶手带涨紧装置的调整

(2)松开螺母 C，使涨紧装置沿 E 向移动，使扶手带呈松弛状态。

(3)扶手带调整完成后，拧紧螺栓 A、B 和螺母 D。

扶梯正常运行时扶手带不应过度松弛，下行时上转向端部扶手带可拉出 10～15 mm。

测量两托轮之间扶手带垂度，使其垂度值为 5～10 mm。

2)压带装置的调整

压带装置的调整方法如图 2.158 所示，松开螺母 A，使压带轮群处于松弛状态，避免扶手带变形及扶手带表面有压痕。

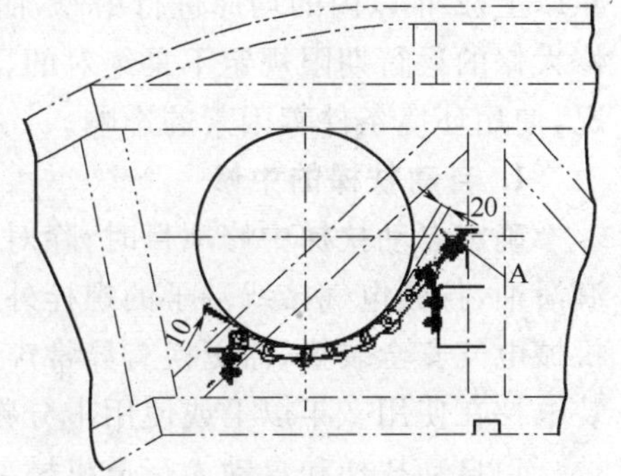

图 2.158　压带装置的调整

3)曳引链条的调整方法：

扶梯长期不用应将梯级曳引链保持松开状态，如图 2.159 所示，松开螺母 A 和 B，使曳引链条轮处于松弛状态，避免链条轮变形。

4)灰尘的清除

(1)检查梯级上是否有异物，应及时清理，同时检查梯级表面是否有变形；

图 2.159　曳引链条的调整

(2)用吸尘器将可吸除的灰尘吸一遍,吸除不净的用抹布、毛刷、铲刀清除;

(3)用毛刷和抹布对曳引机和控制柜的灰尘进行清理;

(4)卸下连续几个梯级,用洗油清洗梯路和导轨,清理不掉的用铲刀铲除,清洗后用抹布擦拭干净;

(5)保持自动扶梯的整体外观清洁。

2.4.6　自动扶梯的检修

对连续运行超过一年的自动扶梯和人行步道需要进行较长时间的检修作业。这种检修工作需要对扶梯重要设备进行更化和强化维护。对新装的电梯在运行 1 年以上、2 年以内的均应进行中修,而运行 3～5 年以上的,则应进行大修。但是中修大修的运行期限规定不是绝对的,它还受到允许的每小时启动次数,交通繁忙情况,使用环境条件等因素的影响。

1. 自动扶梯的中修

确定自动扶梯中修项目时,除对个别零部件在不需拆卸的前提下对其清洗,加润滑油,拧紧电气接线端子的螺栓外,均应拆卸检查。需拆卸检查电梯传动部件和机械电气安全装置,需更换有异常声响或磨损的零件,以及拆修部分电气元件。新装电梯在使用 2 年以上或使用十分频繁的,都可以确定为中修项目。

1)自动扶梯和自动人行道机械部件的中修项目

(1)清洗驱动站变速箱和更换变速箱内的齿轮油,清除油污和灰尘。

(2)调换驱动站变速箱蜗杆伸出处的密封圈。

(3)调换驱动站变速箱箱盖与箱体之间的密封垫圈或重新涂抹密封胶。

(4)调换电磁制动器闸瓦的石棉刹车带,并调整闸瓦与制动轮的间隙。

(5)调整电磁制动器的制动弹簧压缩力,使制动器与制动轮工作面保持清洁无灰尘、动作灵活可靠。

(6)调整电动机主轴伸出部分,检查轴上的键和防松螺栓。

(7)调整为传动齿轮、链条、外露的限速器、梯级、踏板、转向部位等而设置的有效防护,清除油污和灰尘。

(8)检查调整导轨内表面应光滑、平整,不得有异物凸出现象,清除导轨内表面的油污和灰尘。

(9)检查调整导轨内表面接头紧固螺栓紧固情况,清除接头缝隙的油污和灰尘。

(10)检查调整自动扶梯或自动人行道在运行时,导轨应保证工作分支的每个梯级踏板水平且不晃动,清除灰尘和油污。

(11)应对自动扶梯或自动人行道桁架、支架、接头紧固螺栓进行检查紧固。

(12)应对自动扶梯或自动人行道的桁架、支架及金属结构表面刷防锈漆有效防护。

(13)检查调整自动扶梯或自动人行道运动部件如驱动链、扶手驱动链、梯级链等有良好的润滑。并清除链条上的油污和灰尘。

(14)检查调整驱动链、扶手驱动链、梯级链等涨紧装置,松紧应适当。

(15)检查调整扶梯或自动人行道所有油管及接头,不应有渗油、漏油现象,所有油路应畅通,清除油管接头上的油污和灰尘。

(16)检查调整手动或自动加油装置,保证其工作正常有效。

(17)检查调整自动扶梯或自动人行道在使用区的任何位置,两个相邻梯级或两相邻踏板之间的间隙使其应符合要求。

(18)检查调整自动人行道过渡曲线段踏板的前缘和相邻踏板的后缘啮合应符合要求。

(19)检查调整自动扶梯或自动人行道梯级踏板与围裙板之间的间隙,单边、双边应符合要求。

(20)检查调整自动人行道的围裙板置于踏板或胶带上方,从踏板表面测得的间隙应符合要求。调整踏板或胶带的横向摆动,不允许踏板或胶带的侧面与围裙板之间产生水平间隙。

(21)检查调整梳齿板梳齿与梯级或踏板齿槽的啮合深度间隙。

(22)检查调整梯级踏板表面至梳齿板梳齿槽根部的垂直距离。

(23)检查调整梳齿板齿与胶带齿的啮合深度。

(24)检查胶带的表面至梳齿板梳齿槽根部的垂直距离。

(25)检查调整扶手带的导向装置和涨紧装置,在正常工作时不会脱离扶手导轨。

(26)检查扶手带开口处与导轨或扶手支架之间的距离。

(27)检查调整制动器和附加制动器(若有)。

2)自动扶梯和自动人行道的电气部分中修项目内容

(1)检查和紧固各接触器、继电器上的接线螺栓。

(2)检查和调整方向接触器机械联锁的可靠性。

(3)检查调整供电系统断电、错相保护装置。

(4)检查电动机过载保护装置。

(5)梯级链保护装置检查调整。

(6)工作制动器检查调整。

(7)检查调整附加制动器(扶梯高度>6 m时采用)。

(8)检查调整超速保护装置(使用笼型异步电动机的扶梯不设)。

(9)检查调整非操纵逆转保护装置开关。

(10)检查调整扶手带入口保护装置开关。

(11)检查调整梯级或踏板塌陷保护装置开关。

(12)检查调整急停按钮,应转换灵活可靠。

(13)检查调整各机房内电气部件应有效采用防护罩壳,防止直接触电。

(14)全部电线接头、连接端子、连接器应设置在柜和盒内且牢固可靠。

(15)检查调整线槽线管牢固性,金属线槽管的出入口应有护口或其他保护措施,导线保护外皮应完整无破损。

(16)检查随行电缆破损程度,无法继续使用应更换。

(17)检查自动扶梯接地线(接零)是否牢固。

(18)检查调整电梯所有电线电缆、绝缘电阻,导体之间和导体对地之间的绝缘电阻必须符合规定的要求。

(19)检查和调整自动扶梯启动、停止、运行情况应符合原设计要求。

2. 自动扶梯的大修

凡是自动扶梯或自动人行步道已中修2次以上的,正式投人使用已达3~5年的,或者发生过重大事故,其主要部件如曳引机、控制屏、梯级、梯级链等严重受损的,均应安排大修工作。

1)自动扶梯或人行步道机械部分大修项目

(1)蜗轮减速器的拆修。调整和铲刮蜗轮杆齿侧间隙,如磨损量过大,即需更换蜗轮副。调整或更换蜗杆轴伸出端的轴承及石棉盘根(或橡胶密封圈)。更换蜗杆轴的后门头平面轴承。整修或更换减速器滑动轴承。若蜗轮减速箱的箱体、箱盖铸件有严重变形或有裂痕等,则应予更换或修补。

(2)电磁制动器(刹车)的拆修、清洗、更换刹车带,调整间隙。

(3)若驱动电动机有异常摩擦声,起制动电流明显增大,轴向窜动增大,空载电流明显增大,则应予以更换同型号、同规格的电动机。

(4)调整自动扶梯速度使之应在设计的范围内。

(5)清洗电梯或自动人行道的导轨,更换严重变形的导轨,调整导轨支撑架。

(6)更换梯级或踏板损坏部件(如梯级轮、踏板、支撑架等)。

(7)调整扶手带,扶手带严重磨损,变形、断裂应更换。

(8)检查调整梯级链、扶手驱动链和涨紧装置,如磨损严重应给予更换。

(9)检查调整光电保护器(如有)。

(10)梳齿板如磨损严重、断齿应更换。

2)自动扶梯或自动人行步道的电气部分的大修项目

(1)更换控制屏上的继电器,接触器或控制屏重新接线。

(2)由于自动扶梯控制功能的增加而重新调换控制屏。

(3)调整供电系统断、错相保护装置。

(4)调整电动机过载保护装置。

(5)调整更换梯级链保护装置。

(6)调整更换制动器。

(7)调整检修或更换附加制动器(扶梯高度>6 m时采用)。

(8)更换检查调整超速保护装置(使用笼型异步电动机的扶梯不设)。

(9)调整更换非操纵逆转保护装置。

(10)调整更换扶手带入口保护装置。

(11)调整或更换梳齿板安全保护装置。

(12)调整或更换梯级踏板塌陷保护装置。

(13)调整或更换急停按钮。

(14)调整或更换梳齿板异物保护装置。

(15)调整或更换扶手带入口保护装置。

(16)调整更换梯级下沉保护装置。

(17)调整更换驱动链断链保护装置。

(18)调整或更换扶手带断带保护装置。

下面分别介绍自动扶梯或自动人行步道主要设备检修的方法和要求。

1. 扶梯曳引机更换

更换扶梯曳引机的主要步骤为:首先停止自动扶梯,打开上部踏板,切断电源,用扳手卸掉曳引机座上的螺母。然后把主驱动链条在活结处断开,把连接曳引机的电源盒盖打开,拆掉电源线。架设吊装架,用手动倒链,如图2.14所示,把曳引机吊起,并吊到图2.14所示位置,盖上踏板。

之后,将曳引机放到准备好的小车上,拆下手动倒链。移走吊装架,将曳引机推到

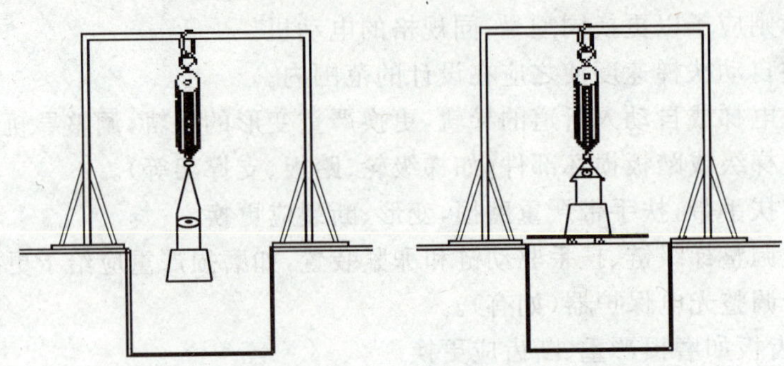

图 2.160　更换扶梯曳引机时架设的手动倒链

空闲位置。更换新的扶梯曳引机，接好主驱动链条，拧紧曳引机座螺丝。调整曳引机齿轮侧面与主驱动齿轮侧面对中，允许公差范围 0.5 mm，调整接近开关，间隙为 3～5 mm。安装结束后，按照上节中主驱动链松紧度调整的方法，调整主驱动链松紧度。调整完成后，进行必要的实际验证，确认没有问题后，曳引机的更换工作完成。

2. 主驱动链更换

更换主驱动链，首先需要停止自动扶梯，打开上部踏板，切断电源，把主驱动链条在活结处断开，拿掉链条。更换新的主驱动链，将链条活结连接上。之后，运行自动扶梯，无咬齿现象，盖上上部踏板。

3. 主驱动链轮更换

更换主驱动链轮，首先停止自动扶梯，打开上下部踏板，在下部机房处插上检修盒，卸下防护罩。卸下所有梯级，并把曳引链条全部抽出。然后，扒下上部扶手带，拆下上部内盖板和围裙板和出入口面板，卸下上部扶手带，卸下扶手导轨及扶手型材，打开上 R 玻璃托脚螺栓，拿出上 R 玻璃，卸下玻璃夹紧型材，架支架将曳引机吊出。把扶手驱动链盒卸掉，打开主驱动链条活结，将链条卸下。架支架用手动倒链把主驱动吊住，如图 2.161 所示，把固定在桁架上的主驱动定位销 F 拔掉、螺丝 B，D 卸掉，松开螺丝 C，再卸掉螺丝 A，E，同样把主驱动的另一侧也卸掉。然后，根据图 2.162 所示，把定位销 B 拔掉，把螺丝 A 卸掉，卸掉 C，再同样方法把另一侧卸掉，把自动注油装置卸掉，将以上所有部件放置空闲处。然后倒链把主驱动吊起，更换受损部件。

更换完成受损部件后，按照上述的相反顺序，将主驱动吊入梯路内，调整好尺寸并安装好定位销拧紧螺丝及螺母。安装扶手驱动链及链盒并调整好尺寸，吊入曳引机安装主驱动链条并调整好尺寸，将自动注油装置安装好。安装上玻璃夹紧型材，安装玻璃，并调整玻璃间隙，拧紧玻璃托脚螺栓，安装扶手导轨，安装扶手带、出入口面板、围裙板并调整尺寸。插上检修盒，连接电源，点动自动扶梯，并安装梯级曳引链及调整，安装梯级，调整梯级；点动扶梯运行一周，无异常声音。安上防护

图 2.161 固定在桁架上的主驱动系统

图 2.162 固定在桁架上的主驱动系统

罩，盖上盖板及上、下部踏板，恢复扶梯运行。

4. 扶手带更换

更换扶手带，首先停止自动扶梯，打开下部踏板，插上检修盒，卸下 3～4 个梯级，将卸下梯级处运行到上部摩擦轮位置。

切断电源，扒下扶手带，打开所有内盖板，将扶手带压带装置的弹簧松开，再把扶手带涨紧装置松开，使扶手带处于松弛状态，拆下上下部的出入口面板，卸下导向滑块、导向轴承。

先把摩擦轮位置的扶手带拿出，再依次把扶手带从围裙板内拿出，再和外部的扶手带一起捆好，将要更换的新扶手带展开放在自动扶梯内侧，扶梯下部先放入扶手带，再依次放到扶梯的上部，将摩擦轮部分先安装好，再安上导向滑块、导向轴承、出入口面板，把扶手带上部安入扶手导轨上。

然后调整扶手带涨紧装置和压带装置进行扶手带松紧度的调整，运行自动扶梯，查看扶手带松紧度及扶手带出入口是否跑偏，安上卸下的梯级并调整梯级，安上内部盖板，盖上下部踏板，完成更换。

5. 梯路更换

1)上梯路更换

更换上梯路,首先停止自动扶梯,打开上下部踏板,在下部机房处插上检修盒,卸下防护罩。卸下所有梯级,并把曳引链条全部抽出。扒下整条扶手带,拆下上部内盖板和围裙板和出入口面板,卸下上部扶手带,卸下扶手导轨及扶手型材,松开上 R 玻璃托脚,拿出上 R 玻璃,卸下玻璃夹紧型材,卸下上部扶手带导向轮群、托轮,把自动注油装置和油路卸掉。

打开主驱动链条活结,将链条卸下,卸掉前沿板,用铁锯或角磨机将前沿板固定托架断开,架支架将曳引机吊出。架支架用手动倒链把梯路吊住,用铁锯或角磨机将梯路与导轨连接处切断,把梯路与桁架焊接处切断,如图 2.163 所示,把固定在桁架上的主驱动定位销和定位螺丝卸掉,松开顶丝,同样把主驱动的另一侧也卸掉。

图 2.163 梯路与桁架焊接处

之后,用手动倒链把上梯路吊起,放到空闲处更换受损部件。更换受损部件后,把修复好的梯路吊入到桁架内,调整好尺寸,用电焊将梯路与上下部导轨连接处焊好并打磨平整,把梯路与桁架连接处焊好,主驱动调整好位置并将螺丝拧紧,并按位置安好定位销。

更换完成后,按照上述步骤的反序将扶梯还原,安上前沿板,把扶手带放入摩擦轮内,把扶手带导向轮群、托轮、围裙板、玻璃型材等部件安装调整好。

2)下梯路的更换

更换下梯路,首先卸掉下部的前沿板,用铁锯或角磨机将前沿板固定托架断开,把曳引断链保护装置卸掉及螺丝松开,把下梯路压轨卸掉。

把下部围裙板、盖板、扶手带出入口面板卸掉,把轮群及托轮卸掉;卸下扶手带,卸下扶手导轨及扶手型材,松开下 R 玻璃托脚,拿出下 R 玻璃,卸下玻璃夹紧型材。

架支架用手动倒链把下梯路吊住，用铁锯或角磨机将梯路与导轨两侧连接处切断，把梯路与桁架焊接处切断。用手动倒链把上梯路吊起，放到空闲处更换受损部件。

更换受损部件后，修复好的梯路吊入桁架内，调整好恢复扶梯。

6. 梯路导轨更换

更换梯路导轨，首先停止自动扶梯，打开下部踏板，插上检修盒。根据导轨损坏程度确定卸下梯级数目，如果整根需要更换，卸下扶梯一面的梯级，用检修盒运行扶梯到需要更换导轨的位置。

然后切断电源，松开曳引链，用铁锯或角磨机切断破损导轨部分，将新的导轨调整水平与垂直并焊接(注意防火)，再用角磨机打磨平整。

将曳引链调整好，安上梯级并调整，盖上下部踏板并运行扶梯。

7. 扶手带驱动更换

更换扶手带驱动，首先停止自动扶梯，打开下部踏板，插上检修盒，卸下防护罩，连续卸下 3～4 个梯级，用检修盒将卸掉梯级部分移动到摩擦轮位置；

然后切断电源，卸下自动扶梯上部的内盖板及围裙板，松开扶手带涨紧装置和压带装置，如图 2.164 所示，拧下摩擦轮上的螺栓 A，将摩擦轮卸下，更换上新的摩擦轮，拧紧螺栓 A。

恢复压带装置和涨紧装置并调整，接通电源，运行扶梯查看扶手带松紧度，调整完毕后，切断电源，安装卸下的围裙板和内盖板并调整围裙板与梯级之间的尺寸，安上卸下的梯级、防护罩和下部踏板，恢复扶梯。

8. 扶手带张紧轮更换

更换扶手带张紧轮，首先停止自动扶梯，打开下部踏板，卸下防护罩，插上检修盒，连续卸下 2～3 个梯级。点动扶梯将卸下的梯级位置运行到涨紧轮位置。

切断电源，并打开上部涨紧轮相对应的内盖板，扒下扶手带，如图 2.165 所示，卸下 g 上的导向滑块，打开螺母 A,B,C,D,卸下涨紧装置。

图 2.164　扶手带摩擦轮上的螺栓

图 2.165　扶手带张紧轮

更换新的涨紧装置,拧紧螺母 A,B,C,D,安上 g 上的导向滑块,安上扶手带,运行扶梯,调整扶手带的松紧度,待调整完毕,紧固螺母 B,C,D,盖上盖板,恢复扶梯。

2.5 地铁车站自动扶梯的故障处理

地铁车站的自动扶梯和人行步道是保证地铁正常运营的重要机电设备,不但要加强日常的维护和保养,而且,专业维修人员必须具备基本的故障处理和分析能力。按照设备厂家提供的随机文件进行检查和维修保养,发现故障及时进行排除。当自动扶梯发生故障时,自动扶梯控制系统会产生停机错误代码,如图 2.166 所示。同时,在 OCC 控制室综合监控 HMI 上,会提示相关报警信息,如图 1.167 所示 。下面,就自动扶梯和人行步道常见的故障和处理过程简单的做一介绍。

图 2.166 自动扶梯停机错误代码

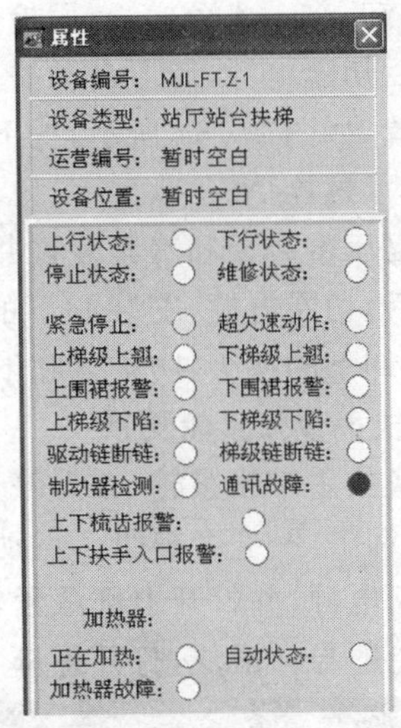

图 2.167 OCC 综合监控提示的报警信息

2.5.1 梯级故障

梯级是乘客乘梯的站立之处,是扶梯连续运行的部件。由于环境条件、人为因素、机件本身等原因造成的主要故障包括梯级跑偏、梯级刮围裙板、梯级运行各部位噪声、梯级运行过程中的震动和不平稳等故障。另外,梯级本身容易发生踏板齿折断、支架主轴孔处断裂、支架盖断裂、主轮脱胶等故障。下面,就梯级发生的各种故障的处理方法做简单介绍。

1. 梯级跑偏

梯级跑偏是梯级极易发生的故障，由于涉及梯级本身安装、梯级运行等环节，涉及的机械部件较多。梯级又连续处于不停地运行状态，因此，经常出现梯级刮梳齿板，梯级刮围裙板等故障。梯级跑偏或者梯级在运行时碰擦裙板，原因是多方面的，可能的原因包括：

(1)梯级在梯路上运行不水平、分支各个区段不水平；

(2)主辅轨、反轨、主辅轨支架安装不水平等；

(3)相邻两梯级间的间隙在梯级运行过程中应保持恒定；

(4)两导轨在水平方向平行不一致。

梯级故障的排除原则为首先调整主辅轨的全新导轨、反轨和支撑架，其次调整上分支主辅轮中心轨，然后调整上下分支导轨曲线区段相对位置。梯级跑偏故障处理方法如下：

1)梯级刮梳齿板

运行自动扶梯一周以上，在上下梳齿板处观察梯级是否刮梳齿，若有摩擦声说明梯级刮梳齿。造成梯级刮梳齿板的原因可能是梳齿板的原因，也可能是梯级梯路的问题。具体故障原因及处理方法如下：

(1)梳齿板偏移

可将梳齿板卸下，重新将梳齿板摆正后重新进行螺钉紧固，即可排除故障。

(2)个别梯级刮梳齿

调整方法为将扶梯下部踏板打开，插入检修盒，将刮梳齿的梯级做好记号并点动至下部折返处，将梯级向反方向微调，与上下梯级、梯级线对齐，将调好梯级点动至梳齿板处观察梳齿是否刮梯级，调整完毕将梯级点动回来并紧固，恢复并运行。

(3)所有梯级都刮梳齿

调整方法为打开前沿板左右的内盖板，通过前沿板滑轨的横向内六角螺栓 1，如图 2.168 所示，来调整顶丝来调整前沿板左右移动，将另一侧内六角螺栓也做相应的旋转，移动梳齿板使其在两梯级线中间，运行自动扶梯一周以上，观察梯级与梳齿啮合情况，无异常后将扶梯复原，恢复运行。

2)梯级刮围裙板

处理方法如图 2.169 所示，首先运行扶梯，确认发出声响的位置，停止电梯运行，拆下发出声响位置的内盖板，用叉口扳手松螺母 2，紧螺母 1，围裙板向 A 方向移动，使梯级与围裙板之间的缝隙增大，保证梯级与围裙板之间缝隙单侧不大于 4 mm，两侧之和不大于 7 mm。用叉口扳手松螺母 1，紧螺母 2，围裙板向 B 方向移动，使梯级与围裙板之间的缝隙减小，保证梯级与围裙板之间缝隙单侧不大于 4 mm，两侧之和不大于 7 mm。运行扶梯，观察声响是否还存在，若存在继续调整，

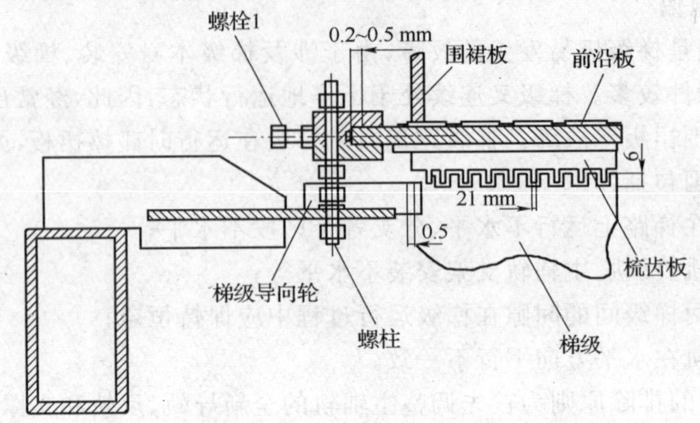

图 2.168 梯级与梳齿的调整

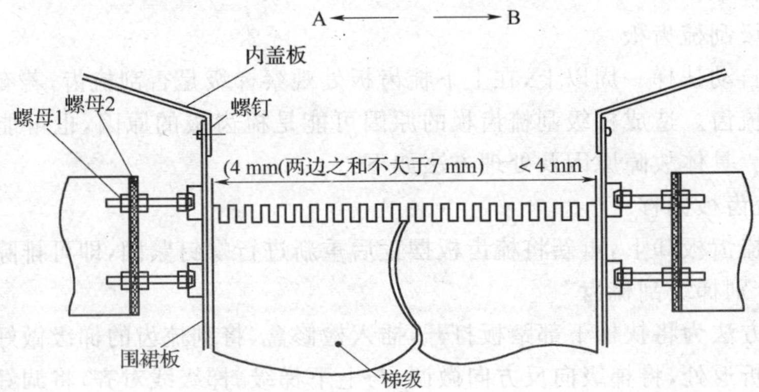

图 2.169 梯级刮围裙板

若不存在，将内盖板复原，恢复电梯运行。

2. 梯级运行各部位噪声

扶梯运行中出现的噪声有以下几个方面：

(1)梯级刮围裙板；

(2)梯级钩刮紧急导轨；

(3)梯级导轨有异物和导轨有台阶；

(4)梯级链条链轮有损；

(5)梯级链条涨紧不一；

(6)梯级固定螺丝不牢固；

调整方法如下：

(1)调整围裙板螺母，根据实际情况进行围裙板与梯级之间间隙的调整，保证梯级与围裙板之间缝隙单侧不大于 4 mm，两侧之和不大于 7 mm。

(2)将刮紧急导轨的梯级卸下，把梯级钩的角度适当改变；

(3)连续卸下 3～4 个梯级，检查导轨异物并清理；修磨导轨台阶处；

(4)链条轴有锈迹应及时清理掉，防止拉伸不开；链轮有损坏应及时更换；

(5)两条链条涨紧不一时，可调整涨紧装置达到两链条涨紧一致；

(6)紧固螺丝不牢固的梯级。

3. 梯级运行到转弯处出现台阶感

出现梯级运行到转弯处出现台阶感的故障时，应检查如下项目：

(1)运行的直线导轨变形或左右导轨不在同一个平面位置上；

(2)梯级链条与梯级轴缺油或梯级链左右拉伸不一致；

(3)主驱动链条位伸或大小链轮的位置偏差(不在同一个平面上)，引起运行跳动；

(4)导轨接缝处不平整，或有错位；导轨表面有积尘或污垢；

处理的步骤如下：

(1)校正导轨或予以调整；

(2)定期清除积尘或污垢，并上油予以润滑；

(3)校正驱动链条使其具有一定的涨紧度或更换已坏的链轮；

(4)调整、打磨、清洗、润滑。

4. 梯级运行位置不同而与围裙板的距离变化处理方法

首先打开踏板，卸下防护罩，插上检修盒，点动运行自动扶梯上、下行，观察梯级是否刮梳齿，如果梯级刮梳齿，依次对梯级和梳齿进行调整，保证梳齿与梯级均无刮碰并运行一周。

然后观察梯级与围裙板之间的间隙，用尖尺测量梯级与围裙板间隙单侧不大于 4 mm，两侧之和不大于 7 mm，对尺寸不符的位置进行调节，使梯级与围裙板尺寸符合要求，拔掉检修盒，安上防护罩，恢复踏板。

2.5.2　扶手装置故障

扶手装置的故障常发生在扶手驱动部。由于位置的限制，易发生轴承、链条、驱动带损坏。维护人员在常规检查时，应适度调节驱动链的松紧程度，直线压带式或者圆弧压带式的扶手带压簧不易过紧，各部分的转动轴承处应定期按要求添加润滑脂，保证良好的润滑。

扶手带长期运行，会发生伸长，通过安装在扶梯下端的调节机构把过长部分给吸收掉。扶手带进运行时，圆弧端处有时发出沙沙声，这是因为圆弧端的扶手支架内有一组轴承，此异常声往往是轴承损坏，应及时更换。常用故障排除方法有适度调整驱动链松紧度，调整压带簧松紧度，发现轴承链条驱动带损坏及时更换或修理。

另外，扶梯长期运行时，扶手带常发生掉沫现象。此时，应停止扶梯，扒开扶手带，观察扶手导轨端部槽内以及 180°轮群处槽内是否有细沫积存。

发生扶手带掉沫现象处理过程为首先进行检查，检查项目如下：

(1)观察扶手带运动是否偏心；

(2)扶手带与出入口橡胶是否有摩擦；

(3)扶手带出入口橡胶是否变形；

(4)扶手带出入口开关是否有动作迹象或者已经动作；

(5)用手压扶手带出入口橡胶，大约 2 kgf(千克力)的力，观察开关是否动作，松开手后出入口橡胶应该自动复位。

如果存在扶手带掉沫的现象，处理过程为打开摩擦轮处上方内盖板，观察扶梯上行时扶手带运行轨迹，查看摩擦轮是否切带，若切带调节导向轮群 H、F、G 三点(H 点适当加减垫片)，至轮群托轮水平，如图 2.170 所示。当扶手带刮出入口底部时，可调节托轮 I 至水平位置。除此以外，还可以调整扶手带导轨的水平度以及玻璃的垂直度。

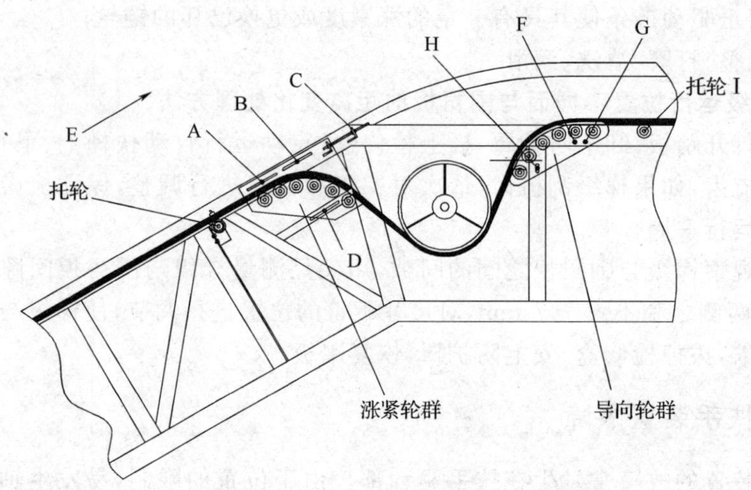

图 2.170　扶手带导向轮、托轮

2.5.3　曳引链的故障

曳引链是自动扶梯最大的受力部件，由于长期运行，磨损也相应较严重，主要故障包括的故障包括：

(1)润滑系统故障；

(2)曳引链严重磨损；

(3)曳引链严重伸长。

根据故障发生的类型，排除曳引链故障可以采取更换曳引链，调整曳引链的张紧装置，清除曳引链的灰尘等方法。

2.5.4　驱动装置的故障

驱动装置的常见故障包括驱动装置的异常响声和驱动装置的温升过快过高。造成驱动装置的异常响声的原因主要为电动机或者变速箱两端的轴承损坏造成。处理故障时，首先检查电动机两端轴承和减速机轴承，看轴承的运行状态和声响是否正常。如果声音或者运行状态异常，则及时更换，排除故障。

再有，需要检查变速箱传动蜗轮蜗杆磨损情况和减速器油量情况，如果传动蜗轮蜗杆磨损严重或者变速箱油量不足，都会在运行时也会发出异常的声响。

造成异常声响的原因还有可能是带式制动器制动电动机损坏，由于线圈内部短路烧坏造成的制动器单片失电、制动器的线圈和摩擦片间距调整不合适等原因。另外，驱动链条过松，运行时上下振动，也会产生严重的异常声响。

2.5.5　梳齿前沿板故障

扶梯运行时，梯级周而复始地从梳齿间出来进去，每小时载客 8 000～9 000 人次，梳齿杆极易损坏。另外，由于前沿板表面有乘客鞋底带入的泥沙，梳齿的齿与梯级的齿槽相啮合不好，当有异物卡入时易产生变形、断裂等故障。

梳齿前沿板故障排除原则和方法为首先扶梯出入口应保持清洁，前沿板表面清洁无泥砂，梳齿板及扶梯出入口保证梳齿的啮合紧密。之后调整梳齿板、前沿板、梳齿与梯级的齿堵啮合尺寸。再调整前沿板与梯级踏板上表面的高度，调整梳齿板水平倾角和啮合深度。如果一块梳齿板上有 3 根齿或相邻 2 齿损坏，必须立即予以更换。

2.5.6　安全保护装置故障

自动扶梯安全保护装置故障主要有：

(1)曳引链过分伸长或断裂故障；

(2)梳齿异物保护装置故障；

(3)扶手带进入口安全保护装置故障；

(4)梯级下沉保护装置故障；

(5)驱动链断链保护装置故障；

(6)扶手带断带保护装置故障。

扶梯安全保护装置故障分析：

(1)当曳引链过分伸长或断裂时，曳引链条向后移动，行程开关动作后断电停机；

(2)梳齿板异物保护利用一套机构使拉杆向后移动从而使行程开关动作断电停机；

(3)扶手带进入口安全保护装置利用杠杆作用放大行程后触及行程开关从而达到停电；

(4)梯级下沉保护装置一旦发生故障，下沉部位碰到检测杆，使检测杆触动行程开关动作，断电停机；

(5)驱动链断链保护装置是通过双排套筒滚子皮带，使动力通过减速机再传递给驱动主轴(按规定提升高度超过 6 m 时应配置此装置)。当驱动链断裂后能使行程开关断电；

(6)扶手带断带保护装置，当扶手带没有经过大于 25 kN 拉力实验须设置此保护装置；扶手带通过驱动轮使之传动，一旦扶手带断裂，受扶手带压制的行程开关上的滚转向上摆动而达到停电停机。

安全保护装置故障排除方法：

(1)检查曳引链压簧，曳引链行程开关和曳引链条向后移动碰块。

(2)检查异物卡机构和异物卡行程开关。

(3)检查扶手带入口安全装置、如碰板、行程开关。

(4)检查梯级下沉装置，检查行程开关。

(5)检查驱动链保护装置、按规定调整。

(6)检查扶手断带保护装置。

2.5.7 噪声故障

噪声是衡量自动扶梯运行质量的重要标准之一，在正常运行的情况下振动噪声小，噪声一般 $\leqslant$ 65 dB。自动扶梯运行过程中出现的异常噪声故障的原因很多，归结起来大概主要有以下几点：

1)自动扶梯上下部的回转壁处

噪声特征为在自动扶梯上下部的前沿板处，能听到间断的“咚咚”声。处理的方法为检查回转壁导轨的接口是否平齐，沉头螺钉是否松动，弹性销是否脱落或未销上。

2)梯级与裙板撞击摩擦

噪声特征为在裙板与裙板(特别是上下弧段)的接口处有间断的“格格”响声。

处理的方法为把裙板与裙板的接口缝调整平齐，否则会撞坏梯级。

3）梯级导向块与裙板摩擦

噪声特征为裙板与梯级导向块摩擦发出“叽叽”声。处理的方法为调节裙板或调整错位梯级并在梯级导向块处加二硫化钼。

4）上下部扶手带笼头处的换向链

噪声特征为上下部扶手带笼头有连续的“吱吱”声，处理的方法为在上下部扶手带笼头处拆下扶手带和换向链，清除灰尘垃圾装好后，还是有吱吱声则应更换换向链。

5）梯级与梳齿板撞击摩擦

噪声特征为上下部梳齿板处有连续的“哧哧”声，且能看到梯级的齿或齿间有磨损的痕迹。处理的方法为调整梳齿板系统的高低与平整，使梯级踏板面至梳齿根的距离为3.8 mm～4 mm。

6）扶梯运行过程中梯级与上下梳齿板导向轮撞击摩擦

噪声特征为在自动扶梯上下部的梳齿板处，能听到间断的“突突”声，且能看到导向轮与梯级撞击。处理方法为调整压轨上的导向板，调节导向轮与梯级的间隙为0.5 mm。

7）梯级的梯级轮或链轮变形

噪声特征为自动扶梯运行过程中，在有载的情况下有均匀间断的“嘚嘚”声，且在该处站在梯级上能感觉到梯级振动。处理的方法为更换变形的梯级轮或链轮。

8）扶梯运行过程中梯级与导轨接口焊渣撞击摩擦

噪声特征为自动扶梯运行过程中，在导轨接口处能听到间断的“嘚嘚”声，且在该处在梯级上能感觉到梯级振动。处理的方法为拆开一到两个梯级，遥控检修盒慢行车，查找有明显摩擦痕的导轨接口焊渣后，磨平除渣。

9）扶梯运行过程中扶手带驱动链条（中间双排链）与链板摩擦

噪声特征为链条在金属薄板上拖行的声音，处理的方法为张紧链条或调整链板。

10）曳引机本身发出“嗡嗡”噪声

处理的方法为持续监测噪声，若超标则更换主机。

11）人行道踏板驱动链生锈

运行过程中链条关节处发出“吱吱”声，噪声特征为特定踏板链发出“吱吱”声噪声，且在转弯处尤为明显。处理的方法为链条除锈，加润滑油。

2.5.8　振动故障

自动扶梯运行过程中要求运行平稳、乘行舒适、振动噪声小、安全可靠，但是由于机械部件的运转出现问题，经常遇到自动扶梯运行过程中抖动。自动扶梯运行过程中出现的异常抖动和误停故障的原因很多，归结起来大概有以下几点：

1）扶手带驱动的双排链条过松

振动的特征为自动扶梯运行过程中在上下部弧段处扶手带抖动得激烈，且停机反方向开动时，扶手带运行比梯级运行滞后并且顿了一下。处理方法为张紧扶手带驱动的双排链条，即可排除故障。

2）驱动主机的双排驱动链条过松

振动的特征为自动扶梯运行过程中在上下部弧段处梯级和扶手带抖动得非常激烈，且停机反方向开动时，顿了一下才正常运行。处理的方法为张紧驱动主机的双排驱动链条，即可排除故障。

3）梯级链条过松

抖动的特征为自动扶梯运行过程中在整个有载区抖动，且停机反方向开动时，顿了一下才继而抖动运行，并且伴随着咣咣声音。处理的方法为适当张紧梯级链条，即可排除故障。

4）扶手带未张紧

抖动特征为自动扶梯向下运行过程中在上下部弧段处扶手带抖动得非常激烈，且停机反方向运行时正常运行。处理的方法为适当张紧扶手带，即可排除故障。

5）导轨上有焊渣或异物

导轨上有焊渣或异物也可以造成扶梯运行过程中的振动，处理的方法为清洁导轨，即可排除故障。

6）其他原因引起振动

人行道踏板与导向轮冲击也可以造成振动。另外，扶梯振动大多与链条过松有关，有时链条过松同时会导致扶梯的噪声和振动。

2.5.9 不正常停梯

自动扶梯运行过程中出现误停故障的原因主要需要检查控制系统的错误码显示，根据所显示的错误代码来查阅相关的维护手册，确定停机原因，并着手进行处理。检查处理的主要内容包括：

（1）检查电源电压是否稳定，测量电源电压值是否在 380 VAC ± 7 %的正常范围内。

（2）检测控制系统的 PLC 是否损坏，包括 CPU 模块和 I/O 接口模块，根据模块指示灯状态确定其工作状态。

（3）检查变频器的工作状态是否正常，通过变频器面板查询变频器状态是否正常。

(4)检测安全监测回路的接近开关是否损坏,损坏的接近开关的绿灯不亮。

(5)检测电动机转速是否稳定,检查电源线是否松动。

(6)检查安装在工作制动器上的脉冲接收器(接近开关)和磁头感应块是否错位或松动,其之间的垂直间隙是否过大,调正和拧紧接近开关,使其与磁头感应块之间的垂直间隙 4.5 mm 距离。

(7)看热继电器电流是否正确,一般 8 kW 的电机额定电流为 21 A,热继电器电流调至 23 A,11 kW 的电机额定电流为 28.9 A,热继电器电流调至 31 A,15 kW的电机额定电流为 39.5 A,热继电器电流调至 42 A。

第 3 章　地铁车站垂直电梯

3.1　地铁车站垂直电梯概述

垂直电梯(lift elevator)是指服务于规定楼层的固定式升降设备。它具有一个轿厢,运行在至少两列垂直的或倾斜角小于 15° 的刚性导轨之间。轿厢尺寸与结构型式便于乘客出入或装卸货物。习惯上不论其驱动方式如何,将垂直电梯作为建筑物内垂直交通运输工具的总称。

地铁车站为了方便残疾或者行动不便乘客的需求,在车站地面至站厅层或者站厅层的付费区到站台层都设置了垂直电梯。目前,新修建的地铁车站一般都配置若干台垂直电梯。如图 3.1 所示为北京某车站地面至站厅层非付费区的垂直电梯,图 3.2 为上海地铁某车站站厅层至站台层设置的垂直电梯。地铁车站垂直电梯的符号如图 3.3 所示。

图 3.1　车站地面至站厅层设置的垂直电梯

图 3.2　上海地铁某车站站厅层至站台层设置的垂直电梯

垂直电梯按照有无机房可以分为有机房垂直电梯和无机房垂直电梯。目前,由于地铁车站垂直运行空间有限,因此所使用的垂直电梯一般都是无机房的垂直电梯。典型的无机房垂直电梯如图 3.4 所示。无机房电梯是电梯领域的重大技术创新,它突破了传统电梯必须设置机房的前提,从而为现代建筑有限空间提供了无限的创造可能,带来了巨大的经济利益。在保护环境、减少能耗、节约建筑面积、提高设计自由度等方面有着显著的优势。与同

图 3.3　地铁车站垂直电梯符号

等载质量有机房电梯相比较,节约电能40%,节约建筑面积10%以上。无机房电梯不是简单的将电梯的机房去掉,而是电梯设计观念上的变革和进步。无机房电梯的应用,节省了建筑物的空间,减少了建筑成本。省掉建筑物顶端的机房给建筑物的外观设计带来更大的灵活性。更重要的是随之应用的一些新技术、新部件,使电梯的性能进一步提高,更加节省能源,更加环保。无机房电梯是电梯工业的一个重要的发展方向。

图3.4 无机房垂直电梯

3.1.1 垂直电梯驱动方式

垂直电梯的驱动方式包括卷筒式驱动和曳引轮式驱动电梯两种类型。卷筒式驱动垂直电梯如图3.5所示,卷筒式驱动带有一个沉重的钢卷筒,曳引钢丝绳或电缆绕在卷筒上,由电机驱动。电梯上升,缆绳绕在卷筒上。电梯下降,缆绳释放。从经济上来说,卷筒式驱动有一些严重的缺点:

(1)由于卷筒的尺寸局限,因此曳引绳的长度和电梯可提升的高度是有限的。

(2)电机必须提供足够的动力来提升电梯自身轿厢、曳引绳及乘客或有效载荷。

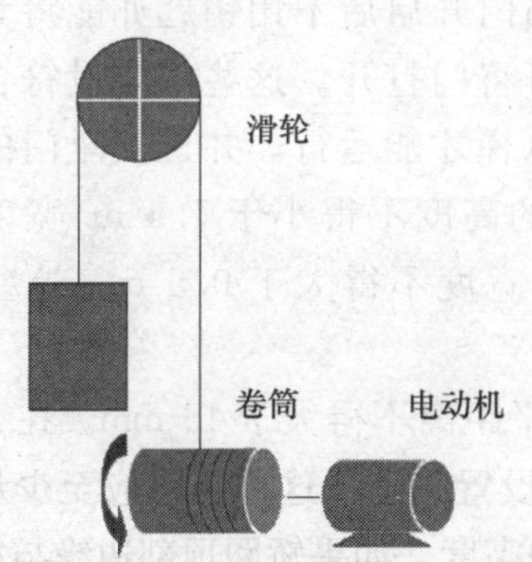

图3.5 卷筒式驱动垂直电梯

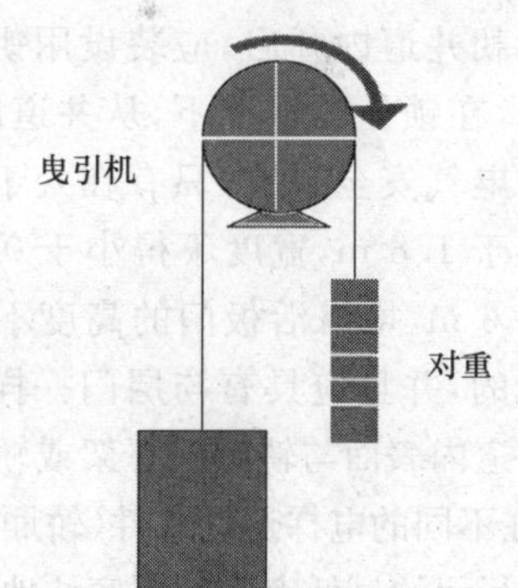

图3.6 曳引轮式垂直电梯

曳引轮式电梯曳引绳在曳引轮上传递,轿厢悬挂在绳的一端,对重悬挂在绳的另一端。如图3.6所示。对重平衡轿厢和乘客的质量。曳引轮提供牵引动力。与卷筒式驱动电梯相比,曳引轮式电梯具有一定的优势。首先,其运行并不限于卷筒的尺寸。因为对重是拉在曳引绳对应的末端,曳引机不需要提升轿厢和乘客或有效载荷的总质量，它也可以节省能量消耗。

3.1.2 垂直电梯的工作条件

电梯的工作条件是使电梯正常运行的环境条件。如果实际工作环境与标准的工作条件不符，电梯难于正常运行，可能使故障率增加，缩短使用寿命。因此特殊环境使用的电梯在订货时就应提出特殊的使用条件，制造厂将依据所提出的使用条件进行设计制造。国家标准 GB/T 10058—1997《电梯技术条件》对电梯工作条件规定如下：

(1)海拔高度不超过 1 000 m；

(2)机房内的空气温度应保持在 5～40 ℃ 之间；

(3)运行地点的最湿月月平均相对湿度为 90%，同时该月月平均最低温度不高于 25 ℃；

(4)供电电压相对于额定电压波动应在 ±7 %的范围内；

(5)环境空气中不应含有腐蚀性和易燃性气体及导电尘埃存在。

3.1.3 对建筑物要求

每台电梯井道的结构要求均应由无孔的墙、底板和顶板完全封闭起来。电梯井道只允许有层门开口、检修门开口、火灾情况下排除气体及烟雾的排气孔、通风孔、与电梯机房和滑轮间之间的永久性开口。

当相邻两层门地坎间的距离大于 11 m 时，其间应设井道安全门。安全门要求不得朝井道内开启，应装设用钥匙开启的锁，当门开启后不用钥匙亦能将其关闭及锁住，在锁住的情况下，从井道内部不用钥匙可将门打开。这些门应设符合规范要求的电气安全装置，只有在处于关闭状态时，电梯才能运行。井道安全门的高度不得小于 1.8 m，宽度不得小于 0.35 m，检修门的高度不得小于 1.4 m，宽度不得小于 0.6 m，检修活板门的高度不得大于 0.5 m，宽度不得大于 0.5 m。这些门应是无孔的，并且应具有与层门一样的机械强度。

井道内表面与轿厢门框架或轿厢门之间的水平距离不得大于 15 mm。在井道的下部，在不同的电梯运动部件(轿厢或对重)之间应设置隔障。这种隔障应至少从轿厢或对重行程的最低点延伸到底坑地面以上 2.5 m 的高度。如果轿厢顶部边缘与相邻轿厢的运动部件(轿厢或对重)之间的水平距离小于 30 mm，隔障应延长贯穿整个井道的高度，并应超过其有效宽度。有效宽度是指不小于被保护运动部件(或其部分)的宽度加上每边各加 10 mm 后的宽度。井道应设永久性的电气照明，在维修期间，即使门全部关上，在轿顶或底坑地面以上 1 m 处的照度至少为 50 Lx 。特殊情况，若允许采用非封闭式井道，且周围又有足够的照明，可不设。井道照明应在井道最高和最低点 50 mm

以内各设一盏灯，中间最大每隔 7 m 设一盏灯。

如果轿厢或对重下面有人可能到达的空间存在，井道底坑的底面最小应按5 000 N/m的载荷设计，并且将对重缓冲器安装在一直延伸到坚固地面的实心桩墩上，或对重装设安全钳装置。底坑的底部应光滑平整，不得作为积水坑使用。在导轨、缓冲器、栅栏等安装竣工后，底坑不得漏水或渗水。如果底坑深度大于 2.5 m，且建筑物的布置允许，应设置底坑进口门。底坑进口门的要求与井道安全门相同。底坑的空间大小要求当轿厢完全压在它的缓冲器上时，应同时满足以下条件：

(1)底坑内应有足够的空间，该空间的大小以能放进一个不小于 500 mm×600 mm×1 000 mm 的矩形体为准，矩形体可以任何一个面着地。

(2)底坑底与轿厢最低部件之间的自由垂直距离(不包括本条下述部件)应不小于 500 mm，底坑底与导靴或滚轮安全钳锲块、护脚板或垂直滑动门的部件之间的自由垂直距离不得小于 100 mm。

底坑内除了必须安装缓冲器和安全钳等安全设备以外，还必须安装必要的电气设置，包括：

(1)底坑内应有红色双稳态的电梯停止开关，该开关用于停止电梯和使电梯保持停止状态。应安装在门的近旁，当人打开门进入底坑后能立即触及到。停止开关或其近旁应标出“停止”字样，在需要操作停止开关时，不会出现误操作。

(2)电源插座。插座应是 2P＋PE 型 250 V，如图 3.7 所示。

图 3.7　2P＋PE 型插座应

另外，当轿厢完全压在它的缓冲器上时，对重导轨长度应能提供不小于 $0.1+0.035\ V^2$(m)的进一步制导行程。当电梯的减速度被可靠地监控时，电梯额定速度 ≤4 m/s 时，轿厢导轨长度和对重导轨长度的进一步制导行程值可以减少到正常值的 1/2，当电梯额定速度大于 4 m/s 时，轿厢导轨长度和对重导轨长度的进一步制导行程值可以减少到正常值的 1/3。但无论哪种情况，此值均不得小于 25 mm。对具有补偿绳并带补偿绳张紧轮及防跳装置(制动或锁闭装置)的电梯，计算间距时，$0.035\ V^2$ 这个值可用张紧轮可能的移动量(随使用的绕法而定)，再加上轿厢行程的1/500来代替，考虑到钢丝绳的弹性，替代的最小值为 20 mm。

轿厢上方应有足够的空间，该空间的大小以能放进一个不小于 500 mm × 600 mm × 800 mm 的矩形体为准，可以任何一个面朝下放置。对于用曳引绳直接系住的电梯(1:1 绕法)，要求曳引绳中心线距矩形体的一个垂直面的距离不超过 15 mm，悬挂曳引绳和它的连接装置可以包括在这个空间内。

3.1.4 机房(滑轮间)空间的要求

垂直电梯的机房应是一个用实体的材料制成的墙壁、房顶、门和地面封闭起来的安装电梯驱动主机及其附属设置的一个专用房间。机房的空间应足够大，以允许维修人员安全和容易地接近所有部件，特别是电气设备。

为了对各运动件进行维修和检查，在必要地点以及需要进行人工紧急操作的地方，如手动紧急操作，要有一块不小于 500 mm × 600 mm 的水平净空面积。通往这些净空场地的通道宽度应不小于 500 mm。对于没有运动件的地方，此值可减少到 400 mm。供活动和工作场地的净高度在任何情况下应不小于 1.8 m。电梯驱动主机旋转部件的上方应有不小于 300 mm 的垂直净空距离。

机房或滑轮间不得作为电梯以外的其他用途，也不得设置不是电梯用的槽、电缆、管道等。滑轮间应设置红色、双稳态、能防止误操作的停止开关。只有经过批准的人员才能被允许触及电梯驱动主机及其附属设备和滑轮，因此机房应设门，门上应加锁，并标上“机房重地，闲人免进”字样。机房门窗应防风雨。

为保护电动机、设备以及电缆等尽可能免受灰尘、有害气体和潮气的损害，机房必须通风，从建筑物其他部分抽出的陈腐空气不得排入机房内。机房内的环境温度应保持在 5～40 ℃之间，微机控制的电梯的机房宜设置空调设备，以保证满足上述对温度的要求。

机房照明应是固定式电气照明，地表面上的照度不小于 200 Lx。照明电源应与电梯驱动主机电源分开，可通过另外的电路或通过与主电源供电侧相连的方法获得照明电源，开关应设在机房内靠近入口处。室内应设置一个或多个电源插座，2P＋PE 型或安全电压供电。

为了便于在安装或需要更新设备时吊运设备，在房顶板或横梁的适当位置上应装备一个或多个金属支架或吊钩。

通向机房、滑轮间的通道应畅通安全，在任何时候都能安全方便地使用。通道应设永久性的电气照明，亮度不低于 50 Lx。人员进入机房和滑轮间的通道应优先考虑全部采用楼梯，如果不能安装楼梯，梯子的踏板应能承受 1 500 N 的力，梯子的高度不应超过 4 m。

3.1.5 无机房垂直电梯

进入 90 年代开始，世界各大电梯公司纷纷研制出无机房垂直电梯，地铁车站由于其特殊的地理环境，自开始设计安装垂直电梯开始，就以无机房的垂直电梯作为首选电梯设备。其驱动部分设置包括以下几种方式：

1)主机上置式

这种布置方式中，主机放在井道顶层轿厢和电梯井道壁之间的空间，为了使控制柜和主机之间的连线足够短，一般将控制柜放在顶层的厅门旁边，这样也便于检修和维护。

2)主机下置式

主机放在井道的底坑部分，放在底坑轿厢和对重之间的投影空间上，控制柜一般采取壁挂形式。这种放置方式给检修和维护也提供了方便。

3)主机放在轿厢上

主机放在轿厢的顶部，控制柜放在轿厢侧面，这种布置方式，随行电缆的数量比较多。

4)主机和控制柜放在井道侧壁的开孔空间内

这种方式对主机和控制柜的尺寸无特殊要求，但是要求开孔部份的建筑要有足够厚度，并要留有检修门。

几种无机房电梯井道布置示意图如下，图 3.8 为驱动主机上置式，图 3.9 为驱动主机下置式，图 3.10 为驱动主机置于轿厢顶式。

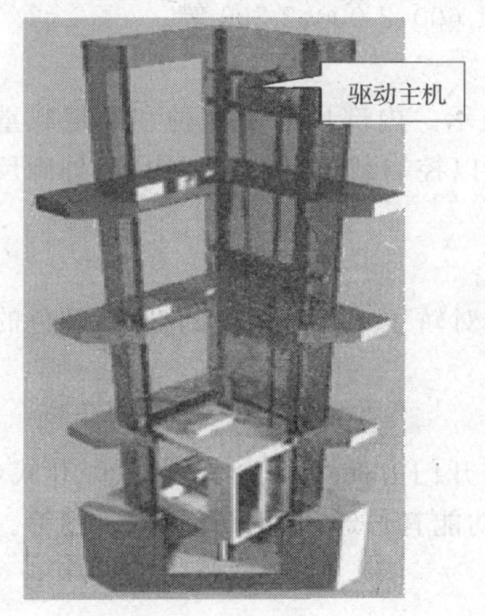

图 3.8　主机上置式

图 3.9　主机下置式

无机房垂直电梯省去了传统的电梯机房，一般情况下将电梯驱动主机和控制系统以及一些其他的部件统统放到了井道中，相应的对电梯的主机和控制系统提出了一些特殊的要求。

1. 对主机的要求

1)结构紧凑,功率密度高,适于安装在井道内。

2)噪声低,振动小,运行平稳舒适。

3)平均无故障时间长。

4)高效率,维护费用少,运行成本低。

5)价格低。

2. 对电梯控制系统的要求

1)结构紧凑,体积小,便于安装。

2)抗干扰,安全余量大。

3)检修方便。

4)省电高效。

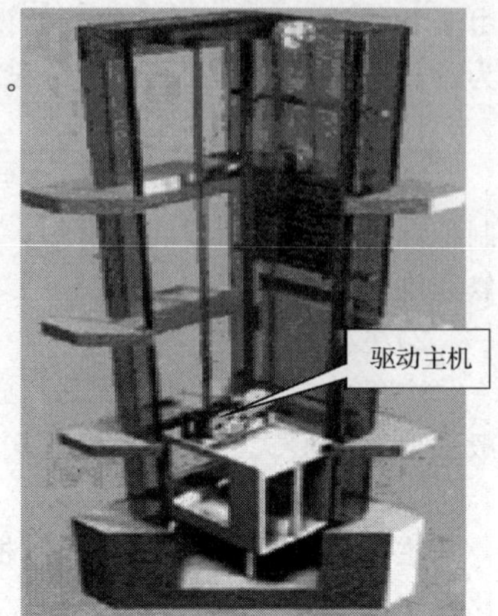

图 3.10 主机置于轿厢顶

3.1.6 主要技术参数

1)额定载重量(kg)

额定载重量单位为千克(kg),是指保证电梯正常运行的允许载重量。这是制造厂家设计制造电梯及用户选择电梯的主要依据,也是安全使用电梯的主要参数。对于乘客电梯常用乘客人数(一般按 75 kg/人)这一参数表示。电梯载重量主要有以下几种(kg):400、630、800、1 000、1 250、1 600、2 000、2 500 等。

2)轿厢尺寸(mm)

指轿厢内部尺寸和外廊尺寸,以深×宽表示。内部尺寸由梯种和额定载重量(或乘客人数)确定,它也是司梯人员应掌握用以控制载重量的主要内容,外廊尺寸关系到井道的设计。

3)轿厢形式

有单或双面开门及其他特殊要求等,以及对轿顶、轿底、轿壁的处理,颜色的选择,对电风扇、电话的要求等。

4)厅、轿门的型式

厅、轿门的型式指电梯门的结构型式。按开门方向可分为中分式、旁开式(侧开式)、直分式(上下开启)等几种。按材质和功能有普通门、消防门、双折门等。按门的控制方式有手动开关门和自动开关门等。

5)开门宽度(mm)

开门宽度是指轿厢门和厅门完全开启的净宽度。

6)开门方向

人在厅外面对厅门,门向左方向的为左开门,门向右方向开启的为右开门,两扇门分别向左右两边开启者为中开门,也称为中分门。

7)曳引方式

常用的有半绕1:1吊索法,轿厢的运行速度等于钢丝的运行速度。半绕2:1吊索法,轿厢的运行速度等于钢丝运行速度的一半。全绕1:1吊索法,轿厢的运行速度等于钢丝的运行速度。

8)额定速度(m/s)

额定速度是指电梯设计所规定的轿厢运行速度,单位为m/s,是设计制造和选用电梯的主要依据。常见有以下几种:0.63、1.06、1.60、1.75、2.50、4.00 m/s等。

9)拖动方式:

拖动方式是指电梯采用的动力驱动类型,可分为交流电力拖动,直流电力拖动、液压拖动等。

10)控制方式

控制方式是指对电梯运行实行操纵的方式,可分为手柄控制、按钮控制、信号控制、单梯集选控制、并联控制、梯群控制等。

11)停层站数(站)

停层站数是指凡在建筑物内各层楼用于出入轿厢的地点均称为站。

12)提升高度(mm)

提升高度是指由底层端站楼面至层顶端站楼面之间的垂直距离。

13)顶层高度(mm)

顶层高度是指由顶层端站楼面至机房楼板或隔音层楼板下最突出构件之的垂直距离。电梯的运行速度越快,顶层高度一般越高。

14)底坑深度(mm)

底坑深度是指由层底端站楼面至井道底面之间的垂直距离。电梯的运行速度越快,底坑一般越深。

15)井道深度(mm)

井道深度是指由井道底面至机房楼房或隔音层楼房板下最突出构件之间的垂直距离。

16)井道尺寸(mm)

井道尺寸是指井道的宽×深。

3.2 地铁车站垂直电梯的机械及电气系统

垂直电梯是机电一体化产品,有机房垂直电梯按照空间使用位置可以分为4个部分,如图3.11所示,分别是用于安装垂直电梯主要控制设备的机房;用于垂直电梯进行垂直运动空间即井道；用于运载乘客或货物的空间即轿厢和用于乘客或货物出入轿厢的地点即楼层的各层站。

机房内的主要部件通常有主机、控制柜、限速器等。

井道内的主要部件通常有轿厢及安装在轿厢上面的轿门、轿顶轮、导靴、安全钳、悬挂装置、随行电缆等附件，对重装置及安装在对重装置上面的导靴、悬挂装置等设施，层门及安装在其上面的如门锁、地坎等附属设施。底坑内的主要部件通常有缓冲器、对重侧护栏、限速绳张紧装置、补偿绳张紧装置等。

与有机房垂直电梯相对应，无机房电梯如图 3.12 所示，按照空间使用位置可以分为 3 个部分，分别是用于垂直电梯进行垂直运动空间即井道；用于运载乘客或货物的空间即轿厢和用于乘客或货物出入轿厢的地点即楼层的各层站。

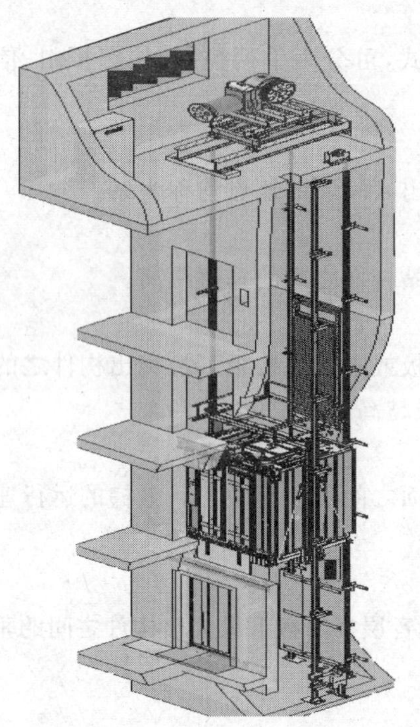

图 3.11　有机房垂直电梯

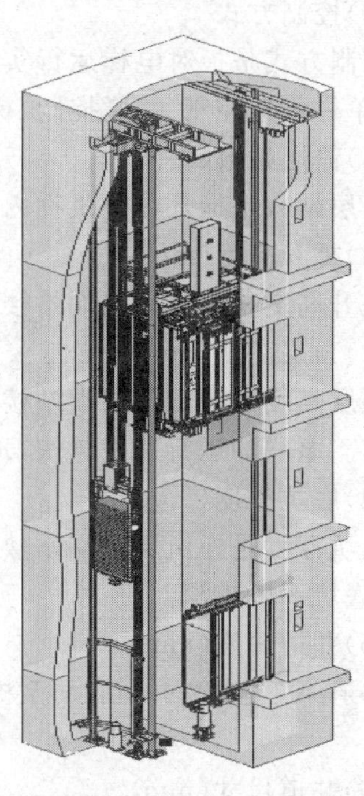

图 3.12　无机房垂直电梯

从垂直电梯各构成部分功能上看，可分为提升系统、电气系统、信号系统、门系统、安全系统和控制系统。提升系统包括曳引系统、导向系统、轿厢系统、质量平衡系统四个部分，电气系统驱动装置、控制装置和位置检测装置三个部分，信号系统则包括按钮、位置显示、轿厢操作箱和层站召唤 4 个部分，门系统则包括门传动机构、门驱动机构、轿厢门、层站门 4 个部分。

3.2.1 提升系统构成

1. 曳引系统

提升系统包括所有涉及垂直电梯实际运行的部件。曳引系统的作用是向电梯输送与传递动力，使电梯运行。主要由曳引机、曳引钢丝绳、补偿装置、轿厢、对重、导轨、安全钳、限速器和缓冲器等组成，这些部件是电梯运行的核心部分。

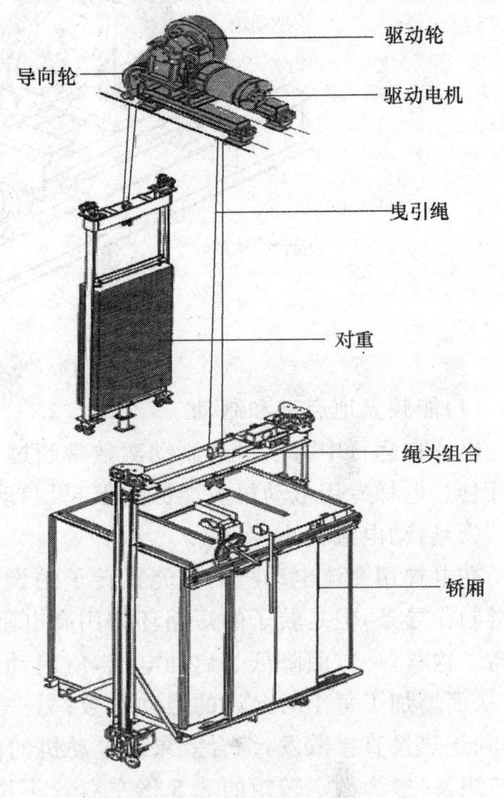

图 3.13 曳引驱动系统

曳引式电梯曳引驱动系统如图 3.13 所示。安装在机房的电动机与减速箱、制动器等组成曳引机，是曳引驱动的动力。曳引钢丝绳通过曳引轮一端连接轿厢，一端连接对重装置。为使井道中的轿厢与对重各自沿井道中导轨运行而不相蹭，曳引机上放置一导向轮使二者分开。轿厢与对重装置的重力使曳引钢丝绳压紧在曳引轮槽内产生摩擦力。这样，电动机转动带动曳引轮转动，驱动钢丝绳，拖动轿厢和对重作相对运动。即轿厢上升，对重下降；对重上升，轿厢下降。于是，轿厢在井道中沿导轨上、下往复运行，电梯执行垂直运送任务。

1）曳引机

曳引机是电梯的动力设备，又称电梯主机。其功能是输送与传递动力使电梯运行。它由驱动电动机、制动器、联轴器、减速箱、曳引轮、机架和导向轮及附属盘车手轮等组成。导向轮一般装在机架或机架下的承重梁上。盘车手轮有的固定在电机轴上，也有平时挂在附近墙上，使用时再套在电机轴上，如图 3.14 所示。

按照电动机与曳引轮之间有无减速箱可分为有齿轮曳引机和无齿轮曳引机。

曳引机通常位于一个单独的机房。机房的位置可设于井道顶端的上面、井道底部或井道外的一侧。现在有些类型的曳引机很小，可以采用无机房形式，安装在井道里。

电梯的曳引电动机有交流电动机和直流电动机，曳引电动机是驱动电梯上下运行的动力源。根据电梯的工作性质，电梯曳引电动机应具有以下特点：

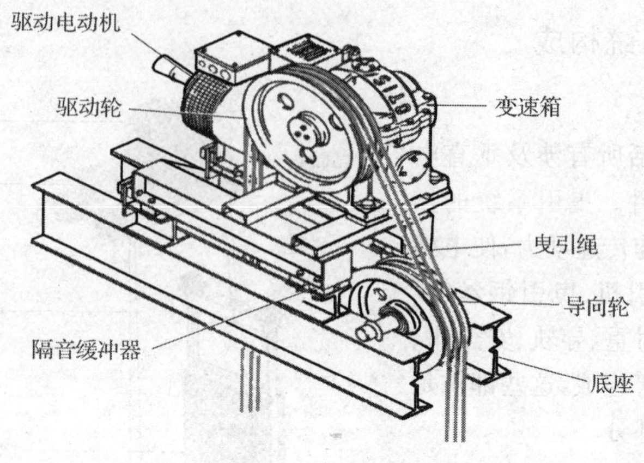

图 3.14　曳引机

(1)能频繁地启动和制动

电梯在运行中每小时起制动次数常超过 100 次，最高可达到每小时 180～240 次，因此，电梯专用电动机应能够频繁起、制动，其工作方式为断续周期性工作制。

(2)启动电流较小

在电梯用交流电动机的鼠笼式转子的设计与制造上，虽然仍采用低电阻系数材料制作导条，但是转子的短路环却用高电阻系数材料制作，使转子绕组电阻有所提高。这样，一方面降低了启动电流，使启动电流降为额定电流的 2.5～3.5 倍左右，从而增加了每小时允许的启动次数；另一方面，由于只是转子短路端环电阻较大，利于热量直接散发，综合效果使电动机的温升有所下降。而且保证了足够的启动转矩，一般为额定转矩的 2.5 倍左右。不过，与普通交流电动机相比，其机械特性硬度和效率有所下降，转差率也提高到 0.1～0.2。机械特性变软，使调速范围增大，而且在堵转力矩下工作时，也不致烧毁电机。

(3)电动机运行噪声低

为了降低电动机运行噪声，采用滑动轴承。此外，适当加大定子铁芯的有效外径，并在定子铁芯冲片形状等方面均作合理处理，以减小磁通密度，从而降低电磁噪声。

曳引电动机的容量在初选和核算时，可用经验公式按静功率计算，即

$$P=\frac{(1-K)Qv}{102\eta}$$

式中　P——电动机功率(kW)；

K——电梯平衡系数，一般取 0.4～0.5；

Q——电梯额定载重量(kg)；

v——电梯额定速度(m/s)；

η——机械传动总效率。当蜗轮蜗杆副采用阿基米德齿形时，η 取 0.5～0.55，对于无齿轮曳引机 η 取 0.75～0.80。

一般选择电机的额定功率总是略大于计算值，因为还须考虑轿厢运行时产生的附加阻力(风阻、导轨摩擦阻力等)及满载轿厢启动等因素。

对于有齿轮曳引机电梯，其运行速度与曳引机的减速比、曳引轮绳槽节圆直径、曳引电动机转速之间的关系可以用以下公式计算：

$$v=\frac{\pi Dn}{60i_y i_j}$$

式中 v——电梯运行速度(m/s)；

D——曳引轮绳槽节圆直径(m)；

i_y——曳引比(曳引方式)；

i_j——减速箱减速比；

n——曳引电动机转速(r/min)。

曳引机主要参数及型号编制、技术要求等在国标 GB/T 13435—92《电梯曳引机》做出了规定。曳引机型号编制由类、组、型、特性、主参数和变型更新代号组成，如图 3.15 所示。

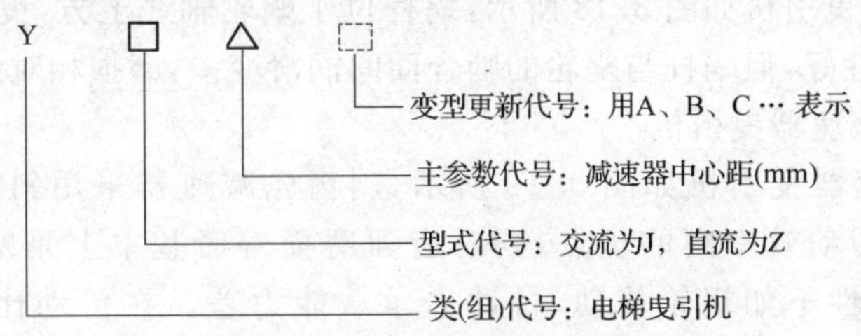

图 3.15 曳引机型号编制

曳引机基本参数包括以下内容：

① 曳引机额定速度(m/s)系列包括 0.63、1.00、1.25、1.60、2.00、2.50 等。

② 曳引机额定载重量(kg)系列包括 400、630、800、1 000、1 250、1 600、2 000、2 500 等。

③ 减速器中心距(mm)系列包括 125、160、(180)、200、(225)、250、(280)、315、(355)、400 等。括号中数值为不推荐使用。

(1)有齿轮曳引机

有齿轮曳引机如图 3.16 所示，有齿轮曳引机的减速箱具有降低电动机输出转速，提高输出力矩的作用。减速箱通常采用蜗轮蜗杆传动，也有用斜齿轮传动的形式，这种曳引机用的电动机有交流的，也有直流的，一般用于 2.5 m/s 以下的低中速电梯和高速电梯上。

有齿轮曳引机的变速方式有 3 种，分别是蜗轮蜗杆减速、行星齿轮减速、斜齿轮减速。

① 蜗杆下置式曳引机

蜗杆下置式曳引机如图 3.17 所示，蜗杆位于蜗轮轴线之下，具有蜗轮蜗杆啮合面润滑较好的优点，但对蜗杆两端在蜗杆箱支撑处的密封要求较高，容易出现蜗杆两端漏油的故障，同时曳引轮位置较高，不便于降低曳引机重心。

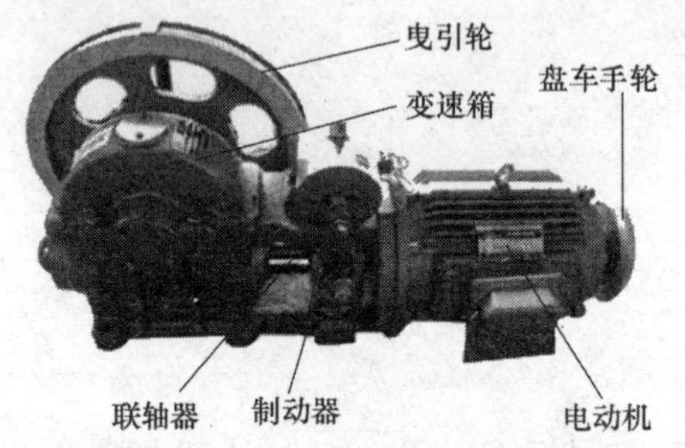

图 3.16 有齿轮曳引机的结构图

图 3.17 蜗杆下置式曳引机

② 蜗杆上置式曳引机

蜗杆上置式曳引机如图 3.18 所示，蜗杆位于蜗轮轴线上方，曳引机整体重心低，减速箱密封性好，但蜗杆与蜗轮的啮合面间润滑变差，磨损相对严重。

③ 斜齿轮减速器曳引机

斜齿轮减速器曳引机如图 3.19 所示，斜齿轮减速器采用斜齿轮传动。斜齿轮传动具有传动效率高的优点，同时齿面磨损寿命基本上是蜗轮蜗杆的 10 倍，但传动平稳性不如蜗轮传动，抗冲击承载能力差。在传动比较大情况下，需要采用多级齿轮传动。由于其成本较高，使用条件较严格，其推广使用受到限制。

图 3.18 蜗杆上置式曳引机

图 3.19 斜齿轮减速器曳引机

④ 行星齿轮减速器曳引机

行星齿轮减速器曳引机如图 3.20 所示，行星齿轮减速器具有结构紧凑、减速比大、噪声小、传动平稳性和抗冲击能力优于斜齿轮传动等优点，在交流拖动占主导地位的中高速电梯上具有广阔的发展前景。

(2)无齿轮曳引机

无齿轮曳引机即取消了齿轮减速器，将曳引电动机与曳引轮直接相连，中间位置安装制动器的曳引机。此类曳引机一般多用于轿厢运行速度大于2 m/s的高速电梯上，其曳引轮安装在曳引电动机轴上，没有机械减速装置，机构简单，如图3.21所示。无齿轮曳引机具有如下优点：

图3.20 行星齿轮减速器曳引机

制动电磁铁
曳引电动机
制动臂
制动蹄
底座
曳引轮

图3.21 无齿轮曳引机

① 高效节能、驱动系统动态性能优良。

② 没有齿轮传动时的功率损耗，机械效率高。

③ 低速直接驱动，故轴承噪声低，无风扇和齿轮传动噪声，噪声一般可降低5 ～10 dB，运转平稳可靠。

④ 无齿轮减速箱、无激磁绕组、体积小、质量轻，可实现小机房或无机房配置，降低了建筑成本，减少了保养维护工作量。

⑤使用寿命长、安全可靠、维护保养简单。

由于没有齿轮减速器的增扭作用，此类曳引机制动器工作时所需要的制动力矩比有齿轮曳引机大许多，所以无齿轮曳引机中体积最大的就是制动器。加之无齿轮曳引机多用于复绕式结构，所以曳引轮轴轴承的受力要远大于有齿轮曳引机，相应轴的直径也较大。

(3)永磁同步曳引机

这几年电梯行业中最新驱动技术就是永磁同步电动机调速系统，其体积小、节能、控制性能好、又容易做成低速直接驱动，消除齿轮减速装置，其低噪声、平层精度和舒适性都优于以前的驱动系统，适合在无机房电梯中使用。如图3.22，图3.23所示。永磁同步电动机驱动系统很快得到各大电梯公司青睐，与其配套的专用变频器系列产品已有多种牌号上市。可以预见，在调速驱动的场合，将会是永磁同步电动机的天下。

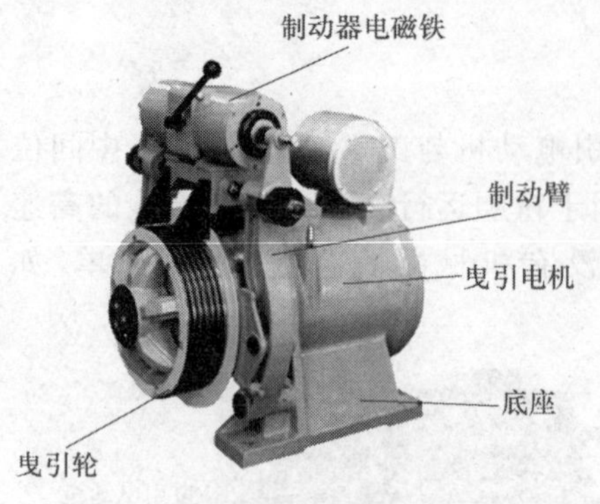

图 3.22　永磁同步曳引机

图 3.23　直流永磁无齿轮曳引机

永磁同步无齿轮曳引机特点如下：

① 整体成本较低，适应无机房电梯，降低建筑成本。

② 节约能源，永磁同步无齿轮曳引机采用了永磁材料，无励磁线圈和励磁电流消耗，使功率因数提高，与传统有齿轮曳引机相比能源消耗可以降低 40%左右。

③ 噪声低、无齿轮啮合噪声、无机械磨损、永磁同步无齿轮曳引机本身转速较低、噪声及振动小、整体噪声和振动得到明显改善。

④ 高性价比、无齿轮减速箱、结构简化、成本低、质量轻、传动效率高、运行成本低。

⑤ 安全可靠，该曳引机运行中若三相绕组短接，电动机可被反向拖动进入发电制动状态，产生足够大的制动力矩。

⑥ 永磁同步电动机启动电流小，无相位差，使电梯启动、加速和制动过程更加平顺，舒适性好。

2)减速器

减速器被用于有齿轮曳引机上，安装在曳引电动机转轴和曳引轮转轴之间，实现减速增扭作用。此减速箱多采用蜗轮蜗杆或齿轮减速结构。

(1)减速器种类与特点

① 蜗轮蜗杆减速器

蜗杆减速器如图 3.24 所示，蜗杆减速器是由带主动轴的蜗杆与安装在壳体轴承上带从动轴的蜗轮组成，其速比可在 18～120 范围内，蜗轮的齿数不少于 30，其传动效率较低，但其结构紧凑，外型尺寸小。其主要特点为传动比大、噪声小、传动平稳，而且当蜗轮

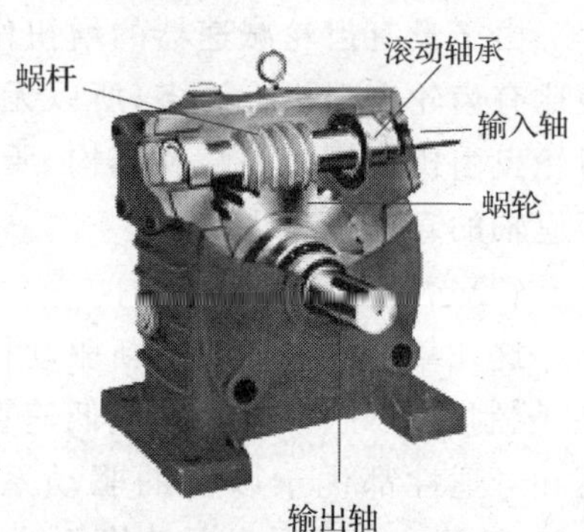

图 3.24　蜗杆减速器

传动蜗杆时，反向效率低，有一定的自锁能力，可以增加电梯制动的安全系数，增加电梯停车时的安全性。

上面提到的蜗杆、蜗轮的传动比也称为减速比。减速器工作时，蜗杆轴的转速与蜗轮轴的转速的比，称为减速器的减速比 $i_{减}$。由于蜗杆轴每转动一圈，蜗轮轴只转过蜗杆螺线数个齿，所以蜗杆减速器的减速比 $i_{减}$ 是由蜗轮的齿数 $Z_{轮}$ 与蜗杆的螺线数 $Z_{杆}$ 之比决定的，即

$$i_{减}=Z_{轮}/Z_{杆}$$

例如当蜗杆螺线数（也称头数）为 1，蜗轮的齿数为 40，那么其减速比为

$$i_{减}=40/1=40:1$$

也就是说当蜗杆轴每转动一圈，蜗轮轴只转过 1/40 圈（周），即蜗杆轴旋转 40 圈时，蜗轮轴才转过一圈（周），因为蜗杆轴与电动机连在一起，这样就能把电动机的转速经过减速器后其转速显然地从快速减下变为慢速。

例如当蜗杆螺线数（头数）为 2，蜗轮的齿数为 64，其减速比为

$$i_{减}=64/2=32:1$$

即蜗杆轴每转一圈，而蜗轮轴只转 1/32 圈。

减速器中的蜗杆与蜗轮的啮合外形如图 3.25 所示。

图 3.25　蜗杆与蜗轮啮合

在减速器内，凡蜗杆安装在蜗轮上面的称为蜗杆上置式。其特点是减速箱内蜗杆、蜗轮齿的啮合面不易进入杂物，安装维修方便，但润滑性较差。在减速器内，凡蜗杆置于蜗轮下面的称为蜗杆下置式。其特点是润滑性能好，但对减速器的密封要求高，否则很容易向外渗油。

良好的润滑能减小摩擦力，减小磨损，提高传动效率，延长机件的使用寿命，而且还能起到冷却、缓冲、减震、防锈等作用。对于减速器使用润滑油的质量等级与牌号，必须严格执行厂家使用手册的要求，当必须代用时则要向厂家咨询。

减速器对蜗轮蜗杆采用浸浴润滑方式，即在箱内加入润滑油。减速器注入的油量是关系到润滑是否正常的重要因素，一般对减速器注入的油量要求是当蜗杆在蜗轮下面时，注入减速器内的油，应保持在蜗杆中线以上，啮合面以下。当蜗杆在蜗轮上面时，蜗轮的浸入油的深度在两个齿高为宜。减速箱上均有油针或油镜，可用来检查注油量。对于油针，应使油面位于两条刻线之间，对于油镜，油应位于中线为宜。

蜗轮蜗杆减速器中使用的蜗杆，材料多用 20Cr、42SiMn 等，也有使用 40Cr 或 45＃等经锻打加工而成，蜗杆表面须经淬火或渗碳等硬化处理(硬度 HRC45 以上)，最后进行磨削加工。蜗轮轮缘材料选用具有低摩擦系数的磷青铜、锡青铜或铜锡镍合金，一般用硬模或离心浇铸而成；蜗杆齿面和蜗轮齿面的硬度差越大，蜗杆传动抗粘着磨损和抗磨料磨损的能力也越好，从而使温升降低，效率提高。

② 斜齿轮减速器

斜齿轮减速箱如图 3.26 所示，斜齿轮减速箱具有效率高、寿命长、发热少的特点，但外形尺寸较蜗轮减速箱大，结构不紧凑，工作时平稳性稍差，齿轮要求加工精度高，并且价格成本较高，所以使用推广受到限制。

图 3.26 斜齿轮减速箱

③ 行星齿轮减速器

行星齿轮减速器如图 3.27 所示，其具有减速比大、传动效率高、结构紧凑外形尺寸小的特点，体积不足普通齿轮减速器的一半，质量轻，但同时也有制造精度要求高，加工成本大等缺点，目前在无机房电梯有较多使用。

3)制动器

制动器是电梯的一个重要安全部件，对主转动轴起制动作用，能使工作中的电机停止运行。当电梯停止或一旦出现严重故障时用它停止轿厢运动或保持电梯停在某一楼层。该系统应是一个机电式制动器，当主电路断电和控制电路断电时，制动器必须动作，使电梯停止。切断制动器电路，至少应由两个独立的电气装置来控制。当给制动器通电时，制动器应打开；当给制动器断电时，制动器应闭合，以确保电梯的安全。

图 3.27 行星齿轮减速器

制动器是保证电梯安全运行的基本装置，对电梯制动器的要求是能产生足够的制动力矩，而且制动力矩大小应与曳引机转向无关。制动时对曳引电动机的轴和减速箱的蜗杆轴不应产生附加载荷。当制动器松闸或制动时，要求平稳，而且能满足频繁起、制动的工作要求。制动器应有足够的刚性和强度，制动带有较高的耐磨性和耐热性，结构简单、紧凑、易于调整。应有人工松闸装置，且噪声小。

制动器的作用是当电梯电源切断时自行动作，制动闸瓦抱住制动轮使电梯停止运行。制动时电梯减速度不大于安全钳制停轿厢或轿厢停止在缓冲器上所产生的减速度。能够保证在125%～150%的额定载荷情况下，保持电梯静止不动，并且再次启动之前不得打开。电梯运行中出现超速并达到限速器动作速度时，制动器首先动作，对制动轮实施制动，使电梯停止运行。

制动器工作特点是制动器通电时解除制动，电梯得以运行。当电梯动力电源或控制电源断电时，或电梯运行超限、超速、出现故障时立即制动，使电梯停止运行或不能启动。电梯在停电及事故发生时，制动器制动可靠。电梯正常运行时，制动器完全释放，制动闸瓦不得与制动轮发生任何接触。当电梯处于静止状态时，曳引电动机、电磁制动器的线圈中均无电流通过，这时因电磁铁芯间没有吸引力、制动瓦块在制动弹簧压力作用下，将制动轮抱紧，保证电机不旋转；当曳引电动机通电旋转的瞬间，制动电磁铁中的线圈同时通上电流，电磁铁芯迅速磁化吸合，带动制动臂使其制动弹簧受作用力，制动瓦块张开，与制动轮完全脱离，电梯得以运行；当电梯轿厢到达所需停站时，曳引电动机失电、制动电磁铁中的线圈也同时失电，电磁铁芯中的磁力迅速消失，铁芯在制动弹簧的作用下通过制动臂复位，使制动瓦块再次将制动轮抱住，电梯停止工作。制动器控制的基本要求如下：

① 当电梯动力电源失电或控制电路电源失电时，制动器能立即进行制动。

② 当轿厢载有125%额定载荷并以额定速度运行时，制动器应能使曳引机停止运转。

③ 电梯正常运行时，制动器应在持续通电情况下保持松开状态；断开制动器的释放电路后，电梯应无附加延迟地被有效制动。

④ 切断制动器的电流，至少应用两个独立的电气装置来实现。电梯停止时，如果其中一个接触器的主触点未打开，最迟到下一次运行方向改变时，应防止电梯再运行。

⑤ 装有手动盘车手轮的电梯曳引机，应能用手松开制动器并需要一持续力去保持其松开状态。

制动器安装在曳引电动机和减速器之间的连轴器靠近减速器一侧。如果是无齿轮曳引机，则制动器安装在电动机与曳引轮之间。其目的是只需较小的制动力距经减速器放大后，可将较重的轿厢制停，制动轮及制动器、闸瓦都可以减小体积和尺寸，同时靠近减速器一侧是保证当电动机与减速器间联轴器失效后仍能保证制动。

制动器多数采用具有两个制动闸瓦的外抱式结构，并且将所有向制动轮施加制动力的部件分为两组装设，必须保证当其中一组失效时，剩余一组仍能可靠、有效地对被制动轮实施制动，保证电梯运行的安全可靠。

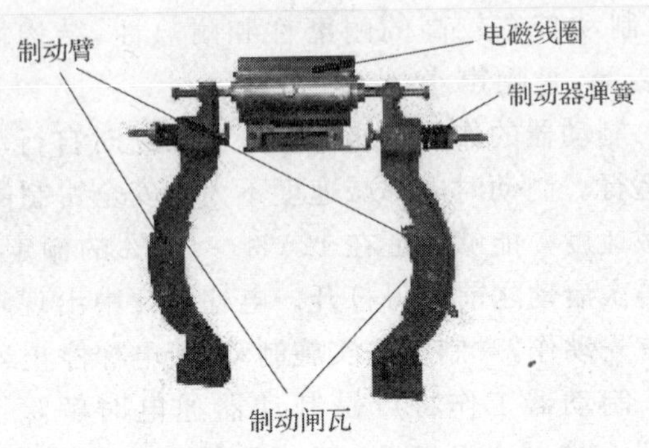

图 3.28　电磁制动器结构

制动器一般由制动轮、制动电磁铁、制动臂、制动闸瓦、制动器弹簧等组成，如图 3.28 所示。

根据制动轮的形状可以分为鼓式制动器和碟式制动器。鼓式制动器如图 3.29所示。

图 3.29　鼓式制动器

碟式制动器如图 3.30 所示。采用碟式制动器的曳引机是一种新型的结构，其制动元件为一个与曳引轮同轴安装的制动盘(碟)，制动蹄片则从盘两侧夹紧制动盘，产生摩擦力实施制动，

图 3.30　碟式制动器

根据电磁铁的位置可以分为卧式制动器和立式制动器。图 3.31 所示是另一种常见的卧式电磁制动器。闸瓦采用球面连接，因此无需设顶定螺钉；采用单条制动弹簧，调节方便。将弹簧螺栓转动 90°，可达到松闸目的。

图 3.32 所示为立式制动器。铁芯分为动铁芯和定铁芯，上部的是动铁芯。铁芯吸合时，动铁

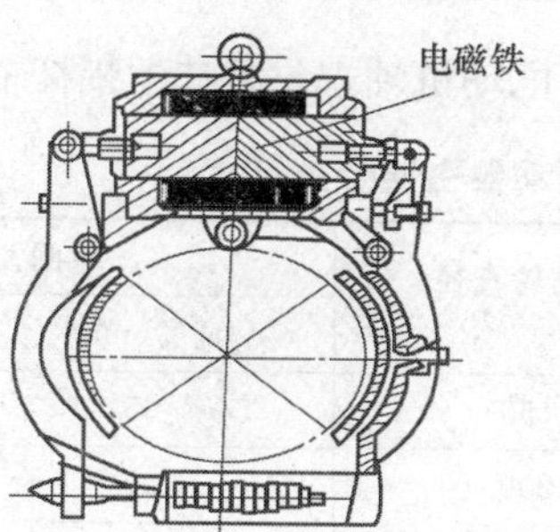

图 3.31　卧式制动器

芯向下运动，顶杆推动转臂转动，将两侧制动臂推开而达到松闸目的。

根据制动臂与制动轮的相互位置可以分为外抱式制动器和内涨式制动器。外抱式制动器为普遍型，如图 3.33 所示。

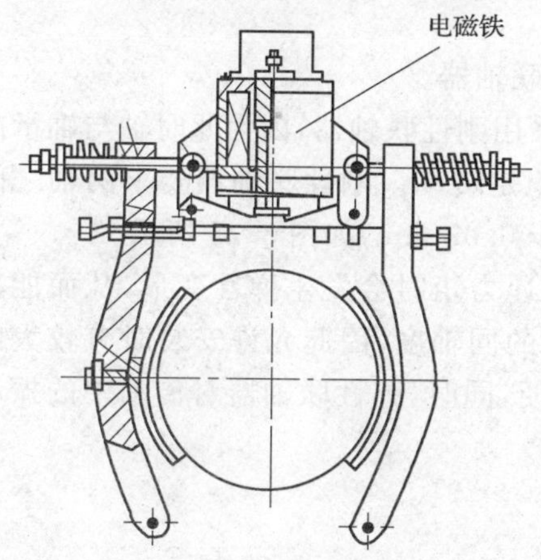

图 3.32　立式制动器

图 3.33　外抱式制动器

对于大型无齿轮曳引机，有时也会采用内涨式制动器，如图 3.34 所示。内涨式制动器的制动轮工作面是曳引轮的内圆柱面，它将制动电磁铁、制动臂、制动闸瓦、制动弹簧等装入制动滚筒的内部，当制动器工作时，制动闸瓦被制动弹簧作用从内向外涨开，将闸瓦涨紧在制动轮工作面上实施制动。

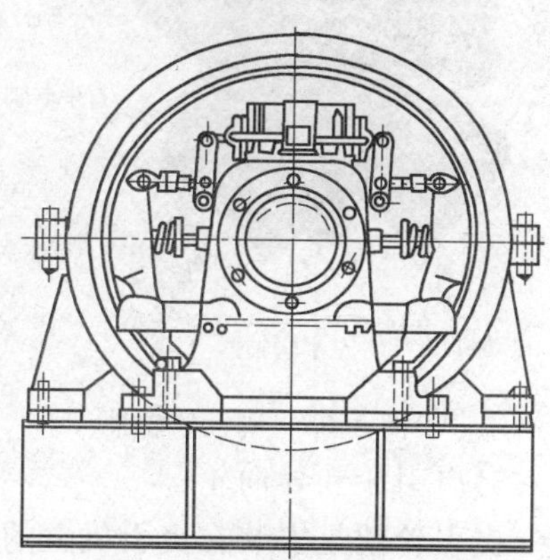

图 3.34　内涨式制动器

电磁制动器主要参数尺寸如表 3.1 所示。

4）联轴器

联轴器是连接曳引电动机轴与减速器蜗杆轴的装置，用以传递由一根轴延续到另一根轴上的扭矩，又是制动器装置的制动轮，在曳引电动机轴端与减速器蜗杆轴端的会合处。

表 3.1 电磁制动器主要参数尺寸

曳引机种类	电梯额定载质量(kg)	制动轮直径(mm)	闸瓦参数	
			宽度(mm)	圆弧角度
有齿轮曳引机	100～200	150	65	88°
	500	200	90	88°
	750～3 000	300	140	88°
无齿轮曳引机	1 000～1 500	840	200	88°

电动机轴与减速器蜗杆轴是在同一轴线上，当电动机旋转时带动蜗杆轴也旋转，但是两者是两个不同的部件，需要用合适的方法把它们连接在同一轴线上，保持一定要求的同轴度。

联轴器一般可以分为刚性联轴器和弹性联轴器。

对于蜗杆轴采用滑动轴承的结构，一般采用刚性联轴器，因为此时轴与轴承的配合间隙较大，刚性联轴器有助于蜗杆轴的稳定转动。刚性联轴器要求两轴之间有高度的同心度，在连接后不同心度不应大于 0.02 mm，如图 3.35 所示。

弹性联轴器由于联轴器中的橡胶块在传递力矩时会发生弹性变形，从而能在一定范围内自动调节电动机轴与蜗杆轴之间的同轴度，因此允许安装时有较大的同心度，允许偏差 0.1 mm，使安装与维修方便，同时，弹性联轴器对传动中的振动具有减缓作用，如图 3.36 所示。

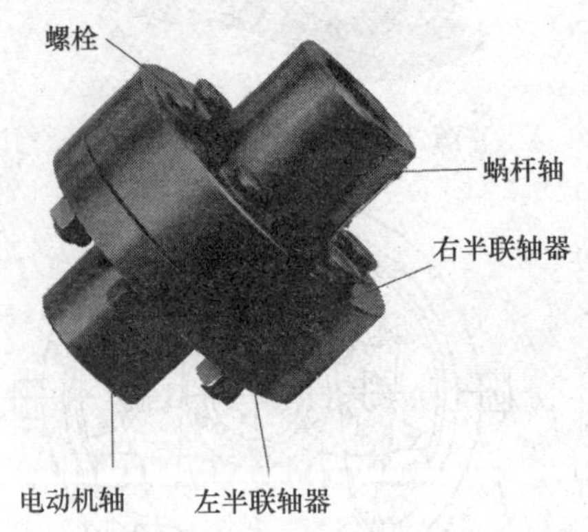

图 3.35 刚性联轴器

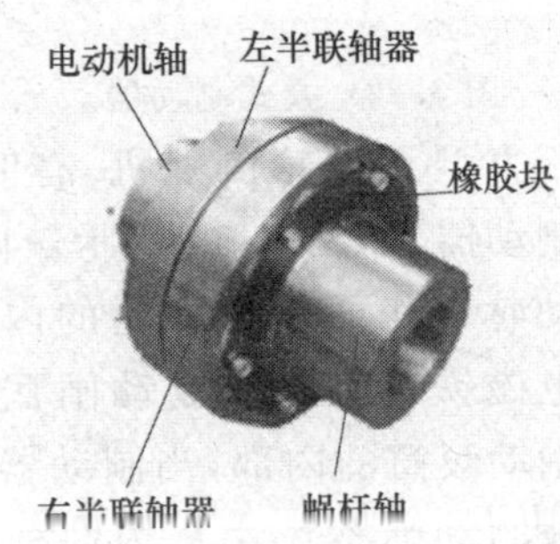

图 3.36 弹性联轴器

5)曳引轮和导向轮

曳引轮就是安装在曳引机上的轮，如图 3.37 所示。如果说曳引机的电动机为输入轮，则曳引轮为通过减速机构的输出轮。

图 3.37　曳引轮

曳引轮是曳引机上的绳轮，也称曳引绳轮或驱绳轮，是电梯传递曳引动力的装置，利用曳引钢丝绳与曳引轮缘上绳槽的摩擦力传递动力，装在减速器中的蜗轮轴上。如是无齿轮曳引机，装在制动器的旁侧，与电动机轴、制动器轴在同一轴线上。

由于曳引轮要承受轿厢、载质量、对重等装置的全部动静载荷，因此要求曳引轮强度大、韧性好、耐磨损、耐冲击，所以在材料上多用 QT60-2 球墨铸铁。为了减少曳引钢丝绳在曳引轮绳槽内的磨损，除了选择合适的绳槽槽型外，对绳槽的工作表面的粗糙度、硬度应有合理的要求。

根据国家标准 GB 7588—2003 的规定，曳引轮的直径要大于钢丝绳直径的 40 倍以上。在实际中，一般都取 45～55 倍，有时还大于 60 倍。因为为了减小曳引机体积增大，减速器的减速比增大，因此其直径大小应适宜。

曳引轮的构造型式整体上可以分成两部分，中间为轮筒（鼓），外面制成轮圈式，绳槽切削在轮圈上，外轮圈与内轮筒套装，并用铰制螺栓连接在一起成为一个曳引轮整体。其曳引轮的轴就是减速器内的蜗轮轴。

电梯的运行速度与曳引机减速比、电动机转速、曳引比、曳引轮直径等参数有关，通常按下式计算：

$$v_0=\frac{\pi DN}{60i_{曳}\ i_{减}}$$

式中　v_0——电梯轿厢运行速度（m/s）；

D——曳引轮育径（m）；

N——电动机转速（r/min）；

$i_{曳}$——曳引比；与曳引绳绕法有关；

$i_{减}$——曳引机减速器减速比。

导向轮就是为曳引绳导向的轮子，让钢丝绳分别连接轿厢和对重的两头引到其适当的位置，如图 3.38 所示。

图 3.38　导向轮

6)曳引钢丝绳

曳引钢丝绳也称曳引绳,电梯专用钢丝绳连接轿厢和对重,并靠曳引机驱动使轿厢升降。曳引钢丝绳绕在曳引轮上,在曳引机驱动曳引轮旋转时,靠曳引轮和曳引钢丝绳两者间的摩擦力带动曳引钢丝绳。它承载着轿厢、对重装置、额定载重量等质量的总和。曳引钢丝绳在机房穿绕曳引轮、导向轮,一端连接轿厢,另一端连接对重装置 。

电梯钢丝绳一般是圆形股状结构,如图 3.39 所示,主要由钢丝、绳股和绳芯组成。钢丝绳由钢丝捻成,钢丝是钢丝绳的基本强度单元,由含碳量为 0.4%～1% 的优质钢制成,为了防止脆性,材料中的硫、磷等杂质的含量不应大于 0.035%,钢丝绳直径有 ϕ6 mm、ϕ8 mm、ϕ11 mm、ϕ13 mm、ϕ16 mm、ϕ19 mm、ϕ22 mm 等几种规格。电梯用钢丝绳一般是 6 股和 8 股,绳股由钢丝捻成的每股绳直径相同的钢丝绳,股数多,疲劳强度就高,常见的钢丝绳绳股剖面图如图 3.40 所示。绳芯通常由纤维剑麻或聚烯烃类(聚丙烯或聚乙烯)的合成纤维制成,能起到支承和固定绳的作用,而且能储存润滑剂。

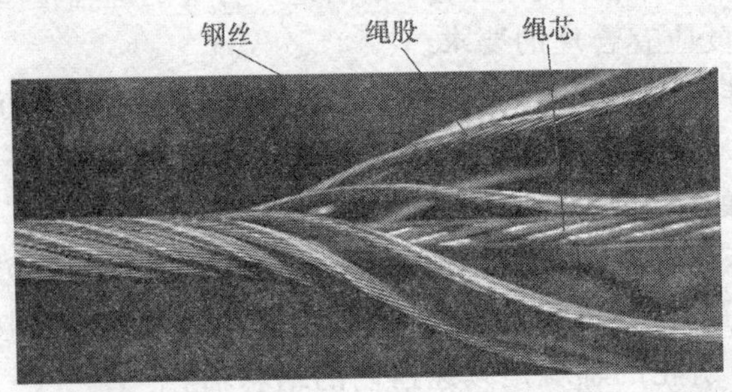

图 3.39 圆形股电梯用钢丝绳

GB 8903—2005《电梯用钢丝绳》中规定电梯使用的曳引钢丝绳一般是 6 股和 8 股,即 6×19S＋NF 钢丝绳和 8×19S＋NF 钢丝绳。

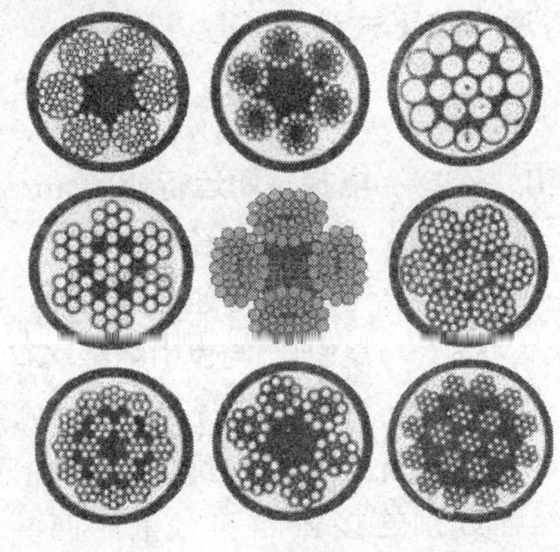

图 3.40 常见的钢丝绳绳股剖面图

6×19S＋NF 钢丝绳为 6 股,每股 3 层,外侧两层均为 9 根钢丝,内部为 1 根钢丝,如图 3.41 所示。6×19S＋NF 钢丝绳技术数据如表 3.2 所示。

8×19S＋NF 钢丝绳为 8 股,每股 3 层,外侧两层均为 9 根钢丝,内部为 1 根钢丝。如图 3.42 所示。8×19S＋NF 钢丝绳技术

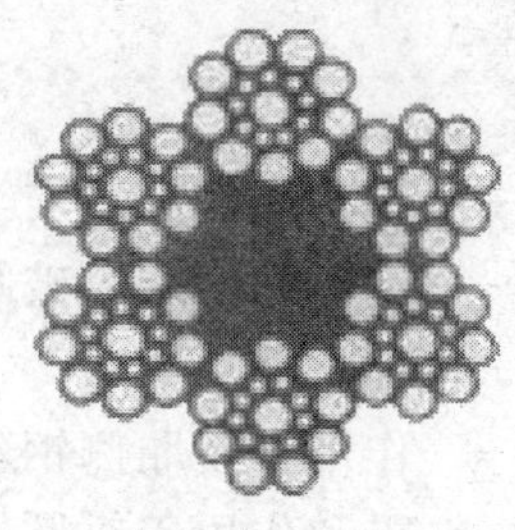

图 3.41　6×19S+NF 钢丝绳及剖面图

数据如表 3.3 所示。

表 3.2　6×19S+NF 钢丝绳技术数据

公称抗拉强度 单强度：1 570 N/mm²、1 770 N/mm²；双强度：1 370/1 770 N/mm²				
公称直径(mm)	近似质量(kg/100 m)纤维芯钢丝绳		钢丝绳最小破断载荷(kN)	
	天然纤维	人造纤维	单强度：1 570 N/ mm² 和 双强度：1 370/1 770 N/ mm² 均按 1 500 N/ mm2 单强度计算	单强度： 1 770 N/ mm²
6	13.0	12.7	17.8	21.0
8	23.1	22.5	31.7	37.4
10	36.1	35.8	49.5	58.4
11	43.7	42.6	59.9	70.7
13	61.0	59.5	83.7	98.7
16	92.4	90.1	127	150
19	130	127	179	211
22	175	170	240	283

注：钢丝绳最小破断载荷＝钢丝破断载荷总和×0.86。

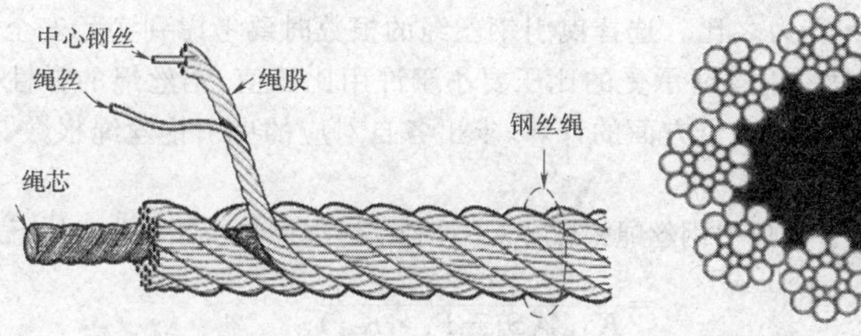

图 3.42　8×19S+NF 钢丝绳及剖面图

由于曳引绳在工作中受反复的弯曲，且在绳槽中承受很高的比压，并频繁承受电梯起、制动时的冲击。因此在强度、挠性及耐磨性方面，均有很高要求。从使用安全的角度看，曳引绳强度要求的内容还应加上对钢丝根数的要求，我国规定不少于 3 根。

对曳引钢丝绳的强度要求，体现在静载安全系数上，静载安全系数按照下式来计算。

$$K_{静}=\frac{Pn}{T}$$

式中 $K_{静}$——钢丝绳的静载安全系数；

P——钢丝绳的最小破断拉力(N)；

n——钢丝绳根数；

T——作用在轿厢侧钢丝绳上的最大静荷力(N)，等于轿厢自重、额定载重和作用于轿厢侧钢丝绳的最大自重的和。对于 $K_{静}$，我国规定大于 12。

表 3.3 8×19S+NF 钢丝绳技术数据

公称抗拉强度 单强度：1 570 N/mm²、1 770 N/mm²；双强度：1 370/1 770 N/mm²				
公称直径(mm)	近似质量(kg/100 m)纤维芯钢丝绳		钢丝绳最小破断载荷(kN)	
	天然纤维	人造纤维	单强度：1 570 N/ mm² 和 双强度：1 370/1 770 N/ mm² 均按 1 500 N/ mm² 单强度计算	单强度： 1 770 N/ mm²
8	22.2	21.7	28.1	33.2
10	34.7	33.9	44.0	51.9
11	42.0	41.0	53.2	62.8
13	58.6	57.3	74.3	87.6
16	88.8	86.8	113	133
19	125	122	159	187
22	168	164	213	251

注：钢丝绳最小破断载荷＝钢丝破断载荷总和×0.84。

$K_{静}$ 是根据标准规范确定的数值，表明在静载状态下，单根钢丝绳的破断拉力与单根钢丝绳实际受力之比。选择曳引钢丝绳的根数时要考虑到实际安全系数要大于规定的 $K_{静}$，曳引钢丝绳承受的比压要小于许用比压值，钢丝绳的弹性伸长要小于规定值。根据上述三个方面的计算，求出各自对应的曳引钢丝绳根数，取其中最大值使用。

按照安全系数计算曳引钢丝绳根数 n_1(不计补偿链绳影响)，计算公式如下式：

$$n_1=\frac{(G+Q)\times K_{静}}{K_u\times(S_0-P_1\cdot K_{静})}$$

式中 G——轿厢自重(N)；

Q——为额定载重(N)；

$K_{静}$——曳引钢丝绳静载安全系数；

K_u——与曳引系数有关的系数；曳引比为 1∶1时，$K_u=1$，曳引比为 2∶1时，$K_u=2$；

S_0——单根钢丝绳的破断拉力(N)；

P_1——轿厢在最底层站时，提升高度内单根钢丝绳的质量(N)。

由曳引轮绳槽比压计算曳引绳根数 n_2，计算公式如下式：

$$n_2=\frac{\omega(G+Q)}{K_u(dDP-P_1W)}$$

式中 P——曳引轮材料许用挤压应力(MPa)；

D——曳引轮绳槽节圆直径(mm)；

d——曳引钢丝绳直径(mm)；

ω——挤压系数；

W——补偿链的悬挂质量(N)。

对于半圆形槽，ω 挤压系数计算如下式：

$$\omega=\frac{8}{\pi}=2.55\ \text{rad/s}$$

对于半圆形带缺口槽，ω 挤压系数计算如下式：

$$\omega=\frac{8\cos(\beta/2)}{\varphi-\sin\varphi-\sin\beta}$$

当 $\varphi=\pi$ 时，

$$\omega=\frac{8\cos(\beta/2)}{\pi-\beta-\sin\varphi}$$

对于V形槽，当楔角 $\gamma=35°$ 时，$\omega=12$ rad/s，当楔角 $\gamma<35°$ 时，ω 挤压系数计算如下式：

$$\omega=\frac{4.5}{\sin(\gamma-2)}$$

根据曳引钢丝绳弹性伸长计算曳引绳根数 n_3，计算公式如下式：

$$n_3=\frac{124\ 900QH}{d^2K_uEL_yK_z}$$

式中 H——电梯提升高度(m)；

E——钢丝绳弹性模量，$E=80\ 000(\text{N/mm}^2)$；

L_y——曳引钢丝绳允许伸长量，当电梯停在底层站时，在静止状态下，轿内由空载到满载时，曳引绳的伸长量不超过20 mm，K_z 为钢丝绳填充系数，按照下式计算：

$$K_z=\frac{\sum s_d}{S_D}$$

其中 $\sum s_d$——每根钢丝截面积总和(mm²)；

S_D——钢丝绳截面积(mm²)。

根据以上参数计算出 n_1、n_2、n_3 后，选择其中较大值为选择钢丝绳根数的设计根数。

电梯在运行时，曳引钢丝绳与绳槽之间始终存在着一定的滑动，而产生摩擦，因此要求曳引钢丝绳必须有良好的耐磨性。钢丝绳的耐磨性与外层钢丝的粗度有很大关系，因此曳引绳多采用外粗式钢丝绳，外层钢丝的直径一般不少于 0.6 mm。

曳引钢丝绳主要规格参数包括钢丝绳公称直径，指绳外围最大直径。主要性能指标包括破断拉力及公称抗拉强度。破断拉力是指整条钢丝绳被拉断时的最大拉力，是钢丝绳中钢丝的组合抗拉能力，决定于钢丝绳的强度和绳中钢丝的填充率。破断拉力总和是指钢丝在未被缠绕前抗拉强度的总和。但钢丝绳一经缠绕成绳后，由于弯曲变形，使其抗拉强度有所下降，因此两者间关系有一定比例关系，其比例关系如下式：

$$\text{破断拉力}=\text{破断拉力总和}\times 0.85$$

钢丝绳公称抗拉强度是指单位钢丝绳截面积的抗拉能力，其计算公式如下式：

$$\text{钢丝绳公称抗拉强度}=\frac{\text{钢丝绳破断拉力总和}}{\text{钢丝绳截面积总和}}(\mathrm{N/mm})$$

良好的挠性能减少曳引钢丝绳在弯曲时的应力，有利于延长使用寿命，为此，曳引绳均采用纤维芯结构的双绕绳。

钢丝在绳股中的捻制方向(股捻向)分右捻和左捻两种方式，绳股在绳中(绳捻向)也有右捻和左捻两种方式，钢丝绳可分为以下种类，如图 3.32 所示。

绳股在绳中(绳捻向)右捻是指竖起观察钢丝绳，螺旋线从中心线左侧开始向上、向右旋转。绳股在绳中(绳捻向)左捻是指螺旋线从中心线右侧开始向上，向左旋转。

捻法指股捻向与绳捻向相互搭配的方法，有交互捻和同向捻之分。交互捻是指股捻向与绳捻向相反，又称逆捻。交互捻绳由于绳与股的扭转趋势相反，相互抵消，不易松散，在使用中没有扭转打结趋势，因此可用于悬挂的场合。

同向捻是指股捻向与绳捻向相同，又称顺捻。同向捻绳的耐磨性、挠性比交互捻绳好，但有扭转趋势，容易打结，且易松散，因此通常用于两端等固定的场所，如牵引式运行小车的牵引绳。

不同捻向与捻法构成 4 种形式的钢丝绳，分别是右交互捻绳、左交互捻绳、右同向捻绳和左同向捻绳。如图 3.43 所示。电梯是以悬挂式使用钢丝绳的，因此必须使用交互捻绳，一般为右交互捻。

按 GB 8903—2005 规定，钢丝绳的标记方法如下：

图 3.43　钢丝绳捻法

(a)右交互捻；(b)左交互捻；(c)右同向捻；(d)左同向捻

结构为8×19西鲁式，天然纤维绳芯，直径13 mm，公称抗拉强度为1 370/1 770(1 500)N/mm²，双强度配制，捻制方法为右交互捻的电梯钢丝绳，标记为电梯钢丝绳：8×19S+NF-13-1500(双)右交 GB 8903—2005。

西鲁式又称外粗式钢丝绳，绳股以一根粗钢丝为中心，周围布以细钢丝，然后在两层钢丝间的沟槽中多布置一条粗钢丝，内外层钢丝数量相等，粗细不同。由于外层钢丝粗于内层，因此被称为外粗式。这种绳挠性较差，对弯曲的半径要求大，其优点是外粗耐磨性好。由于电梯要求钢丝绳具有高的耐磨性，因此在电梯上应用最广泛。我国电梯用钢丝绳常用西鲁式结构。钢丝绳结构除了西鲁式外，还有瓦林吞式和填充式。瓦林吞式是指外层包含粗细两种交替排列的钢丝，而且外层钢丝数是内层钢丝数的两倍的平行捻结构，如图3.44所示。填充式是指外层钢丝数是内层钢丝数的两倍，而且在两层钢丝间的间隙中有填充钢丝的平行捻股结构，如图3.45所示。

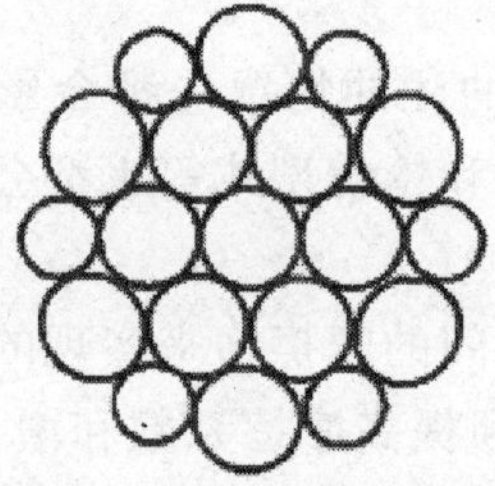

图3.44　瓦林吞式钢丝绳剖面图

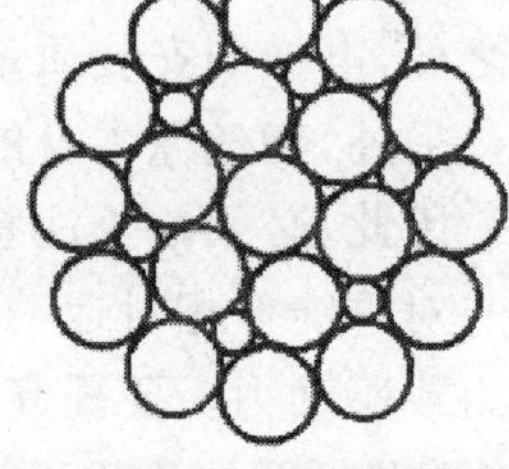

图3.45　填充式钢丝绳剖面图

为了确保曳引钢丝绳的安全性，对曳引钢丝绳根数与安全系数的规定如表3.4所示。

曳引轮绳槽节圆直径D与钢丝绳直径d之比的规定如表3.5所示。

表3.4　钢丝绳必须保证的安全系数

电梯类型	曳引绳根数	安全系数
客梯、货梯、医梯	≥4	≥12
杂物梯	≥22	≥210

表3.5　曳引轮绳槽节圆直径D与钢丝绳直径d之比

电梯额定速度(m/s)	D/d
≥2	≥45
＜2	≥540
≤00.5(杂物梯)	≥30

影响钢丝绳寿命与以下几个方面有关：

① 拉伸荷力

运行中的动态拉力对钢丝绳的寿命影响很大，同时各钢丝绳的荷载不均匀也是影响寿命的重要方面，如果钢丝绳中的拉伸荷载变化为20%时，则钢丝绳的寿命变化达30%～200%。

② 弯曲

电梯运行中，钢丝绳上上下下经历的弯曲次数是相当多的，由于弯曲应力是反复应力，将会引起钢丝绳的疲劳，影响寿命，而弯曲应力与曳引轮的直径成反比，所以曳引轮、反绳轮的直径不能小于钢丝绳直径的 40 倍。

③ 曳引轮槽型和材质

好的绳槽形状使钢丝绳在绳槽上有良好的接触，使钢丝产生最小的外部和内部压力，能延长使用寿命。另外，钢丝绳的压力与钢丝绳和绳槽的弹性模量有关，如绳槽采用较软的材料，则钢丝绳具有较长的寿命。但应注意的是，在外部钢丝绳应力降低的情况下，磨损将转向钢丝绳的内部。

④ 腐蚀

在不良的环境下，内部和外部的腐蚀会使钢丝绳的寿命显著降低、横截面减小，进而使钢丝绳磨损加剧。特别要注意的是麻质填料解体或水和尘埃渗透到钢丝绳内部而引起的腐蚀，对钢丝绳寿命影响更大。

除此之外，电梯的安装质量、维护好坏、钢丝绳的注油情况等都会影响到钢丝绳的寿命。另外，钢丝绳本身的性能指标、直径大小和捻绕型式等也都会影响钢丝绳的寿命。因此，必须给予注意。

轿厢与对重能作相对运动是靠曳引绳和曳引轮间的摩擦力来实现的。这种力就叫曳引力或驱动力。要提高电梯曳引能力，就必须提高摩擦系数和增大包角。

运行中电梯轿厢的载荷和轿厢的位置以及运行方向都在变化。为使电梯在各种情况下都有足够的曳引力，国家标准 GB 7588—1995《电梯制造与安装安全规范》规定：

曳引条件必须满足：

$$\frac{T_1}{T_2}\times C_1\times C_2\leqslant e^{fu}$$

式中 T_1/T_2——载有 125%额定载荷的轿厢位于最低层站及空轿厢位于最高层站的两种情况下，曳引轮两边的曳引绳较大静拉力与较小静拉力之比；

C_1——与加速度、减速度及电梯特殊安装情况有关的系数，一般称为动力系数或加速系数。C_1 用下式表示：

$$C_1=\frac{g+a}{g-a}$$

式中 g——重力加速度；

a——轿厢制动减速度。

C_2——由于磨损导致曳引轮槽断面变化的影响系数(对半圆或切口槽 $C_2=1$，对 V 型槽 $C_2=1.2$。

e^{fu}参数中，f 为曳引绳在曳引槽中的当量摩擦系数，u 为曳引绳在曳引导轮上的包角。e^{fu}称为曳引系数。它限定了 T_1/T_2 的比值，e^{fu}越大，则表明了 T_1/T_2 允许值和 T_1-T2 允许值越大，也就表明电梯曳引能力越大。因此，一台电梯的曳引系数代表了该台电梯的曳引能力。从而可以看出，曳引力与下述几个因素有关：

① 轿厢与对重的质量平衡系数

由于曳引力是轿厢与对重的重力共同通过曳引绳作用于曳引轮绳槽上产生的，对重是曳引绳与曳引轮绳槽产生摩擦力的必要条件。有了它，就易于使轿厢质量与有效载荷的质量保持平衡，这样也可以在电梯运行时，降低传动装置功率消耗。因此对重又称平衡重，相对于轿厢悬挂在曳引轮的另一端，起到平衡轿厢质量的作用。当轿厢侧质量与对重侧质量相等时，$T_1 = T_2$，若不考虑钢丝绳质量的变化，曳引机只需克服各种摩擦阻力就能轻松的运行。但实际上轿厢的质量随着货物(乘客)的变化而变化，因此固定的对重不可能在各种载荷下都完全平衡轿厢的质量。因此对重的轻重匹配将直接影响到曳引力和传动功率。为使电梯满载和空载情况下，其负载转矩绝对值基本相等，国标规定平衡系数 $K = 0.4 \sim 0.5$，即对重平衡 40%～50%额定载荷。故对重侧的总质量应等于轿厢自重加上 0.4～0.5 倍的额定载重量。此 0.4～0.5 即为平衡系数。当 $K=0.5$ 时，电梯在半载时，其负载转矩为零。轿厢与对重完全平衡，电梯处于最佳工作状态。而电梯负载自空载(空载)至额定载荷(满载)之间变化时，反映在曳引轮上的转矩变化只有±50%，减少了能量消耗，降低了曳引机的负担。

② 曳引轮绳槽形状与曳引轮材料当量摩擦系数

电梯运行的曳引力是依靠曳引绳与曳引轮绳槽之间的摩擦力产生的，因此曳引轮绳槽的形状直接关系到曳引力的大小和曳引绳的寿命。曳引轮绳槽的形状，

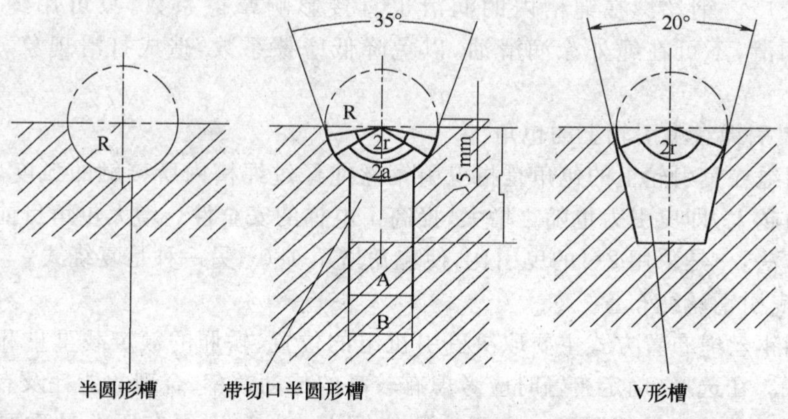

图 3.46　曳引轮绳槽形

常用有半圆槽、带切口的半圆槽(又称凹形槽)、V 形槽,如图 3.46 所示。

半圆槽的曳引轮与曳引绳接触面积大,曳引绳变形小,有利于延长曳引绳和曳引轮寿命。但这种绳槽的当量摩擦系数小,因此曳引能力低。为了提高曳引能力,必须用复绕曳引绳的方法,以增大曳引绳在曳引轮上的包角,它多用在全绕式高速无齿轮曳引机直流电梯上。半圆槽还广泛用于导向轮、轿顶轮、对重轮的绳槽。

V 型槽的曳引轮,在 V 形槽的两侧对曳引绳产生很大的挤压力,曳引绳与绳槽的接触面积小,接触面的单位压力(比压)大,曳引绳变形大,曳引绳与绳槽间具有较高的当量摩擦系数,可以获得很大的驱动力。但这种绳槽的槽形和曳引绳的磨损都较快,而且当槽形磨损,曳引绳中心下移时,槽形就接近带切口的半圆槽,当量摩擦系数很快下降。因此这种槽形的范围受到限制,只在轻载、低速电梯上应用。

带切口的半圆槽的曳引轮,它是在半圆槽的底部切制一条楔形槽,曳引绳与绳槽接触面积减小,比压增大,曳引绳在楔形槽处发生弹性变形,部分楔入沟槽中,使当量摩擦系数大为增加,一般为半圆槽的 1.5～2 倍,使曳引能力增加。这种槽形既使当最摩擦系数大,又使曳引绳磨损小,特别是当槽形磨损,曳引绳中心下移,由于预制的楔形槽的作用,使当量摩擦系数基本保持不变的优点,这种槽形在电梯曳引轮上应用最多。

曳引绳与曳引轮不同形状绳槽接触时,所产生的摩擦力是不同的,摩擦力越大则曳引力越大。半圆槽 f 最小,用于复绕式曳引轮。V 型轮 f 最大,并随着开口角的减小而增大,但同时磨损也增大,而对曳引绳磨损并卡绳。随着磨损会趋于半圆槽。半圆切口槽 f 介于二者之间,而其基本不随磨损而变化,目前应用较广。钢丝绳在绳槽内的润滑也直接影响摩擦系数,只可用绳内油芯的轻微润滑,不可在绳外涂润滑油,以免降低摩擦系数,造成打滑现象,降低曳引力。

③ 曳引绳在曳引轮上的包角

曳引绳在曳引轮上的包角是指曳引钢丝绳经过绳槽内所接触的弧度,包角越大摩擦力越大,即曳引力也随之增大,提高了电梯的安全性。增大包角目前主要采用两种方法,一是采用 2∶1的曳引比,使包角增至 180°,另一种是复绕式。

(1)曳引钢丝绳布置

曳引钢丝绳布置方式主要取决曳引机组的位置、轿厢的额定载重量和额定速度等条件。在选择、确定布置时应考虑有较高的传动效率、合理的能耗及有利于钢丝绳使用寿命的延长等因素。曳引比和绕绳方式是曳引绳布置的最重要的两个方面。

曳引比也称绕绳比，是指曳引轮的圆周速度(钢丝绳运动速度)与轿厢速度之比。曳引比也可以通过悬吊轿厢的钢丝绳根数与曳引轮轿厢侧下垂的钢丝绳根数之比来确定。对于曳引电梯来讲，其中常见的是单绕和复绕，钢丝绳的倍率(也称曳引比、绕绳比)为1、2、3、4，总体原则是应尽量减少绳轮数量、避免钢丝绳反向弯曲或扭曲。典型曳引比有两种，分别是1∶1和2∶1。1∶1曳引结构如图3.47所示，轿厢直接连接绳的一端，对重接绳的另一端。这意味着曳引轮转动直接转换到轿厢运动。

2∶1曳引结构如图3.48所示，轿厢移动只有曳引绳的一半。不过，曳引机现在只用一半的力来移动轿厢。电梯的有效承载能力提高一倍。

图3.47 曳引钢丝绳1∶1绕法的电梯　　图3.48 曳引钢丝绳2∶1绕法的电梯

绕绳方式改变了曳引轮和曳引绳间的接触面积和摩擦力。曳引绳挂在曳引轮和导向轮上且曳引绳对曳引轮的最大包角不大于180°，的绕绳方式称传统单绕。曳引绳绕曳引轮和导向轮一周后才被引向轿厢和对重的绕绳方式称为复绕。复绕方式增加了曳引绳在曳引轮上的包角。

(2)绳头组合

曳引钢丝绳端部与其他部件连接的装置称为端接装置，是钢丝绳绳头与有关构件间的过渡连接装置，也称为绳头组合(绳头组件)。

当钢丝绳的曳引比为1∶1时，钢丝绳的一端绳头固定在轿厢上梁绳头板上，另一端绳头与对重架绳头板连接。如采用2∶1绕法，钢丝绳的两端都必须引到机房，与机房上的固定支架的绳头板连接固定。绳头组合与钢丝绳接合处的机械强度至少能承受钢丝绳最小破断负荷的80%。其他情况时，钢丝绳必须绕过安装于轿厢架上梁(或轿厢架下梁)和对重架上的反绳轮。每根钢丝绳的悬挂必须是相互独立的。

绳头组合连接的方法有各种各样，最安全牢靠的方法是用合金固定方法巴氏合金填充的锥形套筒法，如图3.49所示，这种固定法能够使钢丝绳保持100%的断裂力。

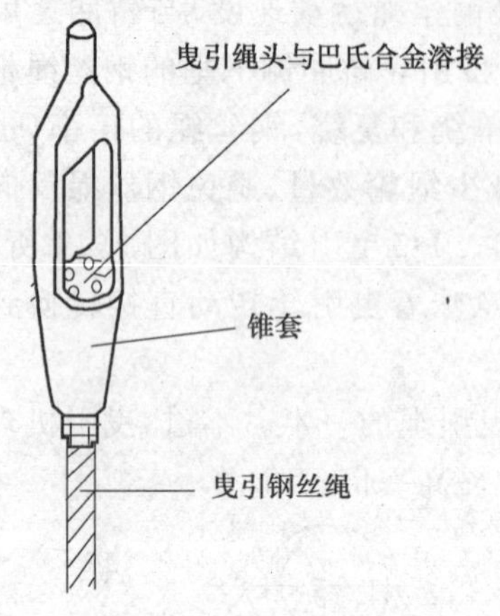

图 3.49 巴氏合金填充的锥形套筒法

图 3.50 巴氏合金

巴氏合金如图 3.50 所示，是一种低熔点合金，主要成分是锡、铅、锑等。对浇注巴氏合金固定曳引绳头，各电梯厂都制定有专门的操作规程，必须严格按规程操作，以免降低曳引绳端接部位的机械强度。

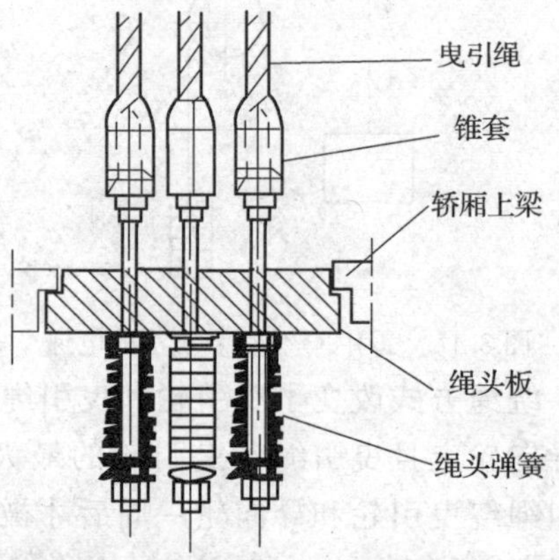

图 3.51 曳引绳头组合装置

绳头组合中的锥形套筒由铸钢制成，小端连接曳引绳头，几条曳引绳就得用几个绳头组合，套内浇注了巴氏合金，将绳头铸在锥套中，拉杆插入轿厢或对重架上梁的绳头板孔中，并套入弹簧，加设垫圈，用双螺母固定，并加上开口销，以防脱落。如图 3.51 所示。

另外一种绳头组合的方法是自锁楔形绳套固定法。如图 3.52 所示，由绳套和楔块组成。曳引钢丝绳绕过楔块套入绳套再将楔块拉紧，靠楔块与绳套内孔斜面

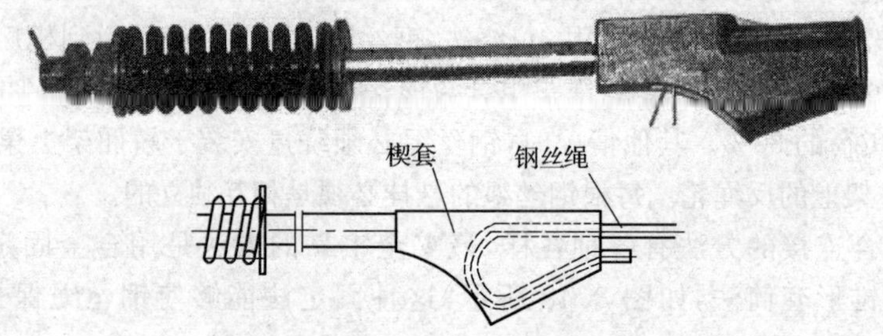

图 3.52 自锁楔形绳套固定法

的配合而自锁，并在曳引钢丝绳的拉力作用下拉紧。楔块下方设有开口锁孔，插入开口销以防止楔块松脱。

绳头组合的第3种典型的方法是绳夹固定法，绳夹固定法如图3.53所示，绳夹如图3.54所示，绳夹固定绳头非常方便，但须注意绳夹规格与钢丝绳直径的匹配及夹紧的程度。固定时必须使用3个以上的绳夹，且U形螺栓应卡在钢丝绳的短头。

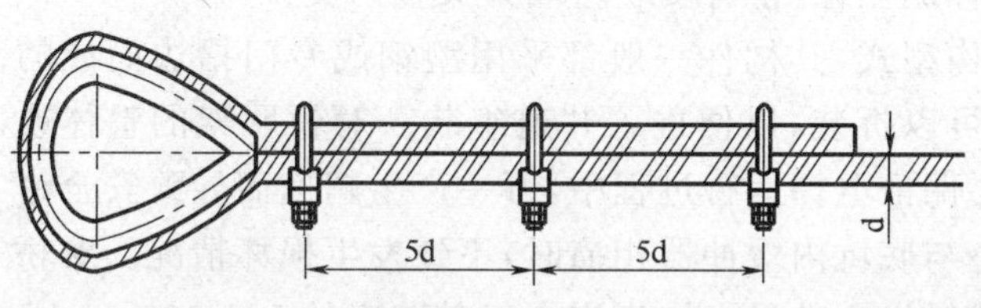

图3.53　绳夹固定法

图3.54　绳夹

钢丝绳绳头端接装置应可以方便地调整钢丝绳张力，具体方法是拧紧拉杆下端螺母，弹簧受压，钢丝绳中张力增大，绳被张紧，放松螺母则相反。

电梯在新安装时，应将曳引钢丝绳的张力调整一致，要求每根绳张力差小于5%，在电梯使用一段时间后，张力会发生一些变化，必须再按照上述方式进行调整。

7）轿厢

电梯轿厢是电梯的一部分，它运送乘客或其他负载。电梯轿厢也是乘坐舒适的一个重要因素。电梯轿厢把乘客与井道设备、曳引机隔离开来。轿厢隔绝了噪声和震动，在运行期间提供舒适的环境。由于在电梯轿厢安全地停在楼层以前门不能打开，故轿厢在正常运行时是密封的。无机房电梯中轿厢的位置如图3.55所示。

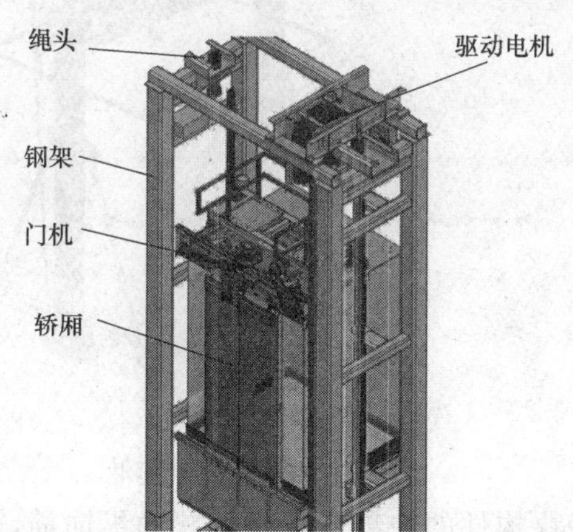

图3.55　无机房电梯轿厢的位置

(1)轿厢结构

轿厢一般由轿厢架、轿底、轿壁、轿顶等主要构件组成。

轿厢架是承重结构件,其钢材的强度和构架的结构,要求都很高,牢固性要好。如图 3.56 所示,是一个框形金属架,由上、下、立梁和斜拉杆组成。框架的材质选用槽钢或按要求压成的钢板,上、下、立梁之间一般采用螺栓连接。在上、下梁的四角有供安装轿厢导靴和安全钳的平板,在上梁中部下方有供安装轿顶轮或绳头组合装置的安装板,在立梁上(也称侧立柱)留有安装轿厢开关板的支架。

不论是哪一种轿厢架的结构型式,其构件一般都采用型钢或专门摺边而成的型材,通过搭接板用螺栓接合,可以拆装,以便进入井道组装。对轿厢架的整体或每个构件的强度要求都较高,要保证电梯运行过程中,万一产生超速而导致安全钳扎住导轨掣停轿厢,或轿厢下坠与底坑内缓冲器相撞时,不致发生损坏情况。对轿厢架的上梁、下梁还要求在受载时发生的最大挠度应小于其跨度的 1/1 000。

轿厢体形态像一个大箱子,由轿底、轿壁、轿顶及轿门等组成,

轿底框架采用规定型号及尺寸的槽钢和角钢焊成,并在上面铺设一层钢板或木板。为使之美观,常在钢板或木板之上再粘贴一层塑料地板,如图 3.57 所示。为了防止箱体振动,常采用框架式底梁,在底框与轿底之间加入 6～8 块专门制造的橡皮块。在轿底的前沿应设有轿门地坎及护脚板(挡板),以防人在层站将脚板插入轿厢底部造成挤压,护脚板的宽度与层站入口处一样,其高度至少为750 mm,且斜面向下延伸。

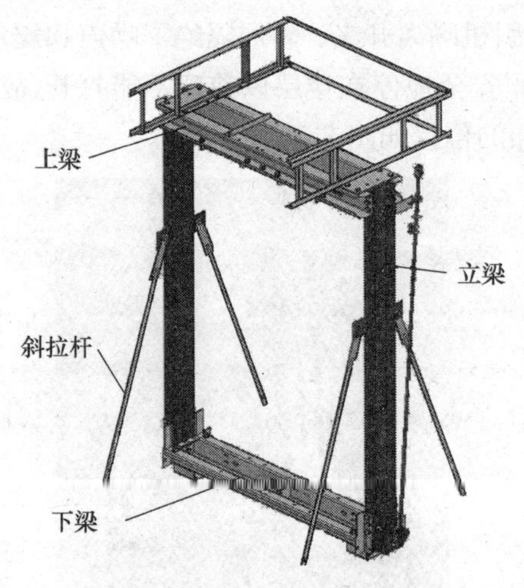

图 3.56 轿厢架

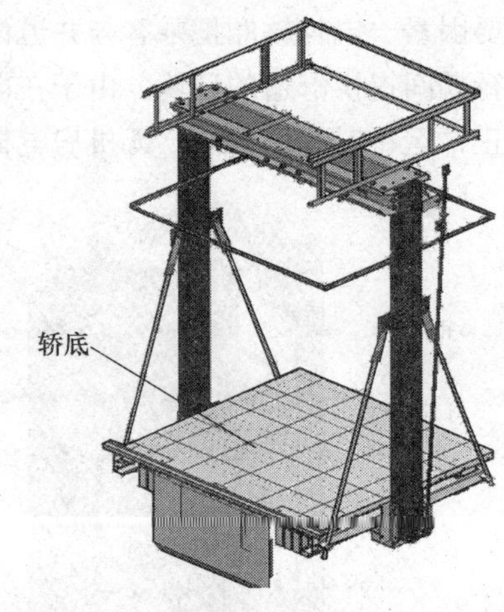

图 3.57 轿底

轿壁由几块薄钢板拼合而成。每块构件的中部有特殊形状的纵向筋,目的是增强轿壁的强度,并在每块物体的拼合接缝处,有装饰嵌条遮住。轿内壁板面上通

常贴有一层防火塑料板或采用具有图案、花纹的不锈钢薄板等，也有把轿壁填灰磨平后再喷漆的，如图 3.58 所示。轿壁间，以及轿壁与轿顶、轿底之间一般采用螺钉连接、紧固。

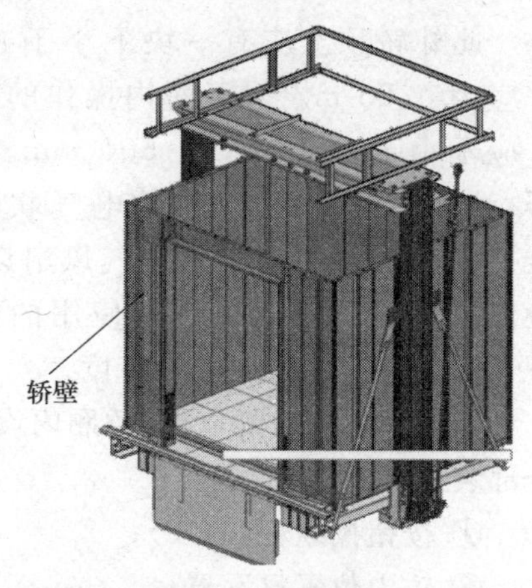

图 3.58　轿壁

为了保证使用安全，轿壁必须有足够的强度，我国电梯制造与安装安全规范规定，轿厢内任何部位垂直向外，在 50 mm^2 圆形或方形面积上，施加均匀分布的 300 N 力，其弹性变形不大于 15 mm，且无永久变形。

另外，在靠井道侧的轿壁上，为了减小振动和噪声，要粘吸振动隔音材料。为了增大轿壁阻尼，减小振动，通常在壁板后面粘贴夹层材料或涂上减振粘子。

当两台以上电梯共设在一个井道时，为了应急的需要，可在轿厢内侧壁上开设安全门。安全门只能向内开启，并装有限位开关，当门开启时，切断电路。门的宽度不小于 400 mm，高度不小于 1.5 m。

轿顶的结构与轿壁相似，要求能承受一定的载重(因电梯检修工有时需在轿顶上工作)，并有防护栏以及根据设计要求设置安全窗，如图 3.59 所示。有的轿顶下面装有装饰板，在装饰板的上面安装照明、风扇。

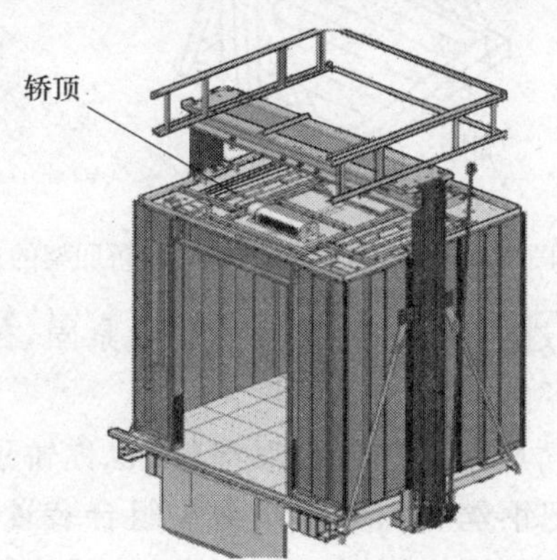

图 3.59　轿顶

由于在安装、检修和营救的需要，轿厢顶有时需要站人，我国有关技术标准规定，轿顶要能承受 3 个携带工具的检修人员(每人以 100 kg 计)时，其弯曲挠度应不大于跨度的 1/1 000。

此外轿顶上应有一块不小于 0.12 m^2 的站人用的净面积，其小边长度至少应为 0.25 m。对于轿内操作的轿厢，轿顶上应设置活板门，即安全窗，其尺寸应不小于 350 mm × 500 mm。该活板门应有手动锁紧装置，可向轿外打开，活板门打开后，电梯的电气联锁装置就断开，使轿厢无法开动，以保证安全。同时轿顶还应设置排气风扇以及检修开关、急停开关和电源插座，以供应检修人员在轿顶上工作时使用的需要。轿顶靠近对重的一面应设置防护拦杆，其高度不超过轿厢的高度。

根据不同用途的电梯，轿厢内设置要求也不同。一般轿厢内设有以下部分或全部装置：

① 按钮操纵箱(COP)；

② 轿内位置显示器；

③ 警铃；

④ 电话或对讲系统；

⑤ 通风设备；

⑥ 照明设备；

⑦ 到站提示。

(2)轿厢与曳引钢丝绳的连接方法

曳引式电梯的曳引钢丝绳在机房绕过曳引轮与导向轮后，一端和轿厢相连，另一端和对重相连，其连接的方式有二种。当曳引比为 1:1时，其连接方式如图 3.60 所示。

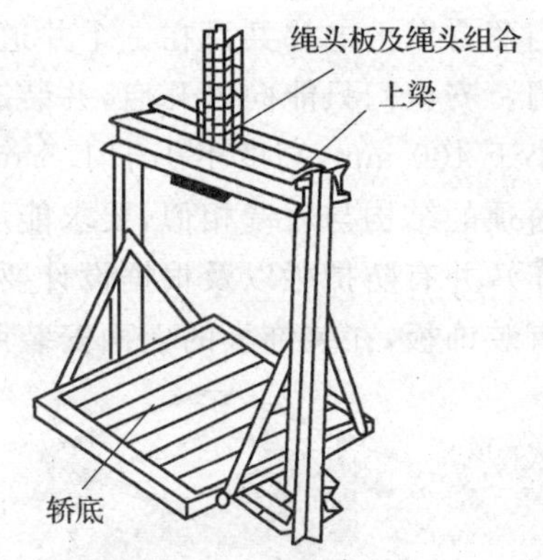

图 3.60 曳引比 1:1钢丝绳和轿厢架的连接

钢丝绳直接与轿厢顶部相连，把曳引绳的末端通过绳头组合装置固定在轿厢的上梁。连接时将绳头板焊接在轿架的上梁，如有 4 根曳引钢丝绳，在绳头板上钻 4 个孔，然后用绳头组合装置的拉杆穿过绳头板，用弹簧和螺母紧固，拉杆的另一端是钢丝绳与拉杆的锥孔用巴氏合金溶合。

当曳引比为 2:1时，如图 3.61 所示，在轿厢架必须增设反绳轮(也称轿顶轮，1 个或 2 个)，这时钢丝绳必须绕过反绳轮后把钢丝绳的端部用绳头组合装置，固定在机房的承重梁上。因此在轿厢架的上梁必须增设一对支架，然后将反绳轮的轴穿过支架的孔，使它们能灵活的转动。

(3)轿厢的称重装置

乘客从层门、轿门进入到轿厢后，轿厢里的乘客人数(货物)所达到的载重量如果超过电梯的额定载重量，就可能造成电梯超载后所产生的不安全后果或超载失

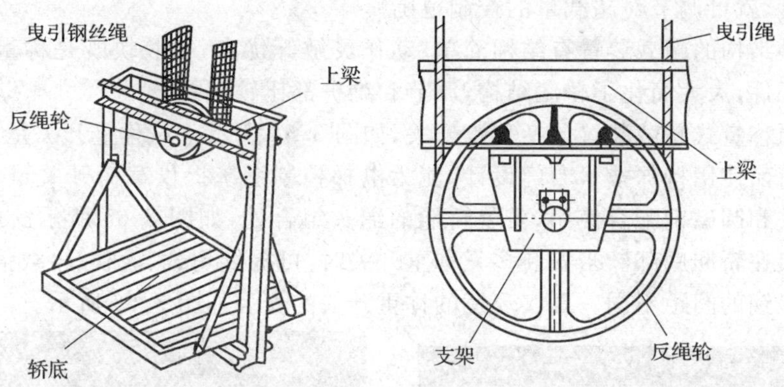

图 3.61　曳引比 2:1 钢丝绳绕过轿厢架上的反绳轮

控，造成电梯超速降落的事故。

为防止电梯超载运行，轿厢设置了称重装置。该装置实现对集选控制电梯配合电气部件完成满载直行的功能。对于高速电梯，称重装置的信号还可以作为曳引电动机的预负载控制用。

多数电梯的超载装置安装在轿厢上，一般在轿底、轿顶。其形式有设置在轿顶底机械式，设置在轿底的橡胶式和负重传感器式。轿底称重式其超载装置安在轿厢底部，轿顶称重式其超载装置安在轿厢上梁。超载装置是当轿厢超过额定载荷时，能发出警告信号并使轿厢不关门不能运行的安全装置。

一般轿厢底是活动的，这种形式的超载装置，采用橡胶块作为称量元件。橡胶块均布在轿底框上，有 6～8 个，整个轿厢支承在橡胶块上，橡胶块的压缩量能直接反映轿厢的质量，如图 3.62 所示。在轿底框中间装有两三个传感器开关，如图 3.63 所示，一个在 80%负重时起作用，切断电梯外呼载停电路，另一个在 110%负重时起作用，切断电梯控制电路。碰触开关的螺钉直接装有轿厢底上，只要调节螺

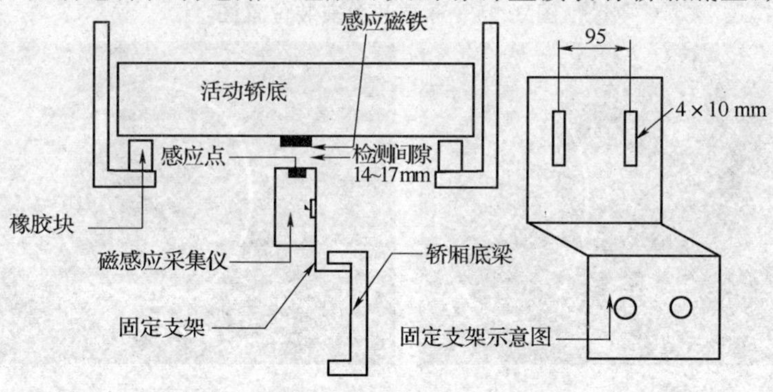

图 3.62　轿厢轿底传感器安装方式

钉的高度,就可调节对超载量的控制范围。

这种结构的超载装置有结构简单、动作灵敏等优点,橡胶块既是称量元件,又是减振元件,大大简化了轿底结构,调节和维护都比较容易。

轿顶称量式超载装置包括称重开关,如图 3.64 所示。该称重开关是为测量电梯的载荷而使用特殊技术专门设计,能为电梯控制系统提供载荷开关量信号。该称重开关和圆磁钢配合使用,安装轿厢的绳头组合处,如图 3.65 所示。此开关也可以安装在轿厢底部。当安装多只称重开关时,可提供超载、满载、轻载信号,各开关与圆磁钢的间距不同。真实环境的称重开关的安装如图 3.66 所示。

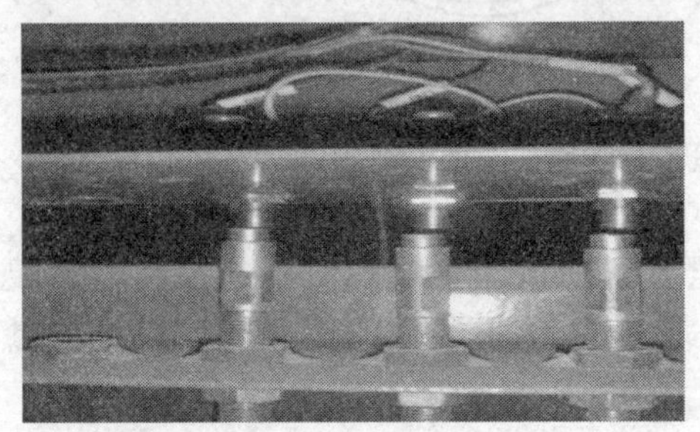

图 3.63 轿底超载传感器

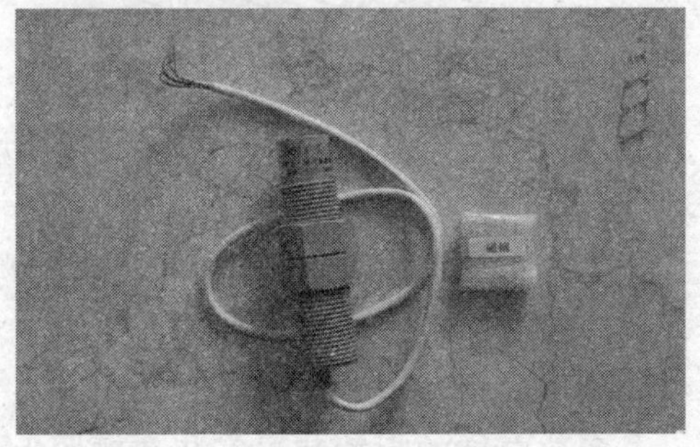

图 3.64 称重开关

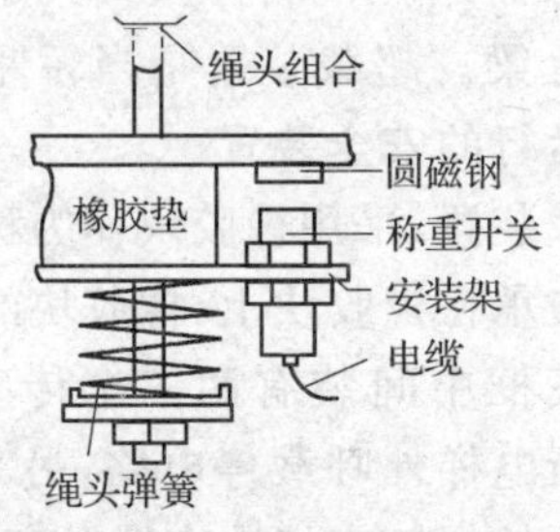

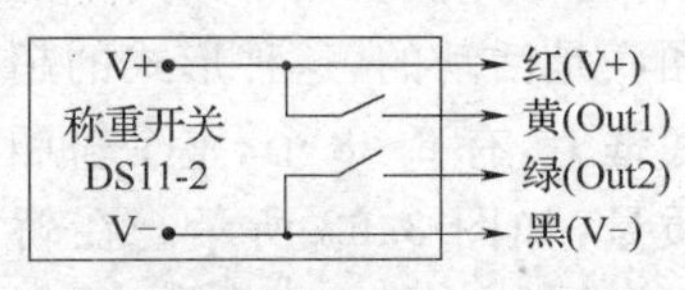

图 3.65 称重开关安装位置图

图 3.66 矫顶的称重开关

前面两种形式的装置，只能设定一个或二个称量限值，不能给出载荷变化的连续信号。为了适应其他的控制要求，特别是计算机应用于群控后，为了使电梯运行达到最佳的调度状态，须对每台电梯的客流量或承载情况作统计分析，然后选择合适的群控调度方式。因此可采用负重式传感器作为称量元件，它可以输出载荷变化的连续信号。

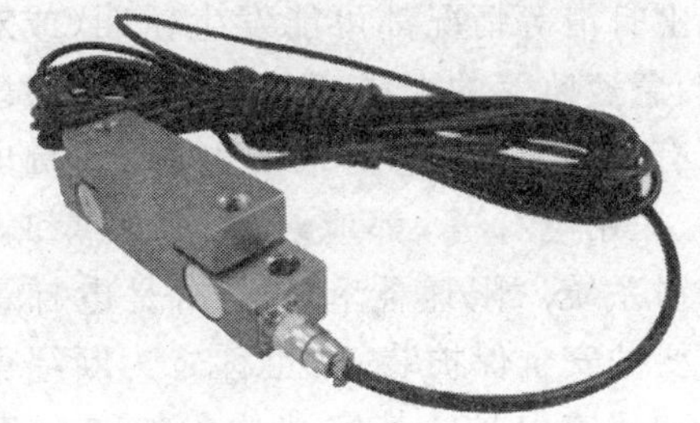

图 3.67 机械式轿顶称量装置

目前用得较多的是应变式负重传感器。图 3.67 所示是一种应变电阻式负重传感器，其可安装于轿顶，也可安装于机房。

该传感器安装在绳头板处时，如图需要附加一块绳头板，将传感器放在主绳头板与附加绳头板中间。安装示意图如图 3.68 所示。真实环境下的安装图如图 3.69 所示。

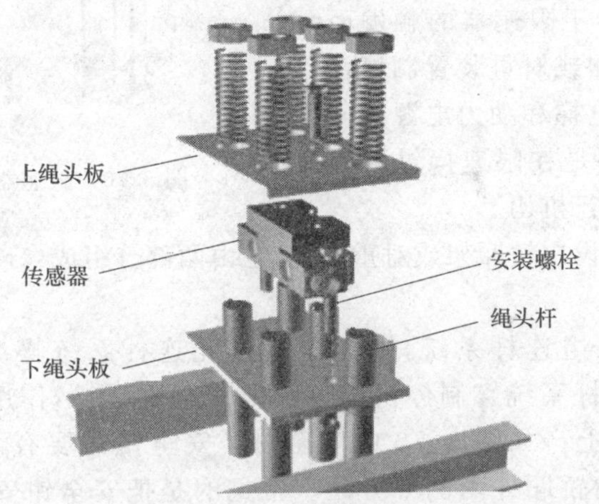

图 3.68 应变电阻式负重传感器的安装

8)安全钳

正常运行的轿厢，由于以下原因可能会发生坠落事故。首先是曳引钢丝绳因各种原因全部折断，再有如蜗轮蜗杆的轮齿、轴、键、销折断，钢丝绳和曳引轮打滑，轿厢超载严重，平衡失调，制动器失灵，因某些特殊原因，致使轿厢侧或对重侧平衡失调，使钢丝绳在曳引

图 3.69 应变电阻式负重传感器的现场安装

轮上打滑等情况都可能发生轿厢(或对重)急速坠落的严重事故。因此按照国家有关规定,无论是乘客电梯、载货电梯、医用电梯等,都应装置限速器和安全钳系统。限速器和安全钳是电梯最重要的安全保护装置,也称之为断绳保护和超速保护。其安装位置如图 3.70 所示。限速器和安全钳是防止电梯超速和失控的保护装置。

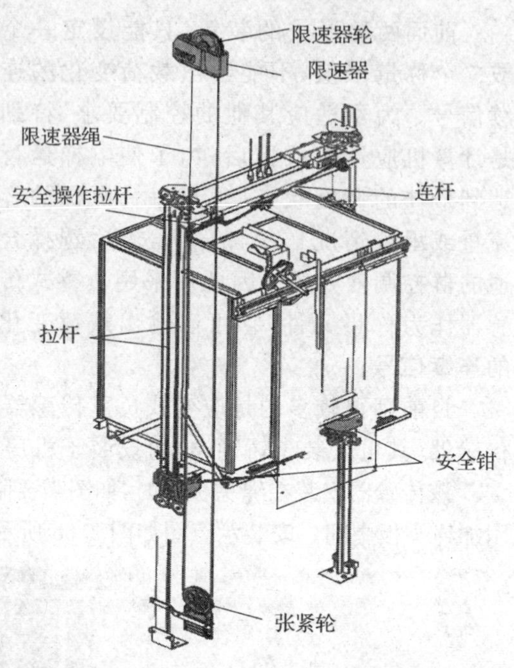

图 3.70　限速器和安全钳

安全钳是一种使轿厢(或对重)停止运动的机械装置。凡是由钢丝绳或链条悬挂的载人轿厢均要设安全钳。安全钳与限速器必须联合动作才能起作用。安全钳是由于限速器的触发而引启动作,迫使轿厢或对重装置制停在导轨上,同时切断电梯和动力电源的安全装置。安全钳则是在限速操纵下强制使轿厢停住的执行机构。

安全钳装置装设在轿厢架或对重架上,它由两部分组成,分别是操纵机构和制停机构。

操纵机构是一组连杆系统,限速器通过此连杆系统操纵安全钳起作用。如图 3.70 中的连杆系统。制停机构也叫做安全钳(嘴),作用是使轿厢或对重制停,夹持在导轨上。如图 3.70 中安全钳。安全钳需要有两组,分别安装在与两根导轨接触的轿厢外两侧下方处。常见的是把安全钳安装在轿厢架下梁的上面。

限速器是一种限制轿厢(或对重)速度的机械装置。限速器是速度反应和操作触发安全钳的装置。当轿厢运行速度达到限定值时(一般为额定速度的 115%以上),能发出电信号并产生机械动作,以触发安全钳工作的安全装置。

限速器通常安装在电梯机房,它的平面位置一般在轿厢的左后角或右前角处,如图 3.70 所示。限速器绳的张紧轮安装在井道底坑。限速器的钢丝绳围绕着绳轮和底坑中的胀绳轮形成一个闭环,其绳头部与轿厢紧固在一起,并通过机械连杆与安全钳连起来。张紧轮的质量使限速器绳保持张紧,并在限速器轮槽和限速器绳之间形成摩擦力。轿厢上、下运行同步地带动限速器绳运动,从而带动限速器轮转动,如图 3.70 所示。

安全钳工作原理如图 3.71 所示。电梯正常运行时，轿厢运动通过驱动连杆带动限速器绳和限速器运动，此时，安全钳处于非动作状态，其制停元件与导轨之间保持一定的间隙。如果轿厢超速，达到限定值时，限速器立即动作，使夹绳夹住限速器绳，于是随着轿厢继续向下运动，限速器绳提起驱动连杆促使连杆系统联动，两侧的提升拉杆被同时提起，带动安全钳制动楔块与导轨接触，当轿厢下降时，钢丝绳拉动安全钳运作，使安全钳对导轨产生摩擦力，两安全钳同时夹紧在导轨上，把轿厢迅速制动在导轨上，使轿厢制停。安全钳动作时，限速器的安全开关或安全钳提拉杆操纵的安全开关，都会断开控制电路，迫使制动器失电制动。只有当所有安全开关复位，轿厢向上提起时，才能释放安全钳。安全钳不恢复到正常状态，电梯不能重新使用。

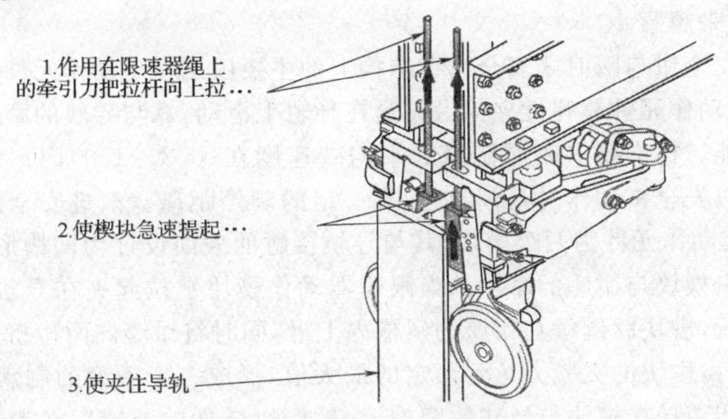

图 3.71　安全钳工作原理

安全钳按结构和工作原理可分为渐进式安全钳(电梯速度 ＞ 0.63 m/s)和瞬时式安全钳(电梯速度 ≤0.63 m/s)。瞬时式安全钳止停轿厢几乎是瞬间。这种类型只能用于缓慢的速度，因为突然停止可能造成更大速度的伤害。渐进式安全钳如图 3.72 所示，瞬时式安全钳如图 3.73 所示。

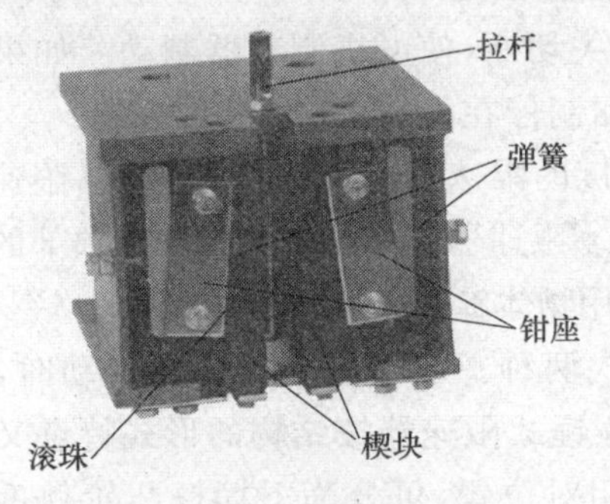

图 3.72　渐进式安全钳

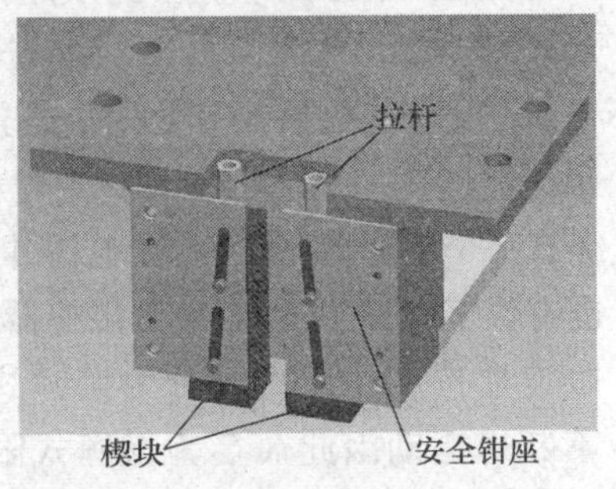

图 3.73　瞬时式安全钳

瞬时式安全钳瞬间就可以使轿厢停止，因此，其只能用于缓慢速度的电梯。因为突然停止可能造成更大速度的伤害。瞬时式安全钳的动作元件有楔块、滚柱，其工作特点是制停距离短，基本是瞬时制停，动作时轿厢承受很大冲击，导轨表面也会受到损伤。滚柱型的瞬时安全钳有制停时间约 0.1 s 左右，而双楔块瞬时安全钳的制停时间最少只有 0.01 s 左右，整个制停距离只有几毫米至几十毫米。轿厢的最大制停减速度约在(5～10)g(g 为重力加速度)左右。所以标准规定瞬时式安全钳只能用于额定速度不大于 0.63 m/s 的电梯。如图 3.73 所示，是使用最广泛的楔块瞬时式安全钳，钳体一般由铸钢制成，安装在轿厢的下梁上。每根导轨由两个楔型钳块(动作元件)夹持，也有只用一个楔块单边动作的。安全钳的楔块一旦被拉起与导轨接触楔块自锁，安全钳的动作就与限速器无关，并在轿厢继续下行时，楔块将越来越紧。

渐进式安全钳与瞬时式安全钳在结构上的主要区别在于动作元件是弹性夹持的，在动作时动作元件靠弹性夹持力夹紧在导轨上滑动，靠与导轨的摩擦消耗轿厢的动能和势能。标准要求轿厢制停的平均减速度在(0.2～1.0)g(g 为重力加速度)之间，所以安全钳动作时，轿厢必须有一定的制停距离。渐进安全钳结构如图 3.72 所示，其动作元件为两个楔块，其与导轨接触的表面设计为凹槽形式，背面有滚轮组以减少楔块与钳座的摩擦。当限速器动作楔块被拉起夹在导轨上时，由于轿厢仍在下行，楔块就继续在钳座的斜槽内上滑，同时将钳座向两边挤开。当上滑到限位停止时，楔块的夹紧力达到预定的最大值，形成一个不变的制动力，使轿厢的动能与势能消耗在楔块与导轨的摩擦上，轿厢以较低的减速度平滑制动。最大的夹持力由钳尾部的弹簧调定。

9)限速器

限速器是电梯一种限制轿厢(或对重)速度的重要机械安全部件。限速器用来监控轿厢的速度，如果轿厢向下运行的速度超过额定速度预定值(一般为额定速度的 115%以上)时就制停轿厢。限速器的安装位置如图 3.70 所示。

当轿厢运行太快时，限速器首先将电气开关切断，使电机制动器制动。如果速度不下降，限速器机械动作，采用安全钳把轿厢制停在导轨上。

限速器连接在一个行程为整个电梯井道长度的限速器钢丝绳的环路上。限速器钢丝绳有一个限速器张紧轮，在电梯井道的底部。限速器通常位于电梯井道顶部的上面。也有位于电梯井道内顶部，限速器通常是利用物体旋转产生离心力的原理。

限速器按动作原理可分为摆锤式和离心式两种。由于限速器轮在转动时，其摆杆不断地摆动因此命名为摆锤式限速器。摆锤式限速器按结构的形式特点又称为凸轮式，也称为惯性式，根据摆杆与凸轮的相对位置，可分为下摆杆凸轮棘爪式和上摆杆凸轮棘爪式限速器。

如图 3.74 所示为下摆锤式限速器。当轿厢下行时，限速器绳带动限速器绳轮旋转，五边形盘状凸轮与绳轮及棘轮制为一体旋转，盘状凸轮的轮廓线与装在摆杆左侧的胶轮接触，凸轮轮廓线的变化使摆杆猛烈的摆动。由于胶轮轴被调速弹簧拉住，在额定速度范围内，胶轮始终与盘状凸轮贴合，摆杆右边的棘爪与棘轮上的齿无法接触到，当轿厢超速时，凸轮转速加快，摆杆惯性力加大，使摆杆摆动的角度增大，首先导致胶轮触动超速开关，切断电梯控制电路，制动器动作使电梯停止。如果此时仍未将电梯有效制动，超速继续加剧，则使摆杆右端的棘爪与棘轮上的齿相啮合，限速器轮被迫停止转动，缠绕在其上的限速器绳随即停止运动；于是随轿厢继续下行，限速器绳与轿厢之间产生相对运动，限速器绳拉动安全钳操纵拉杆系统，安全钳动作，轿厢被制动在导轨上。调节拉簧张力，可调节限速器的动作速度。当限速器动作后需要复位时，可使轿厢慢速上行，限速器绳轮（凸轮、棘轮）反向旋转，棘爪与棘齿脱开，安全钳即可复位。

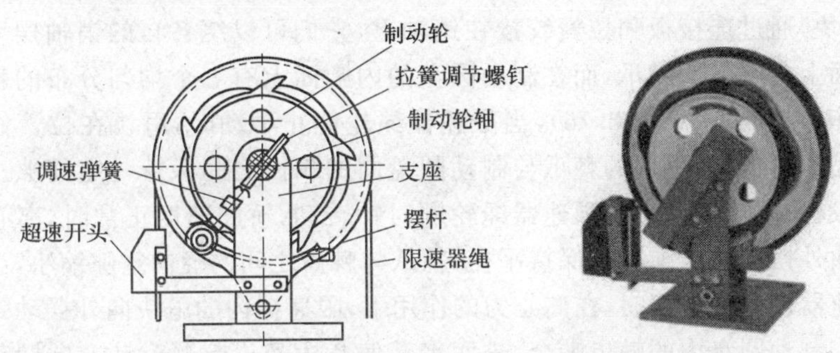

图 3.74　下摆杆凸轮棘爪式限速器

如图 3.75 所示为上摆锤式限速器。轿厢在运行时，通过限速器绳头拉动限速器绳，使限速器绳轮和连在一起的凸轮和控制轮（棘轮）同步转动。摆锤由调节弹簧拉住，锤轮压在凸轮上，凸轮转动使摆锤上下摆动。转动速度大，摆锤的摆动幅

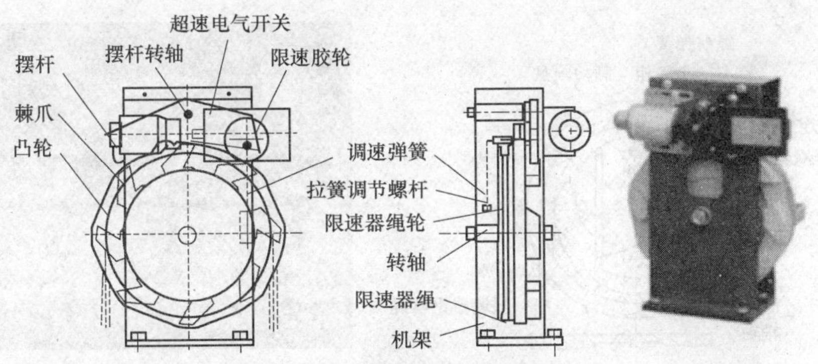

图 3.75　上摆锤凸轮棘爪式跟速器

度也大。当轿厢运行超速时，由于摆锤摆动幅度加大，触动超速开关，切断电梯安全电路，使电梯停止运行。若电梯在向下运行，超速开关动作后没有停止而继续超速运动，则当速度超过额定速度 115%以后，因摆锤摆动幅度的进一步加大，棘爪卡入制动轮中，使制动轮和连在一起的限速器绳轮停止转动，由限速器绳头和联动机构将安全钳拉动，轿厢制停。摆锤式限速器一般用于速度较低的电梯。

属于离心式限速器的甩块式限速器是利用旋转离心力随着转速变化而加大的原理来完成动作的，当限速器绳轮转动时，由于离心力的作用导致其中的甩块产生远离回转中心的趋势，一旦超速到限定值时，甩块触发超速安全开关，继而带动安全钳动作。甩块式限速器根据在动作时对钢丝绳的夹持形式，分为刚性夹持式和弹性夹持式限速器。

刚性夹持式甩块限速器的结构如图 3.76 所示，限速器底座上装有心轴，限速器绳轮和制动圆盘各自均可在心轴上转动。在限速器绳轮上固定着两个销轴，两个离心重块(甩块)通过连接板和拉簧绞接在销轴上，它们可以绕各自的销轴摆动。在甩块的外缘面上各有一个棘爪，而在制动圆盘的内圆面上有五个均匀分布的棘齿。本限速器动作原理如下(见图 3.76)，当限速器绳轮静止不动时，甩块在拉簧作用下保持向中心缩紧的位置，甩块的棘爪与制动圆盘内的棘齿之间保持一定间隙。电梯运行时，轿厢通过限速器绳带动限速器绳轮顺时针转动，轿厢速度正常时，离心力使甩块绕销轴向外摆动并与弹簧力保持平衡，棘爪与棘齿之间的径向空隙缩小，当轿厢超速到达限速器设定的速度时，在离心力的作用下，限速器内的甩块向外摆动到使甩块上的棘爪与制动圆盘内的棘齿啮合，进而带动偏心拨叉一起顺时针方向摆动。由于拨叉摆动中心同限速器绳轮和制动圆盘的回转中心存在一个偏距，偏心拨叉在回转一定角度后，夹绳钳即将限速器钢丝绳压住且愈压愈紧，直至限速器绳不能移动，但此时轿厢仍在下降，于是已被卡紧的限速器绳将安全钳的操纵拉杆提起，带动轿厢两边的安全钳楔块同步动作，将超速下滑的轿厢夹持在导轨上。限速器、安全钳动作瞬

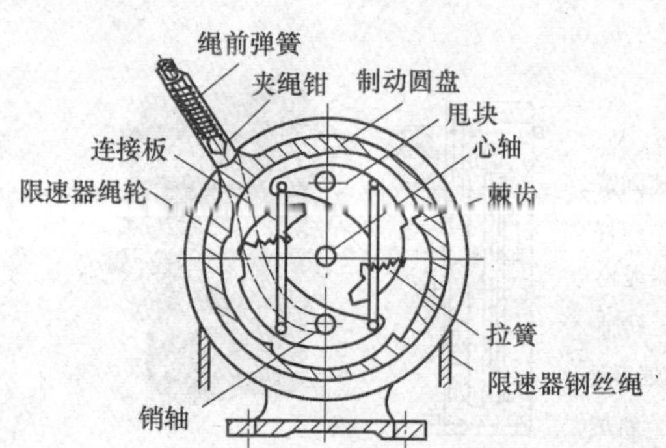

图 3.76 刚性夹持式甩块限速器

间会断开控制电路,使制动器失电制动,只有当所有安全开关复位,轿厢向上提起时,才能释放安全钳,安全钳未恢复到正常位置,电梯不能启动。刚性夹持式甩块限速器在动作时,对限速器钢丝绳的夹持是刚性的,动作灵敏可靠,但相对来说冲击大,对限速器绳损伤大,仅适用于低速电梯,必须配用瞬时式安全钳。通过调整弹簧的张力,可以允许限速器绳被夹后有少许的滑动,减少冲击。

弹性夹持式限速器如图 3.77 所示,此限速器动作原理为两个绕各自枢轴转动的甩块和连杆连接在一起,以保证两甩块同步运动。甩块被螺旋弹簧作用而收拢到靠近回转中心处,限速器绳轮在垂直平面内转动。如果轿厢速度超过额定速度预定值时,甩块因离心力的作用压缩弹簧并向外甩开,使超速开关动作,从而切断电梯的控制回路,使制动器失电制动。如速度进一步增大,甩块进一步向外甩开并撞击锁栓,松开摆动钳块;正常情况下,摆动钳块由锁栓栓住,与限速器绳间保持一定的间隙,当摆动钳块松开后,钳块下落,将限速器绳夹持在固定钳块上。固定钳块由压紧弹簧压紧,压紧弹簧可利用调节螺栓进行调节,以保证限速器绳的夹紧处于弹性状态,避免了刚性夹持。此时,绳钳夹紧了限速器绳,从而使安全钳动作。当钳块夹紧限速器绳使安全钳动作时,限速器绳不应有明显的损坏或变形。当电

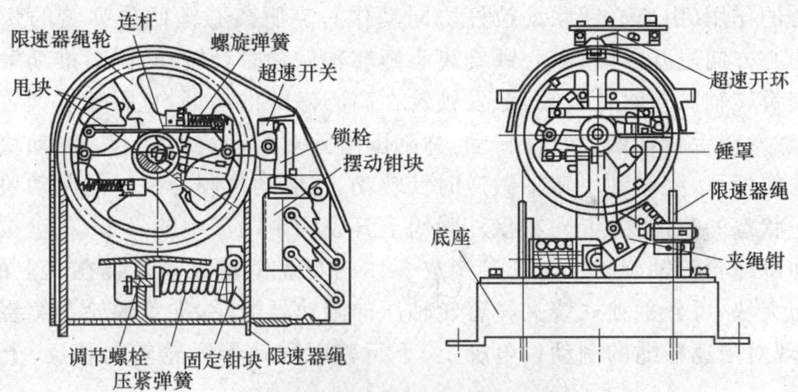

图 3.77　弹性夹持式限速器

梯超速达到其额定值115%时，到达超速开关动作速度，通过杠杆触发超速开关动作将控制电路断开，对电梯实施制动；如果此时未能对电梯进行制动，超速继续时则甩块机构通过连杆推动卡爪动作将钢丝绳夹住，从而触发安全钳动作。此限速器绳钳在压紧限速器绳之前与钢丝绳有一段同步运行的过程，使钢丝绳在被完全压紧前有一段滑移而得到缓冲，所以对保护钢丝绳有利。此类限速器目前在快速、高速电梯上得到了较多使用。

图 3.78　双向限速器实物

双向限速器如图 3.78 所示，其结构见图 3.79 所示。电梯正常运行时，限速器绳轮在限速器绳的驱动下，绕限速器绳轮转轴旋转（顺、逆时针），装于绳轮上的两件离心锤在通过离心锤联动拉杆铰接，并在离心锤回位接头和离心锤回位弹簧的作用下，被压向最接近旋转中心位置并旋转。当电梯出现超速状况后，限速器绳轮超速，离心锤受到离心力的作用（由离心锤联动拉杆协同动作），克服离心锤回位弹簧的张力向远离旋转中心方向甩开，导致离心锤绕离心锤转轴做顺时针转动，同时推动触发锁舌绕触发锁舌转轴做顺时针转动，触发锁舌在离心锤的推动下，克服触发锁舌扭簧的张力，绕触发锁舌转轴做逆时针转动，并随即解除对制动块的滞卡。制动块在制动块扭簧的作用下，绕制动块转轴做逆时针转动，与制动块制为一体的制动块销轴倒向处静止状态的花盘，并卡入花盘外圆周上开设的个凹槽中的一个，花盘被限速器绳轮带动绕绳轮转轴旋转。与花盘制成一体的花盘销轴驱动套装在其上的左、右夹绳臂与夹块，可分别独立绕夹绳臂转轴压向限速器绳轮，夹紧绳轮上缠绕的限速器绳，实现对限速器绳的制动。电梯上、下行驶时限速器绳轮转向相反，上行超速

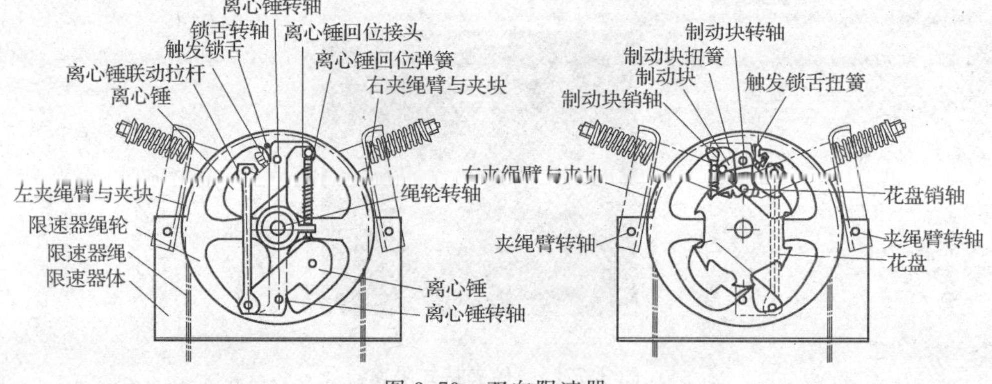

图 3.79　双向限速器

和下行超速则分别触动左或右侧的夹绳臂与夹块，独立夹绳制动，并驱动双向安全钳动作，即实现双向限速功能。

限速器绳应选柔性良好的钢丝绳，其绳径不小于 6 mm，安全系数不小于 8。限速器绳由安装于底坑的张紧装置予以张紧，张紧装置的质量应使正常运行时钢丝绳在限速器绳轮的槽内不打滑，且悬挂的限速器绳不摆动。张紧装置应有上下活动的导向装置。限速器绳轮和张紧轮的节圆直径应不小于所用限速器绳直径的 30 倍。为了防止限速器绳断裂或过度松弛而使张紧装置丧失作用，在张紧装置上应有电气安全触点，当发生上述情况时能切断安全电路使电梯停止运行。

限速器动作时，限速器对限速器绳的最大制动力应不小于 300 N，同时不小于安全钳动作所需提拉力的 2 倍。若达不到这个要求，很可能发生限速器动作时限速器绳在限速器绳轮上打滑，提不动安全钳，而轿厢继续超速向下运动。为了提高制动力，没有夹绳、压绳装置的限速器绳轮应采用 V 型绳槽，绳槽应硬化处理。

限速器必须有非自动复位的电气安全装置，在轿厢上行或下行达到动作速度以前时动作，使电梯主机停止运转。过去曾用过没有电气安全开关的摆锤式和离心压杆限速器现都应停止使用。

限速器上调节甩块或摆锤动作幅度（也是限速器动作速度）的弹簧，在调整后必须有防止螺帽松动的措施，并予以铅封，压绳机构、电气触点触动机构等调整后，也要有防止松动的措施和明显的封记。

限速器绳轮的转动是靠与轿厢连接的限速器钢丝绳的摩擦力带动的，为了足以使限速器钢丝绳无滑动地带动限速器绳轮转动，应施加预张力，预张力是靠安装在底坑的限速器张紧装置来实现的。张紧装置分为悬臂式张紧装置和悬挂式张紧装置两种。悬臂式张紧装置如图 3.80 所示，悬挂式张紧装置如图 3.81 所示。

图 3.80　悬臂式张紧装置

图 3.81　悬挂式张紧装置

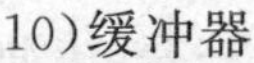

10）缓冲器

缓冲器是一种安全装置，如果电梯由于控制失灵、曳引力不足或制动失灵等发生轿厢或对重蹲底时，缓冲器将吸收轿厢或对重的动能，提供最后的保护，以保证人员和电梯结构的安全。轿厢撞向电梯井道底部，轿厢缓冲器被压缩，减缓轿厢冲击，制停轿厢。如果轿厢撞向电梯井道顶部，同样对重缓冲器被压缩，减缓对重冲击，制停对重。

缓冲器可分为蓄能型和耗能型两类，蓄能型缓冲器一般为弹簧和橡胶制成，适用于速度≤ 1m/s 的低速电梯，耗能型缓冲器一般为弹簧缓冲器和液压缓冲器，适用于任何速度的电梯。缓冲器固定在底坑地面。它们有时也用在电梯井道的顶部。安装于坑底的缓冲器如图 3.82 所示。

当电梯额定速度很低时(如小于 0.4 m/s)，轿厢和对重底下的缓冲器也可以使用实体式缓冲块来代替，其材料可用橡胶、木材或其他具有适当弹性的材料制成。如图 3.83 所示的聚氨酯缓冲器。但使用实体式缓冲器也应有足够的强度，能承受具有额定载荷的轿厢(或对重)，并以限速器动作时的规定下降速度冲击而无损坏。

图 3.82　安装于坑底的缓冲器

图 3.83　聚氨酯缓冲器

弹簧缓冲器的结构及其型式如图 3.84 所示，弹簧缓冲器一般由缓冲橡皮、缓冲座、弹簧、弹簧座等组成，用地脚螺栓固定在底坑基座上。为了适应大吨位轿厢，压缩弹簧可由组合弹簧叠合而成。行程高度较大的弹簧缓冲器，为了增强弹簧的稳定性，在弹簧下部设有导套或在弹簧中设导向杆。

弹簧缓冲器是一种蓄能型缓冲器，因为弹簧缓冲器在受到冲击后，它将轿厢或对重的动能和势能转化为弹簧的弹性变形能(弹性势能)。由于弹簧的反力作用，使轿厢或对重得到缓冲、减速。但当弹簧压缩到极限位置后，弹簧要释放缓冲过程中的弹性变形能使轿厢反弹上升，撞击速度越高，反弹速度越大，并反复进行，直至弹力消失、能量耗尽，电梯才完全静止。因此弹簧缓冲器的特点是缓冲后存在回弹现象，存在着缓冲不平稳的缺点，所以弹簧缓冲器仅适用于低速电梯。

常用的油压缓冲器的结构如图 3.85 所示，其基本构件是缸体、柱塞、缓冲橡胶垫和复位弹簧等构成。缸体内注有缓冲器油。

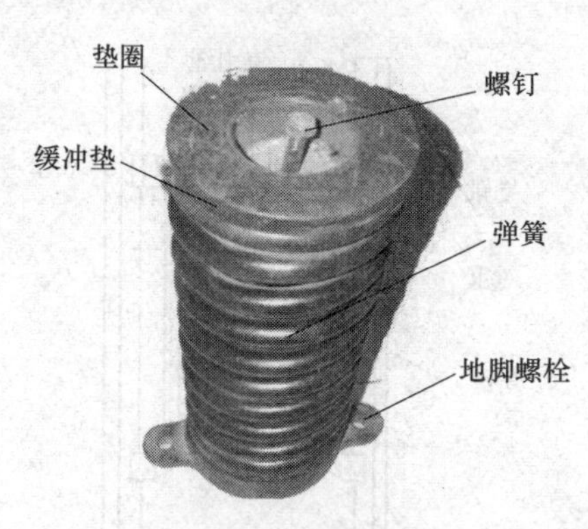

图 3.84　弹簧缓冲器构造

图 3.85　油压缓冲器

其工作原理是当油压缓冲器受到轿厢和对重的冲击时，柱塞向下运动，压缩缸体内的油，油通过环形节流孔喷向柱塞腔。当油通过环形节流孔时，由于流动截面积突然减小，就会形成涡流，使液体内的质点相互撞击、摩擦，将动能转化为热量散发掉，从而消耗了电梯的动能，使轿厢或对重逐渐缓慢地停下来。因此油压缓冲器是一种耗能型缓冲器，它是利用液体流动的阻尼作用，缓冲轿厢或对重的冲击。当轿厢或对重离开缓冲器时，柱塞在复位弹簧的作用下，向上复位，油重新流回油缸，恢复正常状态。

由于油压缓冲器是以消耗能量的方式实行缓冲的，因此无回弹作用。同时，由于变量棒的作用，柱塞在下压时，环形节流孔的截面积逐步变小，能使电梯的缓冲接近匀速运动。因而，油压缓冲器具有缓冲平稳的优点，在使用条件相同的情况下，油压缓冲器所需的行程可以比弹簧缓冲器减少一半。所以油压缓冲器适用于各种电梯。

复位弹簧在柱塞全伸长位置时应具有一定的预压缩力，在全压缩时，反力不大于 1 500 N，并应保证缓冲器受压缩后柱塞完全复位的时间不大于 120 s。为了检证柱塞完全复位的状态，耗能型缓冲器上必须有电气安全开关。安全开关在柱塞开始向下运动时即被触动切断电梯的安全电路，直到柱塞完全复位时开关才接通。

缓冲器油的粘度与缓冲器能承受的工作载荷有直接关系，一般要求采用有较低的凝固点和较高粘度指标的高速机械油。在实际应用中不同载质量的电梯可以使用相同的油压缓冲器，而采用不同的缓冲器油，粘度较大的油用于载质量较大的电梯。

2. 导向系统

在电梯运行过程中限制轿厢和对重的活动自由度，使轿厢和对重只沿着各自的导轨做升降运动，不会发生横向的摆动和振动，保证轿厢和对重运行平稳不偏摆。电梯的导向系统包括轿厢导向和对重导向两个部分。

轿厢与对重导向系统均由导轨、导靴和导轨架组成。轿厢导向系统如图 3.86

所示。对重导向系统如图 3.87 所示。

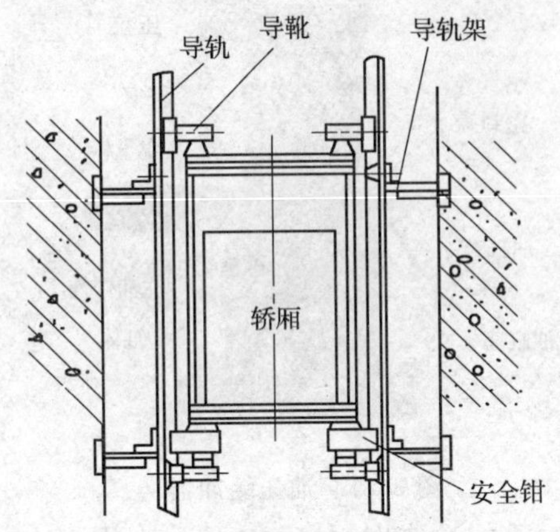

图 3.86 轿厢导向系统

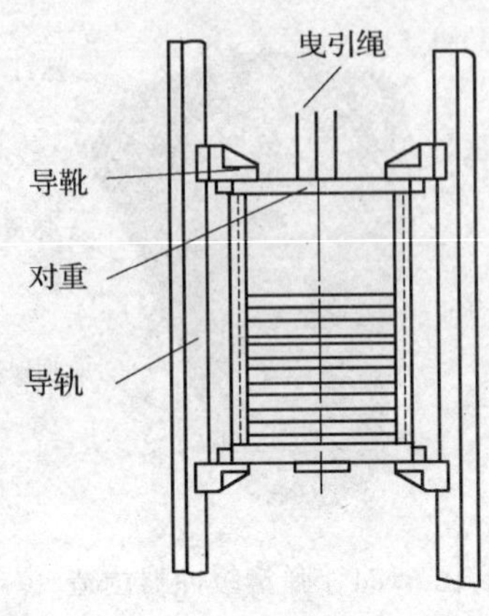

图 3.87 对重导向系统

轿厢以两根(至少)导轨和对重导轨限定了轿厢与对重在井道中的相互位置。导轨架是导轨的支撑件,固定在井道壁上;导靴安装在轿厢和对重架的两侧(轿厢和对重各自装有至少四个导靴),导靴的靴衬(或滚轮)与导轨工作面配合,使电梯轿厢和对重分别沿着各自的导轨作上、下运行。

导向系统是使轿厢和对重顺利地沿着各自的导轨平稳地上下运动,轿厢和对重是通过曳引钢丝绳分别挂在曳引机的两侧,两边就形成平衡体,起到相对质量平衡作用。另外,连接轿厢和对重的曳引钢丝绳,如楼层高,钢丝绳长,自身的质量增多,通过连接在轿厢底和对重的补偿链起着两边质量平衡的补偿作用。这样,导向系统配合了质量平衡系统,从而保证了电梯曳引传动的正常,运行的平衡可靠。

1)导轨

牢牢固定在井道壁上的导轨是用来使轿厢和对重沿一条直线运行竖直方向运动,限制轿厢和对重的活动自由度。当安全钳动作时,导轨作为固定在井道内被夹持的支承件,承受着轿厢或对重产生的强烈制动力,使轿厢或对重制停可靠。另外,还用来防止由于轿厢的偏载而产生歪斜,保证轿厢运行平稳并减少振动,正确的导轨安装对乘坐舒适性很重要。

电梯导轨采用机械加工或冷轧加工方式制作,其常见的导轨横截面有 T 形导轨和 L 型导轨。T 形导轨如图 3.88 所示。电梯中大量使用 T 形导轨,货梯对重导轨和额定速度为 1 m/s 以下的客梯对重导轨,一般多采用 L 型导轨。

T 型导轨是电梯常见的专用导轨,具有良好的抗弯性能及良好的可加工性能。T 型导轨的主要规格参数,是底宽 b、高度 h 和工作面厚度 k,如图 3.89 所示。我

图 3.88　“T”形导轨

国原先用 $b \times k$ 作为导轨规格标志，现已推广使用国际标准 T 型导轨，共有 13 个规格，以底面宽及工作面和加工方法，即以“b/加工方法”作为规格标志。

电梯导轨采用普通碳素钢轧制，导轨材料应符合 GB 700—79 中 Q235 钢的要求，其强度应为 370～520 MPa。导轨的抗弯扭能力，取决于横截面的几何特性，承受弯矩是电梯导轨的主要受力形式，导轨的抗弯强度与截面的抗弯模量有关，抗弯刚度与截面的轴惯性矩有关。

架设在井道空间的导轨是从下而上，由于每根的导轨一般为 3～5 m，因此必须进行连接安装，连接工艺在安装时，两根导轨的端部要加工成凹凸形的榫头与榫槽楔合定位，底部用连接板将两根固定。导轨不能直接紧固在井道内壁上，它需要固定在导轨架上，固定方法一般不采用焊接或用螺栓连接，而是用压板固定法，如图 3.90 所示。

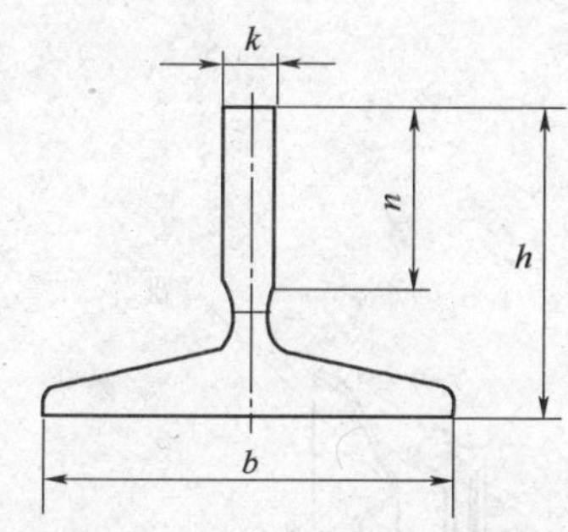

图 3.89　T 型导轨横截面

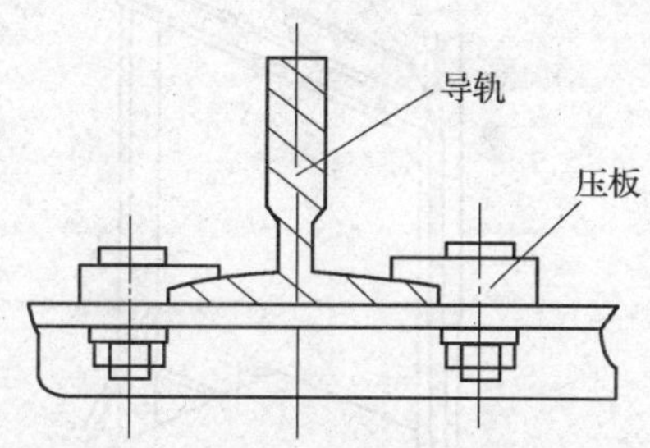

图 3.90　压板固定法

导轨架作为导轨的支承件，被安装在井道壁上。它固定了导轨的空间位置，并承受来自导轨的各种作用力。导轨架有各种形状，常见的有山形导轨架、L 形导轨架、框形导轨架等 3 种。导轨架的固定方法有地脚螺栓法、膨胀螺栓法等。

导轨架由金属制成，必须有足够的强度和刚性，同时具有因电梯井道等建筑误差进行调整的功能。常见的轿厢导轨架和对重导轨架如图 3.91 和图 3.92所示。

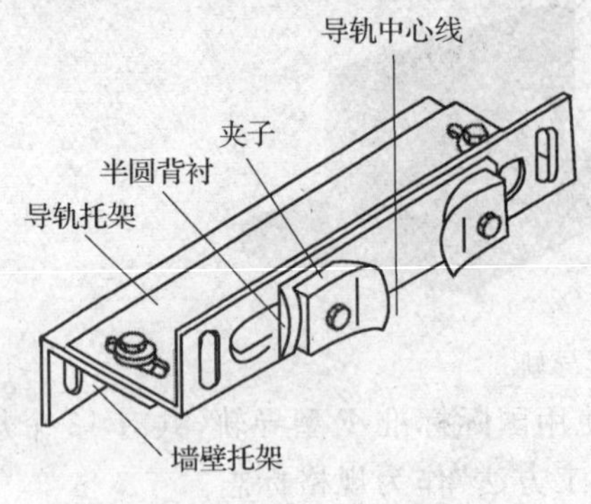

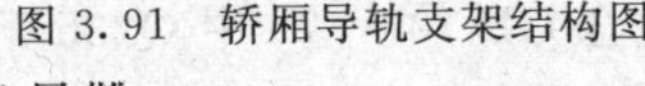
图 3.91 轿厢导轨支架结构图

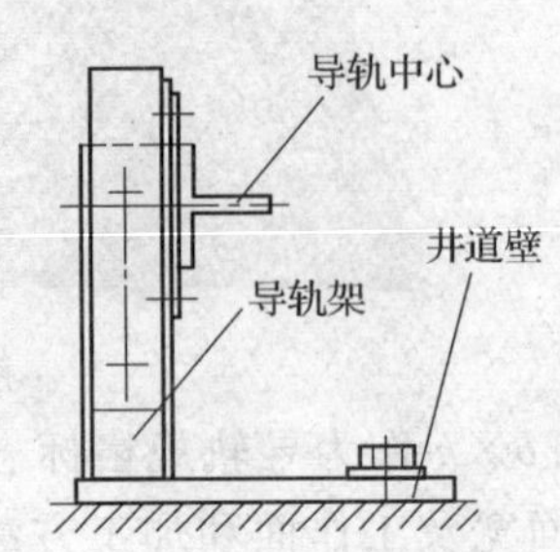

图 3.92 对重导轨支架结构图

2)导靴

导轨如同垂直铁轨。轿厢和对重装有导靴,导靴保持轿厢和对重牢固地依附于导轨。轿厢导靴安装在轿厢上梁和轿底安全钳座下面,对重导靴安装在对重架上部和底部,一般每组 4 个。工作时导靴的凹形槽(或滚轮)与导轨的凸形工作面配合,使轿厢和对重装置仅沿着导轨上下运动,防止对重和轿厢在运行时发生偏斜,保证电梯的运行平稳,如图 3.93 所示。轿厢导靴如图 3.94 所示,对重导靴如图 3.95 所示。

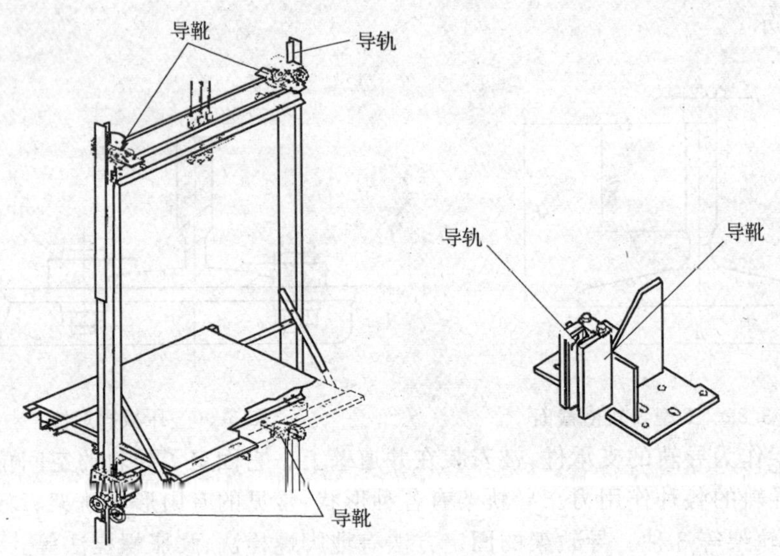

图 3.93 轿厢导轨和导靴的连接

根据导靴在导轨上运动方式的不同,分为滑动导靴和滚动导靴两类,运行中导靴与导轨均为接触状态。

图 3.94　轿厢导靴

图 3.95　对重导靴

滑动导靴一般是由带凹形槽的靴头、靴体和靴座组成，如图 3.96 所示。在靴头凹槽中一般均镶有耐磨的靴衬。靴头可以是固定的，也可以活动(浮动)的。由于固定式导靴的靴头是固死的，没有调节的机构，导靴与导轨的配合存在一定的间隙，随着运行时间的增长，其间隙会越来越大，这样轿厢在运行中就会产生一定的晃动，甚至会出现冲击，因此固定式导靴只用于额定速度低于 0.63 m/s 的电梯。

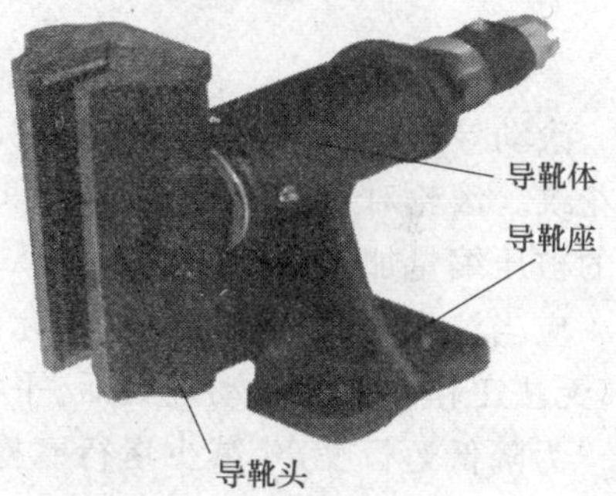

图 3.96　滑动导靴

为了克服固定式导靴的弊端，可以使用弹簧式弹性滑动导靴。弹簧式滑动导靴与固定式滑动导靴的不同之处就在于靴头是浮动的，在弹簧力的作用下，靴衬的底部始终压贴在导轨端面上，因此能使轿厢保持较稳定的水平装置，同时在运行中具有吸收振动与冲击的作用。

刚性滑动导靴和弹性滑动导靴的靴衬无论是铁的、钢的或尼龙的，在电梯运行过程中，靴衬与导轨之间总有摩擦力存在。这个摩擦力不但增加曳引机的负荷，而且是轿厢运行时引起振动和噪声的原因之一。为了减少导靴与导轨之间的摩擦力，节省能量，提高乘坐舒适感，在运行速度 $v > 2.0$ m/s 的高速电梯中，常采用滚轮导靴取代弹性滑动导靴。

滚动导靴由滚轮、弹簧、靴座、轮臂、滚轴和轴承等组成，如图 3.97 所示。

滚动导靴以 3 个滚轮代替了滑动导靴的 3 个工作面。3 个滚轮在弹簧的作用下，压贴在导轨 3 个工作面上，电梯运行时，滚轮在导轨面上作滚动。滚动导靴以滚动摩擦代替滑动摩擦，大大减少了摩擦损耗，节省了能量；同时还在导轨的 3 个工作面方向，都实现了弹性支承，具有良好的缓冲作用。并能在 3 个方向上自动补偿导轨的各种几何形状误差及安装偏差。滚动导轨的这些优点，使它能适应高的运行速度，在高速电梯上得到广泛应用。

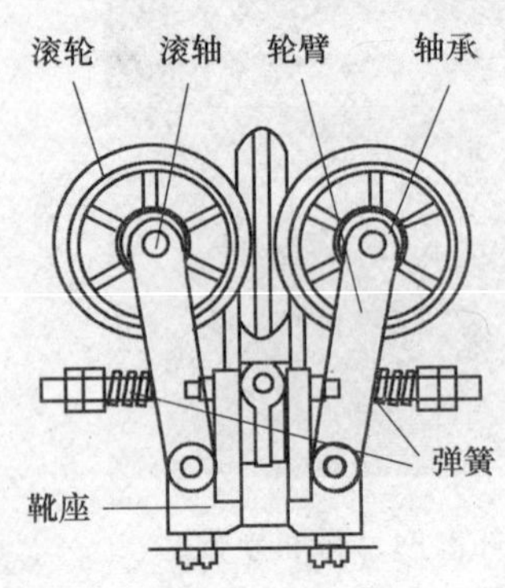

图 3.97 滚动导靴

滚动导靴的滚轮常用硬质橡胶制成。为了提高与导轨的摩擦力，在轮圈上制出花纹。滚轮对导轨的压力，其意义与滑动导靴相同。初压力的大小通过调节弹簧的被压缩量加以调节。

应当注意的是，滚动导靴，不允许在导轨工作面上加润滑油，否则，会使滚轮打滑，无法工作。滚轮转动应灵活、平稳、可靠。

为降低运行噪声，减少运行摩擦阻力，宜采用尽量大的滚轮直径。额定速度为 5 m/s 时，轿厢导靴滚轮直径至少为 250 mm，对重导靴滚轮至少为 150 mm；当额定速度为 2.5 m/s 时，轿厢和对重边的导靴滚轮直径至少为 150 mm 和 75 mm。对于重载高速电梯，为了提高导靴的承载能力，有时也采用 6 个滚轮的滚动导靴。

3. 质量平衡系统

质量平衡系统由对重系统和质量补偿系统构成。轿厢与对重由曳引绳悬挂在曳引轮两侧，保证曳引力的产生，平衡两侧的质量，降低了电梯的驱动力，称为对重系统。当楼层很高时，曳引钢丝绳自重会很大。轿厢运行时，钢丝绳质量不断地改变位置，为补偿此质量变化对电梯运行带来的影响，在轿底和对重底之间装设补偿链，补偿两侧质量的变化。电梯的质量平衡系统，保证了电梯曳引传动正常，运行平稳可靠。

1)对重

对重是曳引轮式电梯不可缺少的部分，如图 3.98 所示，固定在曳引绳的另一端，运行的方向与轿厢相反。它用于平衡轿厢的质量和部分电梯负载质量，这意味着，曳引机不需要牵引轿厢和负载的全部质量，减少电机功率的损耗。当电梯负载与对重十分匹配时，还可以减少钢丝绳与绳轮之间的曳引力，延长钢丝绳的寿命。同时，由于曳引式电梯有对重装置，如果轿厢或对重撞在缓冲器上后，电梯失去曳引条件，避免了冲顶事故的发生。因为轿厢和对重拉在曳引绳两端，曳引绳紧压在曳引轮上，故在曳引轮上有足够的摩擦力阻止打滑。

对重装置一般分为无对重轮式(曳引比为 1:1的电梯)和有对重轮(反绳轮)式

(曳引比为 2:1的电梯)两种。不论是有对重轮式,还是无对重轮式的对重装置,其结构组成是基本相同的。一般由对重架、对重块、导靴、缓冲器碰块,以及与轿厢相连的曳引绳和对重轮 组成,各部件安装位置如图 3.98 所示。

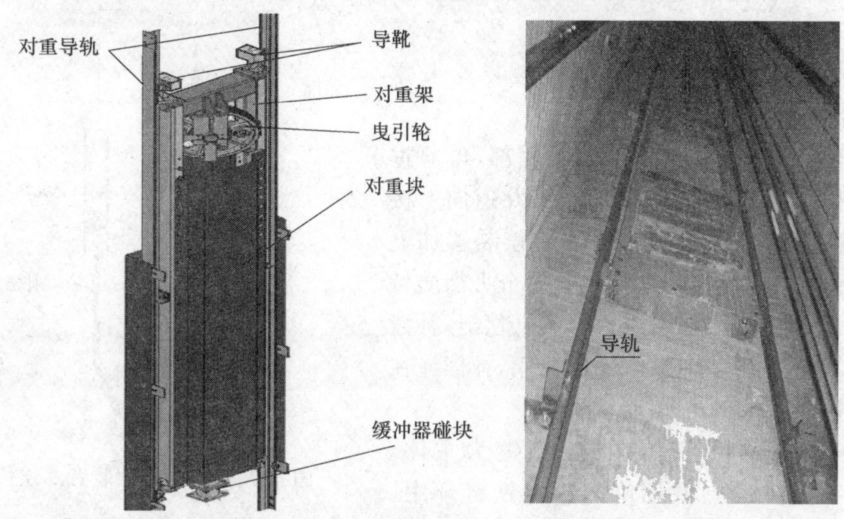

图 3.98　对重

其中的对重架是用槽钢制成,其高度一般不宜超出轿厢高度,对重块铸铁制造,对重块安放在对重架上后,要用压板压紧,以防运行中移位和运行中振动声响。

为了使对重装置能对轿厢起最佳的平衡作用,必须正确计算其质量。对重的质量值与电梯轿厢本身的净重和轿厢的额定载重量有关。一般在电梯满载和空载时,曳引钢丝绳两端的质量差值应为最小,以使曳引机组消耗功率少,钢丝绳也不易打滑。对重装置过轻或过重,都会给电梯的调整工作造成困难,影响电梯的整机性能和使用效果,甚至造成冲顶或蹲底事故。对重的总质量通常以下面基本公式计算:

$$W=G+KQ$$

式中　G——轿厢自重(kg);

Q——轿厢额定载重量(kg);

K——电梯平衡系数,一般为 0.4～0.5,以钢丝绳两端质量之差值最小为好。

平衡系数选值原则是尽量使电梯接近最佳工作状态。当电梯的对重装置和轿厢侧完全平衡时,只需克服各部分摩擦力就能运行,且电梯运行平稳,平层准确度高。因此对平衡系数 K 的选取,应尽量使电梯能经常处于接近平衡状态。对于经常处于轻载的电梯,K 可选取 0.4～0.45,对于经常处于重载的电梯,K 可取 0.5。这样有利于节省动力,延长机件的使用寿命。

2)补偿装置

电梯在运行中，轿厢侧和对重侧的钢丝绳的长度在不断变化。当电梯行程过长时，一般经验值为超过 40 m，曳引绳的质量将会影响曳引机的工作负荷。为了提高电梯的曳引性能，我们采用补偿装置来弥补曳引绳的质量。

质量补偿装置一端接轿厢底部，再通过电梯井道底部的导轮或转向轮沿井道向上接至对重底部，如图 3.99 所示。补偿装置加上曳引绳，在曳引轮两侧就变成了一个平衡质量的环。通常补偿装置分补偿链和补偿绳，补偿链在电梯速度 < 1.75 m/s 时采用，补偿绳在电梯速度 ≥ 1.75 m/s 时采用。

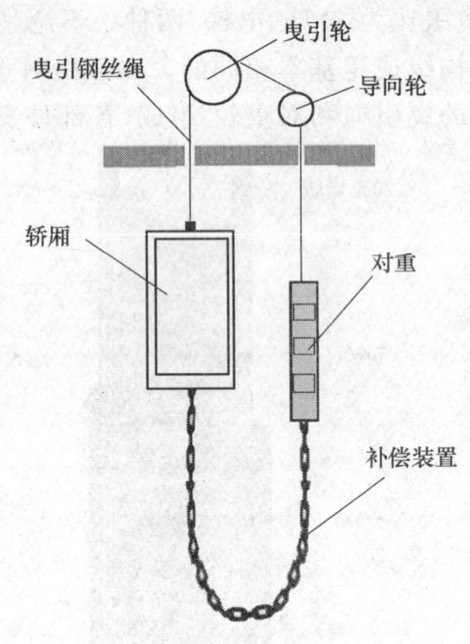

图 3.99 质量补偿装置的连接

补偿链这种补偿装置以铁链为主体，链环一个扣一个，并用麻绳穿在铁链环中，

图 3.100 补偿链

如图 3.100 所示。其目的是利用麻绳减少运行时铁链相互碰撞引起的噪声。补偿链与电梯设备连接，如图 3.101 所示，通常采用一端悬挂在轿厢下面，另一端则挂在对重装置的下部，这种补偿装置的特点是结构简单，但不适用于梯速超过 1.75 m/s的电梯上使用。另外，为防止铁链掉落，应在铁链两个终端分别穿套一根 $\phi 6$ 钢丝绳与轿底和对重底穿过后紧固。这样并能减少运行时铁链互相碰撞引起的噪声。

补偿绳以钢丝绳为主体，补偿绳是把数根钢丝绳经过钢丝绳卡钳和挂绳架，一端悬挂在轿厢底梁上，另一端悬挂在对重架上。这种补偿装置的特点是电梯运行稳定、噪声小，故常用在电梯额定速度超过 1.75 m/s 的电梯上。

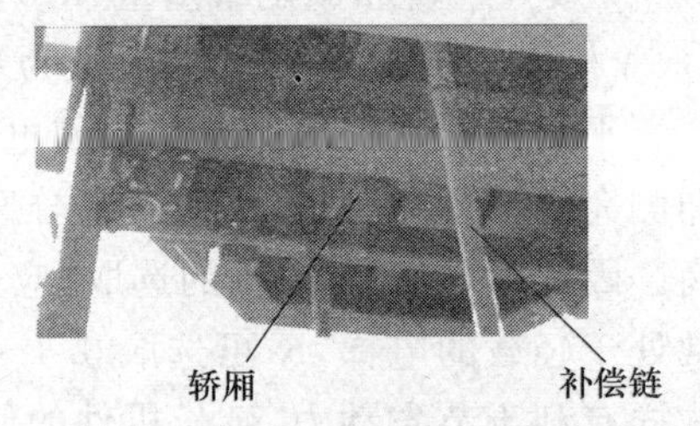

图 3.101 安装于轿底的补偿链

缺点是装置比较复杂,除了补偿绳外,还需张紧装置等附件。电梯运行时,张紧轮能沿导轮上下自由移动,并能张紧补偿绳。正常运行时,张紧轮处于垂直浮动状态,本身可以转动。

3.2.2　电气系统

垂直电梯的电气系统通常包括控制系统和驱动系统两个部分,主要的控制和检测设备如图 3.102 所示。

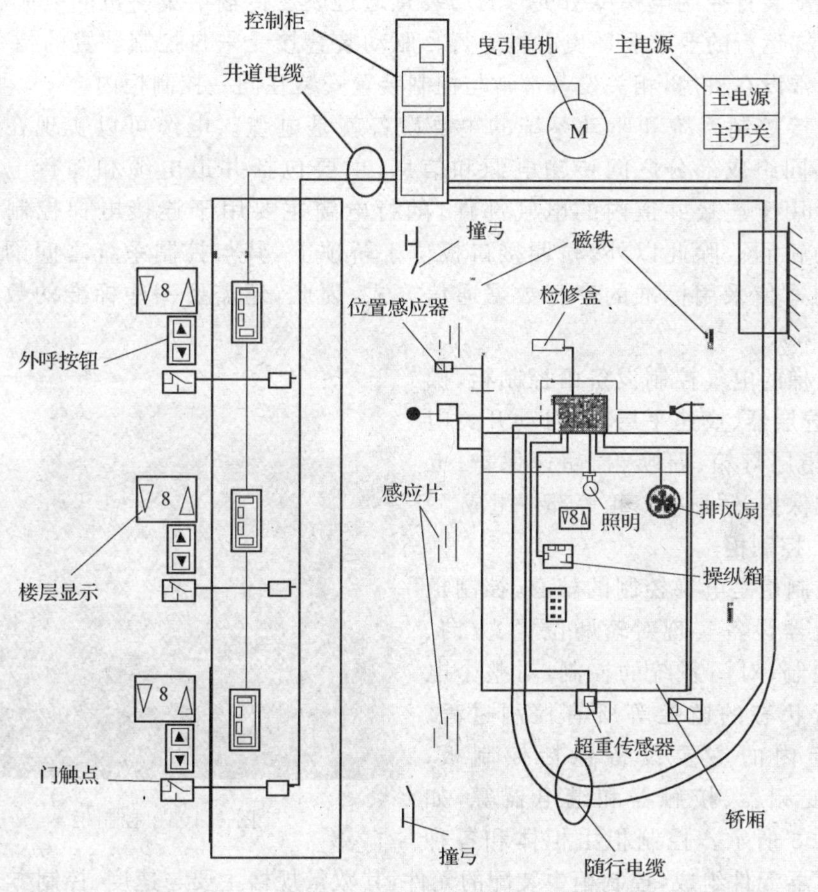

图 3.102　垂直电梯主要的控制和检测设备示意图

控制系统包含电梯系统的中央运行控制处理系统。它连接到电梯系统的各个部分。核心控制装置(如 PLC)监测轿厢和楼层召唤,并根据相关输入信号状态,按照预定的优先顺序,来响应召唤。控制装置的主要任务包括:

(1)从轿厢和楼层按钮接收乘客的召唤；

(2)确定轿厢位置；

(3)确定合适的运行方向；

(4)给驱动系统发出启动指令；

(5)在适当的楼层发出停车指令；

(6)给门驱动装置发出开门、关门和轿门机械联锁指令；

(7)通过位置显示给乘客提供必要的指示信号。

驱动装置控制电梯曳引机。驱动装置通过改变传输给曳引机的电流和电压，按照电梯运行的要求驱动曳引机运行。驱动装置接受来自控制装置的指令，驱动装置通常设在机房，相关设备常常与控制装置安装在同一控制柜内。

连接控制系统和驱动系统的主要设备就是电缆。电缆可以实现在电梯系统的不同组成部分之间传输电源和信息，主要包括井道电缆和随行电缆。井道电缆用于连接井道内的电气部件，随行电缆主要用于连接电梯控制设备和运行的轿厢。除此以外，轿厢接口板位于轿顶上，其与控制系统之间的数据和信息的通信采用标准的串行数据通信方式，因此，还需要一些标准的数据通信电缆。

电梯的电气控制设备由控制柜、操纵箱、选层器、换速平层器、自动开关门装置、指层灯箱、召唤箱、超速保护、上下限位保护、轿顶检修箱等部件组成。

1. 控制柜

控制柜是电梯控制的核心，控制柜内的电器设备实现对轿厢位置、方向、速度控制、对门系统的控制，对整个电梯运行状态的监控等所有控制过程。控制柜内的主要设备包括控制板、PLC、变频器、接触器和继电器等，如图 3.103 所示。控制柜由柜体和各种控制电器元件组成，控制柜中装配的元件，其数量规格主要与速度、控制方式、曳引电机大小等参数有关。

图 3.103　控制柜

2. 操纵箱

电梯操纵箱一般位于轿厢内，是司机、乘客控制电梯运行的指令装置。主操纵箱由选层按钮、开关门按钮、对讲机、楼层指示、对讲机、紧急呼叫按钮、检修门及面板组成，如图 3.104 所示。

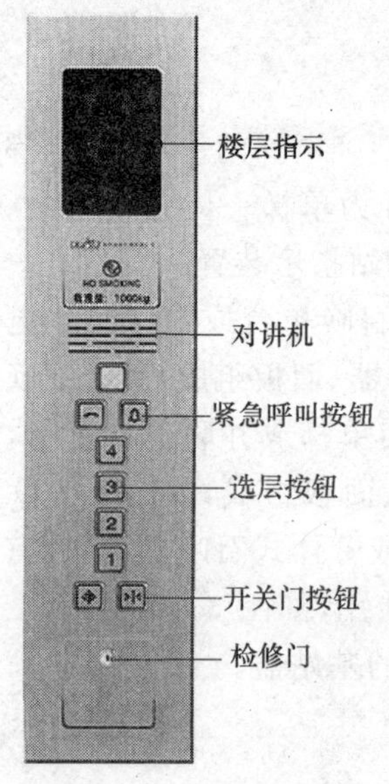

图 3.104　电梯操纵箱

选层按钮操纵箱面板上装有带指示灯的层站按钮组，数量由楼层数决定，用于发出停层指令。当按下一个或几个按钮时，相应楼层指令继电器通电并自锁，指示灯亮，轿厢停层指令被登记，电梯关门启动后轿厢按登记的层站停靠。地铁垂直电梯轿厢的选层按钮一般设计高度为 0.90～1.10 m 之间，如设置 2 套选层按钮，一套设在电梯门一侧外，另一套应设在轿厢靠内部的位置，以方便在不同的位置都可以使用选层按钮。选层按钮要带有凸出的阿拉伯数字或盲文数字及在轿厢中设有报层音响，这将给视觉残疾者的使用带来很大方便，如图 3.105 所示。

开、关门按钮作开、关轿门使用。在轿厢停止行驶状态时才能起开关作用，在正常行驶状态下，该按钮将不起作用。

警铃按钮的作用是当电梯在运行中突然发生事故停车，轿厢内乘客可按下此按钮向外报警，以便及时解除困境。

检修门内有钥匙开关，其作用是控制电梯运行状态，一般用机械锁带动电器开关，有的只控制电源，有的是控制电梯快速运行状态的检修(慢速)状态。在信号控制的电梯中，钥匙开关只有运行和检修 2 挡，而在集选控制电梯中钥匙开关有 3 挡，即自动(无司机)、司机和检修。司机离开轿厢，应将开关放在停止位置，并将钥匙带走，防止他人乱动设备。

图 3.105　地铁车站垂直电梯的选层按钮

3. 指层灯箱

指层灯箱上装有电梯上行方向灯、下行方向灯和各楼层指示灯，如图 3.106 所示。指层灯箱内装置的电器元件一般有电梯上下运行方向灯和电梯所在层楼指示灯。指层灯箱上的层数指示灯，一般采用信号灯和数码管两种方式。

厅外指示灯箱设置在各层楼厅门上方，给乘梯人员提供电梯运行方向和电梯运行所在位置的指示，轿厢内指示灯箱设置在轿门上方，向轿厢内乘客显示轿厢运行方向和轿厢所在楼层位置。轿内指层灯箱的结构与厅外指

图 3.106　指层灯箱

层灯箱相同。

4. 召唤按钮盒

厅外召唤盒安装于各楼层电梯门厅，在门厅处起到召唤电梯的作用，使电梯达到乘客所在楼层。厅外召唤盒按其功能和部件组成可分为单梯一体式召唤盒、并联一体式召唤盒、分体式召唤盒、厅外显示、消防基站、到站指示装置。

单梯一体式召唤盒由按钮、显示器、面板组成，用于召唤单台或并联分体电梯运行，如图 3.107 所示。并联一体式召唤盒由按钮、显示器、面板组成，用于召唤并联电梯运行。分体式召唤盒由按钮、面板组成，用于召唤单梯或并联电梯运行，一般和厅外显示或到站钟组合配置。消防盒由消防开关、面板组成，如图 3.109 所示，电梯消防状态时使用。有时会集成在一体式召唤盒或分体式召唤盒内，也有独立的消防盒。基站盒由基站锁、面板组成，锁梯状态时使用，如图 3.108 所示。有时会集成在一体式召唤盒或分体式召唤盒内，也有独立的基站盒。

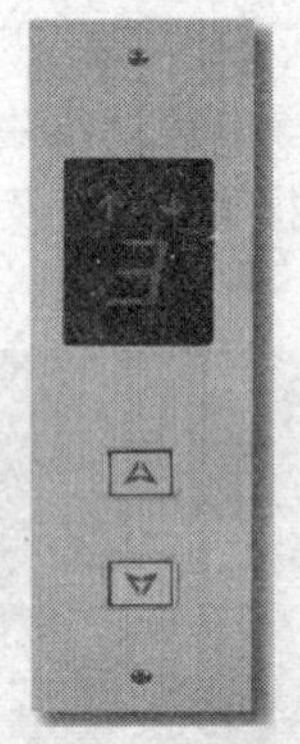

图 3.107 一体式召唤盒

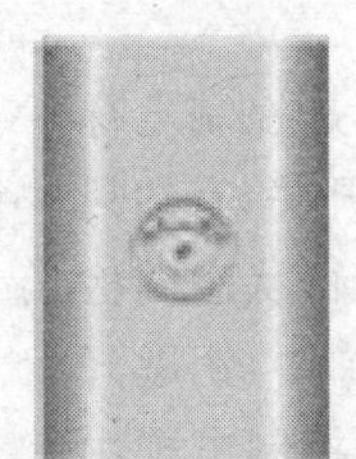

图 3.108 独立基站盒

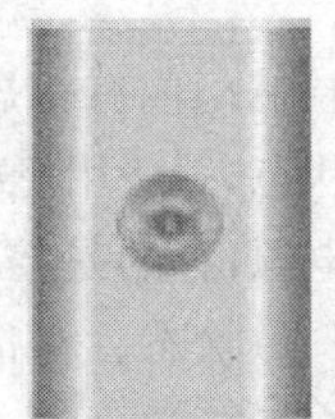

图 3.109 独立消防盒

5. 轿顶和坑底检修盒

在机房电气控制柜上及轿厢顶上，在井道坑底设有供电梯检修运行的检修开关箱。轿顶检修盒如图 3.110 所示。其电器元件一般包括有电梯慢上、慢下的按

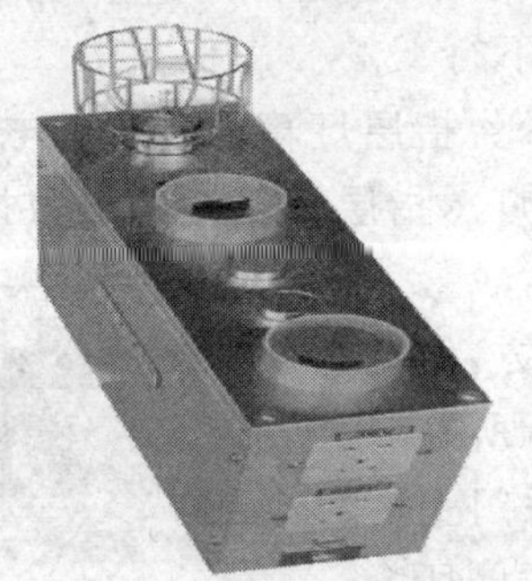

图 3.110 轿顶检修箱

钮，点动开关门按钮，急停按钮，轿顶检修转换开关，轿顶检修灯开关等。底坑检修盒一般安装在电梯坑底，用于检修人员在坑底工作时使用，其面板结构和功能与轿顶检修盒基本一致，如图 3.111 所示。

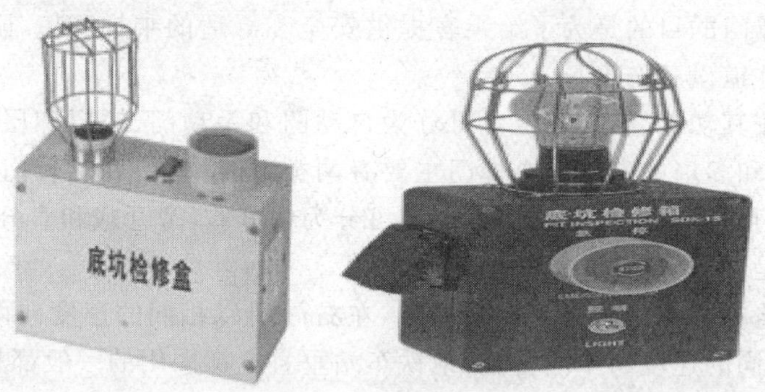

图 3.111　底坑检修盒

6. 平层装置

平层装置是指轿厢接近停靠站时，能自动使轿厢地坎与层门地坎准确平层的装置。电梯的平层装置多采用由轿厢导轨上装设的隔磁板、轿厢顶上装设的平层感应器组成。平层装置可以实现在电梯到达预定的停靠站时，提前一定的距离，把快速运行切换为平层前的慢速运行。

平层感应器由干簧管和永久磁铁组成，如图 3.112 所示，干簧管内嵌在平层器的内部，由 3 片铁镍合金片组成一对常闭、一对常开触头，将其密封在玻璃管内。干簧管通过磁场的作用其开关触点进行闭合与打开的动作。

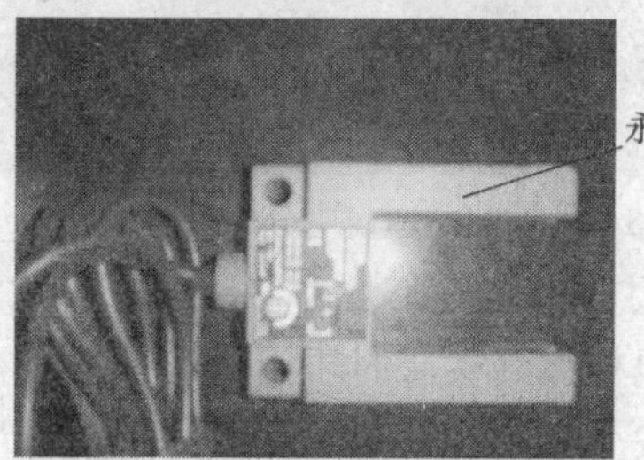

图 3.112　平层感应器

平层装置的功能有 3 个，分别是平层功能、提前开门功能和自动平层功能，根据电梯的需要，分别设置 3 种不同位置的平层装置。自动平层功能的平层器的动作原理为在轿厢顶部设置了 3 个垂直平层装置，由上至下分别为上平层、门区和下平层 3 个感应器，其间距为 500 mm 左右。在轿厢导轨上，井道内每一层站分别装有一块长约 600 mm 的平层隔磁板。当电梯轿厢上行，接近预选的楼层时，电梯由快速变慢速运行。当轿厢顶上的上平层感应器进入该层站的平层隔磁板后，使已慢速运行的电梯进一步减速，轿厢仍上行；当门区感应器进入隔磁板时，电路就准备延时断电。而当下平层感应器进入隔磁板时，电梯就停止，此时已完全平好层。若电梯因某种原因超过平层位置时，上平层感应器离开了隔磁板，使相应的继电器动作，电梯反向平层，最后达到较好的平层精度。这种装置通常分别装在轿顶支架和轿厢导轨支架上，所装的平层部件，配合动作，来完成平层功能。

3.2.3 门系统

电梯设置门的目的是为了给乘客提供安全和舒适的乘梯环境，阻止人跌落电梯井道或被井道设备伤害。

电梯门按其功能、结构及位置可分为自动门和手动门、轿门和层门、中分门和旁开门、单扇和多扇的安排。电梯门主要有两类，即滑动门和旋转门，目前普遍采用的是滑动门。滑动门按其开门方向又可分为中分式、旁开式和直分式 3 种，层门必须和轿门是同一类型的。

中分式电梯门由中间分开。开门时，左右门扇以相同的速度向两侧滑动，，关门时，则以相同的速度向中间合拢，地铁车站垂直电梯采用的一般都是两扇中分式的电梯门，如图 3.113 所示。

电梯有层门和轿门。层门的目的是在电梯不在门背后时密封电梯井道。这对安全和舒适很重要。当电梯不在层门背后时，层门会自动锁上。层门是被打开的轿门自动地打开的。层门通常没有自己的驱动系统。层门设在层门入口处，如图 3.114所示。

图 3.113 地铁车站两扇中分式垂直电梯门

图 3.114 井道中的电梯层门

轿门的用途是在运行时密封轿厢，以保护乘客免受来自井道设备潜在的危险和噪声。当电梯离开楼层时轿门自动锁上。在电梯安全停在楼层以前，轿门不能意外打开。以防止发生意外，轿门都装备了安全装置，以防止轿门在阻塞时关闭。轿门固定在电梯轿厢前沿，与轿厢一起运行，为乘客提供一个完全密封，安静和安全的环境。

电梯都装有自动开启装置，在开关门的过程中，轿门是主动门，层门是被动门。只有轿门、层门完全关闭后，电梯才能运行。为了将轿门的运动传递给层门，轿门上设有系合装置(如门刀)，门刀通过与层门门锁的配合，使轿门能带动层门运动。为了防止电梯在关门时将人夹住，在轿门上常设有关门安全装置(防夹保护装置)。

电梯的门一般均由门扇、门滑轮、门靴、门地坎、门导轨架等组成。轿门由滑轮悬挂在轿门导轨上，下部通过门靴(滑块)与轿门地坎配合。层门由门滑轮悬挂在厅门导轨架上，下部通过门滑块与厅门地坎配合，如图 3.115 所示。

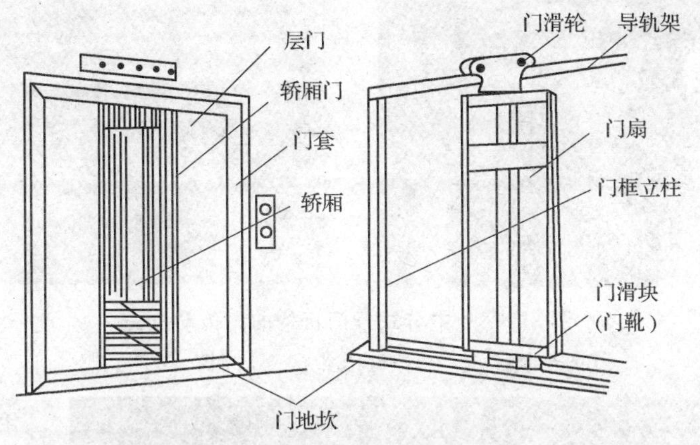

图 3.115　门的结构与组成

电梯层门和轿门的门扇均应是封闭无孔的。门扇一般用 1.5 mm 厚的薄钢板折边而成，中间辅以加强筋。有时为了加强门扇的隔音效果和提高减振作用，在门扇的背面涂设一层阻尼材料，如油灰等。轿门导轨架安装在轿厢顶部前沿，层门导轨架安装在层门门框上部，对门扇起导向作用。门滑轮安装在门扇上部。

门地坎和门靴是门的辅助导向组件，与门导轨和门滑轮配合，使门的上下两端，均受导向和限位。层门地坎安装在层门口的井道牛腿上，轿门地坎安装在轿门口。门在运动时，门靴顺着地坎槽滑动。有了门靴，门扇在正常外力作用下就不会倒向井道。地坎一般用铝型材料制造，门靴一般用尼龙制作。门靴的磨损会使门扇之间的间隙增大或缩小，严重时甚至会应外力而损坏，从而引起重大事故。因此通常在尼龙内加入加强钢片或嵌入酚醛树脂材料。

1. 门传动机构

门传动机构是打开和关闭电梯自动门的机械装置。在电梯安全停在楼层时，门自动开启。在控制装置向门驱动装置发出开门指令时，驱动装置带动门传动机构。现代的电梯传动系统采用齿形带传动，并类似于控制电梯曳引机一样通过变频器驱动系统修改加速度曲线。门传动机构位于轿门导轨上。中分式开门机构的门传动机构如图 3.116 所示。

2. 门驱动装置

门驱动装置是电动机构，它带动门传动机构，如图 3.117 所示。当门驱动装置收到一个打开指令，它驱使门传动机构动作。门驱动装置可以控制门打开和关闭的速度与力量。最初的加速和最后的减速应该不要太猛。门驱动装置改变电压和频率输出给门传动机构电机，准确控制其速度和扭矩。门驱动装置位于轿门导轨上。

图 3.116 中分式开门机构的门传动机构

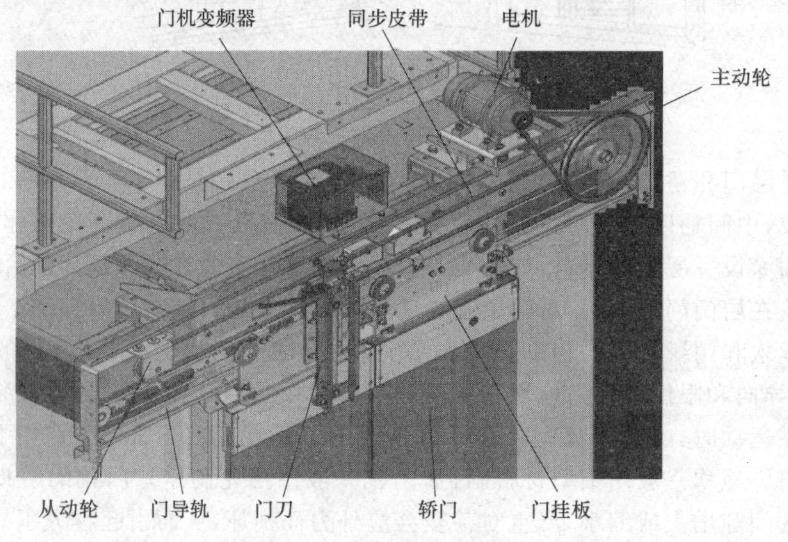

图 3.117 门驱动装置

电梯轿门、层门的开关结构分为手动和自动两种。手动开关门结构仅在少数的货梯中使用,门的开、闭完全由司机用手进行。自动控制开关门的变频门机构造简单,性能好,目前地铁车站所使用的垂直电梯全部采用的自动变频开关门门机结构。

自动开门机是使轿厢门(含层门)自动开启或关闭的装置(层门的开闭是由轿门通过门刀带动的)。它装设在轿门的上方及轿门的连接处。除了能自动启、闭轿厢门,还应具有自动调速的功能,以避免在起端与终端发生冲击。根据使用要求,一般关门的平均速度要低于开门平均速度,这样可以防止关门时将人夹住,而且客梯的门还设有安全触板。

另外,为了防止关门对人体的冲击,有必要对门速实行限制,我国《电梯制造与安装安全规范》中规定,当门的动能超过 10 J(焦耳)时,最快门扇的平均关闭速度要限制在 0.3 m/s。

根据电梯门型式的不同,自动开门机可以分为两扇中分式、两扇旁分式和交栅式的。

图 3.119 所示是近年出现的变频电机开门机构示意图。开关门电机是开门机构的核心部件,是开关门动力的提供者,典型的开关门电机如图 3.118 所示。由电机带动主动轮,与主动轮同轴的齿轮带动同步皮带,使连接在同步皮带上的门扇作水平运动。由于采用了变频电机,同步皮带,不但省掉了复杂的减速和调速装置,使结构简单化,而且开关平稳,噪声小,还减少能耗。

图 3.118　开关门机构中的电机

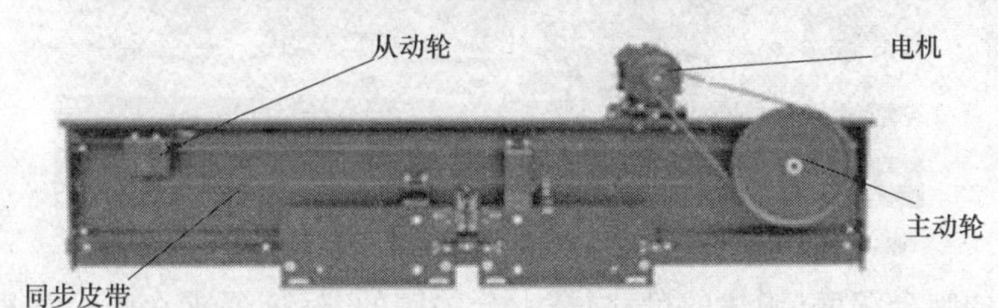

图 3.119　变频电机开门机构

当轿厢停在层站时,门刀(见图 3.122)就卡在门锁轮两边。当轿门开启时,门刀首先压动上面的开锁轮使门锁开启,然后通过门锁带动右门扇向右开启,同时通过传动钢丝绳使左门扇也同步向左侧开启。

电梯层门的开和关,是通过安装在轿门上的开门刀片来实现。每个层门上都有一把门锁,有些中分式层门上各装一把门锁。层门关闭后,门锁的机械锁钩啮合,同时层门电气联锁触点闭合,电梯控制回路接通,此时电梯才能启动运行。自动门锁是一种机电联锁装置,如图 3.120 和图 3.121 所示。门关闭后即可将门锁紧,防止从层门外将层门扒开出现危险。又可保证只有在层门、轿门完全关闭后,才能接通电路,电梯方可行驶,从而更加保证了电梯的安全。它是机电联锁装置,层门上的锁闭装置(门锁)的启闭是由轿门通过门刀来带动的。层门是被动的,轿门是主动门,因此层门的开闭是由轿门上的门刀插入(夹住)层门锁滚轮,使锁臂脱钩后跟着轿门一起运动。

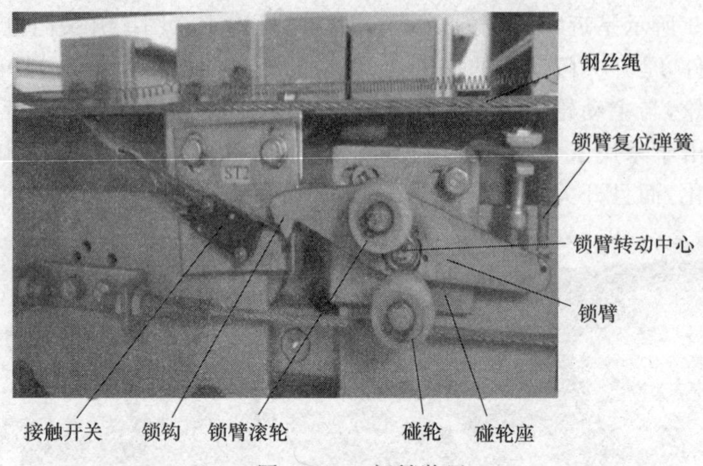

图 3.120 门锁装置

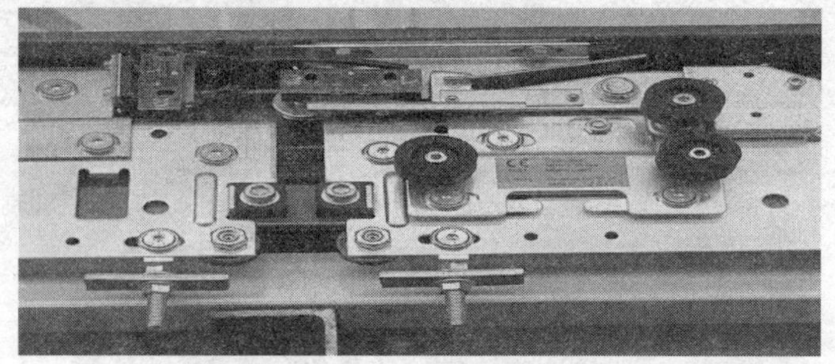

图 3.121 一种典型轿厢门锁装置

锁钩的啮合深度(钩住的尺寸)是十分关键的,标准要求在啮合深度达到和超过 7 mm 时,电气触点才能接通,电梯才能启动运行。锁钩锁紧的力是由锁臂复位弹簧和锁钩的重力供给的。门锁的电气触点是验证锁紧状态的重要安全装置,要求与机械锁紧元件(锁钩)之间的连接是直接的和不会误动作的,而且当触头粘连时,也能可靠断开。现在一般使用的是簧片式或插头式电气安全触点,普通的行程开关和微动开关是不允许用的。除了锁紧状态要有电气安全触点来验证外,轿门和层门的关闭状态也应有电气安全触点来验证。当门关到位后,电气安全触点才能接通,电梯才能运行。

层门门扇之间若是用钢丝绳、皮带、链条等传动的,称为间接机械传动,应在每个扇上安装电气安全触点。由于门锁的安全触点同时验证门关闭的任务,所以有门锁的门扇可以不再另装安全触点。当门扇之间的连动是由刚性连杆传动的称为直接机械传动,则电气安全触点可只装在被锁紧的门扇上。

门刀用钢板制成,其形状似刀,故称为门刀,如图 3.122 所示。门刀用螺栓紧固在轿门上,在每一层站能准确插入两个锁滚轮中间,如图3.117所示。开关门时,门刀的动作过程如图3.120所示,开门时,门刀向左推动锁臂滚动,使锁臂作顺时针转脱离锁钩,同时锁臂头上的导电座与电开关触头脱离,当锁臂的转动被限位块挡住时,门刀的开锁动作结束,厅门被带动。厅门的移动使得碰轮被挡块挡住而作顺时针翻转,在拉簧的作用下,动滚轮随之迅速靠向门刀,两个滚轮将刀夹住。关门时,门刀向右推动动滚轮,接近闭合位置时,碰轮被挡块挡住而作逆时针翻转,带动整个滚轮座迅速翻转复位,使动滚轮脱离门刀,锁臂在弹簧力的作用下与锁钩锁合,导电座与电开关触头接触,电梯控制电路接通。

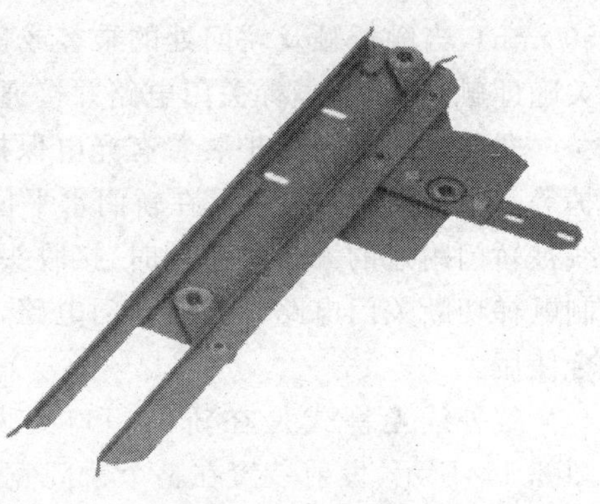

图3.122 轿门门刀

电梯的门刀与门锁轮的位置要调整精确,在电梯运行中,门刀经过门锁轮时,门刀与门锁轮两侧的距离要均等。通过层站时,门刀与层门地坎的距离和门锁轮与轿门地坎的距离均应为5～10 mm。距离太小容易碰擦地坎,太大则会影响门刀在门锁轮上的啮合深度,一般门刀在工作时应与门锁轮在全部厚度上接触。

为了在必要时(如救援)能从层站外打开层门,规定每个层门都应有人工紧急开锁装置。工作人员可用三角形的专用钥匙从层门上部的锁孔中插入,通过门后的装置将门锁打开。现在要求每个层站的层门均应设紧急开锁装置。另外,当轿厢不在层站时,层门无论什么原因开启时,必须有强迫关门装置使该层门自动关闭,强迫关门装置一般利用重锤的重力,通过钢丝绳、滑轮将门关闭。

3. 门安全装置

电梯门有许多种安全装置,其目的是为防止自动门造成任何伤害。有的电梯门在轿厢不在门区时会自动锁上,这是他们的主要安全功能。如果门在任何时间都能打开,乘客就有可能被夹在移动的轿厢和井道壁之间或落入井道,而受到伤害。

为防止乘客在进出轿厢时被电梯门夹伤,电梯轿门均设有安全保护装置,又称近门保护装置,常用的有接触式和非接触式两种,接触式又称安全触板保护装置,如图3.123所示。关门时,安全触板在轿门的运行方向上超前轿门一定的距离(约30～

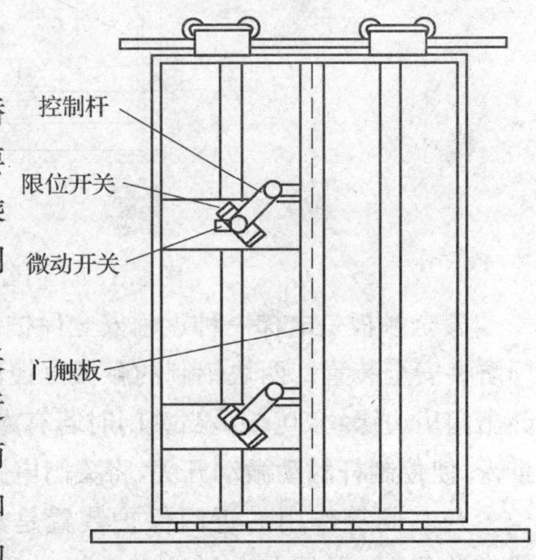

图3.123 安全触板式保护装置

50 mm)，当触板触及轿门处的乘客或货物时，其运动受阻并缩回，装置上的微动开关随即触发，切断电梯关门电路并接通开门电路，使门重新打开。

非接触式近门保护装置有光电保护、超声波监控、电磁感应式和红外线光幕保护等。光电式保护装置是在轿门水平位置一侧装设发光头，另一侧设接收头，当光线被轿门附近的人或物遮挡时，接收头一侧的光电管产生电信号变化，经放大后控制电梯切断关门电路并接通开门电路，达到防夹功能。该装置经常与安全触板联合使用。

红外线光幕式是在轿门门口处两侧对应安装红外线发射和接收装置，如图 3.124所示，发射装置在整个轿门宽度中发射 40 道以上的红外线，相当于在轿门口形成一个光幕门，当人或物遮挡光线后，关门电路被切断，随即打开开门电路。此装置也是与安全触板联合使用。

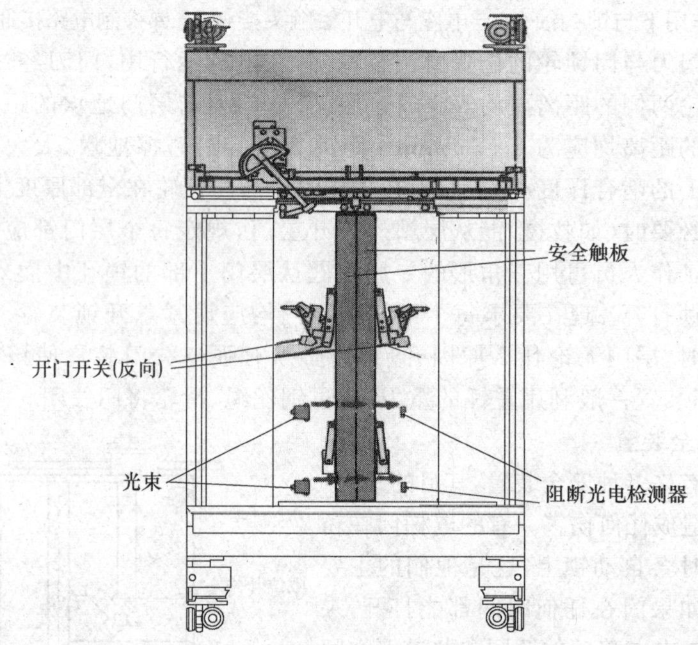

图 3.124　门红外线发射和接收装置

安全触板是电梯一种近门安全保护装置，如图 3.126 所示，它是一种机电一体式关门防夹安全装置。两块铝制的触板由控制杆连接悬挂在轿门开口边缘，平时由于自重凸出门扇边缘约 30 mm，当关门时若有人或物在门的行程中，安全触板将首先接触并被推入，使控制杆触动微动开关，将关门电路切断，接通开门电路，使门重新开启。

与其同等作用的近门保护装置是光幕保护装置，如图 3.125 所示，属于感应式保护装置，作用是在电梯自动关门过程中，防止人员或物品被夹受损。光电式保护装置有的是在轿门边上设两组水平的光电装置，为防止可见光的干扰一般用红外光。两道水平的红外光好似在整个开门宽度上设了两排看不见的“栏杆”，当有人或物在门的行程中遮断了任一根光线都会使门重开。还有一种光电保护装置是在开门整个高度和宽度中由几十根红外线交叉成一个红外光幕，就像一个无形的门帘，遮断其中的一部分门就会重新开启。

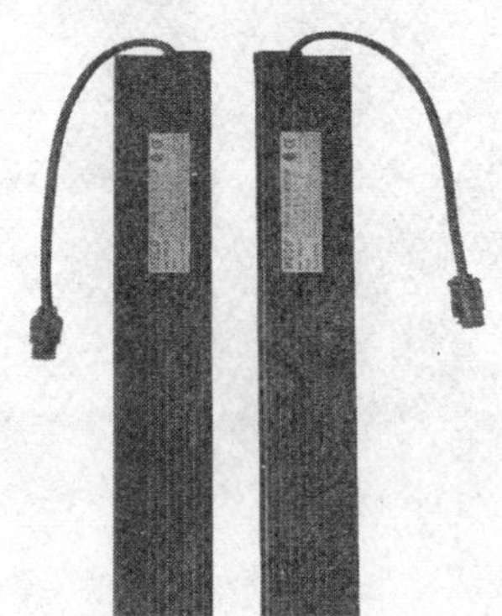

图 3.125　红外线光幕

图 3.126　安全触板

3.2.4　安全保护装置

电梯是频繁载人的垂直运输工具，必须有足够的安全性。电梯的安全，首先是对人员的保护，同时也要对电梯本身和所载物资以及安装电梯的建筑物进行保护。为了确保电梯运行中的安全，电梯安全保护系统中配备的安全保护装置一般由机械安全保护装置和电气安全保护装置两大部分组成。机械安全保护装置主要有限速器和安全钳、缓冲器、制动器、层门门锁、轿门安全触板、轿顶安全窗、轿顶防护栏杆、护脚板等。但是有一些机械安全保护装置往往需要和电气部分的功能配合和联锁，装置才能实现其动作和功效的可靠性。例如层门的机械门锁必须和电开关连接在一起的联锁装置。这些装置共同组成了电梯安全保护系统，以防止任何不安全的情况发生。下面就相关保护装置简单介绍。

1. 超速保护装置

垂直电梯的超速保护装置为限速器、安全钳，其工作原理在前面已经详细介绍，这里就不再详述了。根据 GB 7588—2003 中规定，曳引驱动电梯上还应装设上行超速保护装置，保证当轿厢上行超速时，使电梯制停或使其速度降低至对重缓冲器的允许范围内。该装置应作用于轿厢、对重、钢丝绳系统（含曳引钢丝绳或补偿绳）、曳引轮位置上。夹绳器就是非常重要的上行超速保护装置。

夹绳器可以直接将制动力作用在曳引钢丝绳上，夹绳器一般安装在机房内曳引轮和导向轮之间的曳引机机架上，也有将其安装在导向轮下部，如图 3.127 所示。根据夹绳器触发装置的不同，夹绳器又分为限速器机械式触发（闸线拉动，限速器动作机构直接带动提拉钢丝软轴使夹绳器动作）和电磁式触发（超速后限速器发出信号，夹绳器压绳块动作，夹绳曳引钢丝绳实施制动）两种类型。

图 3.127 夹绳器

2. 超越行程的保护装置

为防止电梯由于控制方面的故障，轿厢超越顶层或底层端站继续运行，必须设置保护装置以防止发生严重的后果和结构损坏。防止越程的保护装置一般是由设在井道内上下端站附近的强迫换速开关、限位开关和极限开关组成。这些开关或碰轮都安装固定在导轨的支架上，由安装在轿厢上的打板（撞杆）触动而动作。强迫减速开关、限位开关和极限开关分别达到强迫减速、切断方向控制电路、切断动力输出（电源）的三级保护。

图 3.128 所示是目前广泛使用的电气开关或极限开关的安装示意图。其强迫换速开关、限位开关和极限开关均为电气开关。图 3.129 所示为极限开关构成的位置限位开关和极限开关。

强迫换速开关是防止越程的第一道关，一般设在端站正常换速开关之后。当开关撞动时，轿厢立即强制转为低速运行。在速度比较高的电梯中，可设几个强迫换速开关，分别用于短行程和长行程的强迫换速。

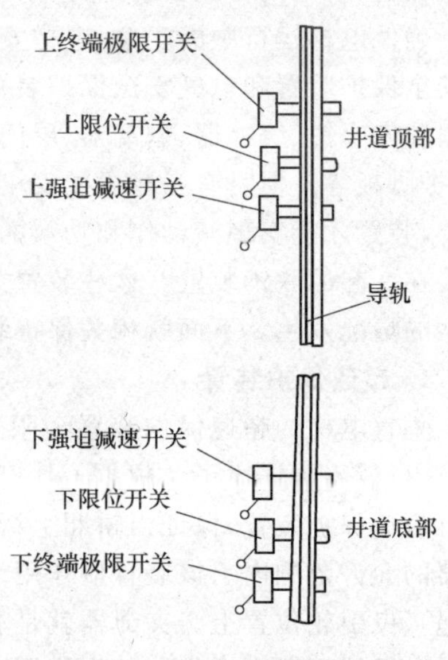

图 3.128 防越程保护开关安装位置

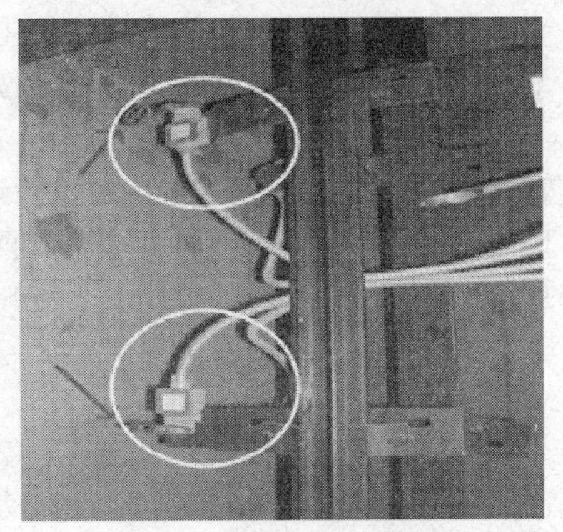
图 3.129 超越行程的保护装置

限位开关是防越程的第二道关，当轿厢在端站没有停层而触动限位开关时，立即切断方向控制电路使电梯停止运行。但此时仅仅是防止向危险方向运行，电梯仍能向安全方向运行。

极限开关是防越程的第三道保护。当限位开关动作后电梯仍不能停止运行，则触动极限开关切断电路，使驱动主机迅速停止运转。对交流调压调速电梯和变频调速电梯极限开关动作后，应能使驱动主机迅速停止运转，对单速或双速电梯应切断主电路或主接触器线圈电路，极限开关动作应能防止电梯在两个方向的运行，而且不经过专业人员调整，电梯不能自动恢复运行。

极限开关安装的位置应尽量接近端站，但必须确保与限位开关不联动，而且必须在对重（或轿厢）接触缓冲之前动作，并在缓冲器被压缩期间保持极限开关的保护作用。

限位开关和极限开关必须符合电气安全触点要求，不能使用普通的行程开关和磁开关、干簧管开关等传感装置。防越程保护开关都是由安装在轿厢上的打板（撞杆）触动的，打板必须保证有足够的长度，在轿厢整个越程的范围内都能压住开关，而且开关的控制电路要保证开关被压住（断开）时，电路始终不能接通。防越程保护装置只能防止在运行中控制故障造成的越程，若是由于曳引绳打滑、制动器失效或制动力不足造成轿厢越程，上述保护装置是无能为力的。

3. 冲顶（蹲底）保护装置

轿厢或者对重冲顶（蹲底）保护装置为缓冲器，关于缓冲器的原理和安装在前面的章节已经详细介绍，这里不再详述了。

4. 轿厢超载保护装置

轿厢超载保护装置为轿厢的称重装置，其原理在前面的章节已经详细介绍，这里不再详述了。

5. 门安全保护装置

层门门锁与轿门电气联锁及门防夹人的装置原理在前面的章节已经详细介绍，这里不再详述了。门安全防护装置可以有效防止人员坠落，其标准要求如下：

(1)当轿门和层门中任一门扇未关好和门锁啮合 7 mm 以上时，电梯不能启动。

(2)当电梯运行时轿门和层门中任一门扇被打开,电梯应立即停止运行。

(3)当轿厢不在层站时,在站层门外不能将层门打开。

(4)紧急开锁的钥匙由专人保管,有紧急情况才能使用。

(5)轿门、层门必须按规定装设验证门紧闭状态的电气安全触点并保持有效。门关闭后门扇之间、门与周边结构之间的缝隙不得大于规定值。尤其层门滑轮下的挡轮要经常调整,以防中分门下部的缝隙过大。

(6)门锁必须符合安全规范要求,并经试验合格,锁紧元件的强度和啮合深度必须保证。

(7)装有停电应急装置和故障应急装置的电梯,在轿厢层门未关好或被开启的情况下,应不能自动投入应急运行移动轿厢。

6. 报警和救援装置

电梯发生人员被困在轿厢内时,通过报警或通信装置应能将情况及时通知车站管理人员并通过救援装置将人员安全救出轿厢。

1)报警装置

电梯必须安装应急照明和报警装置,并由应急电源供电。低层站的电梯一般是安设警铃,警铃安装在轿顶或井道内,操作警铃的按钮应设在轿厢内操纵箱的醒目处,上有黄色的报警标志。警铃的声音要急促响亮,不会与其他声响混淆。

提升高度大于 30 m 的电梯,轿厢内与机房或值班室应有对讲装置。也由操纵箱面板上的按钮控制。目前大部分对讲装置是接在机房而机房又大多无人看守,这样在紧急情况时,管理人员不能及时知晓。所以凡机房无人值守的电梯,对讲装置必须接到管理部门的值班处。

除了警铃和对讲装置,轿厢内也可设内部直线报警电话或与电话网连接的电话。此时轿厢内必须有清楚易懂的使用说明,告诉乘员如何使用和应拨的号码。

轿厢内的应急照明必须有适当的亮度,在紧急情况时,能看清报警装置和有关的文字说明。

2)救援装置

电梯困人的救援以往主要采用自救的方法,即轿厢内的人员从上部安全窗爬上轿顶将层门打开。随着电梯的发展,无人员操纵的电梯广泛使用,再采用自救的方法不但十分危险而且几乎不可能。因为作为公共交通工具的电梯,乘员十分复杂,电梯故障时乘员不可能从安全窗爬出,就是爬上了轿顶也打不开层门,反而会发生其他的事故。因此现在电梯从设计上就决定了救援必须从外部进行。

救援装置包括曳引机的紧急手动操作装置和层门的人工开锁装置。在有层站不设门时还可在轿顶设安全窗,当两层站地坎距离超过 11 m 时还应设井道安全门,若同井道相邻电梯轿厢间的水平距离不大于0.75 m时,也可设轿厢安全门。

机房内的紧急手工操作装置,应放在拿取方便的地方,盘车手轮应漆成黄色,开闸板手应漆成红色。为使操作时知道轿厢的位置,机房内必须有层站指示。最简单的方法就是在曳引绳上用油漆做上标记,同时将标记对应的层站写在机房操作地点的附近。

若轿顶设有安全窗,安全窗的尺寸应不小于350 mm × 500 mm、强度应不低于轿壁的强度。窗应向外开启,但开启后不得超过轿厢的边缘。窗应有锁,在轿内要用三角钥匙才能开启,在轿外,则不用钥匙也能打开,窗开启后不用钥匙也能将其关闭和锁住,窗上应设验证锁紧状态的电气安全触点,当窗打开或未锁紧时,触点切断安全电路,使电梯停止运行或不能启动。

井道安全门的位置应保证至上下层站地坎的距离不大于11 m。要求门的高度不小于1.8 m宽度不小于350 mm,门的强度不低于轿壁的强度。门不得向井道内开启,门上应有锁和电气安全触点,其要求与安全窗一样。

7. 停止开关和检修运行装置

停止开关一般称急停开关,按要求在轿顶、底坑和滑轮间必须装设停止开关。停止开关应符合电气安全触点的要求,应是双稳态非自动复位的、误动作不能使其释放。停止开关要求是红色的,并标有“停止”和“运行”的位置,若是刀闸式或拨杆式开关,应以把手或拨杆朝下为停止位置。轿顶的停止开关应面向轿门,离轿门距离不大于1 m。底坑的停止开关应安装在进入底坑可立即触及的地方。当底坑较深时可以在下底坑时梯子旁和底坑下部各设一个串联的停止开关。最好是能联动操作的开关。在开始下底坑时即可将上部开关打在停止的位置,到底坑后也可用操作装置消除停止状态或重新将开关处于停止位置。轿厢装有无孔门时,轿内严禁装设停止开关。

检修运行是为便于检修和维护而设置的运行状态,由安装在轿顶或其他地方的检修运行装置进行控制。检修运行时应取消正常运行的各种自动操作,如取消轿内和层站的召唤,取消门的自动操作。此时轿厢的运行依靠持续揿压方向操作按钮操纵,轿厢的运行速度不得超过0.63 m/s,门的开关也由持续揿压开关门按钮控制。检修运行时所有的安全装置如限位和极限、门的电气安全触点和其他的电气安全开关及限速器安全钳均有效,所以检修运行是不能开着门走梯的。

检修运行装置包括一个运行状态转换开关、操纵运行的方向按钮和停止开关。该装置也可以与能防止误动作的特殊开关一起从轿顶控制门机构的动作。

检修转换开关应是符合电气安全触点要求的双稳态开关,有防误操作的措施,开关的检修和正常运行位置有标示,若用刀闸或拨杆开关则向下应是检修运行状态。轿厢内的检修开关应用钥匙动作或设在有锁的控制盒中。

检修运行的方向按钮应有防误动作的保护，并标明方向。有的电梯为防误动作设 3 个按钮，操纵时方向按钮必须与中间的按钮同时按下才有效。

当轿顶以外的部位如机房、轿厢内也有检修运行装置时，必须保证轿顶的检修开关“优先”，即当轿顶检修开关处于检修运行位置时，其他地方的检修运行装置全部失效。

8. 消防功能

发生火灾时井道往往是烟气和火焰蔓延的通道，而且一般层门在 70 ℃ 以上时也不能正常工作。为了乘员的安全，在火灾发生时必须使所有电梯停止应答召唤信号，直接返回撤离层站，即具有火灾自动返基站功能。

自动返基站的控制，可以在基站处设消防开关，火灾时将其接通或由集中监控室发出指令，也可由火灾检测装置在测到层门外温度超过 70 ℃ 时自动向电梯发出指令，使电梯迫降，返基站后不可在火灾中继续使用。此类电梯仅具有“消防功能”即消防迫降停梯功能。

另一种为消防员用电梯(一般称消防电梯)，除具备火灾自动返基站功能外，还要供消防队员灭火的抢救人员使用。

消防电梯的布置应能在火灾时避免暴露于高温的火焰下，还能避免消防水流入井道。一般电梯层站宜与楼梯平台相邻并包含楼梯平台，层站外有防火门将层站隔离，层站内还有防火门将楼梯平台隔离，这样在电梯不能使用时，消防员还可以利用楼梯通道返回。其结构防火，电源专用。

消防电梯额定载质量不应小于 630 kg，入口宽度不得小于 800 mm，运行速度应按全程运行时间不大于 60 s 来决定。电梯应是单独井道，并能停靠所有层站。

消防员操作功能应取消所有的自动运行和自动门的功能。消防员操作时外呼全部失效，轿内选层一次只能选一个层站，门的开关由持续揿压开关门按钮进行。有的电梯在开门时只要停止揿压按钮，门立即关闭，在关门时停止揿压按钮门会重新开启，这种控制方式是更为合理的。

9. 其他安全保护装置

1)轿厢顶部的安全窗

安全窗是设在轿厢顶部的一个窗口。安全窗打开时，使限位开关的常开触点断开，切断控制电路，此时电梯不能运行。当轿厢因故障停在楼房两层中间时，司机可通过安全窗从轿顶以安全措施找到层门。安装人员在安装时，维修人员在处理故障时也可利用安全窗。由于控制电源被切断，可以防止人员出入轿厢窗口时因电梯突然启动而造成人身伤害事故。当出入安全窗时还必须先将电梯急停开关按下(如果有的话)或用钥匙将控制电源切断。为了安全，司机最好不要从安全窗出入，更不要让乘客出入。因安全窗窗口较小，且离地面有 2 m 多高，上下很不方便。停电时，轿顶上很黑，又有各种装置，易发生人身事故。也有的电梯不设安全窗，可以用紧急钥匙打开相应的层门上下轿顶。

2)轿顶护栏

轿顶护栏是电梯维修人员在轿顶作业时的安全保护栏。有护栏可以防止维修人员不慎坠落井道，就实践经验来看，设置护栏时应注意使护栏外围与井道内的其他设施(特别是对重)保持一定的安全距离，做到既可防止人员从轿顶坠落，又避免因扶、倚护栏造成人身伤害事故。在维修人员安全工作守则中可以写入"站在行驶中的轿顶上时，应站稳扶牢，不倚、靠护栏"，和"与轿厢相对运动的对重及井道内其他设施保持安全距离"字样，以提醒维修作业人员重视安全。

3)底坑对重侧护栅

为防止人员进入底坑对重下侧而发生危险，在底坑对重侧两导轨间应设防护栅，防护栅高度为1.7 m以上，距地500 mm装设。宽度不小于对重导轨两外侧之间距，防护网空格或穿孔尺寸，无论水平方向或垂直方向测量，均不得大于75 mm。

4)轿厢护脚板

轿厢不平层，当轿厢地面(地坎)的位置高于层站地面时，会使轿厢与层门地坎之间产生间隙，这个间隙会使乘客的脚踏入井道，发生人身伤害的可能。为此，国家标准规定，每一轿厢地坎上均需装设护脚板，其宽度是层站入口处的整个净宽。护脚板的垂直部分的高度应不少于0.75 m。垂直部分以下部分成斜面向下延伸，斜面与水平面的夹角大于60°，该斜面在水平面上的投影深度不小于20 mm。护脚板用2 mm厚铁板制成，装于轿厢地坎下侧且用扁铁支撑，以加强机械强度。

5)制动器扳手与盘车手轮

当电梯运行当中遇到突然停电造成电梯停止运行时，电梯又没有停电自投运行设备，且轿厢又停在两层门之间，乘客无法走出轿厢。就需要由维修人员到机房用制动器扳手和盘车手轮两件工具人工操纵使轿厢就近停靠，以便疏导乘客。制动器扳手的式样因电梯抱闸装置的不同而不同，作用都是用它使制动器的抱闸脱开。盘车手轮是用来转动电动机主轴的轮状工具(有的电梯装有惯性轮，亦可操纵电动机转动)。操作时首先应切断电源，由两人操作，即一人操作制动器扳手，一人盘动手轮。两人需配合好，以免因制动器的抱闸被打开而未能把住手轮致使电梯因对重的质量而造成轿厢快速行驶。一人打开抱闸，一人慢速转动手轮使轿厢向上移动，当轿厢移到接近平层位置时即可。制动器扳手和盘车手轮平时应放在明显位置并应涂以红漆以醒目。

6)超速保护开关

在速度大于1 m/s的电梯限速器上都设有超速保护开关，在限速器的机械动作之前，此开关就得动作，切断控制回路，使电梯停止运行。有的限速器上安装2

个超速保护开关,第1个开关动作使电梯自动减速,第2个开关才切断控制回路。对速度不大于1 m/s的电梯,其限速器上的电气安全开关最迟在限速器达到其动作速度时起作用。

7)曳引电动机的过载保护

电梯使用的电动机容量一般比较大,从几千瓦至十几千瓦。为了防止电动机过载后被烧毁而设置了热继电器过载保护装置。电梯电路中常采用的热继电器是一种双金属片热继电器。两只热继电器热元件分别接在曳引电动机快速和慢速的主电路中,当电动机过载超过一定时间,即电动机的电流大于额定电流,热继电器中的双金属片经过一定时间后变形,从而断开串接在安全保护回路中的接点,保护电动机不因长期过载而烧毁。

现在也有将热敏电阻埋藏在电动机的绕组中,即当过载发热引起阻值变化,经放大器放大使微型继电器吸合,断开其接在安全回路中的触头,从而切断控制回路,强令电梯停止运行。

8)电梯控制系统中的短路保护

一般短路保护,是由不同容量的熔断器来进行。熔断器是利用低熔点、高电阻金属不能承受过大电流的特点,从而使它熔断,就切断了电源,对电气设备起到保护作用。极限开关的熔断器为插入式,熔体为软铅丝、片状或棍状。电梯电路中还采用了蜗旋式熔断器和螺旋式快速熔断器,用以保护半导体整流元件。

9)供电系统相序和断(缺)相保护

根据国家标准GB 7588—1995中规定对于供电电源的错相及电压降低都应有防护措施。相序继电器在所有电梯控制系统中是不可缺少的环节,如图3.130所示。当供电系统因某种原因造成三相动力电源线的相序与原相序有所不同,有可能使电梯原定的运行方向变为相反的方向,电梯将不能运行,而且会给电梯运行造成极大的危险性,造成人身和设备的事故。同时,电动机在电源缺相情况下不正常运转会导致电机烧损。

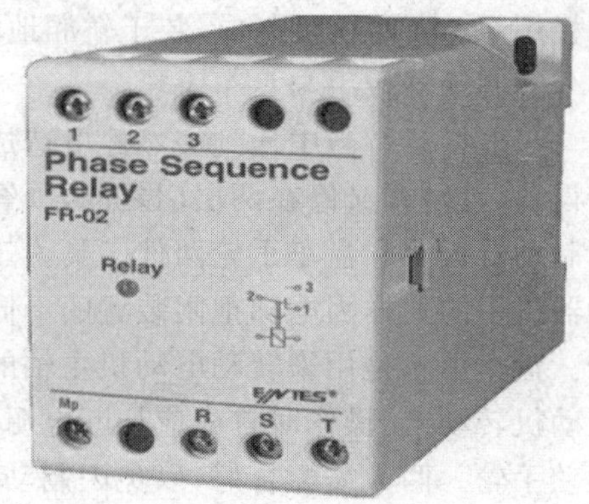

图3.130 相序继电器

但是,近几年由于电力电子器件和交流传动技术的发展,电梯的主驱动系统应用晶闸管直接供电给直流曳引电动机,以及大功率器件IGBT为主体的交—直—交变频技术在交流调速电梯系统(VVVF)中的应用,使电梯系统工作是与电源的相序无关的。

10)电气设备的接地保护

从安全防护方面考虑,电梯的电气设备应采用接零保护。在中性点接地系统中,当一相接地时,接地电流成为很大的单相短路电流,保护设备能准确而迅速的动作切断电流,保障人身和设备安全。接零保护同时,地线还要在规定的地点采取重复接地。重复接地是将地线的一点或多点通过接地体与大地再次连接。在电梯安全供电现实情况中还存在一定的问题,有的引入电源为三相四线,到电梯机房后,将零线与保护地线混合使用;有的用敷设的金属管外皮作零线使用,这是很危险的,容易造成触电或损害电气设备。应采用三相五线制的 TN － S系统,直接将保护地线引入机房。如果采用三相四线制供电的接零保护 TN － C － S系统,严禁电梯电气设备单独接地。电源进入机房后保护线与中性线应始终分开,该分离点的接地电阻值不应大于 4 Ω。

电梯电气设备如电动机、控制柜、接线盒、布线管、布线槽等外露的金属外壳部分,均应进行保护接地。

保护接地线应采用导线截面积不小于 4 mm^2 有绝缘层的铜线。线槽或金属管相互应连成一体并接地,连接可采用金属焊接,在跨接管路线槽时可用直径 ϕ4 mm～6 mm 的铁丝或钢筋棍,用金属焊接方式焊牢。当使用螺栓压接保护地线时,应使用 ϕ8 mm 螺栓,并加平垫圈和弹簧垫圈压紧。接地线应为黄绿双色。当采用随行电缆芯线作保护线时不得少于 2 根。在电梯采用的三相四线制供电线路的零线上,不准装设保险丝,以防人身和设备的安全受到损害。对于各种用电设备的接地电阻值均应 $\leqslant$ 4 Ω。电梯生产厂家有特殊抗干扰要求的,按照厂家要求安装,并对接地电阻应定期检测。

另外,动力电路和安全装置的绝缘应定期检验,一般动力电路的对地绝缘应不少于 0.5 MΩ,照明、信号等其他电路不小于 0.25 MΩ。

11)可切断电梯电源的主开关

每台电梯在机房中都应装设一个能切断该电梯电源的主开关,并具有切断电梯正常行驶的最大电流的能力。如有多台电梯还应对各个主开关进行相应的编号。注意,主开关切断电源时不包括轿厢内、轿顶、机房和井道的照明、通风以及必须设置的电源插座等供电电路。

3.3　地铁车站垂直电梯的控制原理

1. 垂直电梯控制性系统的现状及特点

目前垂直电梯的控制系统大多已采用微机控制板,PLC 与变频器相结合的控制系统,这些技术的应用使垂直电梯的可靠性与舒适感大大提高,传统的继电器控制系统已退出了历史的舞台。目前国内轨道交通车站所使用的垂直电梯都采用了以变频器和 PLC 为核心控制设备的控制系统。这种控制系统有如下特点：

1)可靠性高，抗干扰能力强

PLC 是为工业控制而设计的，除了对器件的严格筛选外，在硬件和软件两个方面还采用可屏蔽、滤波、隔离、故障诊断和自动恢复等措施，使可编程控制器具有很强的抗干扰能力，其平均无故障时间达到$(3\sim5)\times10^4$ h 以上。

2)编程直观、简单

考虑到大多数电气技术人员熟悉电气控制线路的特点，PLC 采用了面向控制过程的梯形图等语言。梯形图语言与继电器原理图相类似，形象直观，易学易懂，电气工程师和具有一定知识的电气技术人员都可在短时间内学会，计算机技术和传统的继电器控制技术间的隔阂在 PLC 上完全不存在。

3)适应性好

PLC 是通过程序实现控制的。当控制要求发生改变时，只要修改程序即可。由于 PLC 产品已标准化、系列化、模块化，因此能灵活方便地进行系统配置，组成规模不同、功能不同的控制系统。其适应能力非常强，既可控制一台机器，一条生产线，也可控制一个复杂的群控系统，既可以现场控制，又可以远距离控制。

4)功能完善，接口功能强

目前的 PLC 具有数字量和模拟量的输入输出接口、具有逻辑运算、算术运算、定时、计数、顺序控制、通信、人机对话、自检、记录和显示等功能，使设备控制水平大大提高。其常用的数字量输入输出接口，就电源而言有 110 V、220 V 交流和 5 V、48 V 直流等多种，负载能力可在 0.5～5 A 的范围内变化，模拟量的输入输出有 ±50 mV、±10 V 和 0～10 mA、4～20 mA 等多种规格，可以很方便地将 PLC 与各种不同的现场控制设备顺序连接，组成应用系统。

由于 PLC 具有以上特点，因此，在电梯这样的大型电气设备的控制系统中采用 PLC 实现控制应是最佳选择。近年来，PLC 在处理速度、控制功能、通信能力及控制领域等方面都不断有新的突破，正向着电气控制、仪表控制、计算机控制一体化方向发展，PLC 装置已成为自动化系统的基本装置。

2. 垂直电梯控制系统的控制要求

电梯的性能指标主要包括可靠性、安全性和舒适感与快速性。与此相联系，电梯的控制要求非常苛刻。首先要求电梯所使用的曳引电机调速和控制性能优异，电梯能准确地停止于楼层平面上，且停车前的速度愈低愈好，且要求曳引电机的启动转矩大，启动电流小。

电梯的安全保护装置用于电梯的启停控制，轿厢操作盘用于轿厢门的关闭、轿厢需要到达的楼层等的控制。厅外呼叫的主要作用是当有人员进行呼叫时，电梯能够准确达到呼叫位置，指层器用于显示电梯达到的具体位置。拖动控制用于控制电梯的起停、加速、减速等功能。门机控制主要用于控制当电梯达到一定位置后，电梯门应该能够自动打开或者门外有乘电梯人员要求乘梯时，电梯门应该能够自动打开。

垂直电梯电气控制系统的控制要求如下：

1)电梯控制系统应可以实现电梯控制方式的选择，电梯操纵箱上应设有钥匙开关，维护或者管理人员可根据实际情况用专用钥匙扭动钥匙开关，使电梯分别处在"有司机控制、无司机控制(乘用人员自行控制)、检修慢速运行控制"3种运行状态下。

2)电梯控制系统应可以实现电梯在到达预定停靠的中间层站时，可提前自动换速和自动平层。

3)电梯控制系统应可以实现电梯自动开、关门。

4)电梯控制系统应可以实现电梯在到达上下端站时，提前自动强迫电梯换速和自动平层。

5)电梯控制系统应可以实现电梯及时响应电梯厅外召唤装置的信号，控制系统能实现厅外召唤指示灯状态记忆，同时，轿厢内应有音响信号和指示灯信号。

6)电梯控制系统应可以实现电梯厅外电梯运行方向和位置指示信号的显示。

7)电梯控制系统应可以实现召唤要求任务执行完毕后，自动消除轿内、厅外原召唤记忆指示信号。

8)司机可接收多个乘客要求作指令登记，然后通过点按启动或关门启动按钮启动电梯，直到完成运行方向的最后一个内、外指令为止。若相反方向有内、外指令，电梯自动换向，点按启动或关门启动按钮后启动运行。运行前方出现顺向召唤信号时，电梯能到达顺向召唤层站自动停靠开门。司机可通过直驶按钮使电梯直驶。

3. 垂直电梯电力拖动系统的分类

垂直电梯电力拖动系统按照电动机供电种类可以分为直流拖动系统和交流拖动系统。

直流拖动系统一般为直流励磁和电枢供电两类系统。直流电动机的调速性能好，调速范围宽，在早期垂直电梯拖动系统中被广泛采用。但是直流电动机具有换向器，日常维护量大，且耗能高，制约了其更加广泛的应用。由于电子元器件的高速发展，使得变频变压调速系统更加成熟，且被电梯拖动系统广泛采用。目前，垂直电梯的直流拖动系统已经逐步退出历史舞台了。

目前，无论是在轨道交通行业还是在其他行业，垂直电梯的拖动系统都采用了交流拖动的方式。交流拖动系统有交流双速电动机、交流调压调速系统及变频变压调速系统3类。由于变频技术的迅猛发展和日臻成熟，以变频器为核心的变频变压调速系统成为垂直电梯拖动系统的主流。变频变压调速系统具有体积小、节能等优点，在调速性能方面可以与直流拖动系统媲美，目前采用变频变压调速的电梯速度可达 6 m/s。

4. 交流变频调速拖动系统的原理

变频变压调速就是通过同时改变交流电动机供电电源的频率和电压来调节电动机的同步转速。系统具有调速范围宽、特性硬、节能等优点。

从电机学可知，电动机的转速由下面的计算公式来计算：

$$n=\frac{60f_1}{p}(1-s)$$

式中 f_1——外部施加电动机的交流电源频率；

s——电动机的转差率；

p——电动机的磁极对数。

从公式可知 f_1 与 n 成正比，交流异步电动机的转速 n 是施加于定子绕组上的交流电源频率 f_1 的函数，均匀且连续地改变定子绕组的供电频率，可平滑地改变电机的转速 n。目前垂直电梯调速的主要方式包括以下几种：

1)变极调速系统

变极调速是指通过改变电机极对数 p 来改变电机转速，这就是“交流双速电梯”采用的调速方法。电机极对数少的绕组称为快速绕组，极数多的绕组称为慢速绕组。快速绕组作为启动和稳速之用，而慢速绕组作为制动和慢速平层停车用。变极调速是一种有级调速，其调速范围不大，且电机极对数的改变受到电机外形尺寸的限制。因此，基于这种调速的电梯应用的不是非常广泛。

2)交流调压调速系统

交流调压调速是指通过改造定子绕组电压的大小来改变转差率 s，从而达到调节电机速度的目的。交流调压调速电梯根据制动方式可以分为能耗制动型和反接制动型两种。能耗制动型采用晶闸管调压调速再加直流能耗制动系统组成，反接制动型是指电梯在减速时，把定子绕组中的两相交叉改变其相序，使定子磁场的旋转方向改变。而转子的转向仍未改变，即电机转子逆磁场旋转方向运转，产生制动力矩，使转速逐渐降低，此时电机以反相序运转于第二象限。当速度下降到零时，需立即切断电机电源，抱闸制动，否则电机就自动反转。

3)变压变频调速系统

变压变频调速是指通过改变施加在定子电源频率 f_1 来达到调节电梯速度的目的。但 f_1 最大不能超过电机额定频率。电梯作为恒转矩负载，调速时为保持最大转矩不变，从电动机电磁力矩公式得知：

$$M=C_m\Phi_m I_2\cos\varphi_2$$

式中 C_m——电机常数；

I_2——电机转子电流；

Φ_m——电机气隙磁通；

$\cos\varphi_2$——转子功率因数。这些参数必须保持恒定。

又根据电动机定子感应电动势的计算公式：

$$E_1 = 4.44 f_1 k_1 \omega_1 \Phi_m$$

如果忽略电动机定子绕组中的阻抗压降，则定子绕组的供电电压 U_1 近似等于定子的感应电动势 E_1，即

$$U_1 = E_1 = 4.44 f_1 k_1 \omega_1 \Phi_m$$

式中　U_1——定子电压；

f_1——定子电压频率；

ω_1——定子绕组匝数；

Φ_m——电机每极的磁通量；

k_1——电机常数。

因为电梯是恒转矩负载，当电梯负载不变时，电磁力矩 M 不能改变，但 f_1 的增加或减少导致定子的感应电动势 E_1 向相反方向增减，由于 E_1 的变化使电机转子电流 I_2 发生变化，导致电动机的效率降低或最大转矩发生变化。因此在调频调速的同时也必须改变电动机定子绕组施加的电压 U_1。在 $U_1 = E_1$ 公式中近似得到$\frac{U_1}{f_1} = C_m\Phi_m$ = 常数的比例控制方式。

为了保持$\frac{U_1}{f_1}$为常数，根据电机和电梯为恒转矩负载的要求，在变频调速时需保持电机的最大转矩不变，维持磁通恒定。这就要求定子绕组供电电压要作相应的调节。因此，其电动机的供电电源的驱动系统应能同时改变电压和频率。即对电动机供电的变频器要求有调压和调频两种功能。使用这种变频器的电梯常称为 VVVF(Vary Voltage Vary Frequency)型电梯。这就是 VVVF 型电梯的基本控制原理。

5. PLC 控制的变频调速电梯系统

图 3.131 所示为典型的 VVVF 交流变频器控制电梯电气控制原理图。

电梯的控制系统主要由变频器、PLC 及旋转编码器组成。变频器用来实现电机的调速，用户可自行设置电梯速度曲线来实现电梯平稳操作和精确控制，使乘客在乘坐电梯时更加舒适。为满足电梯安全性的要求，变频器通过与电动机同轴连接的旋转编码器完成速度检测

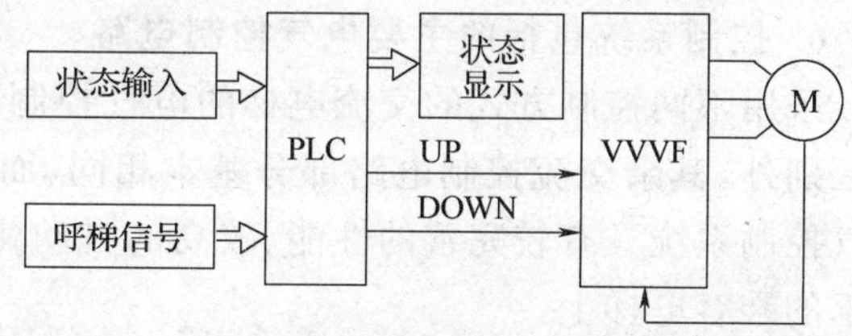

图 3.131　PLC 控制的变频调速电梯系统原理框图

及反馈,形成闭环系统。

由 PLC 负责处理各种信号的逻辑关系。输入到 PLC 的控制信号有运行方式选择(如自动、有司机、检修、消防运行方式等)、运行控制、轿内指令、层站召唤、安全保护信号、开关门及限位信号、门区和平层信号,PLC 根据内部逻辑控制程序的扫描结果,向变频器发出起、停等信号,同时变频器也将工作状态信号送给 PLC,以便在 OCC 监控界面显示车站垂直电梯的工作状态。

为了保证平层精度及运行的可靠性,实现电梯速度的精确控制,VVVF 变频器与速度检测环节构成闭环矢量控制系统。曳引电机的转速采用转速由旋转编码器检测,旋转编码器与电动机同轴连接,对电动机进行测速。旋转编码器输出 A,B 两相脉冲,旋转编码器根据 A,B 脉冲的相序,可判断电动机转动方向,并可根据 A、B 脉冲的频率测得电动机的转速。另外,电梯 VVVF 变频器还具备转差补偿功能、转矩补偿功能及“S”曲线特性。转差补偿功能对电梯的空、满载时上、下行速度稳定非常有利,避免超、欠速运行。例如当电梯正常速度为 50 Hz 时(以频率表示),空载上行时,速度较平衡时快,转差补偿 − 0.5 Hz ,满载上行时,速度较平衡时慢,转差补偿 + 0.5 Hz,从而保证在各种状态下速度稳定。转矩补偿功能对满载启动时转矩提升非常有效,能达到正常值的150%。而“S”曲线特性可防止启动、换速或停止时产生振动,这在电梯中最为适用。可使乘坐舒适感大大改善。此外,该变频器的故障诊断、检测、记忆等功能对系统维护亦非常方便、实用。

目前,VVVF 电梯虽有电梯专用变频器,但其价格昂贵,因此可以采用通用型变频器,通过合理设计,可使其达到专用变频器的控制效果。为满足电梯控制的要求,其参数设置比专用型变频器要复杂得多。为使变频器工作在最佳状态,需使变频器对所驱动的电机进行自学习,其方法是将曳机制动轮与电机轴脱离,使电机处于空载状态,然后启动电机,变频器便可自动识别并存储电机有关参数,使变频器能对该电机进行最佳控制。为减少启动冲击及增加调速的舒适感,其速度闭环的比例系数宜小些,一般设定为 3 s 左右,而积分时间常数宜大些,一般设定为 5 s。为了提高运行效率,快车频率一般设定为工频 50 Hz ,而爬行频率要尽可能设定得低些。为 4 Hz,以减少停车冲击,检修慢车频率一般设定为 10 Hz 左右。

6. 控制系统包括的主要电气控制电路

采用不同控制方式的交流电梯的电气控制系统,除直流控制电路部分有较大的区别外,其余交流控制电路部分基本相同,而以 PLC 和变频器为控制核心电梯电气控制系统具有较完善的性能、较高的自动化程度,多被用在速度 $v \leqslant 1.0$ m/s 以下的乘客电梯上。

以 PLC 和变频器为控制核心的交流电梯的控制系统主要电路包括以下电路:

(1)供电回路；

(2)主拖动电路；

(3)控制回路；

(4)呼梯控制回路；

(5)轿厢控制回路；

(6)检修回路；

(7)安全回路；

(8)升降指示电路和轿内信号指示显示回路；

(9)抱闸回路；

(10)照明回路；

(11)门机主驱动回路；

(12)门机控制回路。

正是上述电路的相互配合，曳引电动机按指令启动、正转、反转，加速、等速，调速、制动、停止，实现电梯各种工作状态的运行，各个电路之间的逻辑控制关系如图3.132所示。

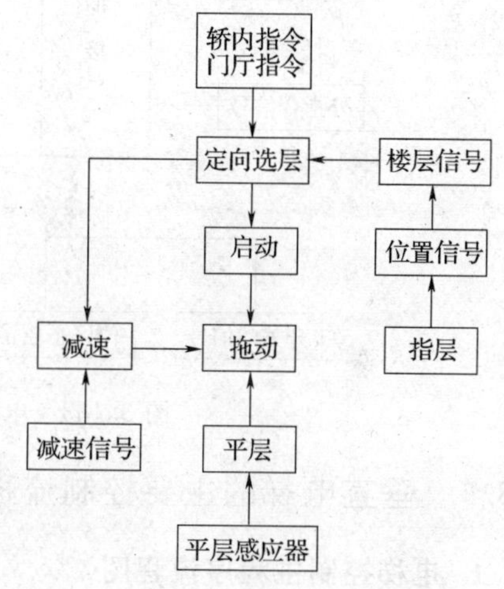

图3.132　电梯各部分电路的逻辑控制关系

7. 电梯控制信号逻辑关系

以PLC为核心的电梯控制系统，省掉了接口电路的制作，系统结构简单、紧凑、可靠性高。其控制信号逻辑关系如图3.133所示。系统直接将电梯的内外呼梯信号、层位检测信号、限位信号、开门关门信号等开关量接到PLC的开关量输入端，PLC提供的24 V直流电源可作为指示灯的电源，用PLC的输出点直接控制变频器实现电机的正转、反转、停和多段速控制等。

系统输入信号包括两个部分，一是直接输入到PLC输入口的开关量信号部分，包括控制台上的启动按钮、恢复正常工作按钮、消防/检修按钮、强迫上行（下行）按钮部分以及开关门行程到位开关。二是按照一定编码方式所确定的在轿厢内的选层按钮和门厅旁的向上、向下呼叫按钮、楼层按钮信号。系统的输出信号包括变频器的控制命令、控制轿厢开关门电路和七段数码管楼层显示电路的信号等。

采用PLC控制系统集中处理电梯的内、外呼召唤信号、开、关门信号、井道信号、变频器状态信号、高速计数信号等。通过逻辑运算，形成变频器运行必需的控制信号，如正反转信号、多段速度信号、停止信号、以及楼层显示信号、方向信号、门机构驱动信号等。

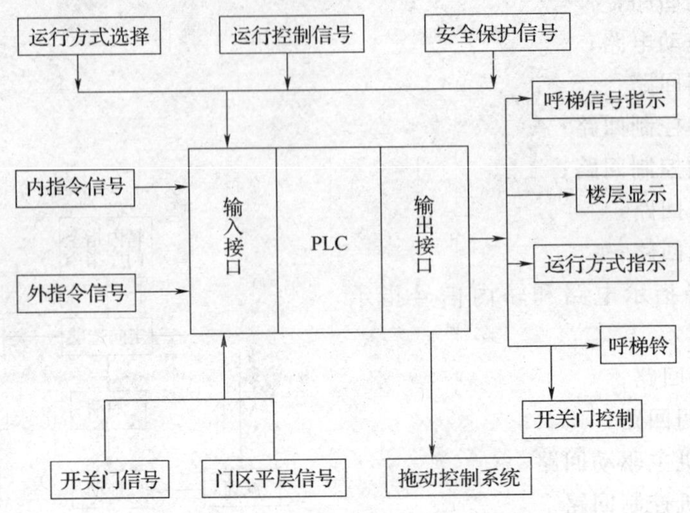

图 3.133 电梯控制信号逻辑关系

3.3.1 垂直电梯的主要控制流程

1. 电梯控制主程序流程图

电梯控制主程序软件流程图如图 3.134 所示。

2. 控制系统软件构成

控制系统软件可以分为 8 个程序模块：

1)系统初始化程序模块

该程序模块用来实现整个控制过程的初始化过程。当电梯初次上电或者由于故障，从非工作状态进入工作状态时，该程序模块实现整个控制程序的初始化。

2)读按钮编码程序模块

该程序模块主要用来监控轿厢内部和门厅是否有呼梯信号产生，如果产生呼梯信号，则马上启动楼层判断程序。

3)楼层检测模块

楼层检测模块主要是用来监控电梯实际所处的楼层位置。当呼梯信号产生时，此程序模块负责判断电梯是否启动。

4)控制 7 段数码管显示楼层模块

此程序模块用来输出控制信号，激活 7 段数码管显示楼层的位置。楼层显示程序流程图如图 3.135 所示。

5)电梯选向程序模块

电梯的选向程序模块主要是用来完成电梯在响应呼叫时作出的向上运行还是

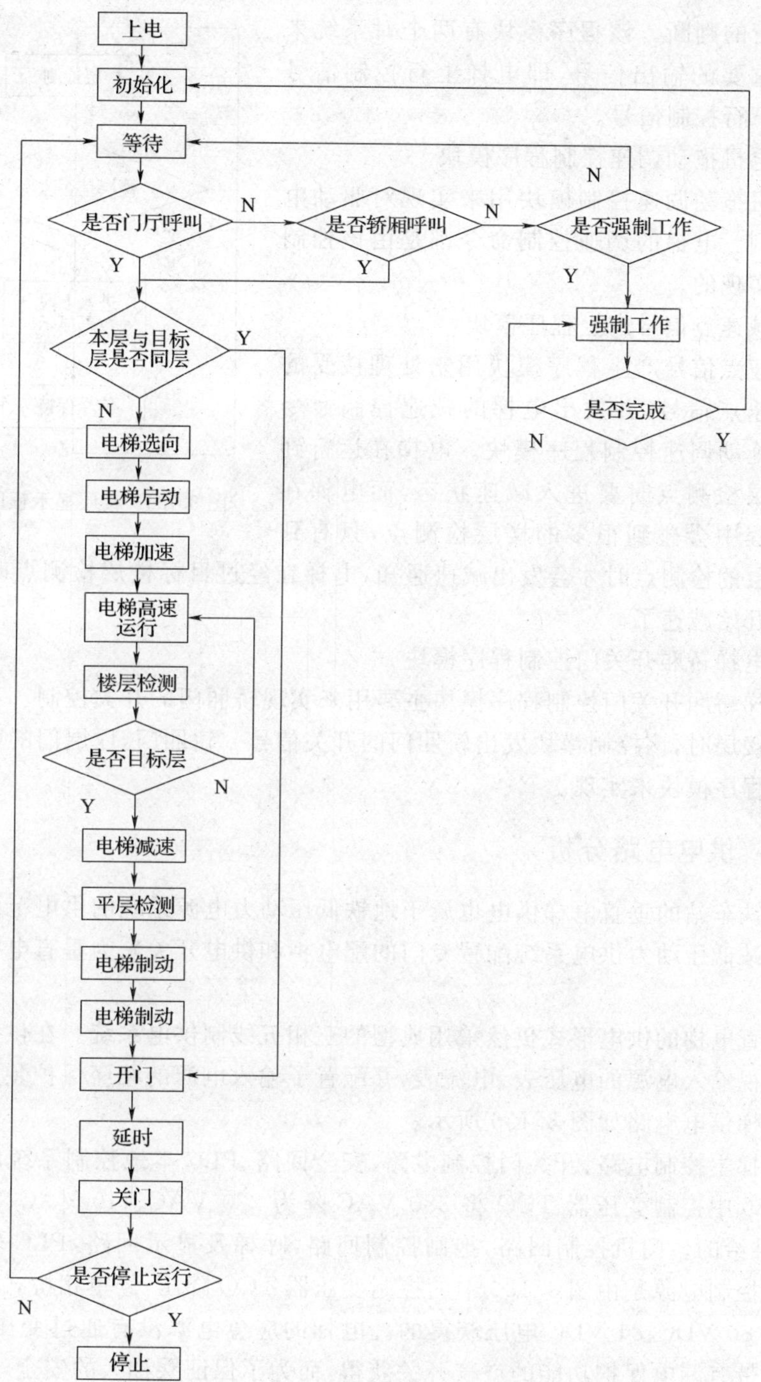

图 3.134　电梯控制主程序流程图

向下运行的判断。该程序模块有两个对系统来说特别重要的输出信号，即电梯上行控制信号和电梯下行控制信号。

6)电机拖动调速控制程序模块

电机拖动调速控制模块用来实现对驱动电机的控制。电梯的调速控制命令都是由该控制模块来实现的。

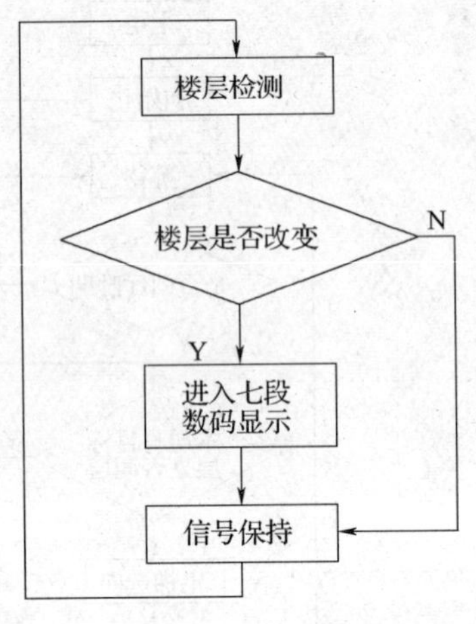

图 3.135　楼层显示程序流程图

7)减速点信号产生程序模块

减速点信号产生程序模块用来处理接受的楼层减速点信号，并发出电梯的减速控制命令给电机拖动调速控制程序模块。电梯在运行到目标楼层检测点时要进入减速状态，而电梯在运行过程中会碰到很多的楼层检测点，只有到目标楼层的检测点时才会发出减速通知，电梯在经过目标楼层检测点时接到这个信号就开始减速了。

8)电梯轿厢开关门控制程序模块

电梯轿厢开关门控制程序模块主要用来实现轿厢门的开关控制。当电梯运行到目标楼层时，该控制模块发出轿厢门的开关信号。轿厢门，厅层门的联锁控制全部由该程序模块来实现。

3.3.2　供电电路分析

地铁车站的垂直电梯供电也属于地铁低压动力电源系统的供电范围。一般在地铁车站低压动力供电系统配置专门的配电柜和供电开关来为垂直电梯设备提供电源。

垂直电梯的供电形式仍然采用典型的三相五线制供电系统。在供电控制柜配置了监视输入电源的电压表、电流表，并配置了输入电源的相序保护装置。典型的垂直电梯供电电路如图 3.136 所示。

电梯主控制电路、开关门控制电路、安全回路、PLC 本地控制系统的电源是由图 3.136 中控制变压器 TCO 将 380 VAC 降为 220 VAC、110 VAC、80 VAC、24 VAC 供给的。门机控制回路，抱闸控制回路，呼梯及显示回路，PLC 轿厢远程站的直流控制电源是由图 3.136 中的控制变压器 TCO 降压，经单相桥式整流电路整流输出 80 VDC、24 VDC 电压获得的。电梯的应急电源没有通过变压器变压，直接通过带有漏电保护功能的空气开关获得，而为了保证乘梯人的安全，轿厢照明电源则经过变压器 TSF 降压，降电压等级为 36 VAC。

图 3.136 中的主要设备包括空气开关、电流互感器、相序保护继电器、控制变压器、整流单元等，其基本的工作原理与自动扶梯系统基本一致，在这里就不再详细赘述了。

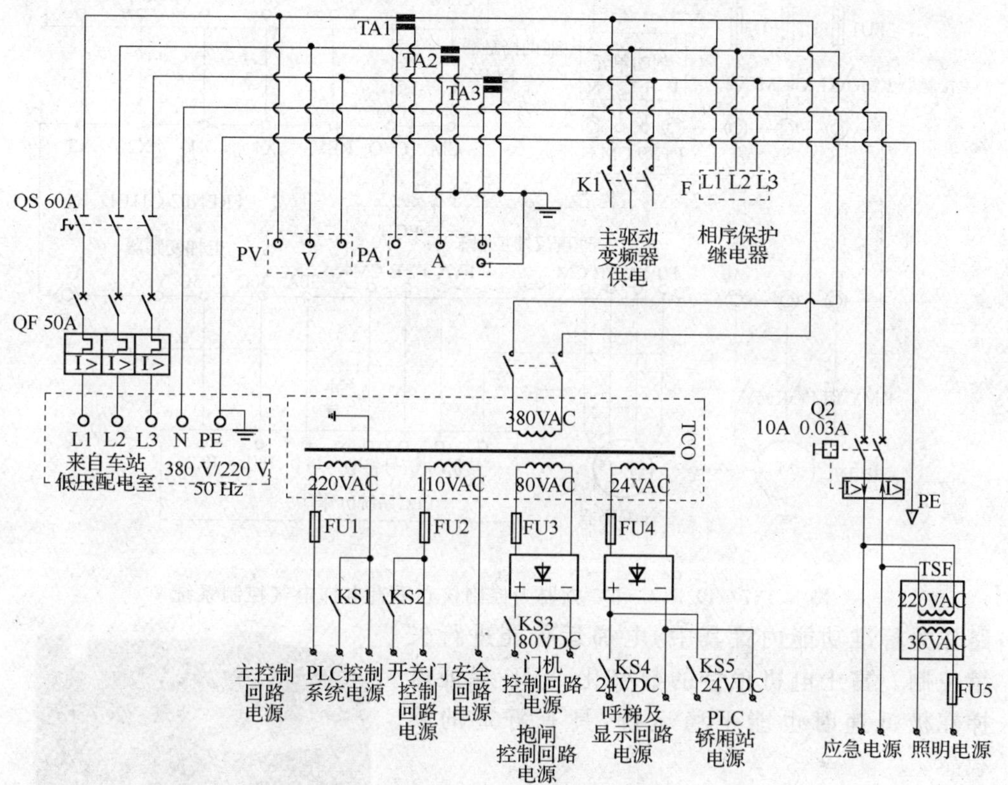

图 3.136　典型垂直电梯的供电电路

3.3.3　电气主电路分析

以 PLC 和变频器为控制核心垂直电梯电气控制系统如图 3.137 所示。

该电梯控制系统变频器选用的变频器为日本富士 FRENIC5000G11UD 系列电梯用变频器，如图 3.138 所示。

该变频器具有如下特点：

1. FRENIC5000G11UD/UDⅡ系列变频器是专用的数字化控制驱动装置。该系列产品采用了富士电机独特的向量控制方式和数字化 AVR（数字化自动电压调节器）等最新控制技术，使得电梯的运行既平稳又舒适。具有“S”曲线加减速运行和异常停电时的蓄电池运行等电梯必要的功能。

2. 该变频器具有最新控制技术使得电梯的运行既平稳又舒适，PG 反馈电

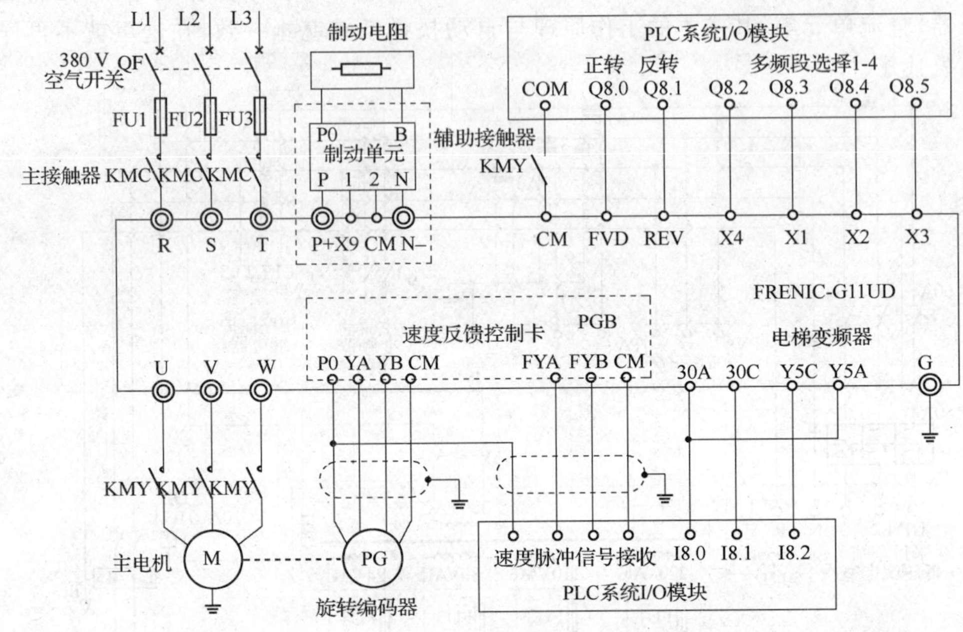

图 3.137 以 PLC 和变频器为控制核心垂直电梯电气控制系统

路作为标准功能内置其中，电梯运行能进行矢量控制。富士电机独特的数字化 AVR 保证电梯在极低速时也能平稳运行，具有舒适的乘载感。

3. 该变频器最适合电梯对低速和中速等各种运行模式的控制，可以自由设定“S”曲线加减速。为实现在异常停电时保证平层，采取了蓄电池运行功能作为标准配置。密码功能保证了电梯的安全性，防止已设定的参数被修改。PG 反馈信号能分频输出。

图 3.138 电梯系统使用的变频器

4. 该变频器可以自由整定功能，实现电梯高性能运行，自整定功能可测定电动机参数实现高性能运行。在线整定功能可以实现运行中电动机在温度上升时额定参数的自动补偿。这样保证了与温度变化无关的高精度运行。

5. 该变频器具有丰富的维护通信功能，可以实现负载率测定，通信详细数据的显示。另外，RS485 为其标准通信配置。

该变频器主要接线端子定义如表 3.6 所示。

表 3.6 变频器主要接线端子定义

端子号功能	功能描述	端子号功能	功能描述
R,S,T	电源引入端子	X1－X4	多段频率选择
U,V,W	电动机连接端子	30A,30C	变频器继电器报警输出
FWD	电机正转控制	Y5A,Y5C	变频器报警输出
REV	电机反转控制		

该电梯控制系统主要接触器功能及信号来源如表 3.7 所示。

表 3.7 主要接触器功能及信号来源

图位号	功能	控制来源
KMC	变频器供电电源接触器	PLC 输出控制
KMY	变频器输出接触器	PLC 输出控制

该电梯控制系统由变频器实现电梯的速度控制。电梯运行的全过程由变频器的控制端子 X1～X4 所确定的变频器输出频率来确定。一般按照启动、加速、减速、停止 4 个过程分别设置不同的频率，再与正转与反转命令相配合，实现对电梯的全过程控制。

该变频器带有制动单元，接线端子为 P0 和 B，制动单元连接制动电阻，将电机制动时产生的电能转化成热能释放。

该电梯控制系统属于典型的带 PG 反馈，即 VVVF 变频器与 PG 构成带速度反馈的 V/F 矢量闭环控制系统。该变频器将 PG 反馈装置作为标准功能选件内置其中，其速度控制的原理是用一个 PG 反馈装置（测速电机或者旋转编码器）测量电机的当前速度，如图 3.139 所示，该装置将电机实际速度以脉冲的形式反馈回变频器，当测量出的速度不等于变频器设定速度的时候，通过控制器调节变频器的频率，最终使反馈回的速度等于变频器的设定速度。PG 闭环控制系统由三部分组成，第一部分是调速装置，也就是控制电机转动，调节电机速度的装置，在这里指变频器。第二部分是执行装置，就是电动机本身。第三部分是速度反馈装置，其功能就是测量出当前电机的转动速度，将速度量化成一个调速装置能够识别的信号，然后将这个信号与调速装置中的设置值进行比较，根据比较结果，决定下一步电机的速度如何变化。这

图 3.139 PG 控制卡

种闭环控制系统有效地提高了电梯控制精度，保证电梯在极低速时也能平稳运行，具有舒适的乘载感，电梯的运行既平稳又舒适，很好的满足了垂直电梯的控制要求。

3.3.4 主控制电路分析

该垂直电梯控制系统采用西门子 PLC 作为控制系统的核心控制设备。所有重要的电梯联锁信号全部接入 PLC 系统。PLC 控制逻辑根据输入信号状态，按照电梯运动要求，统一集中处理电梯的内呼召唤信号、外呼召唤信号、开门信号、关门信号、井道信号、变频器状态信号、高速计数信号等。通过逻辑程序的扫描运算，形成变频器运行必需的控制信号（如驱动电机的正/反转信号、多段速度信号、停止信号）以及楼层显示信号、方向信号、轿厢和轿门的控制等。

通过对图 3.140 的分析，该控制电路具有以下几个典型控制过程：

1. 主回路变频器供电电源接触器 KMC 和变频器输出接触器 KMY 的控制

从图 3.140 可以看到，主回路变频器供电电源接触器 KMC 和变频器输出接触器 KMY 的控制由 PLC 输出信号直接控制。根据垂直电梯系统输入信号的状态，在没有报警和故障信号的前提下，当电梯投入使用时，PLC 控制程序自动输出控制信号，KMC 和 KMY 接触器得电，其位于主回路中的主触点闭合，变频器供电，具备工作条件。当电梯操作人员将垂直电梯门厅锁锁闭，电梯退出运行，则门厅锁继电器失电，使得电延时闭合常开触点打开，此时变频器输出与曳引电机断开，垂直电梯停用。

2. 抱闸及强激抱闸控制

从图 3.140 可以看到，控制抱闸有两个输出信号，一个是正常的抱闸输出控制信号 KMB，另外一个是强激抱闸控制信号 KMZ，强激抱闸控制信号 KMZ 输出时将抱闸回路串联的电阻短接，直接把 80 V 电压送给抱闸线圈，当抱闸输出控制信号 KMB 信号输出，而强激抱闸控制信号 KMZ 没有输出时，则在抱闸电源是在串联了一个电阻后把 80 V 电压送给抱闸线圈，串电阻后抱闸线圈电压大约就50 V。在实际抱闸动作时，即当电机启动时，在抱闸打开的前几秒，两个都吸合，抱闸打开后强激接触器释放，只有运行接触器吸合给抱闸供电，维持抱闸打开状态。

3. 门机控制回路

从图 3.140 可以看到，当允许开门的条件具备时，PLC 输出开关门信号，控制轿厢门的打开与关闭。

4. 主要的输入信号

1)上下终端快车限位开关；

2)上下强迫慢车限位开关；

3)上下强迫停车限位开关；

4)上下平层感应器开关；

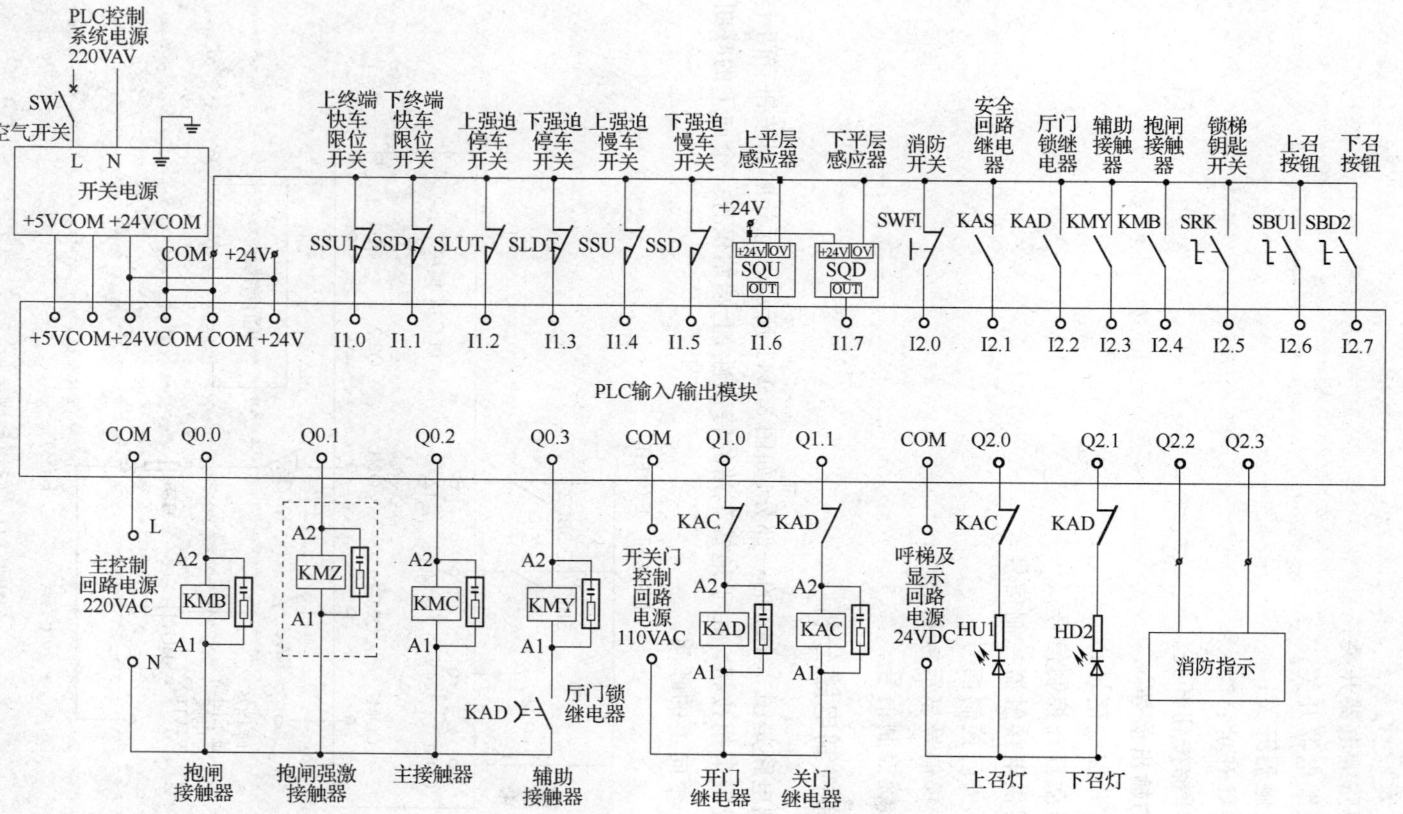

图 3.140　典型垂直电梯主控制电路

5)消防开关；

6)安全回路继电器开关；

7)门厅锁继电器开关；

8)抱闸接触器开关；

9)锁梯钥匙开关；

10)上下呼梯按钮开关。

5. 主要的输出信号

1)抱闸打开控制信号；

2)抱闸强激打开控制信号；

3)变频器供电接触器控制信号；

4)轿厢开关门控制信号；

5)上下呼梯信号显示控制信号；

6)消防系统控制信号。

3.3.5 呼梯控制电路分析

呼梯控制电路是图3.140的一部分，如图3.141所示。厅外呼叫按钮有两个，即上招按钮或者下招按钮。由于地铁车站的特殊性，上端站仅有一个向下的呼叫，下端站仅有一个向上的呼叫。

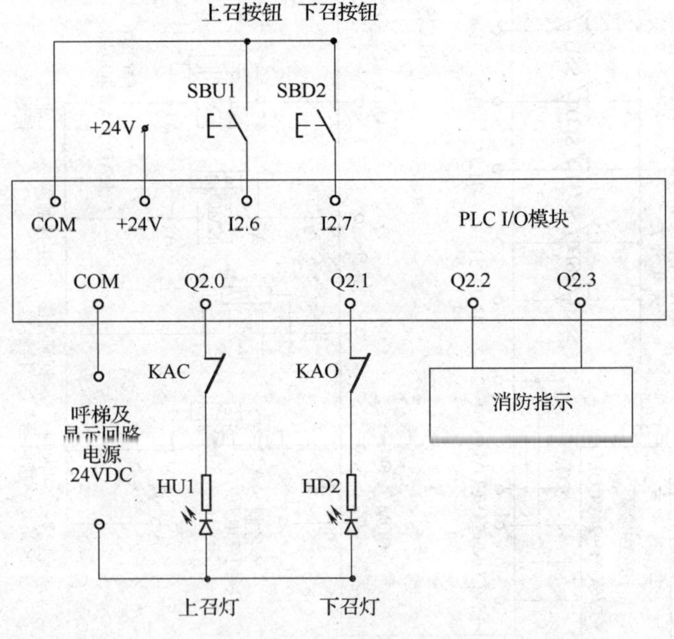

图3.141 呼梯控制电路

当乘客在展厅或者地面需要使用地铁车站的垂直电梯，按动上招按钮或者下招按钮，上招或者下招指示信号灯点亮。电梯如果空闲，则响应召唤，到达指定位置，打开层门和轿厢门。乘客进入轿厢后，首先按欲往的层楼按钮，则该层信号灯燃亮，表示指令已登记并记忆。当电梯运行到所选择位置时，电梯停止运行，该信号被解除，信号灯熄灭，表示层内选指令被释放。

3.3.6　检修电路分析

垂直电梯的检修电路如图 3.142 所示。为便于检修和维护，应在机房和轿厢内部和轿厢顶部设计安装检修开关，如图 3.143 所示。检修开关拨至检修位时，电梯处于检修状态，此时电梯处于慢速运行模式，轿厢速度不应大于 0.63 m/s。分别操作相关的上行和下行按钮，信号状态传输到 PLC 系统，在相关联锁条件满足的条件下，电梯可以满足上下慢速运行。

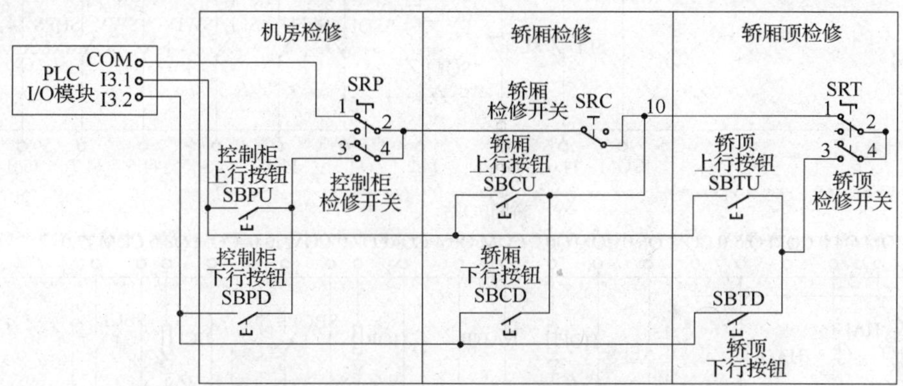

图 3.142　垂直电梯的检修电路

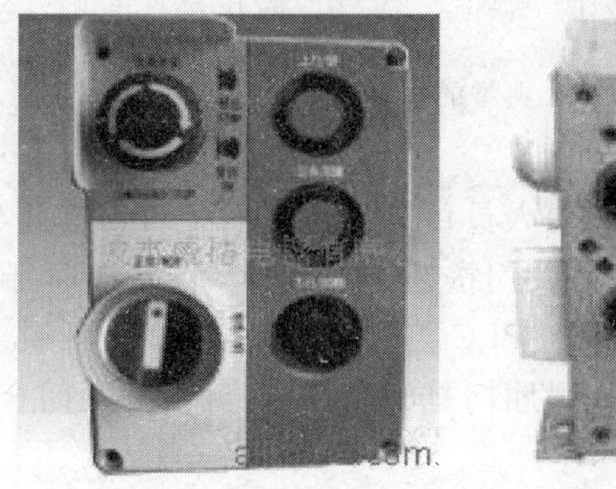

图 3.143　垂直电梯检修开关

垂直电梯一旦进入检修运行状态，应取消电梯的正常运行控制，包括任何自动门的操作和紧急电动运行，只有再一次操作检修开关，才能使电梯重新恢复正常运行。

需要说明的是，轿厢运行应依靠持续按压按钮，按钮松开电梯就停，此按钮应有防止无意操作的保护，并应清楚地标明运行方向，不应超过轿厢正常的行程范围，同时电梯运行应仍依靠电气安全装置。这个功能是方便检修人员把电梯停在合适的位置或在轿顶查找故障。此功能由编程人员在PLC内部通过程序来实现。

3.3.7 轿厢控制电路分析

典型的轿厢控制电路如图3.144所示。由于轿厢在整个垂直电梯结构中的重要位置和作用，因此，在以PLC为核心的电梯控制系统中，单独设置一个PLC的远程I/O站来控制轿厢。该远程站与PLC本地站之间一般采取以太网或者专用总线的方式来通信。该电路主要用来实现以下项目的控制：

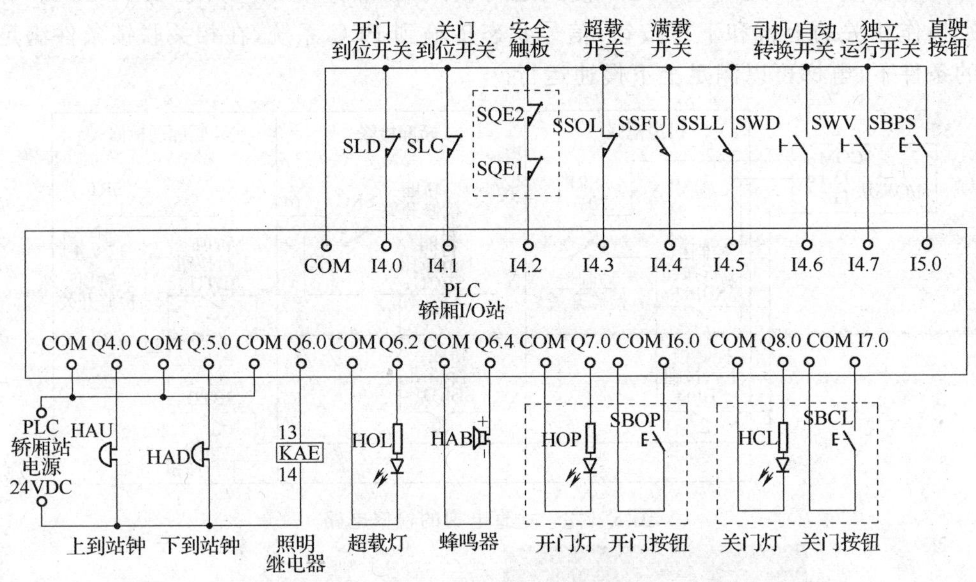

图3.144 典型的轿厢控制电路

1. 轿厢门的打开与关闭

当轿厢运行到指定位置，轿厢内人员可以等待轿厢门自动打开与关闭。也可以通过操作轿厢内部的开门按钮和关门按钮，来实现对轿厢门的控制。

当按下开门按钮时，命令传递到PLC控制系统，系统根据联锁条件进行判断可否开门。如果开门条件成立，则轿厢门打开，当开门到位开关闭合后，开门灯指示开门状态。

当按下关门按钮时，命令传递到PLC控制系统，系统根据联锁条件进行判断可否关门。如果关门条件成立，则轿厢门关闭，当关门到位开关闭合后，关开门灯指示关门状态。

2. 进行轿厢的超载检测与报警

当进入轿厢的乘客或者货物总质量超过电梯的载质量时，安装在轿厢底部的称重传感器开关会向 PLC 控制系统发出超载信号，电梯自动发出超载报警，超载灯点亮，同时蜂鸣器发出报警。此时电梯不能运行。

当电梯负载超过额定负载后，过载装置使电梯不能启动运行并发出过载信号，令最后上梯的乘客下梯。过载开关动作后，电梯门不能关闭 。

3. 轿厢运行状态的监控

轿厢的运行状态包括到站响钟，开关门指示，超载指示等。

4. 实现电梯司机对轿厢控制模式的控制与选择

电梯司机或者地铁运营人员根据地铁运营情况，可以选择垂直电梯的运行状态，包括司机/自动选择开关，独立运行选择开关和直驶开关。

司机/自动选择开关可以实现电梯的是由司机手动控制还是全自动控制模式。一般地铁垂直电梯均为无人值守的自动运行模式。只有当出现异常情况是，才切换到司机控制模式。

独立运行模式可以控制电梯的运行独立性。一般情况下，地铁车站垂直电梯是受车站综控系统联锁控制，一旦车站出现火灾等异常情况，垂直电梯也会切换到火灾控制模式，以满足乘客的快速疏散的要求。通过此开关的控制，可以实现车站垂直电梯的独立控制，即不受车站综控室控制。

直行开关是用来满足电梯司机快速将电梯运行到基站的控制要求。当此开关闭合时，电梯将不响应任何呼叫，直接运行到基站。

3.3.8　安全回路分析

电梯是载人和设备的垂直运输工具，在电梯使用安全方面采取了很多措施。每台电梯都具备电气和机械的多种安全保护装置以确保电梯的安全运行。把电梯中所有安全部件的开关串联一起，控制继电器 KAS，只要安全回路中任何一个保护单元动作，将切断 KAS 继电器线圈电源，使 KAS 释放，典型的安全控制回路如图 3.145 所示。

安全控制回路一般包括以下保护环节：

(1)轿厢急停开关。

(2)轿顶急停开关。

(3)底坑急停开关。

当电梯维修人员在底坑检修电梯时，为了防止误操作电梯，在底坑切断急停电路。

(4)安全窗开关：

当电梯门在关闭过程中，碰到障碍物或人时，装在轿门上的安全小扇起作用，通过小扇的微动开关闭合接通开门继电器，使电梯门重新打开，以防夹人事故的发生。

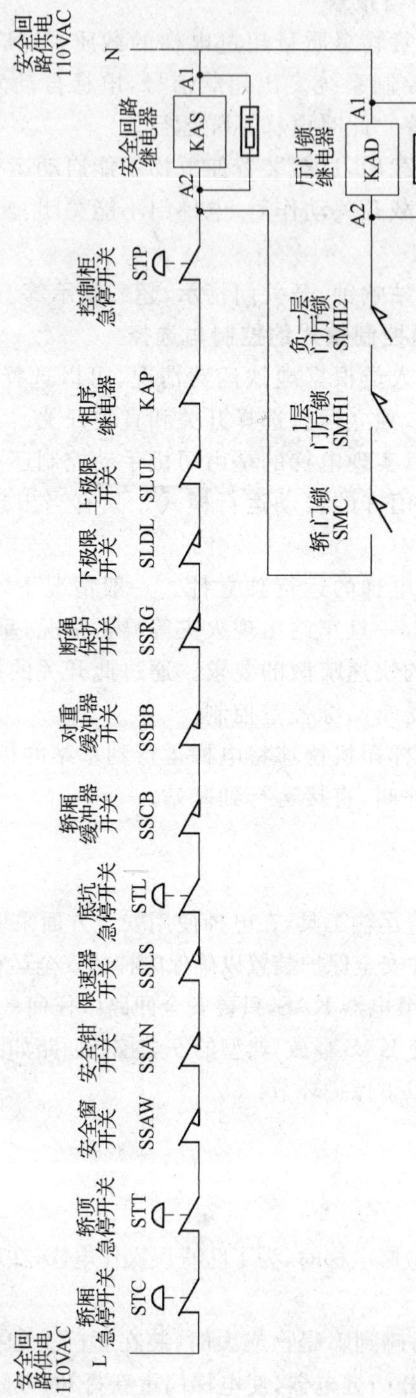

图 3.145 典型垂直电梯的安全回路

(5)光幕门：

光幕门是电梯门所设计的重要安全保护装置，该安全装置可以在人或物可不接触电梯门的情况下，实现对乘客的保护功能。只要有障碍物遮住光束，电梯门就可以重新打开。光束一般采用远红外不可见光。两扇门分别安装发送装置与接收装置，在同一个垂直平面上形成一个网状光幕，对电梯门进行保护。

(6)安全钳开关。

(7)限速器开关。

(8)轿厢缓冲器开关。

(9)对重缓冲器开关。

(10)断绳保护开关。

(11)下极限开关。

(12)上极限开关。

(13)相序继电器保护开关：

相序继电器在所有电梯控制系统中是不可缺少的环节。当电梯供电系统出现相序错误及缺相时电梯应不能运行。在交流电梯中电梯的向上与向下运行是通过改变电动机供电电压的相序实现的，当相序发生错误时，会使上与下运行反向。在控制系统中必须采用相序保护，否则易造成人身和设备的事故。同时，当发生电源缺相时，相序继电器也可以起保护作用。

(14)控制柜急停开关。

(15)电梯门锁保护系统：

在每道厅门和轿门上都设有门电气联锁触点，只有当全部门关闭好后，所有门电气联锁联点闭合，门锁继电器吸合，电梯才能运行。

以上安全电路中的所有保护触点只要有任何一个断开都可以令电梯紧急停梯。其中有些开关触点和装置的机械动作有机的联系在一起。

3.3.9　抱闸主电路分析

典型的抱闸主回路如图3.146所示。抱闸回路的电源为DC 80 V直流电源。在前面的主控制电路分析过程中，已经介绍过电梯的抱闸控制回路。本控制回路为抱闸控制的主回路。其主要功能是控制电梯的抱闸线圈。从电路可以看到，当主接触器KMC，辅助接触器KMY，厅门锁继电器KAD为抱闸打开的前提条件，当抱闸前提条件具备后，PLC控制系统发出抱闸打开命令，同时输出两个信号，抱闸强激接触器KMZ和抱闸继电器KMB触点闭合，抱闸线圈得电，抱闸打开。在抱闸打开的前几秒，两个都吸合，抱闸打开后强激接触器释放，只有运行接触器吸合给抱闸供电。

串联电阻 RZ1 是起到一个降低抱闸线圈电压的作用。大家知道，当继电器线圈得电吸合后，如果 DC 80 V 电源降低到一定范围，继电器线圈仍能维持吸合。这里，当电梯初始得电时，通过 KMZ 继电器使 YBK 线圈得电，抱闸打开。KMZ 继电器一旦吸合，其常开触点立即断开，让电阻 RZ1 串入抱闸线圈回路，使抱闸线圈在一个维持电压下吸合。

电梯开始运行抱闸打开时，因为 KMZ 和 KMB 同时吸合，RZ1 电阻被短路。几秒钟后，KMZ 断电打开，使电阻 RZ1 串联到 YBK 线圈中，YBK 两端电压下降至 50 V，称为维持电压。电容 C1 的作用是为了使 YBK 从 80 V 电压降至维持电压时有一个过渡的过程，防止 YBK 电压的瞬变而引起误动作。电阻 RZ2 构成 YBK 的放电回路。

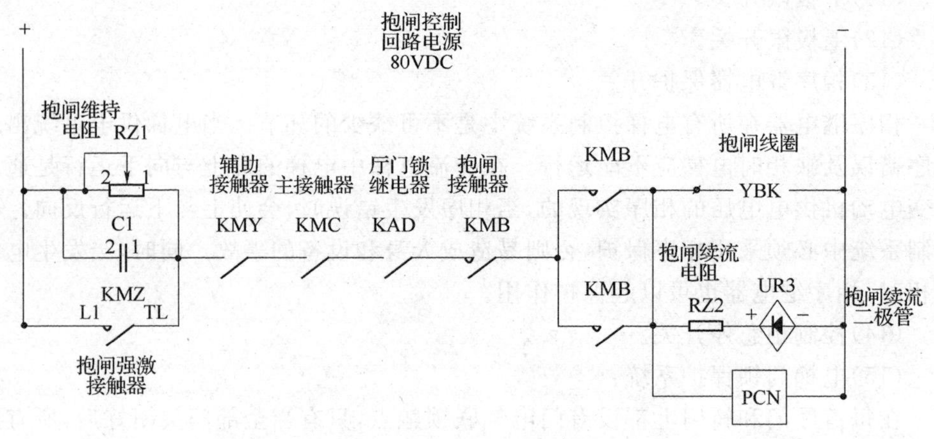

图 3.146 典型的垂直电梯抱闸主回路

3.3.10 显示电路分析

显示回路主要包括厅外呼叫显示和轿厢内部显示两大部分。其典型控制电路如图 3.147 所示。

呼叫信号显示厅外向上与向下的呼叫方向显示和当前轿厢所处位置的显示。该显示电路一般采用 7 段码显示电梯所处的实际位置，利用指示灯来显示电梯的运行方向。供电电压大多采用 DC 24 V 直流。信号的输出全部由 PLC 系统直接输出控制。

轿厢内部显示主要包括电梯实时位置的现实和运行方向的现实。在本例中，该显示电路通过总线方式与 PLC 主站进行通信，电梯的位置信号和方向信号均有 PLC 系统发送给轿厢内部显示控制板，由该显示控制板进行解码和显示。

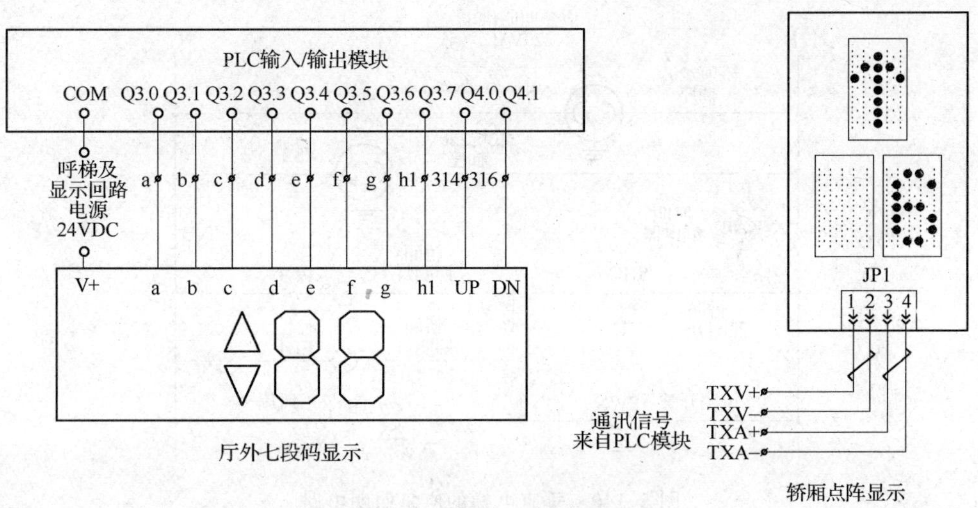

图 3.147　典型垂直电梯显示电路

3.3.11　照明电路分析

垂直电梯的照明系统包括正常照明和应急照明两个部分，图 3.148 为垂直电梯的正常照明电路。正常照明系统包括轿厢顶部和坑底两个部分。为了电梯检修人员的安全，这两个部分的照明的电压是 AC 36 V 的。在提供照明灯具的同时，为了方便维护人员的工作，分别在两个位置设置了 AC 36 V 电源插座。

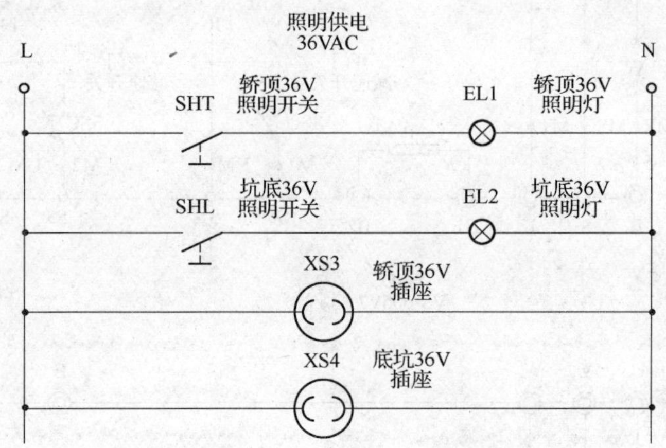

图 3.148　垂直电梯的正常照明电路

电梯的应急电源部分主要包括轿厢的照明灯电源，轿厢的风扇电源，以及必备的电源插座，如图 3.149 所示。

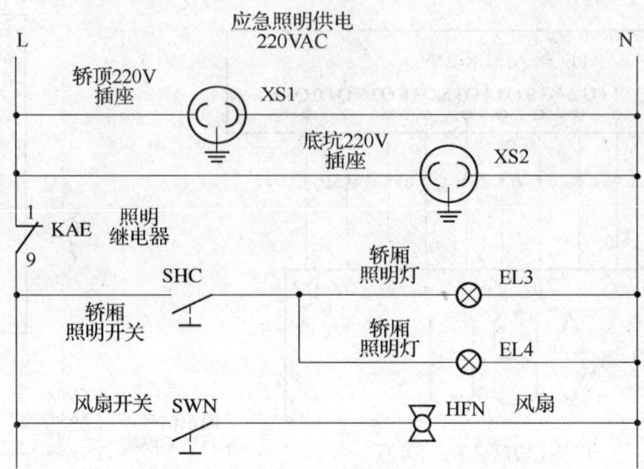

图 3.149　垂直电梯的应急照明电路

3.3.12　门机控制电路

对于轿门的开关门电动机，目前常用的也是交流电机，由变频器控制速度和旋转方向，并要求其能准确实现自动开关门控制要求。采用变频器控制的门机控制电路如图 3.150 所示 。从电路可以看到，门机交流电动机的控制是由变频器来控

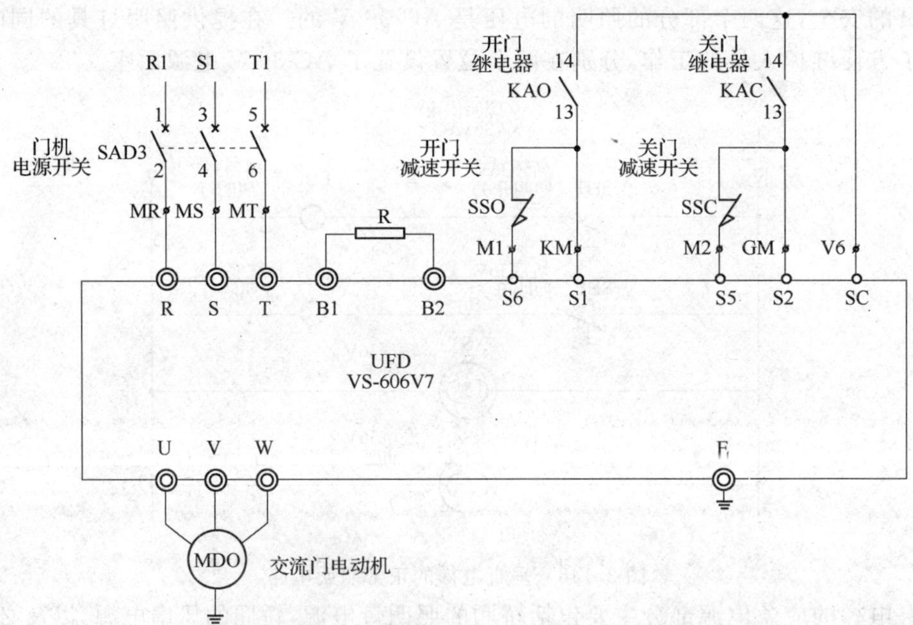

图 3.150　采用变频器控制的门机控制电路

制的，该系统采用的变频器使用的是安川小型通用矢量型 VS—606V7 变频器，如图 3.151 所示，其接线图如图 3.152 所示。

图 3.151　安川 VS—606V7 变频器

门机的开关信号见图 3.140 典型垂直电梯主控制电路，当开门继电器得电时，厅门打开。当关门继电器得电时，厅门关闭。开门继电器和关门继电器均由 PLC 系统根据联锁条件输出控制。开关门电机的启动、关闭控制与主机的运行存在着联锁关系，必须遵循的原则是主机平层后方可开门，关门成功后主机方可启动。

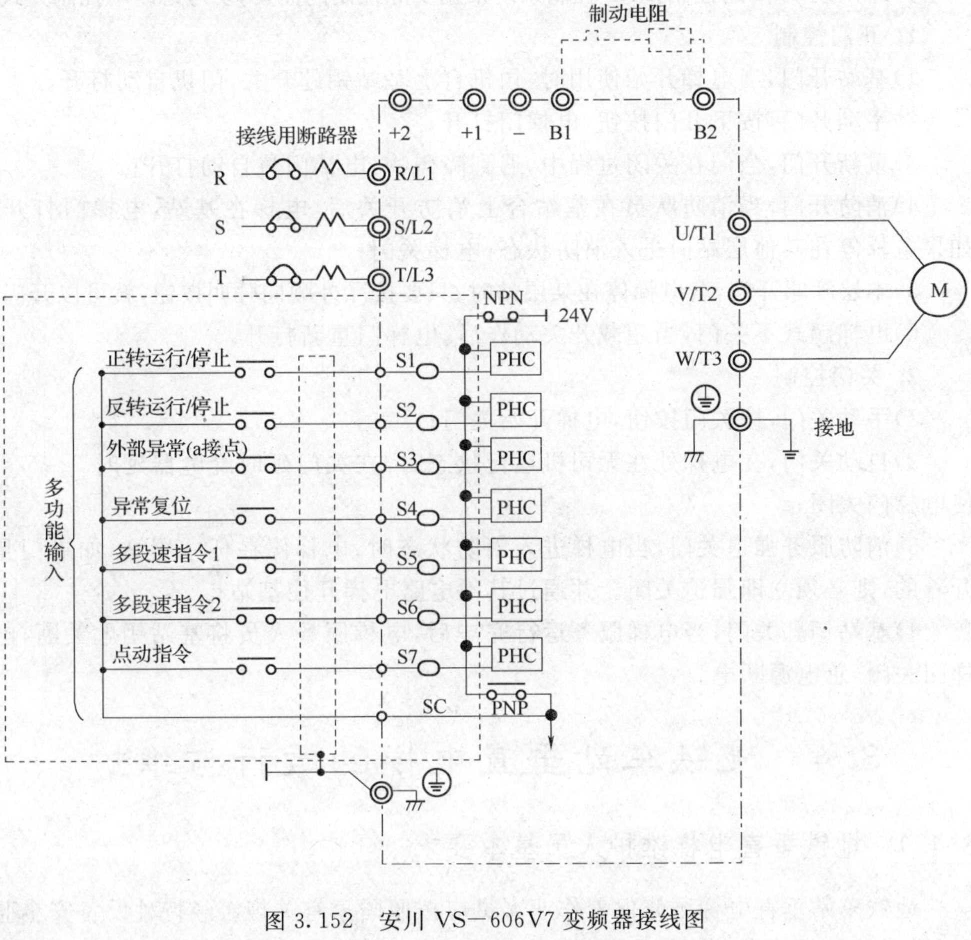

制动电阻
+2　+1　–　B1　B2
接线用断路器
R　R/L1
S　S/L2
T　T/L3
U/T1
V/T2
W/T3
M
NPN　24V
正转运行/停止　S1　PHC
反转运行/停止　S2　PHC
外部异常(a接点)　S3　PHC
异常复位　S4　PHC
多段速指令1　S5　PHC
多段速指令2　S6　PHC
点动指令　S7　PHC
多功能输入
SC　PNP
接地

图 3.152　安川 VS—606V7 变频器接线图

为使轿厢门开闭迅速而又不产生撞击，开门过程中应快速进行，最后阶段应减速，门开到位后，门电机应自动断电。在关门阶段应快速，最后阶段分两次减速，直到轿门全部关闭，门电机自动断电。开、关门速度变化过程为：

(1)开门时低速启动运行，然后加速至全速运行，待接近全开时减速运行，最后停机，靠惯性运行使门全开。

(2)关门时首先全速启动运行，然后第一级减速运行，待基本全关时进入第二级减速运行，最后停机，靠惯性使门全闭。

门在开关过程中速度的变化是由控制开关门电机的变频器来实现的，开关门的停止由开关门限位开关控制。为了防止电梯在关门过程中夹人或物，带有自动门的电梯常设有关门安全装置，在关门过程中只要受到人或物的阻挡便能自动退回。

另外，对于厅门的控制，PLC控制系统根据实际控制的需要，要考虑以下控制方式：

1. 开门控制

1)基站开门，当电梯开始使用时，司机合上基站钥匙开关，门机自动打开；

2)手动开门，按下开门按钮，电梯门打开；

3)重新开门，当门在关闭过程中，遇到障碍物，电梯门将自动打开；

4)消防开门，当消防队员在基站合上消防开关后，电梯在基站，电梯门打开。如果电梯停在其他层站时进入消防状态，电梯关门；

5)本层呼叫开门，若电梯停在某层站时，只要按厅外顺向呼叫按钮，就可以开门；

6)电梯超载不关门，当超载开关动作后，电梯门重新打开。

2. 关门控制

1)手动关门，按关门按钮，电梯开始关门；

2)自动关门，在电梯处在无司机运行状态时，在关门延时继电器延时3～5 s，使电梯门关闭；

3)消防服务强迫关门，当电梯进入消防状态时，电梯停在任一层站，如果门是开着的，则必须立即强迫关闭。并通过其他电路电梯开往基站；

4)基站钥匙关门，当电梯服务运行完毕后，电梯服务人员将基站钥匙关断，电梯门关闭，总电源断电。

3.4 地铁车站垂直电梯的运行与维护

3.4.1 地铁垂直电梯维护人员基本要求

地铁车站垂直电梯维修保养作业人员应按照国家有关规定经特种设备安全监督管理部门考核合格，取得国家统一格式的特种作业人员证书，方可从事相应的作业或者管理工作。

1. 电梯维修保养作业人员应经过地铁公司的培训，并具备下列基本条件方可上岗。

1)掌握地铁公司的各项规章制度，经过地铁公司的各级安全教育。

2)掌握国家关于垂直电梯的各项标准及地铁车站垂直电梯使用的企业规范。

3)掌握电工、钳工的基本操作技能以及照明装置的安装和维修知识。

4)掌握电动机的运行原理，并会正确地排除使用运行中的故障。

5)掌握常用低压电器的结构、原理，并会排除低压电器的常见故障。

6)掌握电气控制线路和电力拖动的各种基本环节，并能够分析，排除故障。

7)掌握PLC和变频器的基本原理和维护方法，以及常见故障的处理方法。

8)了解数字逻辑代数的运算法则以及基本逻辑元件的作用和原理。

9)了解晶体管脉冲电路和数字集成电路的原理和应用。

10)了解计算机的基本原理及其应用。

2. 应充分了解所维修电梯的原理、构造、维修要点，有关的安全法规和标准，能以必要正确的操作来保证电梯的正常安全运行。

3. 维护人员对每台电梯应设立维保档案，并记录维护内容调整原因和情况，当电梯发生故障而修理时，还要记录发生故障时的负载情况、轿厢位置、发生故障的经过时间、因故障而造成的停止运行时间、有无人员受伤害、故障原因、修理情况等。

3.4.2　垂直电梯维保安全操作规程

1. 通用安全规则

1)作业前的注意事项

(1)为使自身条件处于良好状态，应有足够的睡眠时间，以最佳健康状态面对作业。

(2)应穿戴整洁规范的工作服、工作帽、安全带、安全鞋。

(3)详细掌握当天各维护保养现场的作业内容，工序，根据需要准备安全带及其他保护用具。

(4)应通知车站站务相关人员，说明作业目的及作业的预定时间，让其了解情况。

(5)制定切实可行的计划和方案，无计划和方案不施工。

(6)用于作业的工具、计量器具，应使用检验合格的。

2)作业现场的注意事项

(1)作业应2人以上，做好互保。

(2)应在明显位置设置检修通告,以防乘客或者工作人员出现意外。

(3)断电操作时,必须挂“禁止合闸,有人工作”牌,以防发生意外。

(4)除作业时间外,轿厢内操纵盘应加盖上锁。

(5)工作场所必须具备足够的照明,保持视线的通畅。

(6)检修中的运行应由受过运行操作培训者进行,杜绝无证操作。

(7)在超过 2 m 以上高度作业时,应设置作业平台,使用安全带。

(8)一般禁止带电作业,必须带电作业时,必须做好防护。

(9)需要用火时应事先办理动火证,经公司安全部门审核制定切实可行的安全措施后方可施工。作业时,现场要准备灭火器等消防器材,离开现场前要再次确认有无再次复燃的危险。

(10)电弧焊接、挂吊等的作业,要由经过专业培训的有资格人员进行。另外,气焊作业必须由经过技能培训的人员进行操作。

(11)在电弧焊接时,要使用自动防止电击的装置。

(12)作业结束前,应仔细检查机房、井道、底坑无影响电梯运行的障碍物。

(13)作业结束后,应及时通知车站相关人员,逐项确认无误后,电梯方可投入使用。

2. 作业安全规程

1)机房安全规定

(1)除工作时间外,要将机房门锁闭,严防与检修无关人员进入。

(2)零部件、擦布、油脂类等维护设备及材料要按照指定位置摆放。

(3)严禁高空掉物,避免工具、物品从机房地面钢丝绳孔等掉入井道。

(4)操纵电源开关等重要开关时,要在接到确切指令情况下由专人进行。

(5)断开的电源开关要及时挂牌,以免误操作。

(6)控制柜内不准放任何其他物品。

(7)在进行曳引机、限速器等旋转设备作业时,必须确认断电的情况下才能操作,并注意手、工作服、擦布等不要触碰旋转设备,以防卷入。

(8)在检查、清洁钢丝绳时,必须确认断电的情况下才能操作。检查钢丝绳磨损,钢丝绳的绳股是否有切断时,要在轿厢提升时进行,并严防把手卷入绳轮等的旋转件中。

(9)在手动轿厢上升、下降时必须切断电源之后按照操作者的指示进行。

(10)用手轮盘车(轿厢)上(下)时,按照作业负责人指示必须关闭配电柜、控制柜的开关,确认第三者安全后再进行。

2)井道安全规定

(1)轿顶上作业时禁止在电梯运行中进行。但是在边运行,边检查井道内装置的情况下要在从上层向下层的下降运行状态进行。手必须触摸到安全开关，无论在任何时候都能立刻使开关断开。

(2)升降运行中，检修人员应位于碰不到井道内的机器、建筑结构等物的位置。

(3)保证在轿顶上平稳站立，由于启动，停止的冲击应注意，不要跌倒，开、关门时注意身体的平衡和脚下安全。

(4)禁止将工具放在轿顶或井道内设置的平层开关上，防止刮手、脚等，严防高空掉物。

(5)在轿顶上开厅门时，为防止伤及别人和自己，应慢慢的将厅门打开。

(6)禁止站立在井道内的中间梁上或利用支承架等爬上、爬下。

(7)并列设置电梯时，禁止从一台电梯的轿厢跨到另一台电梯的轿厢上。

(8)禁止在轿顶和底坑二处以上同时作业。

(9)使用的工具必须放回工具袋中，严防高空掉物。

3)底坑安全规定

(1)在底坑里作业时，禁止运行轿厢。如有特殊情况需要时，操作者要按照在底坑里作业人员的指示进行。另外，禁止以快车状态直接运行到最底层。

(2)底坑里作业人员要充分注意对重等的移动，做好无论任何时候都能用底坑的安全开关把轿厢处于停止状态的准备。

3. 安全作业基准及安全作业顺序

1)由候梯厅到轿厢顶的方法

(1)用控制柜将轿厢调至上轿厢层；

(2)确认轿厢门处于关闭位置；

(3)接通控制柜的检修开关，确认检修开关是否可以接通，在控制柜处用检修运行方式调至上轿厢的位置；

(4)用外开门钥匙打开层站门锁，把层站门打开，观察是否为容易上轿厢顶的位置；

(5)使层站门全开，并用挡块固定；

(6)切换轿顶上的安全开关，并确认轿顶上的安全开关是否被切断；

(7)接通轿顶上的检修开关，并确认轿顶上的安全开关是否接通，使轿顶检修灯亮。

(8)关闭门机自动开关。

(9)撤除挡块，上至轿顶，寻找安全位置，并关好层门。

2)从轿顶下来的方法

(1)让轿厢停在容易下来的位置；

(2)切断轿顶安全开关，并确认轿顶安全开关是否被切断；

(3)打开门锁开门,从轿顶下来;
(4)使门处于全开状态,用门挡块固定住,复位门机自动开关;
(5)确认检修开关是否被切断,确认检修灯是否被关闭。

3)从候梯厅进入底坑的方法

(1)在最下层设置安全栏,并确认;
(2)乘坐轿厢,使其停在比最下层高一层以上的层站上;
(3)断开轿厢内急停开关,关闭轿厢照明,并确认,并在门口设警示牌;
(4)用外开门钥匙打开最下层的门锁,打开门;
(5)确认底坑内有无异味;
(6)把门全打开,用门挡块固定;
(7)断开底坑安全开关,并确认;
(8)打开底坑检修灯,再次确认底坑内有无异常;
(9)利用底坑的梯子进入底坑,进行检修。

4)从底坑到候梯厅的方法

(1)利用底坑梯子上到候梯厅,再次检查确认底坑内是否有异常;
(2)关闭底坑检修灯,接通底坑安全开关,并确认;
(3)撤除门挡块,轻轻关好门;
(4)接通轿厢内急停开关,打开照明开关。

5)手盘轿厢冲顶归位方法

(1)接通控制柜检修开关,并确认检修开关是否接通;
(2)切断电源,并确认电源是否被切断;;
(3)安好制动释放器具和盘车把手,做好准备;
(4)作业中应相互复述指令;
(5)释放制动器,慢慢下盘,缓把时,要使制动器制动有效;
(6)确认是否最上层,通过平层标识确认平层状态;
(7)卸下制动释放器具和盘车把手,并确认;
(8)接通电源,并确认;
(9)用检修运行状态往复一次,确认有无异常;
(10)确认对重侧缓冲器有无异常。

6)电动轿厢冲顶复位方法

(1)接通控制柜检修开关,并确认检修开关是否接通;
(2)切断电源,并确认电源是否被切断;
(3)将控制柜终端限位开关电路短路,并确认;
(4)接通电源,确认电源是否接通;

(5)用检修运行状态慢慢下降，确认是否到达最上层平层，通过钢丝绳及位置显示器确认；

(6)断开电源，确认电源是否被断开；

(7)拆下控制柜终端限位开关回路的短路封线，并确认短路线是否拆下；

(8)接通电源，确认电源是否被接通；

(9)用检修运行状态运行一个往复，确认有无异常；

(10)检查对重侧缓冲器有无异常。

3.4.3　垂直电梯日常运行

1. 一般操作方法

现以上海某地铁公司对无司机车站用垂直电梯的操作规定为例，介绍地铁车站垂直电梯的一般运行要求和方法。一般情况，地铁车站的垂直电梯正常运行时为无司机自动运行。运行操作的步骤为：

(1)电梯接通电源投入运行前，将电梯上下行驶数次，无异常现象后方可使用。

(2)电梯层门关闭后，检查层门，确认层门不能用手拨启，当层门未关闭时，电梯应不能正常启动。

(3)检查电梯平层准确度。

(4)严禁在层门开启情况下，操作检修按钮开动电梯作一般行驶，不允许操作检修、急停按钮作为一般正常行驶的信号。

(5)不允许利用轿顶安全窗、轿厢安全门的开启，来装运行物件。

(6)轿厢顶上部，除电梯固有设备外，不得放置他物。

(7)值班员听到内电梯内部对讲系统主机鸣叫时应立即应答，并马上通知工作人员前去相应的主叫分机处处理。

(8)关人事件处理

如发生电梯关人事件，值班员在接到乘客报警信号后应立即拨打公司调度报修，并告知乘客，保持冷静，耐心等待专业人员到场解救，不得擅自强行扒开电梯厅门、轿门进行逃生。

(9)电梯运行异常及故障处理

当电梯使用中发生以下故障时，操作人员应立即通知公司调度并且停用电梯。

① 电梯层、轿门完全关闭后，电梯无法正常行驶。

② 运行速度异常。

③ 电梯层、轿门关闭前，电梯自行行驶。

④ 行驶方向与选定方向相反。

⑤ 电梯内选、平层、快速、召唤和指层信号失灵、失控。

⑥ 电梯运行时有异常噪声、较大振动和冲击。

⑦ 超越端站位置而继续运行。

⑧ 超越开关和安全钳动作。

⑨ 接触到电梯任何金属部分有麻电现象。

⑩ 发觉电气部件因过热而发出焦热的气味。

(10)在电梯每次投入正常运行时,应按照操作规程对电梯进行检查。在电梯运行中要巡查电梯运行状态,发现问题,要及时报告,并采取相应措施和记录。垂直电梯的正常运行过程如下:

① 电梯的正常工作状态

电梯完成一个呼叫响应的步骤如下:

• 电梯在检测到门厅或轿厢的呼叫信号后将此楼层信号与轿厢所在楼层信号比较,通过选向模块进行运行选向。

• 电梯通过拖动调速模块驱动直流电机拖动轿厢运动。轿厢运动速度要经过低速转变为中速再转变为高速,并以高速运行至减速点。

• 当电梯检测到目标层楼层检测点产生的减速点信号时,电梯进入减速状态,由中速变为低速,并以低速运行至平层点停止。

• 平层后,经过一定延时后开门,直至碰到开关到位行程开关;再经过一定延时后关门,直到碰到关门到位行程开关。电梯控制系统始终实时显示轿厢所在楼层。

② 电梯强制工作状态

当电梯的初始位置需要调整或电梯需要检修时,应设置一种状态使电梯处于该状态时不响应正常的呼叫,并能移动到导轨上、下行极限点间的任意位置。控制台上的消防/检修按钮按下后,使电梯立刻停止原来的运行,然后按下强迫上行(下行)按钮,电梯上行(下行);一旦放开该按钮,电梯立刻停止,当处理完毕时可用恢复正常工作按钮来使电梯跳出强制工作状态。

③ 电梯检修状态的运行

电梯操纵箱、轿顶、机房都装有一只检修开关和上行、下行按钮,当处于检修位时,电梯切断自动定向、快车启动等回路,使电梯只能运行于慢车状态。检修人员只要按下向上或向下按钮,电梯即慢速上行或下行。但检修有优先级别,即轿顶操作权最优先。

对于有司机的垂直电梯,在轿内操纵箱装有对应层站数的指令按钮。各层厅门外装有一只召唤盒。底层只有一只向上方向的召唤按钮。顶层也装有一只向下方向的召唤按钮。中间层站各装有两只,分别为向上和向下召唤按钮。

当厅外有人需要搭乘电梯,就根据目的地要求按下向上或向下召唤按钮,召唤信号就被登记。同时轿内操纵箱上就有显示某层有召唤请求，并且蜂鸣器鸣叫。司机按照召唤请求需要，按下相应的层站指令按钮。层站指令被登记并显示。电梯控制系统根据当前轿厢的位置与指令的要求，自动判断出运行方向，并在操纵箱的方向按钮上显示。

司机根据方向显示，按向上或向下的方向按钮，电梯开始关门，待门全部关好，电梯向上运行，通过降压启动、加速后进入稳速快车运行。电梯运行过程中，装在厅门外的楼层显示器不断刷新当前轿厢的位置。当电梯到达目的层时，自动由快车转为慢车，并通过回馈制动使电梯速度逐级下降。电梯到达平层位置停止运行，制动器抱闸。随即电梯开门，完成了一个电梯运行的过程。

2. 垂直电梯发生事故处理规程

1)载客电梯困人故障应急处理程序

如果停电或电梯故障，致使电梯困人，应由经过训练之救援人员，根据不同情况，依据下列步骤释放被困乘客。

(1)发生电梯困人事故时，站务人员或维修人员与被困乘客取得联系，使其保持镇静，耐心等待救援，并告知被困乘客不可将身体任何部位伸出轿厢外。如果轿厢门属于半开闭状态，维修人员应设法将轿厢门完全关闭。并告知乘客"在没有得到允许之前不要打开电梯门"及"在求援过程中，电梯将会有多次启动和停车"。

(2)用厅门匙打开少许厅门，查看轿厢平层情况，并记住轿厢高出或低于平层位置多少。准确判断轿厢位置，做好救援准备。根据楼层指示灯、电脑显示或打开厅门判断轿厢所在位置，然后设法援救乘客。

(3)假如轿厢护脚板下方与楼层之间没有空隙，则救出乘客。假如不能打开轿厢门，则手动去除轿门上的防开门阻抗。

(4)假如轿厢护脚板下方与楼层之间存在空隙，则通知乘客不要操控电梯移动，并要求他们不要试图打开电梯门，并按照以下步骤进行救援：

① 去到操作控制板处，断电，上锁挂牌。

② 把紧急救援钥匙转至"开位置"。

③ 按抱闸紧急释放按钮，速度指示器将显示电梯移动。由于有速度限制功能，当速度达到一定值时，电梯会自动停止，所以移动过程中会有多次启动和停车。

④ 按住按钮直到门区指示灯亮起，表示电梯到达楼层。

⑤ 用厅门钥匙打开电梯门，放出被困乘客。

(5)轿厢停于接近电梯层站的位置时的救援步骤：

① 关闭机房电源开关；

② 用三角钥匙开启层门；

③ 协助乘客离开轿厢；

④ 重新关好厅门。

(6)轿厢远离电梯层站时的救援步骤：

① 进入机房,关闭电梯电源开关；

② 在电机轴上安装盘车手轮；

③ 一人用力把住盘车手轮,另一人手持制动释放杆,轻轻撬开抱闸,并注意观察平层标志,使轿厢逐步移动至最接近厅门为止(轿门地坎与厅门地坎相差小于0.2 m)；

④ 当确认刹车制动无误时,放开盘车手轮。然后按轿厢停于接近电梯层站的位置时的救援步骤方法实施救援。

2)无机房电梯困人故障应急处理程序

(1)紧急电动运行救援措施

检查控制面板上的平层指示灯,了解轿厢是否在平层范围,是解救乘客的先决条件。在电梯没平层的情况下,按照如下操作进行救援：

① 用控制柜或检修盒内电动运行到达平层位置；

② 接通主开关和轿厢照明,将紧急电动运行开关接通；

③ 根据轿厢位置按"上"或"下"按钮,轿厢会向上或下运行,观察控制板上的快慢指示灯或通过观察孔观察溜车速度及运行方向,如快慢指示灯一直亮,说明电梯运行过快,需立即停止按动"上"或"下"按钮,利用应急运行时必须点动"上"或"下"按钮,快慢指示灯必须是闪动的状态,直到电梯到达平层位置。

在电梯已经平层的情况下,按照如下操作进行救援,在平层处开门放出被困的乘客。

① 断开主开关,确定轿厢的平层楼层,一名救援人员与轿厢内乘客保持联系,另一名救援人员到相应楼层,再次联系被困的乘客,以确认轿厢在该层平层,用厅门钥匙打开门锁并且小心地连轿门一起打开。需要注意的是有坠落危险。如果开错了楼层厅门,要立即关闭并且检查是否锁好。

② 协助被困乘客离开轿厢,解救工作完成之后,关闭厅门并检查是否锁好。

③ 解救工作完成后接通主开关并且将应急电动运行开关置于断开位置。然后召唤轿厢去两个不同楼层(厅门召唤)来观察运行情况；如果运行尝试不成功就必须断开主开关。

④ 如果救援措施不能奏效,或者有受伤的人需要特殊照顾,应及时通知维修中心,并告知被困乘客,和被困的乘客保持语音联络,直到解救人员到达。

(2)断电情况下的救援

① 按下"充电"按钮直到按钮旁的"已充电"指示灯亮；

② 保持按下"充电"按钮,再点动按下"松闸"按钮(必须同时按住两按钮),抱

闸会打开，轿厢会因载荷不同向上或向下溜车，观察控制板上的快慢灯或通过观察孔观察溜车速度及运行方向，如快慢指示灯一直亮，说明电梯运行过快，需立即停止按动“松闸”按钮，快慢指示灯必须是闪动的状态，直到电梯到达平层位置；

③ 松开“充电”或“松闸”按钮其中一个即可关闭抱闸。

④ 告知被困的乘客以了解轿厢的位置。按照紧急电动运行救援措施“在平层处开门放出被困乘客”进行救援。

3)无机房电梯特殊情况救援操作

(1)断电情况下非平衡载情况下的救援

① 检查控制面板上的平层指示灯，了解轿厢是否在平层范围，是解救乘客的先决条件。根据平层情况按照紧急电动运行救援措施实施救援；

② 如果没有平层时，则按下“充电”按钮直到按钮旁的“已充电”指示灯亮；

③ 保持按下“充电”按钮，再点动按下“松闸”按钮(必须同时按住两按钮)，抱闸会打开，轿厢会因载荷不同向上或向下溜车，观察检修盒上的快慢灯或通过观察孔观察溜车速度及运行方向，如快慢指示灯一直亮，说明电梯运行过快，需立即停止按动“松闸”按钮，快慢指示灯必须是闪动的状态，直到电梯到达平层位置；

④ 松开“充电”或“松闸”按钮其中一个即可关闭抱闸。继续按“在平层处开门放出被困乘客”进行救援。

(2)断电情况下平衡载情况下的救援

① 按应急电动运行操作电梯，进行救援工作；

② 如应急电动运行不能使电梯运行，则需给轿厢增加负载，使轿厢大于45%的额定负载，打破轿厢与对重的平衡，然后按非平衡载进行操作；

③ 如轿厢所处位置不容易增加负载，则打开底层厅门进入井道，打开抱闸，拉动限速器钢丝绳，以打破轿厢与对重的平衡。然后按“断电下非平衡载”进行救援操作。

(3)断电情况下空载冲顶安全钳动作

① 可直接打开厅门和轿门救援；

② 按“在平层处开门放出被困乘客”进行救援。注意有坠入井道的危险；

③ 按下面方法提升轿厢释放安全钳；

④ 打开底层厅门(注意有坠落危险)；

⑤ 若不能用应急电动运行释放安全钳，则需打开底层厅门进入井道，注意有坠入井道的危险；

⑥ 将对重缓冲器及支架拆除，松开抱闸，用手动倒链将对重向下拉，释放安全钳，如图3.153所示。

(4)断电情况下重载墩底

① 可直接打开底层厅门和轿门救援。假如轿厢护脚板下方与楼层之间没有空隙，则救出乘客。假如不能打开轿厢门，则手动去除轿门上的防开门阻抗；假如轿厢护脚板下方与楼层之间存在空隙，则通知乘客不要操控电梯移动，并要求他们不要试图打开电梯门。

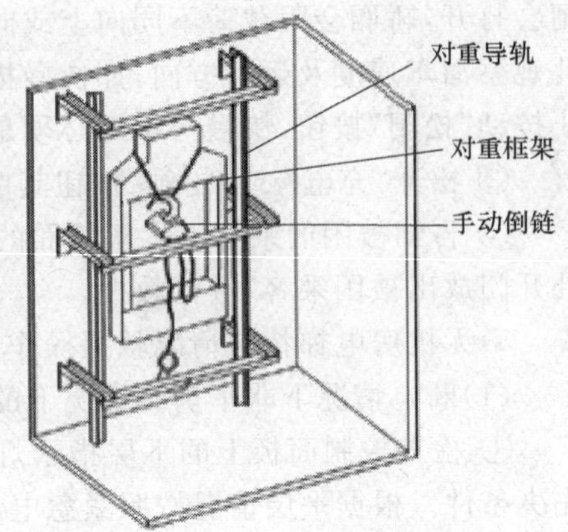

图 3.153　手动使用葫芦将对重向下拉释放安全钳

② 按下“充电”按钮直到按钮旁的“已充电”指示灯亮。

③ 保持按下“充电”按钮，再点动按下“松闸”按钮（必须同时按住两按钮），抱闸会打开，因轿厢此时空载，对重端负载较大，轿厢会向上移动，观察检修盒上的快慢灯或通过观察孔观察溜车速度及运行方向，如快慢指示灯一直亮，说明电梯运行过快，需立即停止按动“松闸”按钮，快慢指示灯必须是闪动的状态，直到电梯到达平层位置。

④ 松开“充电”或“松闸”按钮其中一个即可关闭抱闸。按照在平层处开门放出被困的乘客的步骤实施救援。

⑤ 如因特殊情况，上述方法不能提升轿厢，则需等待供电后，按照“用紧急电动运行到达平层”进行操作，提升轿厢。

(5)断电情况墩底安全钳动作

① 可直接打开底层厅门和轿门救援。按照“在平层处开门放出被困乘客”进行救援，并按下面方法提升轿厢释放安全钳。

② 因已经将被困人员救援出轿厢，可等待供电后，按照“用紧急电动运行到达平层”进行操作，提升轿厢，释放安全钳。

(6)断电情况下轿厢在中间位置安全钳动作。

① 试按“断电情况下救援”进行操作，如电梯不能移动，则按下述方法提升轿厢，释放安全钳进行救援。

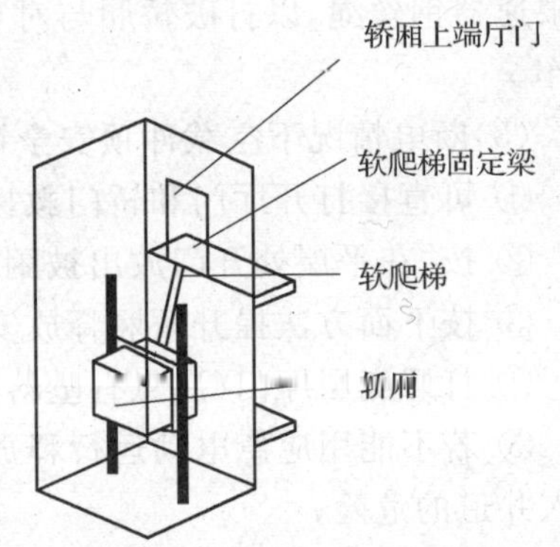

图 3.154　救援用的爬绳装置

② 打开位于轿厢停靠位置上端的厅门，利用爬梯装置到达轿顶，爬梯装置如图 3.154 所示，是由固定梁和软爬梯组成，固定梁是 14 号槽钢，长度为 2 m，横放在厅门口，

软爬梯牢固地与固定梁连接，维修人员利用软爬梯到达轿顶。

③ 将轿厢提升装置用导轨夹固定在轿厢导轨上。将手动倒链一端挂在轿厢提升装置上，另一端挂在轿厢架上梁上，向上提升轿厢，释放安全钳。

④ 将安全钳释放后，将轿厢提升装置、手动倒链及爬梯装置卸下并移出井道。

⑤ 按照“断电情况下救援”进行救援操作。

4)救援结束后，由维修人员分析故障原因，并对故障进行排除。

5)故障排除及故障原因清楚后，先将电梯试运行 10 min，确认设备运行正常后，由车站报告设备管理部门调度，恢复设备正常运行。

3.4.4 垂直电梯的保养

制定电梯的维护保养计划是为了确保电梯的可靠性、可用性和可维护性的指标。为了实现电梯良好的工作状态，其维修周期及时间一般有如下规定：

(1)电梯的正常保养周期分为半月、月、季度、半年、年保养。维保人员应按计划按时保质保量对电梯进行相应的检修和维护。

(2)电梯维保人员每半月对电梯各易损运动安全部件及基本功能进行一次较为全面的清洁、检查、润滑、调整、更换零部件等保养工作。

(3)在每半月保养的基础上，分别于每月、季度、半年、年再对上述部件进行更深入的保养以及对其他部件按时进行清洁、检查、润滑、调整、更换等保养工作。

(4)维保完成后的电梯应处于良好安全的运行状态，各部位符合相应的国家标准及企业标准。

(5)在周期性巡视或保养中，若发现有异常情况但不易进行即时处理的，在不影响正常安全使用的情况下可先予以详细记录，随后尽快及时的安排处理并做好记录。

(6)电梯发生紧急召修的故障应在记录表上做详细及时的记录。

(7)每台电梯每年专用一本保养表，每次保养项目不得少于各相关表内要求，维保负责人或公司管理人员要对保养员工填报的真实性进行不定期检查。

电梯属于特种设备，根据国家关于《电梯日常维护保养规则》的规定，要求对电梯的维护保养包含以下内容。

1. 半月日常维护保养内容与要求如表 3.8 所示。

表 3.8 半月日常维护保养内容与要求

序号	内容与要求
1	机房、轿顶、底坑应清洁
2	机组设备运转状况巡查(电动机、曳引机、振动、异音、异温、异味、漏油等)
3	各控制屏除尘及主要接触器接触、动作情况检查，铜接点及炭精清洁，各接线应紧固

续上表

序号	内容与要求
4	抱闸检查(行程、各销轴部位动作灵活及活动部份加油,有足够的制动力,衬磨损不应大于原厚度1/3,抱闸打开时,闸片与轴不应产生摩擦)
5	曳引机齿轮箱油量、油质检查,曳引轮加油(油杯、轴承)
6	门电机铜头清扫,炭精检查
7	轿厢照明、风扇齐全并工作正常,各操作按钮、显示有效并显示正确
8	主制动器动作可靠
9	各厅、轿门锁及安全触板、光电(幕)开关内部检查及接触点清洁,厅门锁锁紧元件啮合长度不小于7 mm
10	内、外门道轨清洁及各门自闭功能正常、运行平稳无振动,门滑块、门轮磨损检查,厅门钥匙开锁释放后能自动恢复
11	厅门按钮、楼层显示工作正常、显示准确
12	超重开关及差动变压器清扫及检查
13	运行情况检查(启动、动作、加减速及停车之平稳性、振动、噪声的程度、平层误差等)
14	警铃、通信系统、应急照明应可靠有效
15	各油盅油量检查及补充,轿厢顶和轿厢底之循环缆轮加油(油杯、轴承)
16	检查累计故障密码并记录

2. 月度日常维护保养内容与要求如表 3.9 所示。

表 3.9 月度日常维护保养内容与要求

序号	内容与要求
1	曳引机、曳引轮及导向轮清洁,油杯油量检查
2	抱闸检查(行程、各销轴部位动作灵活及活动部份加油,有足够的制动力、衬磨损不应大于原厚度1/3,抱闸打开时,闸片与轴不应产生摩擦)
3	电动机与曳引机连轴器螺栓无松动
4	控制柜各继电器接点清洁,各主要接触器,启动电阻,电抗器等引线螺丝紧固
5	干电池及蓄电池检查
6	内、外门间之啮合装置检查,清扫注油(门刀、开门轮及其传动装置)
7	双折门,快慢门之各活动部份清扫注油,固定部位无松动,间隙尺寸无变化
8	各种限位开关(含轿门限位),及其碰刀位置的检查,内部接点清洁(极限开关、限位开关、减速开关)
9	限速器轮槽、绳清洁,夹绳钳口无磨损,应有足够的夹持力
10	井底各设备检查,清扫抹油(各限位开关、保险缆轮、钢带轮及加重块、液压、弹簧缓冲器)
11	轿厢壁板、灯罩、风扇叶的清洁

续上表

序号	内容与要求
12	轿厢称重装置有效、准确，检修及各开关功能正常
13	安全钳传动机构灵活，安全钳楔块清洁无油腻并与导轨间隙均匀，动作一致
14	控制柜内功率晶体管冷却风扇的清洁检查
15	调整平层误差，电脑数值调整

3. 季度日常维护保养内容与要求如表3.10所示。

表3.10　季度日常维护保养内容与要求

序号	内容与要求
1	主电动机冷却风扇清扫
2	电源总开关检查
3	各控制屏大清扫，各电阻管引线及螺丝紧固，各保险丝及灵敏开关内部检查
4	门电机、电阻箱、接点盒内部检查、清扫（着重接点清洁，引线螺丝紧固）
5	门机械的齿轮箱、驱动连杆、链条、皮带及各机械部分检查、清扫注油（张力测量）
6	各导靴、安全钳装置清洗，安全钳装置与导轨间间隙检查
7	补偿链（绳）连接处固定无松动，与外部无挂碰
8	井道换速、限位、强迫等开关应工作有效
9	井道、底坑照明齐全并正常
10	各主缆磨损情况及张力均衡、绳头螺母组合情况及伸长程度检查

4. 半年日常维护保养内容与要求如表所示3.11所示。

表3.11　半年日常维护保养内容与要求

序号	内容与要求
1	机房照明设备齐全、有足够照度
2	旋转编码器工作正常
3	各轴承油补充（各缆轮、压轮）
4	绝缘电阻测量
5	轿厢操纵板及各层呼唤按钮板内部清洁检查，接线螺丝紧固
6	停车装置（平层感应器）检查
7	导轨、导靴衬（轮）及安全钳清洗及磨损程度测量
8	安全钳于检修速度下测试，效能确认，安全钳开关的检查
9	随机电缆、补偿链（缆）检查
10	液压梯的缆绳过长保护开关及安全钳装置检查，活动部分注油

续上表

序号	内容与要求
11	厅外消防开关正常、有效
12	各绳及绳轮磨损，绳断丝未超标，张力一致
13	重做控制系统楼层确认操作，并确认检查 PLC、变频器主要控制参数
14	各油盅油量检查及补充，轿厢顶和轿厢底之循环缆轮加油(油杯、轴承)
15	检查累计故障密码并记录

5. 年度日常维护保养内容与要求如表所示 3.12 所示。

表 3.12　年度日常维护保养内容与要求

序号	内容与要求
1	曳引机齿轮箱换油，蜗轮蜗杆齿合间隙检查
2	各种润滑油更换(发电机、曳引机、缆轮、选层器、钢带轮、限速器)
3	曳引轮绳槽磨损情况检查(钢丝绳滑动情况)
4	抱闸组合解体大修及线圈电流测定
5	测试限速器动作速度
6	曳引力(载质量)、行车速度、平层误差补偿装置等测量及检验
7	控制屏各接线柱螺丝紧固
8	门电机齿轮油、润滑油、冷却油更换
9	中间接线箱、轿厢操纵盘、轿顶接线箱等处接线端子检查并紧固
10	主缆绳、保险缆绳、补偿缆加缆油(新缆视需要而定)
11	井道内各导轨支架、压道板、各碰铁等牢固程度检查
12	井底油压缓冲器清洗、换油、有效动作确认、对重与缓冲器距离检查
13	消防开关连动试验
14	电梯周年大检查
15	将所有计算机及变频器控制系统重要控制参数确认检查一次
16	载重测试、调校超重开关、空载及满载参数

3.4.5　垂直电梯各部分的日常维护

1. 机房主要设备的保养

1)曳引机的保养

(1)蜗轮蜗杆减速器

① 减速器油箱内须有足够量的齿轮油，油质应保持纯洁，油温不应超过 60 ℃，

第一次加油试用半年应清洗并重新换油一次。加油步骤为使用一字形螺丝刀打开箱盖，注入煤油，彻底清洗箱体内部，然后将煤油放入准备好的容器内。注入一定量齿轮油至油窗中位线。

② 蜗轮减速器上的滚动轴承用钙基润滑油。

③ 检查曳引机底座的紧固螺栓有否松动现象，如有松动应及时紧固。

④ 当减速器在正常运转下，测量轴承温度，如轴承产生高温度超过 80 ℃，检查轴承有无磨损。应考虑该轴承的更换。

⑤ 在检查减速器蜗轮和蜗杆的啮合和轴承的情况时，如必须将减速器拆开时，应先将轿厢安置在井道顶部并必须用钢丝绳吊住，再将对重在底坑内撑住，摘去曳引轮上的曳引钢丝绳，然后排去减速器内润滑油，用煤油洗净。

⑥ 当减速器使用较长时间后，齿的磨损逐渐增大，当齿间侧隙超过 1 mm 以上，并在工作中产年猛烈的撞击时，应考虑更换蜗轮与蜗杆。

⑦ 曳引机使用一段时间后，如重新运行时，要注意蜗杆轴承处及主轴的轴承内是否有齿轮油，并在启动时先加入少量油后再检查是否少油。

⑧ 蜗轮轴要注意防锈，尤其是轴肩 R 处绝对不能生锈，以防该处内应力集中而损坏蜗轮轴。

⑨ 要检查电动机轴线是否与蜗杆轴线在一条水平直线上。

(2)制动器

① 检查闸瓦应当紧密地贴合于制动轮的工作表面上，当松闸时，闸瓦应同时离开制动轮的工作表面，不得有局部摩擦，这时在制动轮与闸瓦之间形成的间隙不得大于 0.7 mm。

② 制动器的销轴必须能自动转动并经常用薄油润滑，电磁铁在工作时，碰铁应能自由滑动，无卡住现象。

③ 制动器电磁线圈的接线应无松动现象，线圈外部防短路的绝缘要良好。

④ 闸瓦的衬垫如有油污等，要拆下清洗，以防打滑。

⑤ 当闸瓦的衬垫磨损后与制动轮的间隙增大，会使得制动不正常。如发生异常的撞击声时，应调节可动铁心，与闸瓦臂连接的螺母，来补偿磨损掉的厚度，使间隙恢复。

⑥ 当闸瓦衬垫磨损值超过衬垫厚度 2/3 时，应及时更换。

⑦ 制动器弹簧每隔一段时间要调整其弹簧力，使电梯在满载下降时应能提供足够的制动力使轿厢迅速停位，而在满载上升时制动又不能太猛，要平滑地从平层速度过渡到准确停层于欲停楼面上。

(3)曳引电动机

① 滑动轴承温度不超过 80 ℃。运转时，如发现温度过高或声音不正常或有

外物侵入，导致滑动环铁不灵活，必须立即进行检查。

② 电动机与底座连接应紧固，蜗杆轴与电动机轴连接后的不同轴度允许偏差刚性连接 $\leqslant 0.02$ mm，弹性连接 $\leqslant 0.1$ mm。

(4)曳引轮

① 检查曳引轮槽的工作表面是否平滑，检查钢丝绳卧入曳引轮槽内的深度是否一致以衡量每根钢绳的受力是否均匀，把直尺沿轴向紧贴曳引轮外圆面，然后测量槽内钢丝绳顶点至直尺距离，当其差距达到 1.5 mm，应就地重新车削或更换轮缘。

② 检查曳引轮槽内钢丝绳是否落底并产生打滑现象，当绳槽共同磨损至钢丝绳与槽底的间隙减缩至 1 mm，轮槽需重新车削。绳槽在切口下面的轮缘厚度，大于相应钢丝绳直径。

2)导向轮

导向轮、轿顶轮和对重轮的润滑装置应保持完整良好，并应注满钙基润滑脂，每年清洗更换一次。如润滑失效，滑轮心轴被“咬死”将引起严重事故和损坏。

3)限速器

(1)限速器上、下部装置的旋转部分至少每半月加油一次，每年清洗换油一次。

(2)限速器钢丝绳不允许上油，以防打滑。

(3)装有安全开关的限速器要定期检查其能关的可靠性。

4)控制屏、柜

(1)用软刷或吹风清除柜内各部件上的积灰，检查电磁开关触头的状态、接触情况、线圈外表的绝缘，以及机械联锁动作的可靠性。

(2)检查柜内接线、接线端子有无松动，如有应紧固。

2. 井道主要设备的保养

1)导轨和导靴

(1)轿厢和对重导轨应每半月时为自动润滑装置加一次油。

(2)导轨如曾因断油、停驶而致表面锈蚀，或曾因安全钳动作而造成导轨表面损伤，应先修平后再使用。

(3)年度检查时，维修保养人员应在轿顶上操作，轿厢以慢速从上至下运动时，对导轨及其导轨连接、压紧件进行检查。首先必须按顺序拧紧全部压板、接头和撑架的螺栓连接，然后再从上至下用特制样板核实导轨的间距。

(4)检查滑动导靴在导轨上滑动所产生摩擦对其衬垫所引起磨损情况，如磨损过甚，间隙过大，轿厢在运动时产生晃动现象，应及时调换。

(5)检查导靴时应注意导轨与安全钳之间必须保持适当的间距，以免导轨磨损后安全钳动作。

2)井道电缆

(1)检查随行电缆的安装状况,有无固定部位松动现象。

(2)表面有无损伤和绝缘不良情况,并用软刷扫除接线端子等处的尘垢。

3)井道开关和隔磁板

(1)限位开关和极限开关的动作应灵活可靠,在低速运行轿厢的同时,当轿厢到达上或下端站时,应能不借助操纵装置的作用,自动将轿厢停止(用手触动开关,检查轿厢是否停止),因极限开关动作使电梯停止后应不能再向原方向启动,只能向相反方向开动。

(2)检查限位和极限开关时,应先拭去尘垢,将盖子开启。核时触点接触的可靠性,弹性触头的压缩裕度,将触头表面的积垢和烧灼部分用细砂布擦净,转动和摩擦部分可有钙基润滑脂润滑。

(3)检查井道其他开关,隔磁板的安装情况,有无松动、变形。

4)曳引钢丝绳

(1)电梯安装使用后,由于钢丝绳受到拉伸载荷,每根钢丝绳的长度会不同程度地伸长,造成每根钢丝绳受力不均,必要时应根据实际情况,调整钢丝绳锥套螺栓上的螺母来调节弹簧的张紧度,使每根钢丝绳平均受力。

(2)钢丝绳应有适度的间隙,可以降低绳丝之间的摩擦损耗,同时也保护其表面不致锈蚀,钢丝绳内原有油浸麻芯一根,使用时油逐渐外渗,不须再在表面涂油。如使用日久,则油渐告枯竭,就须定时上油,宜涂有薄而均匀的ET极压稀释型钢丝绳脂,使钢丝绳表面有能渗透的轻微润滑(手摸有油感即可)。渗油过多时应及时抹去,防止造成打滑情况。

(3)检查钢丝绳有无机械拉伤,有无断丝爆股情况,锈蚀和磨损的程序,锥套处是否完好无裂纹和松动现象。

(4)当电梯运转一定时期后钢丝绳出现断丝时,必须经常更仔细地检查和注意钢丝的磨损量和断丝数。

(5)当钢丝绳磨损或腐蚀达到原来直径的30%以成断丝,数在一个捻距中超过全部单丝数10%时钢丝绳当报废。当钢丝绳上出现断股时,应立即报废,调换新钢丝绳。

5)补偿链

(1)在轿顶慢车开至中间层,能观察到固定平衡链的部位,检查U型环固定螺丝、开口销、平衡链环有无开裂。

(2)在底坑观察轿底固定部位,有无松动,如有应紧固。并在运行中观察平衡链有无与井道件碰撞或摩擦。

3. 层站主要设备的保养

1)厅外召唤及显示设备

(1)查按钮的接触和动作情况,如有损坏应及时修复或更换。

(2)检查楼层显示,是否有缺画、乱码现象,如有应及时修复或更换。

(3)检查锁梯、消防开关是否正常。

2)厅门

(1)层门应平整正直,启闭应轻便灵活,无跳动、摇摆和噪声。门滑轮的滚珠轴承和其他磨损部分应定时加薄油润滑。

(2)层门门锁应灵活可靠,并定时做好润滑工作。当层门关闭时应不能从外面开启。

(3)检查门锁时先清除尘垢,当门关闭时核实活动的锁销在锁壳中啮合的可靠性。检查门触头在锁销的作用下接触的可靠性和裕度,检查触头和导线的连接情况,清除触头的积垢和烧蚀。应绝对消除门锁在和锁销脱离的情况下触头保持接通的可能性。门锁的转动和摩擦部分应予适当的润滑。

(4)应检查门锁电气触头在门打开时的绝缘情况。

4. 轿厢主要设备的保养

1)轿厢内部

(1)轿内开关应灵活可靠。

(2)检查轿内操纵按钮的接触情况。检查钥匙开关,内部通话装置及报警装置,照明及风扇的开关接触是否良好,如有故障应及时修理。

(3)检查轿内显示的情况,如有与楼层不符应找出原因,排除故障。

(4)检查轿厢本身在运动中是否有摆动、振动或由机房传来的噪声。一般来说,导靴的磨损,导轨接头连接不良或导轨歪都将引起轿厢的摆动或振动。

(5)检查平层精度是否在规定值范围内,如超出规定值,则应调整平层感应器的上下位置或隔磁板的相对位置。

2)轿厢外部

(1)对驱动轿厢门的电动机轴承应定期加钙基润滑油,每年清洗一次。

(2)传动皮带张力的调整,在使用过程中传动皮带如出现伸长现象引起张力降低而打滑,可以调节电动机的底座调节螺钉使皮带至适当张紧。

(3)安全触板动作应灵活可靠,与障碍物的碰撞力不大于 5 N。

(4)电梯因中途停电或电气系统发生故障而停止运行时,在轿厢内能用于将门拨开,其拨力应在 200～300 N 范围内。

(5)门导轨每次保养时,应清扫,使门移动轻便灵活,运行时无跳动、噪声,吊门滚轮外圈直径磨损 3 mm 时应予以更换,每次应检查连接螺栓并紧固。

(6)在轿厢门完全关门，安全开关闭合后，电梯方能行驶。

5. 底坑主要设备的保养

1)限速器张紧轮

(1)限速器的张紧装置应工作正常，绳轮和导向装置的润滑应保持良好，每年清洗加油一次。

(2)张紧装置的搭板与断绳开关的接触要良好，必要时可调节其断绳开关附件和绳轮部件。

2)缓冲器

(1)液压缓冲器柱塞不能生锈，应定期加油(液压油必须采用 50 号机械油)。使用日久后，如发生油量减少现象，应及时补充。

(2)加油步骤是用旋具把柱塞封闭盖的盖帽去除，打开油位指示器，排出空气，加入油(加油至杆的上标记)后马上拧紧盖帽。

3.4.6　维修保养用润滑油(脂)及注油方法

1. 电梯加油部位及油类

日常的润滑加油是电梯保养非常重要的一个方面。每种不同品牌的电梯其所加的齿轮油和润滑油脂是不同的，需要根据特定品牌电梯的要求选择不同品牌和要求的润滑油脂。

润滑油是用在各种类型机械上以减少摩擦，保护机械及加工件的液体润滑剂，主要起润滑、冷却、防锈、清洁、密封和缓冲等作用，包括润滑脂、齿轮油、液压油、车用油、防锈油等。图 3.155 为市场上常见的润滑油。

润滑脂是稠厚的油脂状半固体，用于机械的摩擦部分，起润滑和密封作用，也用于金属表面，起填充空隙和防锈作用，主要由矿物油(或合成润滑油)和稠化剂调制而成，润滑脂是润滑油中一个类别。图 3.156 为市场上常见的润滑脂。

图 3.155　润滑油

图 3.156　润滑脂

电梯边运行边加油十分危险，所以一定要在“停止”状态下加油。有两台电梯以上并列运行时，加油时要注意其他电梯，以免发生危险。下面，就垂直电梯在进行润滑保养时所需加油的部位和油类进行概括性介绍。

1)曳引机

(1) 减速机：齿轮油。

(2) 蜗杆轴承(止推轴承)：润滑脂。

(3) 绳轮机轴承：润滑脂。

2)电动机轴承：润滑脂。

3)制动器支臂、杆销：润滑脂。

4)限速器

(1) 滚动轴承：润滑脂。

(2) 套筒轴承：润滑脂。

(3) 齿轮：齿轮复合润滑油。

(4) 销及滑动部位：润滑油。

5)导向轮

(1) 滚动轴承：润滑脂。

(2) 套筒轴承：润滑脂。

6)限速器绳轮

(1) 滚动轴承：润滑脂。

(2) 套筒轴承：润滑脂。

7)钢丝绳

(1)主钢丝绳：钢丝绳油。

(2)限速器钢丝绳：钢丝绳油。

8)紧急停止装置各连接部位：润滑油。

2. 注油方法

1)曳引机减速齿轮油更换放出旧油，加入齿轮油到规定的油面高度；

2)钢丝绳油(一般情况下不用加油)但是由于建筑物的用途不同(水库边、药品仓库、冷冻室等)、场所(海岸附近)等地方，为了防止生锈，有时候也要上油。加油时要分别按情况判断；

3)导轨视情况根据需要上油。

3.5 地铁车站垂直电梯的故障处理

地铁车站的垂直电梯必须由专门的经专业部门培训并取得上岗证书的维修人

员负责定期的维护保养。由于组成垂直电梯的机械和电器设备较多,因此,在连续运行的过程中,经常会发生各种各样的机械和电气设备故障。维护人员必须不断地总结经验,积累处理电梯故障的能力。只有这样,才能确保地铁车站的垂直电梯处于良好的工作状态。下面,就垂直电梯常见的一些故障现象和处理方法做简单介绍。

3.5.1 电气系统故障分析

电梯故障绝大系数是电气控制系统的故障。电气控制系统故障比较多的原因是多方面的,主要原因是电器元件质量和维修保养不当。从电梯电气故障发生的范围看,最常见的是门机系统故障和电器组件接触不良引起的。造成门机系统和电器组件故障多的原因,主要有元器件的质量、安装调试的质量、维护保养质量等。从电气故障的性质看,电气系统的故障可以分为短路和断路两类。

1)短路就是由于某种原因,不该接通的回路联通或回路接通后线路内电阻很小。电梯常见短路故障原因有电气控制系统接触器或继电器的机械和电子连锁失效,接触器或继电器动作后造成短路;接触器的主接点接通或断开时,产生的电弧使周围的介质电器组件的介质被击穿而短路;电器组件的绝缘材料老化、失效、受潮造成短路;由于外界原因造成电器组件的绝缘破坏造成短路。

2)断路就是由于某种原因,造成应联通的回路不通。引起断路的原因主要有电器组件引入引出线松动;回路中作为连接点的焊接虚焊或接触不良;继电器或接触器的接点被电弧烧毁;接点表面由氧化层;接点的簧片被接通或断开时产生的电弧加热,冷却后失去弹力,造成接点的接触压力不够;继电器或接触器吸合或断开时由于抖动使触点接触不良等。

下面就电梯电气系统警察出现的故障和分析处理方法做详细的分析:

(1)热继电器过载致使电梯突然停车

此类故障的原因是由于热继电器过载电流设定值不合适,引起电梯在运行中突然停车。热继电器是为了防止电机过载烧坏电机的重要保护措施,但是由于热继电器过电流值设定得过小,在电机正常运行中,热继电器突然动作,使控制回路电路失电,致使电梯突然停车。

维修人员往往在更换热继电器时忽视热继电器的过电流值,因此,需要维护人员在电梯运行中用钳形电流表测量其起动电流与运行电流,根据所测电流值来调整热继电器的设定值。从而避免类似故障的发生。

(2)螺旋保险熔丝压不紧致使电梯突然停车

此类故障的原因是由于电气控制回路中的螺旋形保险装置熔丝压得不紧,有接触电阻存在,致使回路通电后发热熔断,导致控制电路和主电路缺相,引起电梯突然停车。

这种螺旋形保险装置很容易出现因熔丝压不紧而发热熔断，将螺旋保险压紧即可排除故障。最好是更换新型保险或空气开关，故障率可大大减小，而且操作起来也方便。

(3)接触器电气互锁触点故障引起电梯突然停车

为了电气安全起见，电梯上下行接触器与快慢速接触器，采取了电气控制方面的互锁关系，即一个接触器动作时而另一个接触器不得动作。通过常闭点实现互锁关系。所以当常闭点接触不良，就会使正在运行的接触器突然瞬间断电而停车。

这种故障现象往往被维修人员忽略，一般考虑是正在运行的接触器出现故障，因而花费很多时间却没有找到故障部位，而实际上是处于断电状态的接触器的常闭点接触不良，触点突然断开而使正在工作的接触器断电而停车。因此，通过检查和判断，更换处于断电状态的接触器触点或接触器即可快速排除这种故障。

(4)平层永磁感应器故障引起到站不平层

平层使用的永磁感应器中的干簧开关因长期运行，触点频繁动作，触点的铜片弹性性能降低，开关动作灵敏度降低，造成有时触点不能接通，平层控制电路失效引起电梯到站不平层。或是因电梯长期运行，永磁感应器铁磁性减小，也会造成干簧开关动作灵敏度降低，平层控制电路失控后到站不平层。

到站不平层，特别是在终端层则可能引起冲顶、蹾底事故。所以，对干簧开关动作灵敏性应经常检查，对触点的铜片弹性性能降低，开关动作灵敏度降低的要及时更换。另外，维护人员可做一些干簧开关故障统计规律的工作，运行多少次后出现故障，从而找出故障周期，在故障出现前就更新干簧开关，以免事故发生。

(5)限流陶瓷绕线可变电阻故障引起电梯不能开关门

电梯不能自动开关门的原因可能会有很多，门机的主电路及其控制电路中任一部位及元件有故障都会使电梯不能开关门或是微机没有发出开关门信号。经检查各部位都确认无误，直到检查到控制柜中的限流电阻时，测量陶瓷绕线电阻两端电阻时，电阻为无穷大，判断为开路。造成电枢无电流，所以门电机不起动，不能开关门。更换新的电阻后，电梯正常开关门。

(6)运行接触器故障引起电梯运行速度降低

电梯运行速度明显比正常运行速度降低的现象，一般首先会检查变频器运行状态，经检查变频器输出电压没有问题，制动器与制动轮之间间隙无磨擦相碰现象。最后测量电机三相电压，其中一相电压只有 250 V，而其余二相为 378 V，明显三相电压不对称性过大。经检查确认是电动机接触器的该相主接点接触不良，通电时该主接点因弹簧受热变软而压力不够，造成传输到电机上的电压较低，造成三相电压不对称，电机的输出力矩减小，所以速度明显比正常速度变慢。

像这种主触点材料弹性力不足的问题属于产品质量问题，电梯使用的接触器必须是正规厂家产品，必须是严格经过质量认证的产品，以免造成事故发生。更换好的接触器后，电梯正常运行。

(7)行程开关故障引起电梯关门后不能起动

一般电梯都是在轿门关好时触动行程开关，行程开关触点接通门锁继电器，而后起动控制电路，电梯起动运行。或者是门关到位后，触动行程开关动作，其触点信号输入 PLC 作为逻辑控制的电机起动必备条件之一，而后电机起动运行。由于行程开关的触动机构长时间频繁动作，会发生位置变化，或是行程开关自身位移，当二者在门关到位时不能相碰至有效动作时，PLC 控制系统得不到门到位信号，或是门锁继电器接不通，造成轿门实际已关到位而电机不能起动故障。

为了避免类似的故障，维护人员应经常检查门到位行程开关(或光电开关的金属片)的触动机构，如发现触动机构发生位移，需重新定位并固定，确保电梯正常运行。

(8)保险丝经常烧断

此类故障的现象是主回路、局部回路保险丝经常烧断，或主回路开关经常跳闸。造成此类故障的原因包括以下几个：

① 局部回路组件或导线接地。

② 保险丝容量过小。

③ 启动、制动时间设定过长或过短。

④ 启动、制动电抗器(电阻)接头压片松动。

排除此类故障的方法可以概括为以下几个方面：

① 使用万用表或者摇表查出局部系统的接地点，进行酌情处理。

② 根据局部回路工作电流的大小，重新选用适当保险丝。

③ 按电梯技术说明书重新调整启动、制动时间。

④ 紧固发生松动的启动、制动电抗器(电阻)接头压片。

(9)闭合基站钥匙开关，基站电梯不能开门

此类故障的现象是闭合基站的钥匙开关后，基站的电梯门不能开门。造成此类故障的原因包括以下几个：

① 厅外开关门钥匙开关接触不良或损坏。

② 开门限位开关的接点接触不良。

③ 基站厅外开关门控制开关接点接触不良或损坏。

④ 开门继电器损坏或其控制电路有故障。

排除此类故障的方法可以概括为以下几个方面：

① 更换钥匙开关。

② 更换限位开关。

③ 更换开关门控制开关。

④ 更换继电器或检查故障线路。

(10)电梯到基站后不能开门

此类故障的现象是电梯到达基站后，电梯门不能打开。造成此类故障的原因包括以下几个：

① 开关门回路保险丝烧断。

② 开门限位开关接点接触不良或损坏。

③ 开门继电器损坏或其控制线路故障。

④ 门机皮带松脱或断裂。

排除此类故障的方法可以概括为以下几个方面：

① 更换开关门回路保险丝。

③ 更换开门限位开关。

③ 更换开门继电器或检查回路。

④ 调整或更换门机皮带。

(11)开关门时冲击声很大

此类故障的现象是电梯到达基站后，电梯门不能打开。造成此类故障的原因包括以下几个：

① 开关门粗调电阻器调整不当。

② 开关门细调电阻调整不当或滑动变阻环接触不良。

排除此类故障的方法可以概括为以下几个方面：

① 调整电阻器滑动变阻环位置。

② 调整滑动变阻环的接触压力。

(12)电梯运行抖动或忽快忽慢

此类故障的现象是电梯运行过程中抖动或者运行速度忽快忽慢。造成此类故障的原因包括以下几个：

① 测速装置反馈信号有问题。

② 电磁制动器电压不正常。

排除此类故障的方法可以概括为以下几个方面：

① 检查测速电机、码盘等并做必要调整。

② 检查电磁制动器电压并修复。

(13)按开关按钮不能自动关门

此类故障的现象是按电梯开关按钮，电梯不能自动关门。造成此类故障的原因包括以下几个：

① 开关门回路保险丝烧断。

② 关门继电器损坏或关门回路有故障。

③ 关门限位开关触点接触不良。

④ 安全触板卡死或开关损坏。

⑤ 门区光电保护装置故障。

排除此类故障的方法可以概括为以下几个方面：

① 更换开关门回路保险丝。

② 更换关门继电器或检查关门回路并修复。

③ 更换关门限位开关。

④ 调整全触板位置或更换触板开关。

⑤ 调整门区光电保护装置或修复。

(14)电梯到站不换速停车

此类故障的现象是电梯到站后没有换速停车。造成此类故障的原因包括以下几个：

① 本层换速感应器损坏或其与隔磁板位置不当。

② 上下平层继电器损坏或线路故障。

③ 快速运行接触器不释放。

④ 本层换速继电器损坏或控制回路故障。

⑤ 上下方向接触器不释放。

排除此类故障的方法可以概括为以下几个方面：

① 更换换速感应器或调整其与隔磁板相对位置。

② 更换上下平层继电器或检查继电器控制回路。

③ 更换快速运行接触器或检查控制回路。

④ 更换继电器或检查继电器控制回路。

⑤ 更换上下方向接触器或检查控制回路。

3.5.2 机械系统故障分析

虽然电梯涉及机械部件很多，但是电梯机械系统的故障在电梯全部故障中所占的比重比较少，但是一旦发生故障，可能会造成长时间的停机待修或电气故障甚至会造成严重设备和人身事故。进一步减少电梯机械系统故障是电梯维修人员努力争取的目标。导致电梯发生机械部件故障的原因一般包括以下几个方面：

1)由于润滑不良或润滑系统故障，造成部件的转动部位严重发热磨损或抱轴，导致滚动或滑动部位的零部件毁坏。

2)由于没有开展日常检查保养，未能及时检查发现部件的传动、滚动和滑动部件中有关机件的磨损程度和磨损情况，没能根据各机件磨损程度进行正确的修复，而造成零部件损坏被迫停机修理。

3)由于电梯频繁使用，某些零部件发生磨损、老化，保养不到位，未能及时更换或修复已磨损的部件，造成损坏进一步的扩大，迫使电梯停机。

4)由于电梯在运行过程中振动造成紧固螺栓松动，使零部件产生位移，失去原有精度，而不能及时修复，造成磨、碰、撞坏机件被迫停止修理。

5)由于电梯平衡系数失调，或严重超载造成轿厢大的抖动或平层准确度差，电梯速度失控，甚至冲顶或礅底、引起限速器和安全钳联动，电梯停机。

排除此类故障的方法可以概括为以下几个方面：

(1)电梯机械系统发生故障时，维修人员应及时向地铁车站运营管理人员或乘客了解出现故障时的情况和现象。如果电梯仍可运行，可采用点动方式让电梯上、下运行，通过耳听、手摸、测量等方式分析判断故障点。

(2)故障发生点确定后，按有关技术规范的要求，仔细进行拆卸、清洗、检查测量，通过检查确定造成故障的原因，并根据机件的磨损和损坏程度进行修复或更换。

(3)电梯机件经修复或更换后，投入运行前需经认真检查和调试后，才可交付使用。

下面，根据垂直电梯的曳引系统、轿厢系统、层门和轿门系统、制动系统常见的故障原因和排除方法分别给于介绍。

1. 曳引系统常见故障分析及处理

垂直电梯的曳引系统是电梯最为重要的部分，为电梯运行提供动力。电梯曳引系统主要包括曳引电机和变速箱。曳引电机由于牵引负载的变化会出现异常发热，噪声大等问题，而变速箱则会出现漏油和运行噪声大等问题。下面，根据故障发生的不同特点分别给予说明。

1)变速箱轴承端渗油

此类故障的现象是曳引系统变速箱轴承端出现渗油的现象。造成此类故障的原因包括以下几个：

(1)变速箱轴承端油封老化磨损，因为橡胶长期浸在油中并且曳引机在高速运转，致使油封不断地磨损而造成渗油。

(2)油的粘度稀释可能产生渗油现象。

(3)轴承端加油量太多，超过规定的油面高度。

(4)油封的材质不好，即橡胶弹性较差和耐油性能差而造成渗油。

(5)封油圈与轴径粘合性能较差而造成渗油。

排除此类故障的方法可以概括为以下几个方面：

① 有少量的渗油应留意并观看油窗的油位标线位置(以油位标线为标准),了解油箱内的油量多少,当油少时应加油,仔细观察渗油状况和粘度状况,如果油的粘度十分低,应更换齿轮油。

② 当渗油量较大时,观察油窗的油量,油量较少时应及时通知专业厂家的专业人员来更换油封(在曳引机更换油封时,应采用将轿厢停放在顶层,在机房内用钢丝绳将轿厢提起,并将对重在底坑内撑住等安全措施)。更换油封后应进行空载运转试验(正/反转),运行正常后,将电梯轿厢恢复原样,再进行轿厢运行试验,若未发现轴承端渗油,电梯可恢复正常运行。

2)曳引机运行中发热及有杂音

此类故障的现象是变速箱油温高达 60 ℃,而且两端轴承温度高于 80 ℃。造成此类故障的原因包括以下几个:

(1)由于热膨胀,使蜗轮杆副轴受到热膨胀的影响,造成齿形、啮合尺寸以及蜗轮杆副啮合的侧隙与啮合的节径产生变化。齿形尺寸变大,啮合中心距位置偏移,侧隙变小。在这样的温度环境下运行,必然造成油箱内的极压油(润滑油)发生化学变化,造成油质变稀,不能起到润滑冷却的作用,从而加速轴承的磨损。

(2)如果齿形和啮合中心距、侧隙受到热变形的影响,会对啮合精度造成影响,由此,也会加大摩擦生热。

(3)可能是油箱内油量太少而造成的。

另外,曳引主机在空载时无杂音或者空载和负载时均有杂音。其杂音产生的可能原因有:

(1)轴承的磨损、滚道或滚子(柱)的变形,破坏了原有的轴承配合精度,造成滚道游隙和径向间隙增大,致使运行时产生径向和轴向无规则的游动从而产生杂音。

(2)由于蜗轮节径与孔径同轴度或者齿形公法线尺寸周期性变化,或齿形尺寸大小的周期性变化,从而产生侧隙变化,同时造成蜗杆副齿形啮合的变化,由此而产生周期性的振荡杂音。

排除此类故障的方法可以概括为以下几个方面:

① 当存在曳引主机发热和杂音的排除时首先用目测法检查和测量油温以及油箱的油面线位置。如果油少或油的润滑粘度不够,应当及时更换。

② 如果更换润滑油之后,运行的温度温升仍较高,则可能是轴承的磨损比较严重,应马上请专业厂家的专业人员来更换轴承(打开减速箱时,轿厢与对重应采取安全措施),在更换轴承的同时,应检查蜗杆副的啮合精度(包括齿形接触精度和侧隙),检查蜗轮的同轴度精度。

3)曳引机运行时振动或周期性振动

造成曳引机振动原因可能有以下几方面:

(1)曳引机减速箱的蜗杆中心高度与电动机转子轴中心高度不在同一个中心平面之上，这可能是在装配测试时未校正在同一个中心平面上，或者其定位销因受重载的影响而发生走动，致使联轴器运转受阻(即不同轴度)而产生周期性的振动杂音。

(2)如果电动机转子动平衡和飞轮动平衡不好，也将会产生周期性的振动。

(3)曳引机底盘的搁机平面存在着平面度误差(即平面扭曲)，因螺栓拧紧将曳引机和电动机固定在底盘上而造成材料变形，致使中心等高变化，从而产生振动。

(4)制动器的闸瓦片未调整好，闸瓦片因锁紧螺母未锁紧或装配不当触碰制动轮。

(5)曳引轮或抗绳轮轴承磨损而造成的杂音。

排除此类故障的方法可以概括为以下几个方面：

① 当发生曳引主机振动或周期性振动时，用手触摸法检查曳引机和电动机的振感。如果电动机发出嗡嗡的振动声，可以将电动机与曳引机固定在搁机底盘上的其中一个螺栓稍微拧松(要采取必要的安全措施)，再进行触摸检查。如果振动感消失，说明底盘平面存在着扭曲，用调整垫片垫实后即可排除此故障。如果还是存在着振动感，应将定位销取出，同时检查曳引机和电动机两轴的等高(将制动装置取下)，并要求两轴在同一中心平面上(即垂直平面与水平平面)。若排除了不等高、定位销定位的误差、不在同一中心平面以及扭曲等故障的质疑，经调整测试后电梯即可正常运行。

② 电梯运行后如果还有振动声，而且是周期性的，则从两方面着手检查，检查转子轴的动平衡和飞轮的动平衡。

③ 检查曳引轮或抗绳轮的轴承有无噪声，如果有应当及时更换(上述故障的排除，应请专业厂家的专业人员进行)。

④ 再者可能是电梯电磁制动器的闸瓦片未调整好，应对其间隙予以调整，并用锁紧螺母锁定。经测量无误，又更换了轴承，再进行空载试运行，如无异常即排除了故障。经调整、检查和修复排除了故障后，电梯即恢复正常运行。

4)曳引机发热/冒烟致使突然停机

故障的现象是曳引机发热/冒烟致使突然停机，造成此类故障的原因包括以下几个：

(1)曳引机减速箱严重缺油(若蜗杆为上置式，如果缺油更容易发热)。

(2)润滑油中含有大量杂质或润滑油老化，影响了润滑油的粘度。若机件在缺油的状态下运转，必然会发热，甚至出现咬轴、突然停机的现象。

排除此类故障的方法可以概括为以下几个方面：

① 出现突然停机故障后，应立即切断电动机的电源，停止电梯的运行，以防止损坏曳引机机组。

② 维修人员在现场检查与维修时(打开减速箱箱盖前，必须对轿厢与对重做好安全措施)，首先应检查油窗的油标位置，然后检查与拆卸电磁制动器的装置，拆开其箱盖，取下蜗轮与蜗杆轴，修正磨损部位，修刮滑动轴承，如果滑动轴承磨损损伤程度较大，应当马上更换，装配后调整好(在装配前要清洗油箱)，再加入足够的齿轮润滑油。经调试与检测后，电梯即可恢复正常运行。

2. 轿厢常见故障分析及处理

轿厢是电梯重要的构成部分，是承载乘客的部件。因此，轿厢系统运行是否正常，乘客是否感觉舒适对于电梯来讲都是非常重要的。下面，就轿厢系统常见的故障分析如下：

1)轿厢乘坐舒适感差

此类故障的现象是电梯轿厢在运行过程中曳引机振动或电动机有异常杂音或机组振动，从而使舒适感变差。造成此类故障的原因包括以下几个：

(1)由于曳引机的振动而造成轿厢乘客的不舒适感。由于蜗轮副啮合面接触不好、蜗杆分头精度差、变速箱推力球轴承的轴向间隙未调整好或其滚道严重磨损，产生轴向窜动，运转中都会产生暂时或者周期性振动。推力球轴承如图3.157所示。

图3.157　推力球轴承

(2)由于曳引电动机发出异常杂音而造成轿厢乘客的不舒适感。由于变速箱两端的推力球轴承的不匹配、装配偏差等原因，运转过程会加速轴承磨损，造成电梯运行过程出现异常杂音。

(3)由于电动机与曳引机机组振动而造成轿厢乘客的不舒适感。由于联轴器法兰盘松动，会造成电梯启动与停车瞬间电动机与蜗杆轴之间出现非同步运转现象，曳引机瞬时产生晃动。另外，如果电动机与蜗杆轴等高中心不在一个中心平面上，也会造成运转振动。还有就是动平衡问题。动平衡是指常用机械中包含着大量的作旋转运动的零部件，例如各种传动轴、主轴、电动机和汽轮机的转子等，统称为回转体。在理想的情况下回转体旋转时与不旋转时，对轴承产生的作用力是一样的，这样的回转体是平衡的回转体。但工程中的各种回转体，由于材质不均匀或毛坯缺陷、加工及装配中产生的误差，甚至设计时就具有非对称的几何形状等多种因素，使得回转体在旋转时，其上每个微小质点产生的离心惯性力不能相互抵消，离心惯性力通过轴承作用到机械及其基础上，引起振动，产生了噪音，加速轴承磨损，缩短了机械寿命，严重时能造成破坏性事故。为此，必须对转动设备进行动平衡调试，使其达到允许的平衡精度等级，或使因此产生的机械振动幅度降在允许的范围内。如果电梯曳引系统的飞轮动平衡或转子动平衡有偏差，也会使电动机与曳引机机组振动而造成轿厢乘客的不舒适感。

排除此类故障的方法可以概括为以下几个方面：

(1)打开电磁制动器的闸瓦，检查联轴器法兰盘是否松动，如果松动，紧固螺栓即可。

(2)如果弹性联轴器的橡胶圆柱已坏，应及时更换并拧紧螺栓。

(3)调整蜗杆轴的轴向间隙。

(4)经开车调整之后，排除了以上故障，电梯即恢复正常运行。如果还是存在着类似故障现象，则应及时请专业厂家的专业人员检查与调整或者更换主机。

2)轿厢在运行中晃动

此类故障的现象是轿厢在运行中晃动，造成此类故障的原因包括以下几个：

(1)轿厢的固定导靴与主导轨之间，因磨损严重而产生较大间隙(纵向与横向的间隙)，造成水平方向晃动(前后、左右晃动)。

(2)滑动导靴或滚动导靴与导轨之间的滑动摩擦或者滚动摩擦，致使衬靴和橡胶导靴严重磨损而产生较大间隙，造成轿厢垂直方向晃动(轿厢前后倾斜)。

(3)导轨的垂直平面直线度与水平平行度超差(导轨扭曲度)，两导轨的平行度以及两轨距尺寸有偏差，造成超差。此问题一般由于导轨压道板松动，造成导轨变形，或者由于建筑物的下沉而引起井道垂直度的偏差而造成。

(4)主机的蜗杆副存在着轴向窜动或者蜗轮的节径与孔径同轴度的超差，输入与输出轴不同轴，从而使振动传递至轿厢。

(5)各钢丝绳与绳槽之间的磨擦不一致，致使各钢丝绳的线速度不一致，造成钢丝绳的速度紊乱传递给轿厢，从而引起轿厢上下振动。

(6)钢丝绳的均衡受力装置未调整好或者钢丝绳张紧力不均，未达到小于标准值的5%，也会引起轿厢上下振动。

(7)对重导轨扭曲或防跳装置未固定好。

排除此类故障的方法可以概括为以下几个方面：

① 检查固定导靴、滑动导靴或滚动导靴的衬垫和胶轮有否磨损，如果滑动导轨靴衬磨损量达到 1 mm 以上应及时更换，同时检查压导板是否有否松动的情况，调整各导轨的直线度、平行度。

② 调整变速箱与电机输出轴的同轴度，校正轴向间隙，若有可能应更换一对蜗杆副、钢丝绳以及曳引轮。

③ 调整曳引绳张力，使偏差值小于标准值的 5%。

④ 调整均衡受力装置，检查与调整对重导轨的扭曲并固定好防跳装置。经运行调试与检查并排除了故障后，电梯即恢复正常运行。

3)轿厢称重装置误动作或失灵

现在的电梯多数为活动式轿厢，称重、超载装置安装在轿底。故障现象是轿厢称重装置误动作或失灵，造成此类故障的原因包括以下几个：

(1)超载失灵而长期超载运行，又没有报警，这将会产生严重的后果。

(2)称重装置因机械装配定位偏移或主秤砣松动偏移，导致秤杆触碰微动开关。微动开关动作后会出现误报警，从而切断主电路的回路，使电梯不能启动运行。

排除此类故障的方法可以概括为以下几个方面：

① 如果轿厢超载时未报警(蜂鸣器未响)，则在有司机操纵时，应报维修人员来及时修理。

② 如果轿厢未超载时报警且电梯轿门不关，也应及时报维修人员修理。修理时应注意校正秤砣的位置以及微动开关的位置。调整轿底底框四周的垫块和调节螺栓并且予以锁定。经运行调试与检查并排除了故障后，电梯即恢复正常运行。

4)电梯轿厢运行中有碰击声

故障的现象是电梯轿厢运行中有碰击声，造成此类故障的原因包括以下几个：

(1)电梯配置的平衡链和补偿绳，由于装配不妥造成擦碰轿壁。

(2)轿顶和轿壁、轿壁与轿底、轿架与轿顶、轿架下梁与轿底之间防振消音装置脱落。

(3)平衡链与下梁连接处未加减振橡皮或者连接处未加隔振装置，金属平衡链未加润滑剂予以润滑，或者平衡链产生扭曲，与底坑缓冲、导向杆碰撞产生声响。

(4)随行电缆未消除应力，所产生的扭曲容易擦碰轿壁。

(5)导靴与导轨的间隙过大或两根主导轨向层门方向中凸，从而引起与护脚板的擦碰。

(6)导靴有节奏地与导轨拼接处擦碰或与其他异物擦碰。

排除故此类故障的方法可以概括为以下几个方面：

① 检查各防振消音装置并且调整与更换橡皮垫块。

② 检查与更换轿架下梁悬挂平衡链的隔振装置连接是否可靠，若松动或者已损坏应予以更换和调整。

③ 检查随行电缆是否扭曲，若已扭曲，应垂直悬挂以消除应力。为了防止电缆晃动擦碰轿厢,或者电缆由于扭曲与自重的关系长期过度地处在交变载荷下造成电缆内部导线折断，应在井道高度偏高处用电缆夹予以固定,或者采用轿底电缆夹固定以减缓电缆重量,防止电缆碰撞轿壁。

④ 检查与调整导靴与导轨间隙、导轨压道板是否松动、护脚板是否松动。如果导靴衬垫磨损严重,则更换了导靴衬垫,并调整导轨、压道板、护脚板等,电梯经运行调试与检查后,即恢复正常运行。

5)电梯轿厢运行中在某层开门区域突然停止

故障现象是电梯轿厢运行中,在某层开门区域突然停止,造成此类故障的原因为层门门锁上的两个橡皮轮位置偏移或者连接板脱销,使轿门上的开门刀片不能顺利地插入两个橡皮轮之间,而是撞在橡皮轮上,撞击严重时,橡皮轮和偏心轮均会被撞坏或撞掉,造成门锁上限位开关(机械电气联锁)打开,使电气控制系统动作,电梯被迫提前停车,也就是未到达层站位置即停车,使轿底平面与层站平面间的偏差很大。

排除此类故障的方法为更换已坏的门锁橡皮滑轮和偏心轴,同时校正门刀的尺寸和位置，其轿门关闭时,两片门刀之间的尺寸为 78 mm,打开门时,其尺寸为 106 mm,机械锁锁住门的尺寸为 119 mm。

同时慢车检查相邻层楼的开门区域和开门区域,如果各相关的动作均属正常,则排除了故障。更换门锁橡皮滑轮和偏心轴,调整与检查电梯轿门门刀之间的尺寸,电梯经运行调试与检查后,排除了故障,电梯即恢复正常运行。

6)电梯轿厢运行中有异常的振动声

故障的现象是电梯轿厢运行中有异常的振动声,造成此类故障的原因包括以下几个：

(1)导轨润滑不良。

(2)导向轮或反绳轮与轴套润滑不良。

(3)制动器间隙过大或过小。

(4)轿顶挂件松动或井道有异物。

(5)承重梁基础平面度不平或未采取减振措施而引起整个主机振动。

(6)电动机输出轴或者蜗杆轴的轴承已损坏或者轴承滚道变形,曳引轮的轴承已坏,电动机曳引机主轴,电机与曳引机主轴联轴器不同心。

(7)蜗轮副啮合不好或蜗轮副不在同一个中心平面上，造成啮合位置偏移,或者由于蜗杆加工精度偏差过大引起传动振动。

(8)各曳引钢丝绳未均衡受力,造成钢丝绳与绳槽磨损程度不同,从而引起各钢丝绳运动时的线速度不同,使轿厢上横梁在绳头弹簧的作用下而振动。

(9)由于轿厢架体变形,造成安全钳座体与导轨端面擦碰产生的振动,同时导轨端面变得粗糙,摩擦力变大。

(10)轿厢龙门架紧固件松动、轿壁螺丝松动或轿底减振垫块脱落。

(11)固定导靴和滑动导靴,滚动导靴与导轨配合间隙过大或磨损,或者两导轨轨距有变化或导轨压板松动而引起运行振动。

排除故此类故障的方法可以概括为以下几个方面:

① 用手触摸检查曳引机主机的外壳是否有振动感,同时触摸电动机与承重梁是否有振动,检查是否采用了橡皮减振。如果有振动感,则可能是由于平面度(扭力)误差而造成的,则应用垫片垫实消除振动源。

② 检查轿厢架是否因加强撑板的脱焊,导致松动而变形。若轿厢倾斜于一侧,则将电梯开到最低层,用木块垫在倾斜的一侧,松开紧固件,利用重力作用,用水平仪复核轿厢倾斜度,紧固轿厢架,加强撑板并用点焊进行固定。校正安全钳钳口端面与导轨之间的间隙约在 5 mm 左右,安全钳楔块与导轨配合间隙为 2～3 mm;检查各导轨与导轨端面的间隙是否为 1.5～2.5 mm,并且更换导靴的衬垫和橡胶滚轮。

③ 更换曳引钢丝绳以及修正曳引轮绳槽及调整绳头弹簧,确保各钢丝绳的张紧度一致。

④ 如果电机与曳引机主轴联轴器不同心、蜗轮啮合不好、轴承已经损坏等故障现象均应该由专业厂家的专业人员来更换与调整。经运行调整与检查排除了故障后,再进行初调运行试验。

⑤ 清洗导轨并加油,清洗更换导向轮或反绳轮与轴套润滑油脂。

⑥ 调整制动器抱闸间隙。

⑦ 紧固轿顶挂物,清除井道异物。

3. 电梯层/轿门常见故障分析及处理

电梯层/轿门是电梯运行过程中非常容易发生故障的部位。统计发现,电梯大部分的故障都发生在层门、轿门系统。该系统正常与否直接关系电梯能否正常运行和乘客的乘梯安全,因此,有必要加强维护和保养,对此部分发生的故障要及时予以处理 。下面就部分常见的故障分析如下:

1)电梯运行未到站突然减速停车

故障现象是电梯运行未到站突然减速停车,造成此类故障的原因包括以下几个:

(1)门刀与门轮发生碰撞。

(2)电梯超速,限速器动作。

(3)厅门或轿门突然被打开。

(4)外电网停电。

(5)因某种原因,总电源开关跳闸或保险丝烧断。

(6)其他安全装置动作。

排除此类故障的方法可以概括为以下几个方面:

① 调整门刀与门轮间隙。

② 处理超速故障,恢复安全装置。

③ 检查厅门或轿门。

④ 如果时间较长且轿厢有人,做紧急救援。

⑤ 检查总电源开关跳闸或保险丝烧断原因,处理后更换保险丝或重新合上总电源开关

⑥ 检查安全装置动作原因,并可靠恢复。

2)电梯层轿门闭合时有撞击声

故障现象是电梯层/轿门闭合时有撞击声,造成此类故障的原因包括以下几个:

(1)摆杆式开/关门机构的摆杆扭曲后会擦碰层轿门的门框边沿。

(2)从动臂的定位过长也会造成两扇门关闭时互相撞击。

(3)轿门扇与轿厢装饰柜间隙太小,致使门扇与门柜相互摩擦(一般标准间隙5 ± 1 mm)。

(4)两扇门的安全触板调整不到位,致使两触板相碰,产生撞击声。

(5)轿门、厅门、门豆缺损造成两门板产生撞击声。

排除此类故障的方法可以概括为以下几个方面:

① 调整摆杆并排除扭曲现象,调整从动臂的定位长度,确保各层/轿门的门缝中心一致。门缝隙的规定为:中分门为1~2 mm,旁开门为2 ~3 mm。

② 调整两安全触板的间距,使它们在轿门关足时不相互接触,其间距为1~4 mm,门开足时分别与门齐平,轿门开关到一半行程时,其伸缩量最大为60 ~70 mm,安全触板的触动碰撞力不应大于0.5 kg,关门力限制器应调整在12 ~15 kg范围内。

③ 重新更换轿门、厅门、门豆。

经检查与调整排除了故障后,电梯即恢复正常运行。

3)电梯层/轿门的开关过程有擦碰声

故障现象是电梯层/轿门的开关过程有擦碰声,造成此类故障的原因为门摆杆发生故障。也就是门摆杆受到外力等因素的影响变形扭曲,层/轿门在开关门过程

中与门摆杆擦碰，由于门脚严重受损，造成层门门板晃动，与层门处的井道内墙壁相擦碰。

排除此类故障的方法可以概括为以下几个方面：

① 更换门脚以及校正层门门板与内墙壁之间的空隙。

② 校正门摆杆，重新装配与调整。

上述故障排除后，电梯即恢复正常运行。

4)电梯层/轿门不能开启和关闭

故障现象是电梯层/轿门不能正常的开启与关闭，造成此类故障的原因包括以下几个：

(1)开/关门电动机已损坏或门机制动器抱死。

(2)由于开门机构主动轴与从动轴中心偏移，造成传动链条和传动带脱落。

(3)门机从动支撑杆弯曲。

(4)层/轿门上坎导轨下坠，使层/轿门门框下沿拖地。

(5)门脚撞坏嵌入地坎，造成不能开启和关闭。

排除此类故障的方法可以概括为以下几个方面：

① 检查与更换门脚并修正地坎滑槽，调整上坎导轨的直线度并确保层轿门门框下沿与地坎间隙为 4 ～ 6 mm。

② 如果门机已坏应立即更换，并调整制动器的吸合间隙，一般情况下抱闸释放状态的吸合间隙为 0.2 ～ 0.5 mm，抱闸状态时的吸合间隙最大为 0.3 mm。

③ 校正从动支撑杆以及两轴平行度，使它们在同一个中心平面上，以防止传动带/链脱落。

④ 经核查与调整后，电梯即恢复正常运行。

5)电梯层/轿门开启或关闭过程中常有层/轿门滑出地坎槽

故障现象是电梯层/轿门开启或关闭过程中常有层/轿门滑出地坎槽，该故障一般由门脚滑块故障所引起。由于门框下沿间隙太大，门脚严重磨损，而使门脚滑块失去了对层/轿门滑行定位的导向作用。

排除此类故障的方法为检查门脚滑块严重磨损的原因，并检查是否存在层/轿门的不垂直度(铅垂度)。如果存在不垂直度，则予以校正，同时调整地坎门缝间隙(高低)，更换门脚，确保门板在地坎槽中滑行自如。

6)电梯在基站关门时层门未能完全关闭

故障现象是电梯在基站关门时层门未能完全关闭。故障原因是基站层门外开门三角钥匙的门锁发生了故障。由于门锁锁头固定螺母松动，使锁头突出，当电梯关门时勾住层门，从而影响了电梯层门的正常关闭，即造成关门关至一部分时停止。

排除此类故障的方法可以概括为以下几个方面：

① 检查门机各触点的位置正确与否。

② 检查三角钥匙是否已撞坏。

③ 若三角钥匙已撞坏则需更换。如果没有撞坏，则应修正并拧紧螺母使其固定。若层门锁口位置有些撞坏，则予以修正。经调整调试关门过程后，检查有无异常情况，如无异常现象，说明排除了故障，电梯即恢复正常运行。

7)电梯无法启动运行

故障的现象是电梯关门后，电梯无法启动。造成此类故障的原因包括以下几个：

(1)厅、轿门连锁开关接触不良或损坏。

(2)电源电压过低或缺相。

(3)制动器抱闸未松开。

(4)电梯门已经关好，但门联锁开关没有接通，可能门锁继电器没有吸合，所以不能启动。即由于长期保养不当，门锁锁臂固定螺钉严重磨损，致使锁臂脱落或锁臂偏离定位点，因此看似门已关上，但门锁却未锁上，所以电梯无法启动运行。

排除此类故障的方法可以概括为以下几个方面：

① 首先检查涉及的厅、轿门连锁开关，电源电压，制动器抱闸等电气设备，如发现异常，及时处理。

② 在电气设备没有问题时，检查更换门锁或调整门锁锁钩的位置。使电梯处在检修状态，调试其门锁的可靠性，再通过运行试验门锁的可靠性。

8)电梯层门、轿门，开启与关闭滑行异常

故障的现象是电梯层门、轿门，开启与关闭滑行异常，造成此类故障的原因包括以下几个：

(1)门上导轨与地坎下导轨不在同一个垂直平面上(垂直度差异)，上/下导轨不在同一水平平面上(平行度差异)。

(2)滑轮轴承磨损或上导轨磨损或有污垢，没有良好的润滑致使滑轮磨损。

(3)上导轨下坠，致使层/轿门下移触碰地坎。

(4)下门脚磨损、折断或下导轨滑槽有异常的缺陷或滑出地坎。

(5)三角带(V带)磨损或失去张紧力，链条与链轮磨损使中心距拉长，引起传动噪声增大或跳动，同步带缺陷，还可能引起节奏性跳动。

(6)从动轮支撑杆弯曲，造成主动轮与从动轮传动中心偏移，引起脱链。

(7)主动杆与从动杆支点磨损，造成两扇门滑行动作不一致。

(8)门机制动器未调整好或门机发生故障。

排除故此类故障的方法可以概括为以下几个方面：

① 检查与更换已坏或已磨损的门脚、滑轮、滑轮轴承，以确保正常滑行，同时调整门脚的高度（约在4～6 mm）。

② 去除导轨上的污垢并调整上/下导轨垂直和水平平面的平面度（垂直、水平、扭曲、等高），并去除与修正导轨异常的凸起，确保滑行正常。

③ 调整两扇主动杆与从动杆的杆臂，长度要一致，将中分门门缝间隙调整到1～2 mm，即将门关闭，门中心与曲柄轮中心相交。调整方法是移动短门臂狭槽内长臂端部的暗销。

④ 更换或调整三角带，并调整两轴平行度、中心平面和张紧力。

⑤ 更换同步带，调整张紧力。更换已拉伸的链条并调整两轴平行度和中心平面。

⑥ 更换已坏电机，调整制动器的间隙，制动器释放状态时间隙为0.2～0.5 mm，制动器抱闸状态时的间隙为0.3 mm。凡是活动部位和滚动部位均上润滑油，经调试排除了故障后，电梯即恢复正常运行。

4. 电梯制动装置故障分析及处理

电梯制动系统是确保电梯能够正常、安全运行的重要部分。制动系统出现故障往往直接威胁电梯的安全运行，造成电梯其他设备损坏，威胁乘梯人员的安全。因此，对此部分出现的故障要迅速准确处理，以确保电梯的安全运行。下面，就部分常见的故障分析如下：

1)制动装置发热

此类故障的现象是制动装置发热过大，造成此类故障的原因包括以下几个：

(1)制动器电磁吸铁（磁体）工作行程过大或过小。如果制动器电磁吸铁工作行程太小，将使制动器线圈得电吸合后，抱闸张开间隙过小，从而使电动机处于半制动状态，即闸瓦片与制动轮处于半摩擦状态而产生热能。这将使电动机超负荷运转，引起电流增大，造成热继电器动作而跳闸。

(2)电磁衔铁工作行程太大，将使制动器得电吸合时，虽然能使闸瓦片与制动轮有较大的间隙，将使电磁铁产生很大的励磁电流，造成电磁铁发热量过大。

(3)制动电磁铁在工作时，由于磁杆有卡住的现象，会产生较大的电流，使制动装置发热。

(4)闸瓦片与制动轮之间的间隙偏移，造成单边摩擦生热，同时制动效果也不好。

排除此类故障的方法可以概括为以下几个方面：

① 调节制动器弹簧的张紧度。压缩弹簧的长度L可根据制动轮半径和磁体尺寸决定，制动器弹簧规格和弹簧圈数应从安装说明书中查取。

② 调节制动器电磁吸铁工作行程约为2 mm左右，要确保制动器灵活可靠，

抱闸时闸瓦应紧密地贴合于制动轮的工作表面上;松闸时闸瓦片应同时离开制动轮工作表面,不得有局部摩擦,此时的间隙不得大于 0.6 mm(或 0.7 mm)。当环境温度为 40 ℃时,在额定电压下其通电率为 40%时,温升不得超过 80 ℃。

③ 调整磁杆,使其自由滑动而无被卡住现象。磨损的闸瓦片应及时成对地更换。经更换的闸瓦片要确保上述要求,经调试和试车之后,电梯即恢复正常运行。

2)电梯轿厢蹲底和冲顶

故障现象是电梯轿厢蹲底和冲顶。造成此类故障的原因可以概括为以下几个:

(1)对重的重量与轿厢的自重再加上额定载重,两者平衡系数未能匹配。

(2)钢丝绳与曳引轮绳严重磨损或钢丝绳外表面油脂过多。

(3)制动器闸瓦间隙太大或制动器弹簧的压力太小。

(4)上/下平层的磁开关位置有偏差或上/下极限开关位置装配有误。

排除此类故障的方法可以概括为以下几个方面:

① 新安装的电梯若出现上述故障现象,应核查供货清单的对重数量以及每块对重的重量,同时做额定载重的运行试验。

② 使电梯上下运行,目测轿厢是否有溜车现象,如有此现象,应加大制动力,调整抱闸弹簧,使其制动力加大。

③ 另外还需做重载试验,将轿厢分别移至上端或下端,使其向下或向上运行,目测轿厢是否有倒拉现象。

④ 检查和调整上/下平层的磁开关位置和极限开关位置。运行时间较长的电梯出现此类故障时,应检查钢丝绳与绳槽之间是否有油污以及钢丝绳与绳槽之间的磨损状况。如果磨损严重,则更换绳轮和钢丝绳,如果未磨损,则需清洗钢丝绳与绳槽。检查制动器工作状况时,应调整闸瓦的间隙为 0.6 mm,使其四周均匀,接触啮合面在 75%左右,而且中间软四周硬。同时调整弹簧压力以及磁铁的工作位置。

经校正与调试后,电梯即恢复正常工作。

3)电梯轿厢下行时突然制停

故障的现象是电梯轿厢下行时突然制停,造成此类故障的原因包括以下几个:

(1)限速器调整不当,离心块弹簧老化,弹簧拉力不能克服旋转所产生的离心力时,离心块甩出,使楔块卡住偏心轮齿槽,引起安全钳误动作,或者运转零件严重缺油,引起发热膨胀,出现咬轴现象。

(2)限速器钢丝绳调整不当,其张紧力不够。

(3)导轨直线度偏差与安全钳楔块间隙过小,擦碰导轨,引起摩擦阻力,致使误动作。

排除故此类故障的方法可以概括为以下几个方面：

① 检查和调整安全钳楔块与导轨之间的间隙，保证间隙在 2 ～ 3 mm 左右，并应有良好的润滑。

② 更换已变形的限速器钢丝绳，并调整其张紧力，确保运行中无跳动。

③ 限速器定期保养，去除污垢加润滑油，保证旋转零件灵活运转。进行运行试验时如果还是出现掣停现象，则应由专业厂家对限速器进行扩大保养，更换或调整限速器弹簧，确保限速器与轿厢运行速度同步。

在现场调试与检测更能起到安全作用，电梯即恢复正常运行。

4)电梯突然停止工作关人

故障现象是电梯突然停止工作，将乘客关在了电梯轿厢内。造成此类故障的原因较多，原因分析可以概括为以下几个：

(1)厅门门锁故障或厅门卡异物。

(2)变频器故障。

(3)某限位开关动作。

(4)称重开关失效。

(5)称重装置的秤砣偏位。

(6)限速器内有故障，在没有超速运行的情况下提前动作。

(7)制动器有故障，使之抱闸。

(8)突然停电，电源跳闸。

(9)曳引机闷车，热继电器跳闸。

(10)安全钳锲口间隙太小，与导轨接口处擦碰。

上述各种情况均有可能使电梯突然停止并关人。

根据故障的原因，排除故障的方法可以概括为以下几个方面：

① 首先将被困人员救出

电梯司机或维修人员要安抚乘客不要惊慌，切断电梯电源，用松闸手柄旋转制动器盘动飞轮。当轿厢接近层楼平面位置时，可将轿门打开，让乘客离开。

当电源正常，且轿厢停留在上/下层楼中间时，维修人员可以打开层门，在轿顶上操作检修开关，将转换开关拨向检查修理位置，使电梯处于检修状态，操作检修按钮，开慢车至层站将乘客救出。

被困在轿厢内的乘客遇到此事不必慌张，保持镇静，可以通过对讲电话或者按操作箱上的警铃，发出求救信号，等待维修人员的到来。若因断电警铃失去作用，在无望求援的情况下，被困人员可以打开轿厢轿顶安全窗，设法从安全窗上到轿顶上，打开层门门锁，拉开层门，安全迅速地撤离。被困人员到达轿顶后，千万不可将安全窗关门，以防突然供电，电梯启动，出现意外事故；若层楼较高，可想方设法垫高人体高度，打开层门，从电梯中撤离。

② 若外部供电中断或电网电压波动较大，导致电梯跳闸时，要耐心等待外部供电恢复正常。

③ 维修人员处理故障，如果在轿顶上，应将检修开关拨向检修位置，慢车操作电梯向上/下运行，对电梯进行检查。

④ 如果不能向上运行，应检查上限位开关是否损坏和断路及检查，通电后制动器抱闸是否打开，线圈是否得电，电压是否为 DC 110 V。如果仍未排除故障，则检查制动装置的调节螺钉有否松动或闸瓦的间隙是否太小或碰铁距离太小，如存在上述的现象，应予以调节和修复。

⑤ 如果不能向下运行，应检查下限位开关是否损坏和断路，安全钳是否误动作，使轿厢卡住，不能向下运行。如果存在上述问题，则修复安全钳锲块，调整安全钳与导轨的间隙。

⑥ 如果电梯上/下方向均不能运行，则应检查各安全开关是否误动作，造成安全回路接触器不能吸合。如果存在上述问题，则要对各安全开关进行恢复。

⑦ 维修人员在轿顶慢车操作电梯时，应检查故障区域的门刀与门锁滑轮的位置与间隙，适当进行调整，其间隙标准为前 6 mm，后 12 mm 。

⑧ 当电梯称重装置出现超载故障时，应调整超载开关位置，复位故障信号后并予以紧固。

⑨ 在上述故障排除的情况下，通电调试，若发现向下运行时仍有突然停车的现象，则应检查限速器，并请专业厂家的专业人员进行修理和调试。

5)电梯轿厢运行进入平层区域后不能正确平层

故障的现象是电梯轿厢运行进入平层区域后不能正确平层，造成故障的原因可能包括以下几个：

(1)轿厢过载。

(2)平层感应器与隔磁板相对位置发生变化。

(3)制动器长期使用，保养不当，闸瓦片严重磨损，进入平层区域，制动力减弱，闸瓦片与制动轮打滑，从而造成不能正确平层。尤其在轿厢满载时，打滑现象更严重。

排除故此类故障的方法可以概括为以下几个方面：

① 检查并调整制动器的弹簧压力。

② 检查闸瓦片的磨损状况，当闸瓦片的衬垫过度磨损(磨损值超过衬垫厚度的 2/3 时应及时更换)即予以更换。如果闸瓦片是铆接的，必须将铆钉头沉入座中，不允许铆钉头与制动轮表面接触。

③ 检查与调整制动轮与闸瓦的间隙，间隙不小于 0.7 mm，并调整弹簧的压

力。制动器上的弹簧应调节适当。在满载下降时应能提供足够的制动力使轿厢迅速停住。在满载上升时的制动又不许太猛,影响舒适感。制动器上各销轴应保证良好润滑,确保活动自如,以确保制动器工作可靠。

④ 如果平层感应器与隔磁板相对位置发生变化,则调整两者地相对位置。

6)电梯轿厢上行下层后再启动下行时有突然的下沉感觉

故障的现象是电梯轿厢上行下层后再启动下行时有突然的下沉感觉,造成此类故障的原因包括以下几个:

(1)如果对重较轻,当轿厢上行至顶层端站,再准备满载下行,在启动瞬间,轿厢有突然失重下沉的感觉,之后下行。

(2)如果轿厢下行至基站,再准备满载上行,在启动瞬间,轿厢也同样有失重下沉的感觉,之后再上行。

(3)由于蜗轮副啮合间隙和侧隙过大,联轴器存在配合故障也会产生同样的感觉。

排除故此类故障的方法可以概括为以下几个方面:

① 轿厢在顶层端站,打开抱闸时,轿厢无溜车现象。

② 轿厢在底层基站,打开抱闸时,轿厢无溜车现象。

③ 由专业人员校正调整蜗轮副啮合间隙。

7)电梯轿厢运行速度低于额定速度,时间一长电气跳闸

故障的现象是电梯轿厢运行速度低于额定速度,时间一长电气跳闸,造成这种故障可能的原因包括以下几个:

(1)电源电压过低或缺相。

(2)当制动器得电吸合后,制动器抱闸未松开或抱闸张开间隙过小,使电动机处于半制动状态,电动机附加负载运行,电机发热,电流增大造成变频器保护或电气跳闸。

(3)曳引电动机轴承润滑不良。

(4)曳引机减速器润滑不良。

排除故此类故障的方法可以概括为以下几个方面:

① 使用专用手动松闸手柄打开制动器,检查并调整闸与制动轮两侧间隙,间隙调整为不大于0.7 mm并两侧间隙均匀,调整两制动臂工作一致。并保证四周贴合均衡良好。

② 对曳引电动机轴承、曳引机减速器等设备进行润滑检查,补充、清洗或者更换润滑油脂。

5. 钢丝绳长度变化后的截取方法

电梯长期使用,曳引钢丝绳子就会伸长,如果超出安装标准范围必要截取。截

取钢丝绳所需工具包括气焊或喷灯、ϕ22 ＃ 钢丝、钢丝钳、倒链、钢丝绳绳扣、支撑木方、熔化巴氏合金容器等。截取钢丝绳的步骤如下：

(1)首先测量对重与缓冲器距离，如果超出 150 mm～400 mm 安装标准范围，则测算出所要截取的长度。

(2)维修人员首先在轿顶使用检修开关将电梯以慢车方式开至顶层。一人带好安全防护用品，在坑底用足够强度木方或其他支撑物将对重顶起，然后再用手动倒链把轿厢吊起，使钢丝绳处于松弛状态。

(3)首先拆卸对重侧绳头组合螺丝，取下减振弹簧，然后将钢丝绳从底坑撤出。需要注意的是不能先拆卸轿厢侧绳头组合，以防由于钢丝绳自重滑到底坑发生危险。

(4)在机房地面铺好清洁物品，防止灰尘等脏物沾在钢丝绳上，然后把钢丝绳盘好。

(5)根据所测量要截取的长度，将钢丝绳上要截取位置用 ϕ22 ＃ 钢丝紧固，以免钢丝绳绳头散股，然后截断钢丝绳。

(6)用气焊或喷灯把截取绳头部分的巴氏合金熔化，并在绳头组合中取废弃的钢丝绳。

(7)将钢丝绳清洗干净。

(8)各钢丝绳绳头分股后，将每股端部绑起，防止散丝，并去掉麻芯。各钢丝绳绳股中间弯曲后，拉入锥套。将锥套加热至 40 ℃～50 ℃，同时将巴氏合金熔化，熔化温度要达到 270 ℃～400 ℃，一次性浇灌锥套，禁止一个锥套浇灌 2 次。

(9)安装钢丝绳时，首先固定好轿厢侧绳头，然后再固定对重侧，以免发生危险。

(10)放松吊装倒链，取出底坑支撑木方，安装结束。

(11)安装完毕后，按标准调整钢丝绳张力。

附录1 电梯常用技术术语

1. 电梯类型

1)电梯(lift elevator):服务于规定楼层的固定式升降设备。它具有一个轿厢,运行在至少两列垂直的或倾斜角小于15°的刚性导轨之间。轿厢尺寸与结构型式便于乘客出入或装卸货物。

(1)乘客电梯(passenger lift):为运送乘客而设计的电梯。

(2)载货电梯(goods lift;freight lift):通常有人伴随,主要为运送货物而设计的电梯。

(3)客货电梯(passenger-goods lift):以运送乘客为主,但也可运送货物的电梯。

(4)病床电梯;医用电梯(bed lift):为运送病床(包括病人)及医疗设备而设计的电梯。

(5)住宅电梯(residential lift):供住宅楼使用的电梯。

(6)杂物电梯(dumbwaiter lift,service lift):服务于规定楼层的固定式升降设备。它具有一个轿厢,就其尺寸和结构型式而言,轿厢内不允许进入。轿厢运行在两列垂直的或倾斜角小于15°的刚性导轨之间。为满足不得进入的条件,轿厢尺寸不得超过底板面积1.00 m^2,深度1.00 m,高度1.20 m,但是,如果轿厢由几个永久的间隔组成,而每一个间隔都能满足上述要求,高度超过1.20 m是允许的。

(7)船用电梯(lift on ships):船舶上使用的电梯。

(8)观光电梯(panoramic lift,observation lift):井道和轿厢壁至少有同一侧透明,乘 客可观看轿厢外景物的电梯。

(9)汽车电梯(motor vehicle lift,automobile life):用作运送车辆而设计的电梯。

2)液压电梯(hydraulic lift):依靠液压驱动的电梯。

2. 一般术语

1)平层准确度(leveling accuracy):轿厢到站停靠后,轿厢地坎上平面与层门地坎上平面之间垂直方向的偏差值。

2)电梯额定速度(rated speed of lift):电梯设计所规定的轿厢速度。

3)检修速度(inspection speed):电梯检修运行时的速度。

4)额定载重量(rated load,rated capacity):电梯设计所规定的轿厢内最大载荷。

5)电梯提升高度(travelling height of lifts lifting height of lift):从底层端站

楼面至顶层端站楼面之间的垂直距离。

6)机房(machine room):安装一台或多台曳引机及其附属设备的专用房间。

(1)机房高度(machine room height):机房地面至机房顶板之间的最小垂直距离。

(2)机房宽度(machine room width):机房内沿平行于轿厢宽度方向的水平距离。

(3)机房深度(machine room depth):机房内垂直于机房宽度的水平距离。

(4)机房面积(machine room area):机房的宽度与深度乘积。

7)辅助机房(secondary machine room),隔层(secondary floor),滑轮间(pulley room):机房在井道的上方时,机房楼板与井道顶之间的房间。它有隔音的功能,也可安装滑轮、限速器和电气设备。

8)层站(landing):各楼层用于出入轿厢的地点。

9)层站入口(landing entrance):在井道壁上的开口部分,它构成从层站到轿厢之间的通道。

10)基站(main landing,main floor,home landing):轿厢无投入运行指令时停靠的层站。一般位于大厅或底层端站乘客最多的地方。

11)预定基站(predetermined landing):并联或群控控制的电梯轿厢无运行指令时,指定停靠待命运行的层站。

12)底层端站(bottom terminal landing):最低的轿厢停靠站。

13)顶层端站(top terminal landing):最高的轿厢停靠站。

14)层间距离(floor to floor distance,interfloor distance):两个相邻停靠层站层门地坎之间距离。

15)井道(well,shah,hoistway):轿厢和对重装置或(和)液压缸柱塞运动的空间。此空间是以井道底坑的底井道壁和井道顶为界限的。

16)单梯井道(single well):只供一台电梯运行的井道。

17)多梯井道(multiple well,common well):可供两台或两台以上电梯运行的井道。

18)井道壁(well enclosure,shaft well):用来隔开井道和其他场所的结构。

19)井道宽度(well width,shaft width):平行于轿厢宽度方向井道壁内表面之间的水平距离。

20)井道深度(well depth,shaft depth):垂直于井道宽度方向井道壁内表面之间的水平距离。

21)底坑(pit):底层端站地板以下的井道部分。

22)底坑深度(pit depth):由底层端站地板至井道底坑地板之间的垂直距离。

23)顶层高度(headroom height,height above the highest level served,top height):由顶层端站地板至井道顶,板下最突出构件之间的垂直距离。

24)井道内牛腿,加腋梁(haunched beam):位于各层站出入口下方井道内侧,供支撑层门地坎所用的建筑物突出部分。

25)围井(runk):船用电梯用的井道。

26)围井出口 (hatch):在船用电梯的围井上,水平或垂直设置的门口。

27)开锁区域(unlocking zone):轿厢停靠层站时在地坎上、下延伸的一段区域。当轿厢底在此区域内时门锁方能打开,使开门机动作,驱动轿门、层门开启。

28)平层(leveling):在平层区域内,使轿厢地坎与层门地坎达到同一平面的运动。

29)平层区(leveling zone):轿厢停靠站上方和(或)下方的一段有限区域。在此区域内可以用平层装置来使轿厢运行达到平层要求。

30)开门宽度(door opening width):轿厢门和层门完全开启的净宽。

31)轿厢入口(car entrance):在轿厢壁上的开口部分,它构成从轿厢到层站之间的正常通道。

32)轿厢入口净尺寸(clear entrance to the car):轿厢到达停靠站,轿厢门完全开启后,所测得门口的宽度和高度。

33)轿厢宽度(car width):平行于轿厢入口宽度的方向,在距轿厢底 1 m 高处测得的轿厢壁两个内表面之间的水平距离。

34)轿厢深度(car depth):垂直于轿厢宽度的方向,在距轿厢底部 1 m 高处测得的轿厢壁两个内表面之间水平距离。

35)轿厢高度(car height):从轿厢内部测得地板至轿厢顶部之间的垂直距离(轿厢顶灯罩和可拆卸的吊顶在此距离之内)。

36)电梯司机(lift attendant):经过专门训练、有合格操作证的授权操纵电梯的人员。

37)乘客人数(number of passenger):电梯设计限定的最多乘客量(包括司机在内)。

38)油压缓冲器工作行程(working stroke of oil buffer):油压缓冲器柱塞端面受压后所移动的垂直距离。

39)弹簧缓冲器工作行程(working stroke of spring buffer):弹簧受压后变形的垂直距离。

40)轿底间隙(bottom clearances for car):当轿厢处于完全压缩缓冲器位置时,从底坑地面到安装在轿厢底下部最低构件的垂直距离(最低构件不包括导靴、滚轮、安全钳和护脚板)。

41)轿顶间隙(top clearances for car):当对重装置处于完全压缩缓冲器位置时,从轿厢顶部最高部分至井道顶部最低部分的垂直距离。

42)对重装置顶部间隙(top clearances for counter weight):当轿厢处于完全压缩缓冲器的位置时,对重装置最高的部分至井道顶部最低部分的垂直距离。

43)对接操作(docking operation):在特定条件下,为了方便装卸货物的货梯,轿门和层门均开启,使轿厢从底层站向上,在规定距离内以低速运行,与运载货物设备相接的操作。

44)隔层停靠操作(skip-stop operation):相邻两台电梯共用一个候梯厅,其中一台电梯服务于偶数层站;而另一台电梯服务于奇数层站的操作。

45)检修操作(inspection operation):在电梯检修时,控制检修装置使轿厢运行的操作。

46)电梯曳引型式(traction types of lift):曳引机驱动的电梯,当机房在井道上方的为顶部曳引型式;当机房在井道侧面的为侧面曳引型式。

47)电梯曳引绳曳引比(hoist ropes ratio of lift):悬吊轿厢的钢丝绳根数与曳引轮单侧的钢丝绳根数之比。

48)消防服务(fireman service):操纵消防开关能使电梯投入消防员专用的状态。

49)独立操作(independent operation):靠钥匙开关来操纵轿厢内按钮使轿厢升降运行。

3. 电梯零部件

1)缓冲器(buffer):位于行程端部,用来吸收轿厢动能的一种弹性缓冲安全装置。

(1)油压缓冲器,耗能型缓冲器(hydraulic buffer,oil buffer):以油作为介质吸收轿厢或对重产生动能的缓冲器。

(2)弹簧缓冲器,蓄能型缓冲器(spring buffer):以弹簧变形来吸收轿厢或对重产生动能的缓冲器。

2)减振器(vibrating absorber):用来减小电梯运行振动和噪声的装置。

3)轿厢(car,lift car):运载乘客或其他载荷的轿体部件。

(1)轿厢底,轿底(car platform,platform):在轿厢底部,支承载荷的组件。它包括地板、框架等构件。

(2)轿厢壁,轿壁(car enclosures,car walls):由金属板与轿厢底、轿厢顶和轿厢门围成的一个封闭空间。

(3)轿厢顶,轿顶(car roof):在轿厢的上部,具有一定强度要求的顶盖。

(4)轿厢装饰顶(car ceiling):轿厢内顶部装饰部件。

(5)轿厢扶手(car handrail):固定在轿厢壁上的扶手。

(6)轿顶防护栏杆(car top protection balustrade):设置在轿顶上部,对维修人员起防护作用的构件。

4)轿厢架,轿架(car frame):固定和支撑轿厢的框架。

5)开门机(door operator):使轿门和(或)层门开启或关闭的装置。

6)检修门(access door):开设在井道壁上,通向底坑或滑轮间供检修人员使用的门。

7)手动门(manually operated door):用人力开关的轿门或层门。

8)自动门(power operated door):靠动力开关的轿门或层门。

9)层门,厅门(landing door,shaft door,hall door):设置在层站入口的门。

10)防火层门,防火门(fire-proof door):能防止或延缓炽热气体或火焰通过的一种层门。

11)轿厢门,轿门(car door):设置在轿厢入口的门。

12)安全触板(safety edges for door):在轿门关闭过程中,当有乘客或障碍物触及时,轿门重新打开的机械门保护装置。

13)铰链门,外敞开(hinged doors):门的一侧为铰链连接,由井道向通道方向开启的层门。

14)栅栏门(collapsible door):可以摺叠,关闭后成栅栏形状的轿厢门。

15)水平滑动门(horizontally sliding door):沿门导轨和地坎槽水平滑动开启的门。

(1)中分门(center opening door):层门或轿门,由门口中间各自向左、右以相同速度开启的门。

(2)旁开门,双折门,双速门(two-speed sliding door,two-panel sliding door,two speed door):层门或轿门的两扇门,以两种不同速度向同一侧开启的门。

(3)左开门(left hand two speed sliding door):面对轿厢,向左方向开启的层门或轿门。

(4)右开门(right hand two speed sliding door):面对轿厢,向右方向开启的层门或轿门。

16)垂直滑动门(vertically sliding door):沿门两侧垂直门导轨滑动开启的门。

17)垂直中分门(bi-parting door):层门或轿门的两扇门,由门口中间以相同速度各自向上、下开启的门。

18)曳引绳补偿装置(compensating device for hoist ropes):用来平衡由于电梯提升高度过高、曳引绳过长造成运行过程中偏重现象的部件。

19)补偿链装置(compensating chain device):用金属链构成的补偿装置。

20)补偿绳装置(compensating rope device):用钢丝绳和张紧轮构成的补偿装置。

21)补偿绳防跳装置(anti-rebound of compensation rope device):当补偿绳张紧装置超出限定位置时,能使曳引机停止运转的电气安全装置。

22)地坎(sill):轿厢或层门入口处出入轿厢的带槽金属踏板。

(1)轿厢地坎(car sill,plate threshold):轿厢入口处的地坎。

(2)层门地坎(landing sills,sill elevator entrance):层门入口处的地坎。

23)轿顶检修装置(inspection device on top of the car):设置在轿顶上部,供检修人员检修时应用的装置。

24)轿顶照明装置(car top light):设置在轿顶上部,供检修人员检修时照明的装置。

25)底坑检修照明装置(light device of pit inspection):设置在井道底坑,供检修人员检修时照明的装置。

26)轿厢内指层灯,轿厢位置指示(car position indicator):设置在轿厢内,显示其运行层站的装置。

27)层门门套(landing door jamb):装饰层门门框的构件。

28)层门指示灯(landing indicator,hall position indicator):设置在层门上方或一侧,显示轿厢运行层站和方向的装置。

29)层门方向指示灯(landing direction indicator):设置在层门上方或一侧,显示轿厢运行方向的装置。

30)控制屏(control panel):有独立的支架,支架上有金属绝缘底板或横梁,各种电子器件和电器元件安装在底板或横梁上的一种屏式电控设备。

31)控制柜(control cabinet,controller):各种电子器件和电器元件安装在一个有防护作用的柜形结构内的电控设备。

32)操纵箱,操纵盘(operation panel,car operation panel):用开关、按钮操纵轿厢运行的电气装置。

33)警铃按钮(alarm button):设置在操纵盘上操纵警铃的按钮。

34)停止按钮,急停按钮(stop button,stop switch,stopping device):能断开控制电路使轿厢停止运行的按钮。

35)邻梯指层灯(position indicator of adjacent car):在轿厢内反映相邻轿厢运行状态的指示装置。

36)梯群监控盘(group control supervisory panel,monitor panel):梯群控制系统中,能集中反映各轿厢运行状态,可供管理人员监视和控制的装置。

37)曳引机(traction machine,machine driving,machine):包括电动机、制动器

和曳引轮在内的靠曳引绳和曳引轮槽摩擦力驱动或停止电梯的装置。

38)有齿轮曳引机(geared machine):电动机通过减速齿轮箱驱动曳引轮的曳引机。

39)无齿轮曳引机(gearless machine):电动机直接驱动曳引轮的曳引机。

40)曳引轮(driving sheave,traction sheave):曳引机上的驱动轮。

41)曳引绳(hoist ropes):连接轿厢和对重装置,并靠与曳引轮槽的摩擦力驱动轿厢升降的专用钢丝绳。

42)绳头组合(rope fastening):曳引绳与轿厢、对重装置或机房承重梁连接用的部件。

43)端站停止装置(terminal stopping device):当轿厢将达到端站时,强迫其减速并停止的保护装置。

44)平层装置(leveling device):在平层区域内,使轿厢达到平层准确度要求的装置。

45)平层感应板(leveling inductor plate):可使平层装置动作的金属板。

46)极限开关(final limit switch):当轿厢运行超越端站停止装置时,在轿厢或对重装置未接触缓冲器之前,强迫切断主电源和控制电源的非自动复位的安全装置。

47)超载装置(overload device,overload indicator):当轿厢超过额定载质量时,能发出警告信号并使轿厢不能运行的安全装置。

48)称量装置(weighing device):能检测轿厢内荷载值,并发出信号的装置。

49)召唤盒,呼梯按钮(calling board,hall buttons):设置在层站门一侧,召唤轿厢停靠在呼梯层站的装置。

50)随行电缆(traveling cable,trailing cable):连接于运行的轿厢底部与井道固定点之间的电缆。

51)随行电缆架(traveling cable support):在轿厢底部架设随行电缆的部件。

52)钢丝绳夹板(rope clamp):夹持曳引绳,能使绳距和曳引轮绳槽距一致的部件。

53)绳头板(rope hitch plate):架设绳头组合的部件。

54)导向轮(deflector sheave):为增大轿厢与对重之间的距离,使曳引绳经曳引轮再导向对重装置或轿厢一侧而设置的绳轮。

55)复绕轮(secondary sheave,double wrap sheave,sheave traction secondary):为增大曳引绳对曳引轮的包角,将曳引绳绕出曳引轮后经绳轮再次绕入曳引轮,这种兼有导向作用的绳轮为复绕轮。

56)反绳轮(diversion sheave):设置在轿厢架和对重框架上部的动滑轮。根据需要曳引绳绕过反绳轮可以构成不同的曳引比。

57)导轨(guide rails,guide):供轿厢和对重运行的导向部件。

58)空心导轨(hollow guode rail):由钢板经冷轧折弯成空腹T型的导轨。

59)导轨支架(rail brackets,rail support):固定在井道壁或横梁上,支撑和固定导轨用的构件。

60)导轨连接板(件)(fishplate):紧固在相邻两根导轨的端部底面,起连接导轨作用的金属板(件)。

61)导轨润滑装置(rail lubricate device):设置在轿厢架和对重框架上端两侧,为保持导轨与滑动导靴之间有良好润滑的自动注油装置。

62)承重梁(machine supporting beams):敷设在机房楼板上面或下面,承受曳引机自重及其负载的钢梁。

63)底坑护栏(pit protection grid):设置在底坑,位于轿厢和对重装置之间,对维修人员起防护作用的栅栏。

64)速度检测装置(tachogenerator):检测轿厢运行速度,将其转变成电信号的装置。

65)盘车手轮(handwheet,Wheet,manual wheel):靠人力使曳引轮转动的专用手轮。

66)制动器扳手(brake wrench):松开曳引机制动器的手动工具。

67)机房层站指示器(landing indicator of machine room):设置在机房内,显示轿厢运行所处层站的信号装置。

68)选层器(floor selector):一种机械或电气驱动的装置。用于执行或控制下述全部或部分功能:确定运行方向、加速、减速、平层、停止、取消呼梯信号、门操作、位置显示和层门指示灯控制。

69)钢带传动装置(tape driving device):通过钢带,将轿厢运行状态传递到选层器的装置。

70)限速器(overspeed governor,governor):当电梯的运行速度超过额定速度一定值时,其动作能导致安全钳起作用的安全装置。

71)限速器张紧轮(governor tension pulley):张紧限速器钢丝绳的绳轮装置。

72)安全钳装置(safety gear):限速器动作时,使轿厢或对重停止运行保持静止状态,并能夹紧在导轨上的一种机械安全装置。

(1)瞬时式安全钳装置(instantaneous safety gear):能瞬时使夹紧力达到最大值,并能完全夹紧在导轨上的安全钳。

(2)渐进式安全钳装置(progressive safety gear,gradual safety):采取特殊措施,使夹紧力逐渐达到最大值,最终能完全夹紧在导轨上的安全钳。

73)钥匙开关盒(key switch board):一种供专职人员使用钥匙才能使电梯投入运行或停止的电气装置。

74)门锁装置,联锁装置(door interlock,locks,door locking device):轿门与层门关闭后锁紧,同时接通控制回路,轿厢方可运行的机电联锁安全装置。

75)层门安全开关(landing door safety switch):当层门未完全关闭时,使轿厢不能运行的安全装置。

76)滑动导靴(sliding guide shoe):设置在轿厢架和对重装置上,其靴衬在导轨上滑动,使轿厢和对重装置沿导轨运行的导向装置。

77)靴衬(guide shoe busher,shoe guide):滑动导靴中的滑动摩擦零件。

78)滚轮导靴(roller guide shoe):设置在轿厢架和对重装置上,其滚轮在导轨上滚动,使轿厢和对重装置沿导轨运行的导向装置。

79)对重装置,对重(counterweight):由曳引绳经曳引轮与轿厢相连接,在运行过程中起平衡作用的装置。

80)消防开关盒(firemans switch board):发生火警时,可供消防人员将电梯转入消防状态使用的电气装置。一般设置在基站。

81)护脚板(toe guard):从层站地坎或轿厢地坎向下延伸、并具有平滑垂直部分的安全挡板。

82)挡绳装置(ward off rope device):防止曳引绳越出绳轮槽的安全防护部件。

83)轿厢安全窗(top car emergency exit,car emergency opening):在轿厢顶部向外开启的封闭窗,供安装、检修人员使用或发生事故时援救和撤离乘客的轿厢应急出口。窗上装有当窗扇打开即可断开控制电路的开关。

84)轿厢安全门,应急门(car emergency exit,emergency door):同一井道内有多台电梯,在相邻轿厢壁上并向内开启的门,供乘客和司机在特殊情况下离开轿厢,而改乘相邻轿厢的安全出口。门上装有当门扇打开即可断开控制电路的开关。

85)近门保护装置(proximity protection device):设置在轿厢出入口处,在门关闭过程中,当出入口有乘客或障碍物时,通过电子元件或其他元件发出信号,使门停止关闭,并重新打开的安全装置。

86)紧急开锁装置(emergency unlocking device):为应急需要,在层门外借助层门上三角钥匙孔可将层门打开的装置。

87)紧急电源装置,应急电源装置(emergency power device):电梯供电电源出现故障而断电时,供轿厢运行到邻近层站停靠的电源装置。

4. 控制方式

1)手柄开关操纵,轿内开关控制(car handle control,car switch operation):电

梯司机转动手柄位置(开断/闭合)来操纵电梯运行或停止。

2)按钮控制(pushbutton control,pushbutton operation):电梯运行由轿厢内操纵盘上的选层铵钮或层站呼梯按钮来操纵。某层站乘客将呼梯按钮揿下,电梯就启动运行去应答。在电梯运行过程中如果有其他层站呼梯按钮揿下,控制系统只能把信号记存下来,不能去应答,而且也不能把电梯截住,直到电梯完成前应答运行层站之后方可应答其他层站呼梯信号。

3)信号控制(signal control,signal operation):把各层站呼梯信号集合起来,将与电梯运行方向一致的呼梯信号按先后顺序排列好,电梯依次应答接运乘客。电梯运行取决于电梯司机操纵,而电梯在何层站停靠由轿厢操纵盘上的选层按钮信号和层站呼梯按钮信号控制。电梯往复运行一周可以应答所有呼梯信号。

4)集选控制(collective selective control,selective collective automatic operation):在信号控制的基础上把呼梯信号集合起来进行有选择的应答。电梯为无司机操纵。在电梯运行过程中可以应答同一方向所有层站呼梯信号和按照操纵盘上的选层按钮信号停靠。电梯运行一周后若无呼梯信号就停靠在基站待命。为适应这种控制特点,电梯在各层站停靠时间可以调整,轿门设有安全触板或其他近门保护装置,以及轿厢设有过载保护装置等。

5)下集合控制(down-collective control,down-collective automatic operation):集合电梯运行下方向的呼梯信号,如果乘客欲从较低的层站到较高的层站去,须乘电梯到底层基站后再乘电梯到要去的高层站。

6)并联控制(duplex/triplex control):共用一套呼梯信号系统,把两台或三台规格相同的电梯并联起来控制。无乘客使用电梯时,经常有一台电梯停靠在基站待命称为基梯;另一台电梯则停靠在行程中间预先选定的层站称为自由梯。当基站有乘客使用电梯并启动后,自由梯即刻启动前往基站充当基梯待命。当有除基站外其他层站呼梯时,自由梯就近先行应答,并在运行过程中应答与其运行方向相同的所有呼梯信号。如果自由梯运行时出现与其运行方向相反的呼梯信号,则在基站待命的电梯就启动前往应答。先完成应答任务的电梯就近返回基站或中间选下的层站待命。

7)梯群控制,群控(group control for lifts,group automatic operation):具有多台电梯客流量大的高层建筑物中,把电梯分为若干组,每组四至八台电梯,几台电梯分区域进行有程序或无程序综合统一控制,对乘客需要电梯情况进行自动分析后,选派最适宜的电梯及时应答呼梯信号。

5. 液压电梯

1)速度控制(speed control):通过控制进出液压缸的液体流量,实现轿厢运行过程的速度调节。

2)多极开关控制阀调速系统(speed control system with multiple on-off valve):利用常规的开关阀使多台并联的节流阀油路通断而组成对电梯运行速度进行有级的固定节流调速系统。

3)电液比例调速系统(speed control system with electro-hydraulic proportional flow control valve):利用电液比例流量控制阀对电梯运行速度进行无级的节流调速系统。

4)容积调速系统(speed control system with adjustable displacement pump):利用变量泵对进入液压缸的流量进行控制,从而达到对电梯运行速度进行无级调速的系统。

5)变频调速系统(variable frequency speed control system):利用改变电动机的供电频率从而改变进入液压缸流量,即对电梯运行速度进行无级调速的系统。

6)上行额定速度(nominal speed of up motion):轿厢空载上行时的设计速度。

7)下行额定速度(nominal speed of down motion):轿厢载以额定载重量下行时的设计速度。

8)运行速度(motion speed):轿厢上行额定速度与下行额定速度二者中的较高值。

9)液压电梯机房(machine room of hydraulic lift):安装液压泵站和电控柜(屏)等有关设备的房间。

6. 自动扶梯和自动人行道

1)自动扶梯(escalator):带有循环运行梯级,用于向上或向下倾斜输送乘客的固定电力驱动设备。

2)自动人行道(passenger conveyor):带有循环运行(板式或带式)走道,用于水平或倾斜角不大于12°输送乘客的固定电力驱动设备。

3)倾斜角(angle of inclination):梯级、踏板或胶带运行方向与水平面构成的最大角度。

4)自动扶梯提升高度(rise of escalator):自动扶梯进出口两楼层板之间的垂直距离。

5)自动扶梯额定速度(rated speed of escalator):自动扶梯设计所规定的空载速度。

6)理论输送能力(theoretical capacity):自动扶梯或自动人行道,在每小时内理论上能够输送的人数。

7)扶手装置(balustrades):在自动扶梯或自动人行道两侧,对乘客起安全防护作用,也便于乘客站立扶握的部件。

8)扶手带(handrail):位于扶手装置的顶面,与梯级踏板或胶带同步运行,供乘客扶握的带状部件。

9)扶手带入口保护装置(handrail entry guard):在扶手带入口处,当有手指或其他异物被夹入时,能使自动扶梯或自动人行道停止运行的电气装置。

10)扶手带断带保护装置(control guard for handrail breakage):当扶手带断裂时,能使自动扶梯或自动人行道停止运行的电气装置。

11)护壁板,护栏板(interior panelling):在扶手带下方,装在内侧盖板与外侧盖板之间的装饰护板。

12)围裙板(skirting,skirt panel):与梯级、踏板或胶带两侧相邻的金属围板。

13)围裙板安全装置(skirt safety device,skirt panel switch,skirt panel safety device):当梯级、踏板或胶带与围裙板之间有异物夹住时,能使自动扶梯或自动人行道停止运行的电气装置。

14)内侧盖板(interior profile,inner deck):在护壁板内侧、连接围裙板和护壁板的金属板。

15)外侧盖板(balustrade decking,outer deck):在护壁板外侧、外装饰板上方,连接装饰板和护壁板的金属板。

16)外装饰板(balustrade exterior panelling):从两外侧盖板起,将自动扶梯或自动人行道封闭起来的装饰板。

17)桁架,机架(truss,supporting structure):架设在建筑结构上,供支撑梯级、踏板、胶带以及运行机构等部件的金属结构件。

18)中心支撑,中间支撑,第三支撑(centre support,intermediate support):在自动扶梯两端支承之间,设置在桁架底部的支撑物。

19)梯级(step):在自动扶梯桁架上循环运行,供乘客站立的部件。

(1)梯级踏板(step tread):带有与运行方向相同齿槽的梯级水平部分。

(2)梯级踢板(step riser):带有齿槽的梯级垂直部分。

20)梯级、踏板塌陷保护装置(step or pallets sagging guard):当梯级或踏板任何部位断裂下陷时,使自动扶梯或自动人行道停止运行的电气装置。

21)驱动链保护装置(drive chain guard):当梯级驱动链或踏板驱动链断裂或过分松弛时,能使自动扶梯或自动人行道停止的电气装置。

22)梯级导轨(step track):供梯级滚轮运行的导轨。

23)梯级水平移动距离(step of horizontally moving distance,horizontally steprun):为使梯级在出入口处有一个导向过渡段,从梳齿板出来的梯级前缘和进入梳齿板梯极后缘的一段水平距离。

24)踏板(pallets):循环运行在自动人行道桁架上,供乘客站立的板状部件。

25)胶带(belt):循环运行在自动人行道桁架上,供乘客站立的胶带状部件。

26)梳齿板(combs):位于运行的梯级或踏板出入口,为方便乘客上下过渡,与梯级或踏板相啮合的部件。

27)楼层板(floor plate):设置在自动扶梯或自动人行道出入口,与梳齿板连接的金属板。

28)梳齿板安全装置(comb safety device,comb contact):当梯级、踏板或胶带与梳齿板啮合卡入异物有可能造成事故时,能使自动扶梯或自动人行道停止运行的电气装置。

29)驱动组机,驱动装置(driving machine):驱动自动扶梯或自动人行道运行的装置。

30)附加制动器(auxiliary brake):当自动扶梯提升高度超过一定值时,或在公共交通用自动扶梯和自动人行道上,增设的一种制动器。

31)主驱动链保护装置(main drive chain guard,broken drive chain contact):当主驱动链断裂时,能使自动扶梯或自动人行道停止运行的电气装置。

32)超速保护装置(escalator overspeed governor, overspeed governor switch):自动扶梯或自动人行道运行速度超过限定值时,能自动切断电源的装置。

33)非操纵逆转保护装置(unintentional reversal of the direction of travel,direction reversal device):在自动扶梯或自动人行道运行中非人为的改变其运行方向时,能使其停止运行的装置。

34)手动盘车装置,盘车手轮(hand winding device,handwheel):靠人力使驱动装置转动的专用手轮。

35)检修控制装置(inspection control device):利用检修插座,在检修自动扶梯或自动人行道时的手动控制装置。

36)公共交通型自动扶梯 (public service escalators):适用于在下列工作条件下运行的自动扶梯,属于公共交通系统的组成部分,包括出口和入口处,全年每天连续工作 20 h 以上,且在任何 3 h 的间隔内,持续重载时间不少于 1 h,其载荷应达到 100 %的制动载荷,允许手拉行李箱和小型手拉行李车随人上扶梯;设备停止运行时,能够作为固定楼梯使用;灾害情况下,可作为疏散扶梯使用,以便于疏散乘客。

37)公共交通型自动人行道(public service passenger conveyors):适用于在下列工作条件下运行的自动人行道,属于公共交通系统的组成部分,包括出口和入口处,全年每天连续工作 20 h 以上,且在任何 3 h 的间隔内,持续重载时间不少于 1 h,其载荷应达到 100%的制动载荷,允许手拉行李箱和小型手拉行李车随人上自动人行道;设备停止运行时,能够作为固定通道使用,灾害情况下,可作为疏散通道使用,以便于疏散乘客。

38)疏散型设备(equipment for evacuation):灾害情况时需继续保持运行的自动扶梯和自动人行道。疏散型设备正常运行方向应与灾害情况下疏散方向一致。

39)室外(outdoor equipment):设备直接使用于自然环境。

附录 2　电梯安装常用工具

类别	序号	名　　称	规　　格	数　量	备　注
常用工具	1	钢丝钳	150 mm,200 mm	各 2 把	
	2	尖嘴钳	160 mm	2 把	
	3	斜口钳	160 mm	2 把	
	4	鲤鱼钳	200 mm	2 把	
	5	挡圈钳	轴、孔用	各 1 把	
	6	梅花扳手	8 件套	1 套	
	7	套筒扳手	28 件套	1 套	
	8	活扳手	100～375 mm	1 把	
	9	一字螺丝刀	75～300 mm	2 把	
	10	十字螺丝刀	75～250 mm	2 把	
	11	多用旋具	7 件套	2 套	
	12	锤子	1.2 kg	3 把	
	13	内六角	10 件套	1 套	
钳工工具	1	台虎钳	125(150)mm	1 台	
	2	钢锯架	300 mm	2 个	
	3	锉刀	扁、圆、方、三角	各 1 套	粗、细
	4	整形锉	150mm	2 套	
	5	划线盘		1 支	
	6	中心冲		2 只	
	7	镊子		4 把	
	8	三爪拉拔器		1 副	
	9	铜锤		1 把	
测量工具	1	直尺水平仪	300 mm、500 mm	各 1 把	精度 2 mm/m
	2	游标卡尺	150 mm、300 mm	各 1 把	精度 0.05 mm
	3	镶条	150 mm、300 mm	各 1 套	
	4	钢直尺	150、300、500 mm	各 1 把	
	5	钢卷尺	2 m、3 m	各 2 把	
	6	钢卷尺	30 m	1 把	
	7	90° 直尺	150 mm	1 把	
	8	吊坠	150 g、300 g	各 1 只	

续上表

类别	序号	名　称	规　格	数　量	备　注
切削工具	1	手电钻	6.5 mm、13 mm	各 2 把	
	2	冲击钻	12、22、38 mm	各 2 把	
	3	角向磨光机	80 ～ 100 mm	1 台	
	4	手提砂轮机	100 ～ 500 mm	1 把	
	5	小型台钻	16 mm	1 台	
	6	钻头	2.5 ～ 16 mm	1 套	常用规格多备
	7	螺纹攻架、手攻架	M3 ～M12	各 1 套	
	8	螺纹攻、扳手	M3 ～ M12	各 1 套	常用规格多备
起重工具	1	手拉葫芦	0.5 T、1 T、3 T、5 T	各 1 个	
	2	滑轮	0.5 T	1 只	
	3	千斤顶	5 号	2 只	
	4	撬杠	钢管制	2 把	
	5	C 形夹头	50、75、100 mm	各 4 只	
	6	钢丝绳扎头	Y4～Y12、Y5～Y15	各 10 只	
	7	索具卸扣	1.4、2.1	各 2 只	
	8	钢丝绳头	0.5、1、3、5 m	各 2 根	
排管工具	1	台虎钳	125(50)mm	1 台	
	2	管钳	25、30、50 mm	各 1 把	
	3	管绞板	15 ～ 50 mm	1 副	
	4	管板牙	15 ～ 50 mm	2 副	
电工工具	1	万用表		1 只	
	2	摇表	500 ～ 2000 V	2 只	
	3	钳形电流表	5 ～ 150 A	1 只	
	4	电烙铁	35 W、300 W	各 1 把	
	5	剥线钳		2 把	
	6	测电笔		3 只	
	7	电工刀		2 把	
专用工具	1	胶皮锤		1 个	
	2	导轨校正器		2 副	自制
	3	量尺	30、50 m	各 1 把	
	4	吊线架		2 个	自制
	5	线坠	5 kg、10 kg	各 1 只	自制

续上表

类别	序号	名　称	规　格	数　量	备　注
调试工具	1	对讲机	1 000 m	1 对	
	2	直流电流表		1 块	
	3	噪声计(A)		1 套	
	4	转速表	机械、电子	各 1 套	
	5	弹簧称	0.5 N、30 N	各 1 只	
	6	秒表		1 块	
其他工具	1	气焊		1 套	
	2	电焊		1 套	
	3	喷灯		1 把	
	4	油壶	机油、黄油	各 1 把	
	5	手提灯		2 个	
	6	手电筒		4 把	
	7	工地电源箱		2 个	
	8	木工工具		1 套	
	9	泥瓦工工具		1 套	
	10	电源变压器		1 个	
	11	胶皮锤		1 个	

附录3　电梯维保常用工具

类别	序号	名　称	规　　格	数 量	备　注
常用工具	1	钢丝钳	200 mm	1把	
	2	尖嘴钳	160 mm	1把	
	3	斜口钳	160 mm	1把	
	4	挡圈钳	轴、孔用	各1把	
	5	线坠	5 kg、10 kg	1个	
	6	梅花扳手	8件套	1套	
	7	套筒扳手	28件套	1套	
	8	活扳手	100 ～ 375 mm	1把	
	9	一字螺丝刀	75 ～ 300 mm	2把	
	10	十字螺丝刀	75 ～ 250 mm	2把	
	11	噪声计(A)		1套	
	12	锤子	1.2 kg	1把	
	13	内六角	10件套	1套	
	14	喷灯		1把	
	15	弹簧称	0.5 N、30 N	各1只	
	16	锉刀	扁、圆、方、三角	各1套	粗、细
	17	镊子		4把	
	18	三爪拉拔器		1副	
	19	手提灯		2个	
	20	手电筒		4把	
	21	游标卡尺	150 mm、300 mm	各1把	精度0.05 mm
	22	钢直尺	150、300、500 mm	各1把	
	23	钢卷尺	2 m、3 m	各1把	
	24	钢卷尺	30 m	1把	
	25	90°直尺	150 mm	1把	
常用工具	1	手电钻	6.5 mm、13 mm	各2把	
	2	手提砂轮机	100 ～ 500 mm	1把	
	3	钻头	2.5 ～ 16 mm	1套	常用规格多备
	4	千斤顶	5号	2只	

续上表

类别	序号	名称	规格	数量	备注
常用工具	5	万用表		1 只	
	6	摇表	500 ～ 2 000 V	1 只	
	7	电烙铁	35 W、300 W	各 1 把	
	8	剥线钳		1 把	
	9	测电笔		1 只	
	10	电工刀		1 把	
	11	胶皮锤		1 个	
	12	导轨校正器		1 副	自制

参 考 文 献

[1] 国家技术监督局 1997-10-16 批准,1998-06-01 实施. GB/T 7024 自动人行道术[S].

[2] GB 50157—92 地下铁道设计规范[S]. 北京:中国计划出版社,1999.

[3] GB 7588—2003 电梯制造与安装安全规范[S]. 北京:中国标准出版社,2003.

[4] GB 16899—2011 自动扶梯和自动人行道的制造与安装安全规范[S]. 北京:中国标准出版社,2011.

[5] 北京市质量技术监督局 2007 年 1 月 11 日发布,2007 年 3 月 15 日实施. 北京市地方标准 DB 11/418—2007 电梯日常维护保养规则[S].

[6] 国家质量技术监督局. 特种设备质量监督与安全监察规定. 2000 年 10月 1 日施行.

[7] 梁广深. 地铁车站设计的冷思考[J]. 都市快轨交通,2008(02).

[8] 通力电梯培训中心. Basic Escalator Course 自动扶梯基础课程学员手册,2003.

[9] 蒂森克虏伯扶梯(中国)有限公司. 深圳轨道交通二期龙岗线扶梯工程自动扶梯电气原理图. 2007.

[10] 2010 年 6 月 8 日发布,GDY/QW-AZ-YJ-10,广州地铁机电设备应急处理措施及程序.

[11] 沈阳博林特电梯安装有限公司. 电梯维保工作指导规范.

[12] 2011 年 2 月 28 日 发布,上海申通地铁集团有限公司,电梯运行操作规程.

[13] 金晴川编. 电梯与自动扶梯技术词典[M]. 上海:上海交通大学出版社,2005.

[14] 朱昌明,洪致育,张惠侨著. 电梯与自动扶梯:原理、结构、安装、测试[M]. 上海交通大学出版社,1995.

[15] 张福恩,吴乃优,张金陵等编. 交流调速电梯原理、设计及安装维修[M]北京:机械工业出版社,2000.

[16] 白玉岷等著. 电梯安装调试及运行维护[M]. 北京:机械工业出版社,2010.

[17] 姚融融等编著. 电梯原理及逻辑排故[M]. 西安:西安电子科技大学出版社,2004.